MÉMOIRES D'UN RAT

Chroniques, reportages, enquêtes, récits, notes

Un grand merci à Sidonie Mangin et à Denis Mousty.

Ouvrage dirigé par Isabelle Solal
Conception graphique: Clémence Kertudo

38, rue La Condamine - 75017 Paris
contact : isolal.hugo@wanadoo.fr

Dépôt légal : octobre 2006
ISBN : 2-7556-0112-4

Denis Robert

Au cœur de L'AFFAIRE VILLEMIN

Hugo doc

À mes amis Philippe Marinelli et Patrick Perrin,
un peu de lecture en prévision des soirées d'hiver.

NOTE DE L'ÉDITEUR

Truman Capote, à propos de *De sang froid*, expliquait que le moindre fait-divers, miroir d'une société à un moment donné, en disait plus long sur « *la réalité d'une époque* » que bien des théories de sociologie ou de psychologie sociale : « *À l'intérieur de ce miroir sont à l'œuvre les passions humaines individuelles et collectives.* »

C'est tout l'intérêt et le problème posé par l'affaire Villemin. Le pays est devenu fou. La justice a perdu sa boussole. Les médias se sont déchaînés contre Christine Villemin, une mère « *au visage angélique* » accusée du meurtre de son fils. Il fallait pourtant « *s'accorder le temps du deuil* », selon les termes de Denis Robert. Il fallait laisser s'apaiser le climat délétère dans lequel la haine avait conditionné ce qui a bien failli devenir « *la plus effroyable erreur judiciaire du siècle* », comme l'a déclaré le dernier magistrat chargé de juger l'affaire.

La justice a prononcé de manière définitive, le 3 février 1993, un non-lieu* en faveur de la mère de Grégory, ayant recours à une formule inédite en droit français stipulant une « *absence totale de charges* » contre elle.

L'affaire Villemin a fait office pour beaucoup de parcours initiatique. Denis Robert signe alors pour le quotidien *Libération* ses premiers articles. Dès son arrivée sur les lieux du crime, il se tient à l'écart, comme en marge de l'événement. Il adopte un positionnement atypique, s'intéressant autant à l'énigme de la Vologne qu'à son traitement médiatique.

S'il ne s'autorise aucun jugement moral – jamais il ne se prononcera sur la culpabilité ou l'innocence de Christine Villemin, sujet qui deviendra pourtant, la grande question de cette affaire –, il s'interroge très vite sur la façon dont ses confrères journalistes, les « rats » de la Vologne, couvrent le tumultueux fait-divers. Observateur exigeant et lucide, il refuse « d'aboyer avec la meute ». Utilisant un mode narratif précurseur pour son époque – il emploie le « je » dans certains de ses articles –, il suit l'affaire en conjuguant impressions personnelles et mise à distance critique. Ce qui rend ce document unique et bouleversant. On a constamment l'impression d'être au cœur du drame.

Cette attitude et ce regard – à la fois impliqué et distant – caractériseront quelques années plus tard chez l'écrivain, cette voix si singulière et personnelle que l'on retrouve dans la plupart de ses livres.

Isabelle Solal

* L'arrêt de non-lieu est consultable dans son intégralité sur le site gregoryvillemin.free.fr

PROLOGUE

J'ai appris le journalisme au bord de la Vologne. Je l'ai désappris aussi. C'est sous la ligne bleue des Vosges que tout s'est joué pour moi entre 1984 et 1985. Un stage de formation ultra-intensif. J'ai été pris dans un shaker médiatico-judiciaire dont je ne suis pas sorti indemne. Même si, contrairement à d'autres, j'en suis sorti…

Combien étions-nous à avoir fréquenté le petit hôtel de Brouvelieure ? La maison de Lépanges, la gendarmerie de Bruyères ou le tribunal d'Épinal ? Deux cents ? Trois cents ? Quatre cents ? Des rats. Des homo-micros aux dents acérées, des homo-stylos se nourrissant de charogne, des homo-éditos pétris de certitudes. Mon copain Éric Darcourt de l'*AFP* avait raison quand il expliquait que tout cela n'était qu'une histoire d'argent. Il avait tort aussi. L'argent gagné par les avocats ou les patrons de presse ne peut expliquer seul l'acharnement collectif. Il y avait le corbeau qui nous narguait et les visages angéliques de Christine Villemin et de son fils Grégory. Cette folie qui s'est emparée du collectif. Grand corps malade. J'aurais beau jeu de confier que j'ai réussi à échapper à toutes les saloperies faites là-bas au nom de la liberté de la presse. La folie s'était emparée de moi aussi.

Depuis que je suis revenu de la Vologne, combien de fois m'a-t-on demandé si je croyais vraiment que la mère était innocente ? Si j'étais sûr que Christine n'avait pas d'amants ? Combien de théories bidon ai-je entendu sur la manière dont elle s'y était prise pour noyer son fils ? Je me suis fermé. Si j'avais dû mettre des gifles chaque fois que quelqu'un m'a donné sa version de l'histoire, j'aurais des mains en corne aujourd'hui. Je tiens à le dire ici une fois pour toutes. Eh bien oui, Christine Villemin était innocente. Parfaitement, entièrement innocente.

L'idée de ce livre est née en mars 2006, quand Philippe Besson, à la demande de la maison Grasset, a publié un faux roman dans lequel il prenait la voix de Christine Villemin pour donner sa vision de l'affaire de la Vologne. Il pleurait à sa place au cimetière. Il racontait son histoire d'amour, à sa place, avec Jean-Marie Villemin. Il chouchoutait à sa place le petit Grégory. Il ressentait à sa place la douleur de la perte de son enfant. Il noyait à sa place l'enfant dans une baignoire. Le plus tragique est que l'écrivain était sincère dans son obsession à vouloir dire « je ». Il ne voyait aucun mal là-dedans. Il se sentait autorisé à reconstruire le drame avec des mots léchés, des phrases en suspens, des trucs d'écrivain. Le livre ne s'est pas vendu. Mais le mal était fait. Je me suis exprimé plutôt violemment dans la presse pour dire ce que je pensais de l'initiative. Je me suis fendu d'une lettre à l'auteur où j'expliquais que la seule excuse que je lui trouvais était « *la naïveté, mais elle est légère quand on connaît le contexte très chargé de cette histoire.* » J'ajoutais : « *J'imagine que tu as lu des articles ou quelques procès-verbaux pour te donner un peu d'inspiration. Je vois bien le plan... Imiter Marguerite Duras, redonner la parole à la mère... Il se trouve que j'étais à* Libération *à l'époque et j'ai dû écrire des centaines d'articles sur le sujet. Je me la suis cognée, Duras. Elle avait l'excuse de l'âge. On était en pleine folie médiatique et judiciaire... Toi, pas...* »

Qui étais-je pour faire de la morale ? Comment expliquer cette colère somme toute primaire de ma part ? Compliqué... Ce livre est né là. C'est bien plus qu'une compilation pour moi. C'est une histoire brute. Brutale. Non reconstruite.

Elle est destinée à ceux qui se souviennent de ce qui s'est passé au bord de la Vologne et à ceux qui ne savent pas, qui ne se doutent de rien. J'ai repris mes articles de *Libération* et les autres. En relisant, je me suis remis dans les états dans lesquels j'étais à cette période. J'ai demandé à mon copain Denis Mousty de retrouver des photos d'époque. On y sent cette frénésie, ce climat de mise à mort.

Sauf pour des raisons pratiques de compréhension ou pour rectifier quelques erreurs factuelles, je n'ai rien retouché. La première partie du livre est la restitution d'un texte écrit en 1988 qui raconte le dessous des cartes de l'affaire Villemin. La suite, ce sont mes articles, reportages, notes, chroniques écrits entre 1984 et 2000, dont les comptes-rendus d'audiences du procès de Jean-Marie Villemin...

Je sais qu'en fin d'année 2006 doit sortir à la télévision un film à épisodes sur la saga de la Vologne. En juin dernier, j'ai visionné ces six heures dans un cinéma parisien. Je me suis retrouvé assis entre Christine et Jean-Marie Villemin que je n'avais plus vus depuis longtemps. Nous avions vieilli de vingt-deux ans. Des comédiens jouaient nos rôles à l'écran. Le mien est très secondaire. Le film est bouleversant de vérité et de justesse. Pas de pathos. La reconstitution du drame de la Vologne est quasi parfaite. Chaque épisode démarre par une scène en flash-back avec Grégory, enfant martyr noyé pour une vengeance d'adultes. L'enfant qui joue le rôle est le portrait quasi identique du vrai Grégory Villemin. L'effet est saisissant. L'émotion était palpable dans ce cinéma. Parfois insoutenable. J'ai physiquement ressenti, vingt-deux ans après, assis entre elle et lui, ce que nous avions fait. Nous, les rats de la Vologne. Cette horreur qui remonte. Cet inconscient qu'on dit collectif. La fabrication minutieuse d'une erreur judiciaire. La bêtise d'un juge d'instruction. L'aveuglement d'une bande de journalistes. Le travail de sape des avocats. La folie d'un pays qui voulait absolument que la mère ait tué…

On m'a souvent demandé d'écrire là-dessus. Des scénarios, des livres, des adaptations. J'ai toujours refusé. Comme s'il y avait une période de deuil à observer. Comme si je craignais un nouvel embrasement. Une autre raison me bloquait. Quand la réalité dépasse la fiction, inutile de lui courir après. Autant la restituer sans tricher. Histoire de dire aux autres : voyez par où nous sommes passés…

Denis Robert

LES MÉMOIRES D'UN RAT

Ce texte, « Les mémoires d'un rat », est paru dans le premier numéro du mensuel *Rolling Stone* daté du 13 janvier 1988.

• Reporters à l'enterrement de Gregory Villemin, octobre 1984

Vu de loin, j'avais l'air con, c'est sûr. Mais ce qui me consolait, c'est que j'avais sans doute l'air un peu moins con que tous les autres. Nous sommes le mardi 17 novembre 1987, au bord de la Vologne, dans le petit village de Docelles (Vosges). Trois ans et un mois après la mort du môme. Je suis assis à l'arrière de la dernière BMW, une série 7. Spacieuse et pleine de gadgets, à fermeture automatique. Je me suis installé là pour écrire, au chaud, mais le chauffeur a fermé les portières et les vitres électriques. Et il est allé boire un coup.

Je suis coincé. Les fesses posées sur le cuir gris, le regard braqué sur le petit groupe qui gesticule à quelques mètres de moi, je joue à cache-cache avec le ventre du gros gendarme qui me masque la scène. Au milieu du groupe qui s'active à quelques mètres, Maurice Simon, le président en chef de la cour d'appel de Dijon, orchestre la manœuvre. Le laboratoire de la police scientifique lui a fabriqué un mannequin qui ressemble comme un frère au cadavre de l'enfant. Un gendarme est accroupi au bord de l'eau. Maurice Simon n'a pas de drapeau, mais le bras tendu. Sa chevelure blanche flottant au vent, il a le doigt sur le chronomètre. Top, partez ! Le petit groupe d'avocats et de magistrats, chaussés de ridicules bottes en caoutchouc, se penche vers l'eau. Le gendarme accroupi se lève et, soudain, balance le plus loin possible sa marionnette aux doigts recroquevillés. « *Oh hisse* ! », souffle le lanceur. La chose parcourt péniblement quelques mètres, et puis plouf ! Naufrage…

De dépit, le président Simon se passe la main dans les cheveux en maugréant un juron. Et les avocats font : « *Oh, encore raté !* », l'air vaguement déçu. Les gendarmes se bidonnent, mais discrètement, sauf les deux hommes-grenouilles qui, pour la sixième fois aujourd'hui, vont tremper leurs fesses dans l'eau glacée de la Vologne : « *Fait chier, merde !* »

Dans ma voiture, la buée commence à salement obscurcir mon champ de vision. Je suis aux premières loges, c'est vrai, mais pour quoi faire ? Mes chers confrères, mes amis les rats de la Vologne, surveillés par les forces de l'ordre, sont, eux, parqués à plus de deux cents mètres. Au loin, j'entends leurs râles : « *Merde, y pousse Simon ! Il aurait quand même pu nous laisser approcher, c'est vrai, quoi ! Merde...* »

Je me demandais ce que je glandais là. Dans cette voiture, à transpirer. Avec tous ces clones qui regardaient couler un mannequin dans les eaux sombres de la Vologne. De quelle étrange maladie souffraient-ils ? Six télévisions, neuf radios, dix journaux, encore plus de magazines et d'hebdos, sans compter les indépendants et les agenciers. Une dizaine d'avocats, des magistrats... et les gendarmes, combien, les gendarmes ? Cent, cent cinquante ? Presque autant que la dernière fois. Et nos airs si sérieux, si sûrs que tout ça est vital. La France nous regarde faire les cons. De la paysanne de Charente au publicitaire *bléca*[1], du professeur d'université à la cousine de ma boulangère, tous, même les plus blasés, sont au parfum. Chacun sait ou croit savoir qui a tué Grégory. Un détail en passant : savez-vous que, depuis la mort de l'enfant martyr de la Vologne, plus personne n'appelle son gosse Grégory...

Je suis sur place depuis trois ans et quelques jours. Joël Lagrange, à l'époque, avait une BMW plus petite. Welzer, l'autre avocat, celui de Bernard Laroche, avait déjà une Porsche, mais il n'était pas encore député socialiste. J'avais sans doute quelques kilos en moins : c'est qu'on bouffe beaucoup, les soirs d'ivresse et d'ennui, au bord de la Vologne ! Garaud n'était encore que le petit avocat de Légitime Défense et Lombard, un ténor marseillais. Aujourd'hui, ils sont avant tout pour ou contre

---

(1) En verlan : *cablé*, utilisé à la stupeur générale par François Mitterrand, lors d'une interview télévisée réalisée par Yves Mourousi sur *TFI* en 1983.

Christine. On devient star des médias quand le prénom suffit... Je ne vais pas vous refaire ici la saga de la Vologne, ni user de ces images graisseuses du genre le-Dallas-du-fait-divers-celui-de-la-décennie. Mais quand même ! Trois ans déjà, et tant de conneries rabâchées, tant de fric brassé, tant de papiers vendus, tant de clichés volés, tant de glissades pas vraiment contrôlées, tant de mensonges, tant de vérités non dites. Aujourd'hui, ici, un peu méchant, un peu maso, beaucoup Zorro, j'ai envie de raconter la boue. Depuis trois ans, des restaurants d'Épinal aux rédactions parisiennes, de la cour d'appel de Nancy à celle de Dijon, combien sommes-nous à bouffer au râtelier de la Vologne ? Deux cents, trois cents, quatre cents, plus ? Tous rats. Certains, il est vrai, plus voraces que d'autres.

Le point de départ de n'importe quelle histoire, c'est une date, une heure, un lieu. Pour tout le monde, ce sera Docelles, le mardi 16 octobre 1984 à 21 h 15, à cet endroit précis où, trois ans et un mois après, nous jouons à flotte-cadavre. Pour Grégory Villemin, l'histoire s'arrêtera là. Il meurt d'hydrocution avec juste un petit peu d'eau dans les poumons. En ouvrant *Le Républicain Lorrain*, le lendemain matin, la photo de la première page m'accroche. Je me souviens d'un sauveteur un peu gros qui porte dans ses bras un enfant aux jambes pliées et aux poignets noués par une ficelle. L'enfant porte un bonnet qui lui masque le visage jusqu'au menton. La légende m'apprend qu'il est mort. C'est la nuit. Derrière le sauveteur, un peu de rivière coule. Cette photo, qui fera le tour du monde et rapportera 180 francs à son auteur, prise au flash par Patrick Gless, le photographe de *La Liberté de l'Est*, marque le début d'une très improbable histoire.

J'enquêtais à l'époque, pour *Libération*, sur la vie tumultueuse d'un président de cour d'appel ripoux, du côté de Colmar. L'actualité était chargée, sans plus. J'avais vaguement prévenu le journal de la mort de l'enfant et j'avais décidé en rentrant chez moi de faire le crochet par un village au nom à rallonge : Lépanges-sur-Vologne.

J'y suis arrivé le jeudi 18 octobre dans l'après-midi en compagnie d'une consœur (on s'appelle comme ça entre nous) d'*Europe 1*, Laurence Lacour. Elle portait un Nagra, ces lourds magnétos que tous les reporters-radio trimbalent partout. Et moi, mon carnet Rhodia et un stylo. Nous étions les premiers à débarquer sur place après la presse locale. Je comptais traîner un peu dans les cafés du coin, m'installer devant un demi, raconter l'histoire, la dicter aux sténos de *Libé*. Et rentrer chez moi, avec le sentiment du devoir accompli. LE sentiment du devoir accompli est très humain. Il permet à l'homme qui doute d'imaginer qu'il se sent mieux. C'est une donnée très subjective.

Et puis voilà, je suis resté trois semaines. À gamberger, et à gratter. Jusqu'à la très médiatique arrestation de Bernard Laroche où une soixantaine de « reporters » sillonnaient déjà, au volant de leurs puissantes mécaniques, la si paisible vallée de la Vologne.

Maurice, l'archiviste de *Libération*, a relié mes papiers dans un recueil qui doit faire aujourd'hui deux cents pages. Je relis le premier, d'abord son surtitre : « *Clouzot* », puis son titre : « *Chasse au corbeau à Lépanges : il a noyé le fils du chef* », et son chapeau : « *La mère pleure son enfant disparu, le village crie vengeance et le père dit* : “Je sais qui c'est, mais je ne dirai rien. »Quant à mes premières lignes, elles démarrent morbides : « *Les hauts de Lépanges sont bizarrement animés. Un corbillard vide redescend du plateau balayé par les vents. Devant la jolie maison de bois des Villemin, une dizaine de voitures stationnent. La famille. De temps en temps, la porte s'entrouvre et un visage blanc et triste apparaît.* “Le petit est sur la table, on est en train de préparer le corps”, *murmure le préposé des pompes funèbres…* »

Cette histoire pue le cadavre d'enfant. Une odeur que les charognards aiment bien. Le 18 au soir, une dizaine de rapaces sont déjà là, à traîner. Je me tiens à l'écart, je manque encore d'expérience. C'est mon premier vrai boulot. Bien sûr, j'ai déjà gratté quelques petits articles, mais là, je suis envoyé spécial, le journal attend de moi chaque jour un papier. Jean-Michel Bezzina, le correspondant permanent de *RTL* à Nancy, est déjà aux premières loges. Il a flairé le bon coup. Pour ça, c'est sans doute le plus fort d'entre nous. Laurence Lacour le suit : « *Je suis bien obligée,* me dit-elle, *c'est mon boulot.* » Un boulot qui consiste à braquer un micro à la gueule d'une gonzesse au bord des larmes et à lancer : « *D'après vous, c'est qui ?* » Et déjà les premiers cris : « *Foutez-nous la paix, laissez-nous avec notre chagrin !* »

L'affaire explose comme ça. Des « reporters » remontés comme des piles chargées à bloc et une famille sur le point de craquer. De la passion. C'est ce que demande le public. Il en aura pour son compte. Et même plus. Personne ne mesurait l'ampleur du sinistre. Instinctivement, chacun y allait déjà de sa petite dose de fantasmes et d'a priori faciles. Les Vosges étaient « profondes », « si profondes », les Vosgiens « primitifs », « secrets », un peu « rustres ». Et pour la famille Villemin, on disait « caste » ou « clan ». Je sais, j'ai donné. Un reportage de *TF1*, petit bijou d'ignorance et de bêtise, vaudra d'ailleurs une plainte devant la Haute Autorité par le ministre-maire d'Épinal, Philippe Seguin, déjà agacé par l'histoire.

La mayonnaise a pris très vite. Le hasard ou les biorythmes de l'actualité n'ont rien à voir là-dedans. Le succès de l'entreprise tient à la nature du drame et aux qualités exceptionnelles de ses acteurs. Le corbeau d'abord. Il sublime le crime et ouvre la chasse. Son message, posté avant le meurtre, s'adresse au père, à la famille de l'enfant bien sûr, mais aussi aux enquêteurs et au monde entier. Donc à nous. « *Je vous baiserai* », dit-il.

Souvenez-vous. Les gendarmes de Bruyères retrouveront dans la boîte aux lettres des parents de Grégory une enveloppe chiffonnée à l'adresse des Villemin, en écriture-bâton, maquillée. Et puis, sur une feuille blanche, ce mot écrit comme à l'aide de la main gauche : « *Voilà ma vengeance, pauvre con. C'est pas ton fric qui te rendra ton gosse. Tu mourras de chagrin, le chef !* »

Si celui ou celle que nous avons baptisé(e) « le corbeau » n'avait pas écrit ça, il n'y aurait sans doute jamais eu d'affaire

Grégory. Ni d'affaire Villemin. Ni de drame de Vologne. Ni de fait-divers du siècle. Avec ce message vindicatif et cynique, le meurtre devenait une énigme, le meurtrier un joueur, et l'enquête une gigantesque chasse au tueur à laquelle tout le monde était convié. Les gendarmes, grands benêts, ne se priveront pas, les premiers jours, d'en appeler à la population, portrait-robot et avis de recherche à l'appui. « *Si vous voyez cet homme, dénoncez-le à la police. Il a tué un enfant* », lancera Jean-Claude Bourret, le 27 octobre 1984 au matin, dans « Bonjour la France ».

Les gendarmes portent une part de responsabilité dans le déclenchement du phénomène Grégory. Pas tant pour les fuites du début (au contraire des policiers de Nancy, ils se sont montrés plutôt discrets à ce propos)... Plutôt pour leur incroyable candeur, leur inaptitude à répondre à ce qui n'était pourtant pas encore le déferlement médiatique. Les conférences de presse (dictées par le parquet) du capitaine Étienne Sesmat, un jeune saint-cyrien de trente ans, féru de criminologie, véritable patron de l'enquête au début, participeront aussi à l'emballement de l'affaire. Le vendredi 19 octobre, coincé entre la porte de la gendarmerie de Bruyères et la horde de cameramen, photographes et autres porteurs de micros, le capitaine au regard bleu piscine lâchait : « *C'est une histoire absolument extraordinaire, mais elle est sans doute encore plus effrayante que vous ne pouvez l'imaginer. Vous verrez quand vous connaîtrez le dénouement* !... » Comment voulez-vous qu'on ne soit pas accro après ça ?

Et le capitaine, lyrique, de conclure : « *Nous sommes dans une jungle où un loup hurle à la mort. Nous le suivons à la trace et nous finirons bien par le débusquer !...* »

Ils rappliquèrent par paquets de dix, dès le lendemain. Tous les cow-boys de la France profondément profonde qui, à force de bouffer de la merde et du cadavre, ont chopé le teint pâle. Plusieurs catégories : les petits jeunes qui débarquent dans le boulot, « *Salut, tu bosses pour qui, toi* ? », leur jean moulant, leurs tiags et leur grande gueule. Et les vieux cons qui ont déjà tout vécu depuis Dominici, leur air bêtement secret et leur fausse

Rolex : « *Ouais, coco, écrase* ! *Tu la vends combien, ta photo* ? » Et puis les rats plus mode, mais beaucoup plus pervers, au poil lissé : « *Bonjour, formidable ce fait-divers, non ?* » Ceux des agences-photo ou de chez Filipacchi qui débarquent en bandes : « *Ouais putain, les mecs, on va s'éclater* ! » Bande de rats. Ceux-là sont terribles, ils savent que l'argent attire l'argent et que les petites gens se laissent amadouer par les bons sentiments. L'affaire deviendra leur fonds de commerce, leur industrie à fabriquer de la haine, du sang et des unes pour *Match*.

Et puis tous ces autres rats. Solitaires ou grégaires. Celui de *France Soir*. De *Libé*. Du *Matin*. Du *Monde*. De *L'Huma*. Des télés. Des régionaux de partout. Des rats japonais, suédois ou américains sont également venus tremper leur queue dans la Vologne. Drôle de merdier.

Je me souviens de Sesmat (le pauvre, il se morfond aujourd'hui(2), « promu » capitaine à Berlin) et de ses premières déclarations devant la gendarmerie de Bruyères. Je me souviens de Lambert aussi, le juge, et de son air de dadais emprunté : « *Qui c'est ce mec, le juge ou son petit cousin étudiant* ? » Il avait l'air gentil, Lambert, et pas vraiment idiot. L'histoire en a oublié un autre aussi, qui jouera son rôle à merveille : le représentant de l'État, l'homme au nœud-pap, Monsieur le procureur Lecomte, qu'on a muté à Mayotte depuis l'affaire. Une semaine après le crime, dans son bureau, Lecomte s'amusait à recevoir la presse : « *Nous sommes en train de faire de la tapisserie,* disait-il. *Nous tissons des brins de laine les uns aux autres. Au fur et à mesure, nous cernons une figure qui, si elle n'apparaît pas encore clairement, peut se révéler d'un jour à l'autre.* » Un poète !

Au début, chacun essaie de faire son travail. La famille, repliée sur elle-même, pleure mais accorde quelques petites interviews. Le juge, réfugié dans son palais d'Épinal, pense que le coupable ne va pas tarder à être découvert. Il bâcle

---

(2) Nous sommes en 1988. En 2006, Sesmat s'apprête lui aussi à publier un livre sur l'affaire.

l'autopsie. C'est d'ailleurs une des raisons pour lesquelles, aujourd'hui, l'instruction manque toujours de fondements scientifiques. Le procureur Lecomte téléphone tous les jours au parquet général. On lui dit de se méfier des journalistes qui titrent déjà en très gros sur « La mort d'un ange » (*France-Dimanche*), « Noyé par le corbeau du village » (*France Soir*). Les avocats n'ont pas encore pointé leur museau, mais les rats grouillent déjà.

Le gamin meurt le mardi. On l'enterre le samedi. C'est l'automne, il fait doux. Nous nous retrouvons tous à la petite église de Lépanges. Les gendarmes d'Épinal sont descendus incognito se mêler à la foule et ont troqué leurs uniformes pour des impers sombres et des cravates noires. J'en repère facilement deux, très grands, qui portent encore sur le front la marque rouge de leur képi. Quatre équipes de télévision sont là. Les caméras travellinguent sur la foule de villageois endimanchés. L'armée de photographes planqués derrière les tombes impressionne encore plus. La mère chiale et s'effondre : « *Mon Titi, rendez-moi mon Titi !* » Les mecs flashent comme des bêtes et rechargent. Un vague cousin Villemin prend une pierre et la balance, le cameraman d'*Antenne 2* doit s'en souvenir encore. Lionel, le petit frère de Jean-Marie Villemin, pleure à chaudes larmes. Les rats les moins hypocrites ricanent, ça fera vendre…

Derrière l'église, près du pissoir municipal, l'adjudant Lamirand de Bruyères (il est toujours adjudant à Bruyères aujourd'hui) tient une conférence de presse improvisée devant la meute. Il est fier et gros. Comme la plupart des enquêteurs, il est alors persuadé que le coupable sera arrêté dans les jours qui viennent : « *Vous en êtes sûr ?* », lui demande Catherine Ney de *TF1*. « *Aussi sûr que de la couleur de votre petite culotte* », répond Lamirand. Ça fait marrer tout le monde, même moi. Le lendemain à Docelles, j'assiste à un drôle de manège. Un des nombreux envoyés spéciaux de *Paris Match* a acheté, chez les pompes funèbres du coin, une couronne qu'il a posée sur une berge de la Vologne. Dans *Match*, je retrouverai sa photo avec, pour légende, un demi-mensonge : « *À Docelles (où l'émoi est grand), une main anonyme a déposé ces quelques fleurs…* » Tout baigne dans la mélasse.

La période qui suivra l'enterrement sera celle des dictées (on cherche à démasquer le corbeau) et des suspects : d'abord le demi-frère Jacky, puis un cousin, puis l'oncle éloigné, tous dénoncés, tous jetés en pâture à la vindicte, tous disculpés depuis. Elle coïncidera aussi avec la formation des « pools ». (Je découvre ce mot, il signifie « groupes de journalistes liés par des intérêts communs ») La concurrence est rude entre médias, surtout entre radios. *RTL* livre une guerre sans merci aux trois autres stations périphériques. Les flashes se succèdent à un rythme effréné, dans la vallée de la Vologne la tension monte et les tueurs de tueurs d'enfants se comptent, ils sont nombreux. L'affaire Grégory ouvre tous les journaux d'alors, même les « 20 heures » sur les chaînes de télé, où on s'emmêle les crayons dans les qualificatifs « Mystérieux… Troublant… Inquiétant… Horrible… ». C'est à qui balancera le premier.

Partout, les rédactions parisiennes poussent à la roue. Entre les télés, *Antenne 2* et *TF1* d'un côté, *FR3* et *RTL* de l'autre, la lutte est sanglante. Même topo dans la presse écrite, les hebdos traquent les photos et les trois quotidiens régionaux – *La Liberté de l'Est, Le Républicain Lorrain* et *L'Est Républicain* – bataillent ferme à coups de pleines pages et de gros titres : « Grégory : le meurtrier fait partie de la famille… » Un seul hebdo manque à l'appel : *VSD*. Son rédacteur en chef, à qui les photographes téléphonent régulièrement au début de l'affaire pour vendre leurs images, a décidé de faire l'impasse sur l'histoire : « *Merci les gars, mais vous verrez, ça ne donnera rien, ce fait-divers !* » Bravo pour la vista. Mais partout, de *Libé* à *France Soir*, du *Monde* au *Parisien*, c'est le même refrain : « *C'est le feuilleton des années quatre-vingt, faut y aller !…* » Y aller d'accord, mais où ?

Les voitures se croisent et s'entrecroisent sur une dizaine de kilomètres, entre la gendarmerie de Bruyères et la maison des grands-parents de Grégory, à Autmonzey, ou celle des parents à Lépanges. Les Vosgiens sont dubitatifs, mais pas encore agressifs. Les radios traquent le son immédiat. Les télés, l'image choc. Les journaux, les ragots du jour. Et l'*AFP*, omniprésente, martèle le tout à coups de dépêches sèches et sourcées qui allument des mèches un peu partout. À ce petit jeu de cons, tout le monde, évidemment (sauf les inspecteurs des ventes), sera perdant.

Juste une scène : mercredi 24 octobre 1984, 1 h 25 du matin. La porte de la gendarmerie de Bruyères s'ouvre sur un couple hagard, interrogé depuis cinq ou six heures, les Hollard. Lumière aveuglante des projos. Bousculade. La meute est là, pressante. Quelques villageois, mais surtout des journalistes. L'un d'eux, celui de *Match*, a besoin d'un gros plan. Il hurle : « *Assassins* ! » Le père Hollard se retourne, blessé, interloqué. L'autre flashe comme un malade. Il est deux heures, Sesmat sort fatigué : « *On s'est cassé la tête pour rien, ils ont un alibi, on repart à zéro, mais on ne désespère pas.* » Tant pis, le père Hollard aura droit à son portrait dans les gazettes. Un excité fracturera même la porte de sa maison pour venir lui piquer son album-photos. Bavure. Lui, invalide, myope, presque analphabète, bredouillera le lendemain à un micro : « *Avec ce que j'ai pris hier, je suis encore plus aveugle.* » C'est la guerre !

Autre anecdote. Jacky Villemin, le premier suspect, celui que les premiers articles parus affublaient du surnom de « bâtard », celui que Jean-Marie voulait descendre à coups de 22 long rifle, découvrira l'identité de son véritable père grâce à un fouineur du *Parisien*. Malaise. Son beau-père, autre Vosgien « pas clair » du début de la saga, apprendra qu'il souffre d'un cancer en ouvrant son quotidien du matin. Ça fait toujours plaisir ! À l'époque, une question obsédait tout le monde : qui ? Qui a tué Grégory ? Nous, rats de la Vologne, devenions des joueurs de Cluedo. J'avais même proposé à mes supérieurs de l'époque, à *Libération*, l'idée d'un grand jeu sur la trame du fait-divers que nous étions en train de vivre. Mais on m'avait répondu que la dérision ne passerait pas et qu'on ne pouvait quand même pas rire « de ces choses-là ». Certes. Je traînais donc mon ennui et ma haine du monde injuste qui m'entourait, entre le bar de l'hôtel Dossman de Brouvelieure, où j'avais pris une chambre à l'écart du bruit, et le pont de Docelles où je regardais couler, noire, la Vologne. J'étais morose. Je voulais rentrer chez moi, mais on m'avait instamment prié de rester. Comme je venais d'être embauché à *Libé*, j'avais quelques scrupules à enfreindre les consignes. Le soir, j'envoyais mes deux feuillets et demi de bas de page. Le lendemain, je les retrouvais, rehaussés d'un titre ravageur, en ouverture.

Le grand must chez mes collègues consistait à se faire inviter chez les Villemin. Le petit déjeuner (avec fleurs, croissants et gueules enfarinées), le matin, chez les grands-parents. Et le café, le midi, dans l'appartement HLM de Madame veuve Chatel, la mère de Christine Villemin. Là, tous les moyens étaient bons pour tirer les vers du nez (ou les photos des albums) des acteurs de la saga : « *Et Grégory, il était gentil ? Et Christine, elle découchait ? Et l'oncle Machin, c'est vrai qu'il s'est pendu ?* » On s'amusait bien. Jusqu'au jour où ça n'a plus du tout rigolé. Le jour où les gendarmes, toutes sirènes hurlantes, ont arrêté Laroche, à son usine d'Autmonzey. J'étais encore une fois aux premières loges, derrière les grilles.

Ce jour-là, j'ai vraiment déconné. Le juge Lambert aussi. J'avais fait sa connaissance dans son bureau, comme tout le monde : « *Bonjour, voilà, je suis de* Libé, *à votre avis c'est qui ?* » (Je résume.) Lambert, amateur de littérature, m'était apparu sympathique, un peu largué devant l'ampleur que prenait son histoire, mais d'une candeur et d'un intérêt touchants pour tout ce qui avait trait au glorieux métier de journaliste. Jusqu'au jour où, en compagnie de trois confrères, je lui ai dit que nous étions « au courant » pour Bernard Laroche…

Grégory était mort depuis quinze jours et tout le monde était accro. Une arrestation était imminente et nous quatre, grâce, entre autres, aux confidences de Jacky et Liliane Villemin (qui restituaient ce que leur avaient appris les gendarmes) et d'un ouvrier textile, étions seuls à savoir que Laroche était devenu le suspect numéro un. Ce détail a son importance, car aujourd'hui encore, le juge Lambert, qui m'a plusieurs fois interrogé à ce propos, pense que la divulgation du nom de Laroche émanait de Christine Villemin. Il se trompe. Lambert nous a appris, ce soir-là, que les expertises en écriture désignaient Laroche. Mais il nous a demandé de patienter et de taire l'information. Mais un matin, par le biais d'une experte en graphologie trop bavarde, la nouvelle est arrivée aux oreilles d'un correspondant de *France Soir*, Le « scoop » était éventé. Laroche fut précipitamment placé en garde à vue, puis relâché, puis finalement inculpé d'assassinat.

Je le revois encore, boudiné dans son bleu de travail de cégétiste, plein de cambouis, l'air mal réveillé, silencieux, derrière les portes de son usine de tissage, avec ses mots simples : « *C'est pas moi, le corbeau, qu'est-ce que vous voulez que j'y fasse ?* » Et la meute qui poussait. Et la course-poursuite jusqu'à la prison. Et l'air satisfait de Lambert, Le petit juge était jovial les jours suivant l'arrestation. Il n'avait pas d'aveux, mais les flatteries de la presse le comblaient. Le mercredi 6 novembre 1984 au soir, il y eut même un petit banquet improvisé dans les salons de l'hôtel du Mouton Blanc, le trois étoiles d'Épinal. Lambert Jean-Michel était le maître de cérémonie, Jean-Michel Bezzina a lu devant une assistance béate, où tous les pools fratricides étaient réunis, le contenu de son portrait, à paraître le lendemain. Le filet de bœuf à la crème d'échalote passait mal. Il fallait boire le Bergerac tiède jusqu'à la lie.

Heureusement, le lendemain, Muriel remettait un peu de sel à l'histoire, en ayant la mauvaise idée de revenir sur ses premières déclarations. Sale gosse ! Les rats, eux, s'étaient trouvé deux victimes de plus : alibis de Laroche, Louisette et Chantal Jacob, sa tante et sa cousine incestueuses, mangeuses de raviolis en boîte devant l'éternel, analphabètes et arriérées mentales, incapables de comprendre une question, allaient pourtant répondre à une dizaine d'interviews au moins et se faire piquer toutes leurs photos de famille. Elles ont aujourd'hui découvert un mot nouveau : « journaliste », qu'elles ont traduit par « salopard ».

Jusqu'à présent, j'ai encore peu parlé d'eux. Ils vont pourtant vite devenir les stars de la vilaine fable de la Vologne. Si les journalistes en sont les rats, eux, pour achever la métaphore animale, en deviendront les vautours. Menteurs, cabots, exhibitionnistes, malins… Ce sont les avocats, bien sûr. J'en ai rencontré par la suite une bonne cinquantaine qui m'ont dit leur désespoir, leur frustration, voire leur jalousie, de ne pas être « rentrés » (on dit comme ça) dans l'histoire.

Première remarque : la quinzaine d'élus qui y sont parvenus ne sont pas les plus mauvais, non, mais les plus retors, sûrement. Deuxième constat : l'avocat a besoin du journaliste (pour « rentrer » dans l'histoire et pour sa publicité personnelle) autant que le journaliste a besoin de l'avocat (pour ses informations), ils sont le couple nécessaire, infernal et incontournable du fait-divers moderne. Troisième conseil : il ne faut jamais croire sur parole un avocat. Et même sur dossier, s'en méfier.

Le feuilleton médiatico-judiciaire des Villemin aura peut-être appris aux Français à mieux connaître les aléas de leur justice. L'affaire va lancer un nouveau mode de travail. « *Ça devient aujourd'hui vital, pour les grosses affaires, de préparer l'opinion avant le procès* », m'expliquera maître Lagrange, avocat des grands-parents de Grégory, qui aujourd'hui, trois ans après son entrée dans le circuit Villemin, est devenu l'un des plus gros cabinets d'avocats de Nancy(3) : « *C'est vrai que ça a dû avoir une incidence sur ma clientèle* », reconnaît-il. Incidence, le mot est faible. Grâce à la notoriété (sans doute un peu méritée) que lui a apportée la libération

(3) Joël Lagrange est surtout devenu mon ami. Mon inséparable ami. Nous nous sommes rencontrés sur les bords de la Vologne et ne nous sommes plus quittés jusqu'à sa mort en février 2001. Un accident cardiaque qui me rend triste à jamais. Nos seuls sujets de désaccord ont toujours été liés à l'affaire Villemin. Même quinze ans après le drame, Joël n'était pas tout à fait convaincu de l'innocence de Christine Villemin.

de Bernard Laroche, Gérard Welzer, du barreau d'Épinal, a certainement obtenu quelques voix de plus qui lui ont permis de devenir député et a en tout cas multiplié par quatre ou cinq l'activité de son cabinet qui prospère aujourd'hui. Et Garaud, par dix !

Entre tous ces avocats qui se font la gueule en public mais des mamours en privé, et entre ces avocats et les journalistes, les services rendus et à rendre sont nombreux. Prenons Garaud. Avocat de Légitime Défense, sympathisant des idées de Jean-Marie Le Pen, plus habitué à faire acquitter les piégeurs de transistors qu'à défendre les mères éplorées, il est rentré dans l'affaire grâce à *Europe 1*. Un envoyé spécial de la radio périphérique, dépêché spécialement à Lépanges pour ça, s'est gentiment introduit chez les parents de Grégory pour leur vanter les mérites de l'avocat parisien. Le téléphone des parents étant placé sur écoute, la chose s'est sue. En contrepartie, maître Garaud offrira quelques mois plus tard à Jean-Pierre Elkabbach une interview exclusive de Christine Villemin dans « Découvertes ». À l'époque, Garaud ne savait sans doute pas que, de partie civile, donc d'attaquant... il allait devenir défenseur. Mutation laborieuse, mais aujourd'hui réussie.

Trois familles d'avocats vont se croiser tout au long de la saga. Ceux de Christine et Jean-Marie Villemin, Garaud en tête, ceux de Bernard Laroche avec Welzer et Prompt (qui entre dans l'affaire en tant qu'avocat de la CGT, Laroche étant délégué syndical) et ceux de la partie civile où Paul Lombard (branché par Welzer, suite aux recommandations de Bezzina qui voulait à tout prix faire rentrer un « Parisien dans le dossier ») prend les commandes. Mais il y en a d'autres, trop nombreux pour les citer tous. En fait, les porte-voix que sont Lombard ou Garaud connaissent assez mal le fond du dossier. Le vrai travail est réalisé par leurs correspondants locaux : le nancéien Lagrange (pour la partie civile) ou le mulhousien Moser et le nancéien Robinet (pour la défense).

Maître Robinet, l'avocat de la mère de Christine Villemin, rentrera tard dans l'affaire, après avoir fait rentrer Garaud dans l'affaire Weber (la mémé flingueuse de Nancy). Ça s'appelle un échange de bons procédés. Quoi qu'il en soit, dès leur arrivée dans le dossier, tout est filtré par eux. Et les pools doivent prendre position. Et choisir leurs avocats. À chacun ses confidents. Entre les partisans de la thèse Laroche coupable et les militants (de plus en plus acharnés) de la culpabilité de Christine Villemin, les coups bas sont nombreux. Depuis le premier jour, Bezzina, le correspondant de *RTL* et de Robert Hersant, croit Christine Villemin coupable. Il en a fait son acte de foi sur sa radio et dans *France Soir*, mais aussi dans *Le Figaro*, *Le Journal du Dimanche*, *Le Quodidien de Paris* (par l'intermédiaire de sa femme) ou sur les fils de l'*AP* ou de l'*ACP*. Autant dire qu'en passant par lui, on est sûr de frapper fort. Et Bezzina cogne de plus en plus dur ! Les autres suivent, et suivront encore plus, quand les gendarmes d'Épinal seront dessaisis de l'enquête au profit des flics nancéiens.

Pendant que Laroche prend du bide en prison. Welzer passe des heures dans le bureau du juge Lambert, son voisin de fenêtre, a essayer de le convaincre de l'innocence de son client. Il y parviendra. Le 4 février 1985, Nanard est libéré. Il fonce dans les salons nancéiens de *RTL* accorder une interview exclusive, puis dans la banlieue dijonnaise, pour quelques séances photos et un bon repas avec cinq journalistes « amis », comme les appellent Welzer et Prompt. Les autres font la gueule.

Les tensions sont telles à ce moment-là à Épinal qu'entre « confrères » les injures volent bas. On ne fréquente pas les mêmes cafés ni les mêmes restaurants. On évite les hôtels en commun (où les prix des chambres ont grimpé). Distant et un peu moins impliqué que mes confrères dans la chasse à l'info, je réussis le tour de force de continuer à boire mon jus chez Merle (où Christine Villemin fait figure de lépreuse) avec Lionel Raux de *L'Est Républicain*, et mon pousse-café au Commerce avec Jean-Claude Hauck du *Républicain Lorrain*, le plus fidèle allié de Christine Villemin. Pour les photographes, c'est l'époque des planques. Interminables. Aux portes du palais de Justice d'Épinal, devant les maisons des protagonistes de l'histoire. Au cimetière de Lépanges où on attend la mère éplorée. C'est là qu'un jour de grand froid, Pradier, de *Détective*, Mousty, de *Reuter* et les autres verront débarquer par –10°, dans une voiture de location où l'autoradio crache des rythmes de bossa-nova, trois reporters de *TV Globo*, la chaîne brésilienne, en chemise à fleurs, qui viennent filmer la tombe du môme. Manque de chance pour les téléspectateurs brésiliens, les danseurs de samba se tromperont de tombe !

Garaud, qui a senti le vent tourner, organise, lui, des rencontres entre sa cliente et quelques journalistes triés sur le volet. Je ferai partie du premier charter pour Petitmont où Christine Villemin vit gardée par deux gendarmes. Avant même l'arrivée de l'avocat, j'aurai avec la jeune femme une conversation en tête-à-tête d'une banalité affligeante. Incapable de l'interroger sur l'affaire, nous causons jardinage et lecture. Christine est branchée Harlequin. Moi pas. Elle semble radieuse et peu touchée par les titres des magazines : « *Je ne vais pas leur dire que je suis coupable uniquement pour leur faire plaisir !* » tranche-t-elle. « *Il fait beau, vous avez bonne mine* », ai-je dit, interloqué. À part son accent légèrement vosgien et son pâle sourire fatigué, je n'ai rien à déclarer. L'avocat se chargera ensuite de superviser l'interview et la séance photos qui fera la Une du *Figaro* et, via l'*AFP*, un tas de quotidiens. *Times* passera même une très mauvaise photo de Christine, tristement assise sur le formica de la cuisine de sa grand-mère. Dans *Libé*, pas une ligne. Je ne sens pas mon sujet. Je sais ce n'est pas très professionnel, mais c'est juste humain.

Nous faisons également connaissance, en cette période trouble, d'une nouvelle famille : les Bolle, parents de Muriel et beaux-parents de Laroche. Le père, un fou de la gâchette, éloigne les chasseurs de scoops à coups de carabine. Plus tard, après la mort de Laroche, un avocat me montrera, fraîchement saisi et caché dans un placard de son cabinet, un fusil-mitrailleur prêt à l'emploi.

On en était là. La période de la libération de Laroche sera du pain bénit pour les rats, en mal de sensations fortes. À *Match*, Jean-

Michel Caradec'h, un ancien de *Libé*, et Jean Ker, l'enquêteur de choc, se partagent le travail. Le premier cartonne Christine et décrit même, dans un papier qui rendra furieux Garaud, la scène de sa future inculpation. Le second la défend, en accablant Laroche. Dans les deux cas, l'hebdo, qui fait grimper ses tirages (à plus d'un million, dans les temps forts de l'affaire), en sortira gagnant. Ker a une relation privilégiée avec Christine et Jean-Marie Villemin, il s'en est d'ailleurs expliqué dans un de ses papiers où il raconte comment il a empêché une première fois Jean-Marie Villemin de tuer Bernard Laroche. Sa technique est simple : pour s'octroyer les faveurs de ses « nouveaux amis », il leur fait part du fruit de ses investigations et des raisons pour lesquelles il croit Laroche coupable. À l'appui, il leur raconte les PV d'interrogatoires qu'il enregistre sur un petit magnéto. Évidemment, Jean-Marie Villemin apprécie…

Ker ne sera pas là le vendredi 29 mars, vers 13 h, quand Jean-Marie, chauffé à blanc, pointera son flingue contre la poitrine de Laroche. Le photographe du *Parisien* non plus. Son journal avait pourtant réussi un bon coup peu de temps avant : une interview simultanée de Jean-Marie Villemin par Laroche et vice-versa. Pour réussir ça, encore une fois, tout le problème était de s'introduire chez les Villemin qui, lucides, commençaient à comprendre le jeu des vendeurs de papier. Le gros balèze du *Parisien* a réussi là un truc très fort. Sur la tombe de Grégory était scellé dans le béton un porte-photo de l'enfant. Un jour, il a fait remarquer à Jean-Marie sa disparition. Le père enrageait. « *T'inquiète pas, je te le retrouverai* », lui dit le flasheur aux gros bras, la photo dans la poche. Effectivement, quelques jours plus tard, il a remis la photo à Jean-Marie, tout heureux de la retrouver : « *Tiens, on m'a chargé de te la remettre !* » Et voilà ! Une confiance de gagnée, une interview d'accordée. « *Merci, vieux, toi t'es un pote !…* » – « *C'est rien, laisse !…* »

Je me souviens du vendredi après-midi où, peinard, j'allais voir mon copain Darcourt à l'*AFP*-Metz. « *Il est pas là,* me dit un secrétaire de rédaction, *il est à Épinal, le père Villemin a tué Laroche.* »

J'ai d'abord cru à un gag. Ils s'y sont mis à trois pendant dix minutes pour me convaincre. J'ai repris la route d'Épinal, assez secoué. Cette mort me touchait. Le week-end qui suivit la mort de Laroche fut un week-end de fous. Ses avocats faisaient monter la pression, en allumant les gendarmes soupçonnés d'avoir « armé le bras » de Jean-Marie Villemin. Christine Villemin, enceinte, de son lit d'hôpital avait téléphoné à Laurence Lacour pour lui raconter sa version du meurtre. *Europe 1* diffusera immédiatement l'entretien. D'après elle, Laroche se serait moqué de son mari. La France a l'oreille rivée au transistor et la dizaine de photographes qui stationnent en permanence dans les Vosges suit l'assassinat en très léger différé. Lambert, lui, est parti en vacances pédestres dans le Hoggar.

Un journaliste, encore plus futé que les autres, avait refilé à Jean-Marie Villemin un petit magnétophone, en lui demandant d'enregistrer ses états d'âme et les aveux de Laroche. Les gendarmes le retrouveront dans les poches du père de Grégory le jour de la mort de Laroche. « *J'ai pas eu le cœur à m'en servir* », leur expliquera Jean-Marie Villemin. La cassette était restée vierge, mais on est vraiment passé à deux doigts du crime le plus médiatique de l'histoire. Imaginez l'enregistrement... Le craquement des pas, le halètement du tueur... « *Voilà, je vais tuer l'assassin de mon enfant. Avoue que c'est toi qui l'as tué, salaud... – Non, Jean-Marie, fais pas le con.* » Pan ! Combien pour un document pareil ?

Cent briques, pas moins. Vous devez penser que je délire. Eh bien, pas du tout. On est passé tout près.

Le lendemain de la mort de Laroche, je décide de prendre un peu la défense de Sesmat et de ses amis. « *Les gendarmes portent le képi* » titre *Libé*. Nous avons tous tué Laroche. Un peu. Cuisine interne au journal : un petit malin rajoute des larmes à mon papier. J'avais dicté : « *Un gendarme en faction assurait que...* » et, le lendemain, je découvre imprimé : « *Un gendarme en faction, ému aux larmes, assurait que...* ». En fait, le gendarme qui m'avait raconté ça était rigolard. Je cherche encore aujourd'hui à démasquer le coupable. Impossible.

Loin de calmer l'ardeur des rats, la mort de Laroche sonne la charge héroïque des redresseurs de torts. Une cible : Christine Villemin. Bezzina dans *France Soir*, Caradec'h dans *Match* et *Le Figaro Magazine* s'en donnent à cœur joie. À la une de l'hebdo de Filipacchi, le cadavre de Laroche. Une photo vendue par Prompt à *Sygma* (pas moins de 100 000 F, pas plus de 300 000 F). Marie-Ange Laroche, à l'époque, croyait que le photographe était un collaborateur de l'avocat et que l'image ne devait servir qu'à l'album-photos familial. Les avocats de Laroche, eux, voulaient sans doute marquer l'opinion, en exposant publiquement, sur une couverture-couleur, le cadavre d'un innocent.

Le summum sera atteint le jour de l'enterrement. Sur les murs du petit cimetière de Jussarupt, une centaine de photographes, armés de très longs téléobjectifs, mitraillent à se fouler le petit doigt. Il y en a partout, même dans les arbres qui surplombent le cimetière. Dans le clocher de l'église, un barjot s'est enfermé là, depuis trois jours, pour avoir le meilleur panoramique possible de la foule. Du délire. Jean-Michel Lambert va alors changer d'attitude et, cadeau posthume à la famille Bolle, laisser courir le bruit qu'il était sur le point d'accorder son non-lieu à Laroche. Cette nouvelle coïncide avec la énième expertise en écriture accablante pour Christine Villemin et la découverte par les policiers nancéiens (qui ont remplacé les gendarmes), dans le garage de Jean-Marie Villemin, d'une cordelette apparemment identique à celle qui a entravé les poignets de l'enfant : les gendarmes laissent entendre aujourd'hui que la maison avait été fouillée et qu'aucune cordelette ne s'y trouvait alors. En coulisses, gendarmes et policiers ne s'épargnent pas : « *Ils sont arrogants et dangereux* », accusent les premiers. « *Ils sont nuls* », rétorquent les seconds.

La vallée de la Vologne est toujours aussi animée, mais ses habitants beaucoup plus agressifs. Les premiers pélerins commencent à défiler devant les tombes de Laroche et de Grégory. Certains brûlent des cierges, d'autres vont jeter des sous dans la Vologne. Les organisateurs d'excursions font tous le crochet. En bon enquêteur, chaque journaliste en profite pour refaire à fond la caisse, de Lépanges à Docelles, le parcours supposé de l'assassin : quatorze minutes aller-retour. Un peu short pour Christine Villemin... C'est à peu près à cette période que j'assisterai à une étrange scène au buffet de la gare de Metz : deux hommes et une femme complotent derrière leur verre. À mon arrivée, ils se taisent. Je reconnais l'un d'eux, il est photographe. Quelques semaines plus tard, à Épinal, après quelques bières, il m'expliquera l'objet de leur conversation... secrète : l'enlèvement de la jeune Muriel Bolle. Rien que ça ! « *Pour la faire avouer, après on la relâche* », précise même l'homme. À ma connaissance, l'enlèvement a échoué.

Le 20 juin 1985, face à l'éternelle armée de mateurs professionnels, Jean-Marie Villemin, très amaigri, refait sans trembler le geste qui tua Laroche. Légitime Défense marque des points, et Jean-Marie Le Pen, de passage à Épinal, en profitera pour réclamer, sous des applaudissements nourris, le retour de la peine de mort. *Minute*, tuyauté par Garaud, suit l'affaire de très près et défend Christine comme Pétain. *L'Événement du Jeudi*, à la recherche d'angles originaux, s'interroge à juste titre en manchette : « *Les journalistes sont-ils des pourris ?* », mais l'envoyé spécial de Jean-François Kahn, invité à bouffer et à boire des coups par tous les rats pourris présents à Épinal, se laisse prendre et rend un papier timide.

Pour meubler les accalmies, les autres journaux ressortent les vieux flics des placards. *Le Journal du Dimanche* envoie le commissaire Ottavioli enquêter dans les restaurants de Bruyères, *Détective* pense à Borniche. Mais on ne verra finalement qu'un mage belge chez les Villemin. Quant à *VSD*, à défaut de Sherlock Holmes, il parachute Jack Slipper, un as (à la retraite) de Scotland Yard, pour inspecter à la loupe les berges de la Vologne. Le très vénérable chroniqueur judiciaire Frédéric Pottecher, lui, répand un peu partout sa méconnaissance du dossier et ses jugements à l'emporte-pièce. *Libé* et mon big boss, Serge July, toujours en avance, préfèrent envoyer à Lépanges une jeune journaliste de grand talent : Marguerite Duras. Elle était assise à une table de chez Dossman, à Brouvelieure, devant une tisane. Chaude. Avec Éric Favereau, journaliste de *Libé*, qui l'avait conduite là. Et Yann, son copain. Elle m'a dit : « *J'ai bien aimé vos papiers.* » J'ai fait celui qui n'avait pas entendu et j'ai bafouillé : « *J'ai pas beaucoup lu vos bouquins.* »

On a dîné. Des truites et du foie gras. Elle m'a fait parler pendant une partie de la nuit de l'histoire. Je sirotais du Riesling très frais. Elle, de l'eau. Seule Christine l'intéressait. Le lendemain, la tête un peu lourde, je l'ai promenée un peu partout. Le pont de Docelles. La maison « sur la colline nue », comme elle l'avait baptisée. C'est vrai qu'en la voyant, elle a crié : « *Le crime a existé.* » Je me souviens du coup de téléphone à Garaud. C'était surréaliste. J'avais servi d'intermédiaire. Marguerite, tenace, voulait rencontrer Christine à tout prix. On était enfermé dans un petit cagibi, chez Dossman. Le standard déconnait. La serveuse faisait passer des plats de frites. Et Garaud, poli, était très méfiant. La conversation durera une heure, mais avec au moins trente minutes de silence. Finalement Marguerite ne rencontrera pas Christine V., mais Jean-Michel L., rouge de plaisir, dans son petit cabinet de petit juge. Elle fera deux versions de son papier, la première (non parue) était encore plus violente et plus accablante pour Christine que la seconde. Christine Villemin sera inculpée d'assassinat à Metz le 5 juillet, et libérée le 16, jour de sortie du papier à scandale de Duras dans *Libé* qui titre alors, anachronique, sur « le droit à l'innocence ». « *Elle est pas bien, celle-là, écrire des machins pareils !* » commentera Christine. L'intelligentsia sera de son avis. On se fait les frayeurs qu'on peut.

Mi-juillet sort dans *Elle* un autre papier qui, lui, ne fera pas scandale. Lambert, romantique, y pose dans des vêtements très BCBG prêtés par une journaliste, il s'y confesse aussi, il y parle de ses amours déçues, et surtout de sa relation avec la mère de Grégory : « *La veille de son inculpation, j'ai fondu en larmes en écoutant Léo Ferré, la période dure, et surtout une chanson,* Y'en a marre », souffle-t-il. Badinter apprécie. « *Je me suis fait avoir par la journaliste qui m'avait proposé une promenade amicale en forêt* », m'expliquera plus tard Lambert, déçu. Encore une victime innocente de ce monde cruel ! Les vacances passent. La publication par bribes, un peu partout, de l'expertise psychiatrique de Christine Villemin fait causer dans les campings. Pour parer le mauvais coup, Garaud envoie dans les Vosges son « ami » médecin, le docteur Lavoine, un psychiatre lillois, qui juge Christine « tout à fait normale ». Trois mois plus tard, Lavoine sera interdit d'exercer la médecine et inculpé de diverses grivèleries (faux certificat médical entre autres). Ça la fout mal. L'affaire s'internationalise aussi. À Moscou, au Rassemblement international de la jeunesse, les jeunes Russes n'interrogent pas les délégués français sur Mitterrand ou le désarmement, mais sur « l'horrible assassinat du petit Grégory ».

À la rentrée, Garaud décide de porter plainte en diffamation contre *France Soir*, *Le Figaro Magazine* et *Paris Match*, à qui Christine réclame, en plus, son album-photos. Il portera également plainte contre le journal *Vous et votre avenir*, qui avait publié des thèmes astraux assassins de Christine et Jean-Marie Villemin. Garaud demande un million de francs de dommages et intérêts à chaque titre. À *Match*, on saisit la balle au bond : « *OK pour le payer, mais, en contrepartie, on veut des photos et des interviews exclusives.* » Garaud, malin, finira par céder. C'est ainsi qu'en octobre, Julien Villemin, le petit dernier, fera ses débuts dans *Match*. Huit pages de photos en direct de la maternité, presque la naissance en quadrichromie. Les gynécos de la maternité de Lunéville, eux, sont furieux. Ils ont été obligés de parquer, trois par chambres, leurs patientes, afin de libérer une aile de la clinique pour la reine Christine, protégée en permanence par une dizaine de flics. Même les médecins doivent montrer leur carte. Mais ces photos ne sont que la première étape d'une longue et fructueuse collaboration entre la mère de Grégory, pas rancunière, et l'hebdomadaire de Filipacchi. Combien le défenseur de Christine Villemin a-t-il perçu pour cette collaboration qui dure maintenant depuis trois ans ?

Certainement beaucoup d'argent. Dans *Libération*, rien que pour les premières photos de l'enfant, j'avais écrit : « *Julien Villemin, 3, 300 kg, 650 000 F* ». L'avocat de *Match*, maître Mattarazzo, confirmera l'existence d'un « *règlement à l'amiable* », mais infirmera le montant, « *très inférieur* », selon lui, à la somme énoncée. Dont acte. Pour une seule photo. Dans ce domaine fangeux, difficile en tout cas d'être catégorique. Les contrats se négocient loin des regards importuns. Après la naissance, les lecteurs de *Match* ont eu droit en exclusivité aux premiers pas du bambin, à la photo de famille avec maman et sœurette, à la promenade en solitaire dans la neige, au travail d'écriture de Christine, etc. Je suis prêt à prendre ici le pari que la vente d'exclusivités à *Match* a rapporté plus d'un million de francs au défenseur de Christine Villemin. De source sûre, comme on dit. Chez les vendeurs de papier, le viol d'une intimité est un investissement sûr. Ça se paie cher, mais ça rapporte gros.

Réponse de Marie-Ange Laroche à Christine Villemin (la première nommée est, il est vrai, moins cotée au box-office de l'affaire que la seconde) : le 20 décembre, Jean-Bernard Laroche apparaît endormi dans les bras de sa mère, encore marquée par l'accouchement, à la une de tous les hebdos. Mais Welzer et Prompt, pour marquer leur différence, ne toucheront rien en échange des photos. Un petit malin, Christian Vigne, profite des grossesses respectives des deux stars de la Vologne pour aller piquer le dossier Villemin dans un buffet de la cour d'appel de Nancy. Il cherche à le revendre à différentes rédactions. Manque de bol pour lui, tout le monde l'a déjà. On retrouvera le dossier dans une poubelle d'autoroute à Dole, et le voleur dans un camp de naturistes en Provence. Résultat des courses : quatre ans ferme. Les magistrats s'énervent.

Les Bolle s'énervent aussi. Ils ont découvert un micro-émetteur caché sous l'armoire de leur fille Muriel qui vit recluse depuis la mort de Laroche. Sylvain Hebbat, photographe de *Sygma* et pigiste occasionnel à *Match*, qui a investi toutes ses économies dans l'achat d'un matériel d'espionnage très sophistiqué, et qui a réussi à s'introduire chez les Bolle en faisant leurs courses, est aussitôt inculpé d'« atteinte à la vie privée ».

Fin novembre, il fera même quatre jours de prison. Son rêve, coincer Muriel, devient une obsession. La Vologne rend fou.

Encore une petite histoire, comme ça en passant. C'est Noël à Lépanges, le second depuis la mort de Grégory, et les malheureux journalistes du *Parisien* n'ont rien à se mettre sous la dent. Qu'à cela ne tienne, on s'arrange. Un petit tour chez le marchand de jouets, un petit dépôt sur la tombe du môme. Et hop ! On canarde et on légende sur la générosité des Vosgiens. Sympa, le Père Noël !

On se dit alors que l'affaire n'intéresse plus grand monde et qu'elle s'enfonce dans le bourbier de la procédure. La France, dans sa majorité, croit Christine Villemin coupable. Les journalistes aussi (sauf Hauck, du *Républicain Lorrain*, inébranlable). Après la mort de Laroche, et la campagne de lynchage orchestrée par *France Soir* et quelques autres, je m'efforce, dans *Libé*, de ne jamais me prononcer. Coupable ou non coupable ? Là n'est pas le problème. Garaud, pour se faire un peu d'argent de poche et préparer l'opinion, a alors mis au point un coup d'édition monté avec Michel Lafon : les confessions de Christine Villemin. L'avocat est son mandataire. Il signe un contrat avec les éditions 13, encaisse sur son compte Carpa(4) 50 000 F à la signature et 50 000 F à la remise du manuscrit. Un court instant interdit, *Laissez-moi vous dire*(5) sort finalement début juin. Il est vendu (sans pub) 58 F, 10 % des ventes iront à l'auteur. Le reste aurait dû enrichir l'éditeur qui, finalement, se fera gruger. Le bouquin est nul, Christine Villemin y raconte ses histoires de majorettes

(4) Dans l'exercice de sa profession, un avocat peut recevoir des fonds, pour le compte de ses clients. Les opérations et dépôts effectués sur ce compte CARPA sont centralisés et contrôlés par une Caisse de réglements pécuniaires.

(5) Le livre de Christine Villemin, édité chez Michel Lafon, a finalement fait l'objet d'une transaction entre avocats. Marie-Ange Laroche a ainsi obtenu 800 000 F de dédommagements, les grands parents de Grégory et leur fils Michel ont obtenu 70 000 F..

et sa rencontre avec Jean-Marie. Deux chapitres sont consacrés à la « piste Laroche ». Fin octobre, craignant sans doute une trop lourde amende en diffamation, l'éditeur décide de stopper l'impression du livre, 100 000 exemplaires sont déjà partis, Marie-Ange Laroche touche 800 000 F de dédommagements, mais une autre plainte, intentée par les grands-parents et les oncles et tantes de Grégory, court toujours à Nancy.

Laminé, dit-il, par les attaques hypocrites de la presse, mais surtout pressé de parachever l'œuvre encore secrète de sa vie (ses mémoires et son mariage), Jean-Michel Lambert clôt son instruction mi-septembre en demandant à la cour d'appel de Nancy de renvoyer Christine aux assises. Il annonce qu'à partir de janvier, il prendra une année de congé sabbatique. Pauvre chou ! Le 10 décembre, la cour d'appel de Nancy lui donne raison et renvoie Christine aux assises. Cette décision surprend tout le monde, même la partie civile qui a pourtant tout fait pour en arriver là. Les parents de Jean-Marie Villemin, soucieux de garder l'estime de leur fils, essaient d'ailleurs de freiner les ardeurs de leur avocat. Mais chacun est déjà allé trop loin dans ses prises de position, Il faudra trois mois à la Cour de cassation pour ensuite ordonner un nouveau renvoi, cette fois-ci à Dijon où Maurice Simon s'apprête à ranger, à l'heure de la retraite, trente-cinq ans de souvenirs de magistrat.

Mais la lecture du volumineux dossier Villemin fera sans doute palpiter le cœur de l'ancien juge d'instruction. Il ordonne un supplément d'enquête et s'autodésigne aussitôt instructeur en chef du dossier. Il décide donc de rempiler une année supplémentaire. Histoire de crever l'abcès Villemin et de finir une carrière en beauté. Entre-temps, Lambert a sorti son navet. *Le petit juge*, 50 000 exemplaires vendus à ce jour (dont un gracieusement offert et dédicacé à Marie-Ange Laroche, « *Croyez, Madame, en ma volonté d'avoir toujours recherché la vérité* »), lui rapportera de quoi faire bouillir la marmite conjugale. Merci Grégory.

Maurice Simon passera l'été 1987 à plancher sur le dossier et à préparer les ultimes reconstitutions d'octobre et de novembre.

C'est, à nouveau, l'occasion des grandes retrouvailles pour les reporters de la Vologne (en aparté, Simon nous appelle « les pestiférés ») : « *Salut, comment tu vas ? T'as passé de bonnes vacances ?* » Grâce à Jean-Paul Pradier, de *Détective*, les journalistes disposent maintenant de tarifs privilégiés chez Bragard, le trois-étoiles de Gérardmer. Certains habitants du coin ont même sympathisé avec quelques habitués de la Vologne, Pradier, par exemple, a fait la fenaison avec la mère Claudon, le témoin-alibi de Christine Villemin. Son mari a offert un litre de poire à Jean-Claude Hauck du *Républicain Lorrain*. Jacky Villemin, lui, fait la gueule. Sa femme, Liliane, l'a quitté pour aller vivre avec son avocat, chez qui elle est secrétaire aujourd'hui. Encore une victime.

Des petits nouveaux sont la. *M6* bien sûr, mais surtout des flics déguisés en journalistes, envoyés par Simon, qui cherche à savoir d'où viennent les fuites. Et aussi *La Cinq*, qui a sorti le grand jeu : hélicoptère, camion-radar et transmission par satellite. Nous sommes à nouveau une bonne centaine à suivre, de loin et encadrés par les gendarmes, les ébats de Simon, de sa bande et de Christine Villemin. Trois ans après, alors qu'on n'y croyait plus, l'heure et le lieu du crime sont remis en cause par un nouveau rapport d'expertise. Bezzina fait la gueule, Les avocats de la partie civile aussi. Hauck se marre, Filipacchi se frotte les mains.

Il a délégué sur place une enquêtrice, encore plus futée que Ker. Catherine Lévitan envoie des fleurs depuis de longs mois aux grands-parents Villemin, pour préparer le terrain. Elle n'est pas la seule, d'ailleurs. Le fleuriste d'Interflora de Baccarat, le plus proche du refuge de Christine Villemin, a fait pendant un an ses plus grosses affaires grâce aux envois de roses des journalistes. « *Je connais la route de Petitmont les yeux fermés* », plaisante-t-il aujourd'hui. Catherine Lévitan, qui a déjà réussi à vendre des scories de l'affaire à *France Dimanche*, *Détective*, et même *Antenne 2* et *La Cinq*, se donne, elle, vraiment beaucoup de mal, fait des bises à la grand-mère Monique, tutoie le grand-père Albert, tapote l'épaule de l'oncle Michel. Elle réussit même à voler une interview où elle fait dire n'importe quoi aux grands-parents. D'ailleurs le grand-père ne reconnaît pas une ligne de ce qu'il a dit, en particulier qu'il aurait trouvé « *le corps de l'enfant chaud et mou* » (une révélation de *Paris Match*). Il est furieux. Mais Lévitan est très forte, elle revient à la charge, câline dans le sens du poil. Toujours. Il reste encore un peu de jus à extirper du citron. Elle presse encore un peu plus les grands-parents et sort à la mi-novembre, sur six pages dans *Match*, un petit chef-d'œuvre de délation : nouveau suspect, Michel Villemin, le fils d'Albert et de Monique. Ben, voyons !

Il y a fort à parier que cette anecdote ne sera pas la dernière. Il paraît d'ailleurs qu'au cas où Christine Villemin obtiendrait son non-lieu, à la libération de son mari, la planque et les retrouvailles des amoureux ont déjà été achetées, au prix fort et en exclusivité, par l'hebdomadaire où le poids des mots n'a d'égal que le choc des photos. Même pas essoufflés, à peine troublés par la mort de Laroche, les rats de la Vologne ont les dents toujours aussi affûtées. Tant qu'il restera du cadavre ou de l'os à ronger, du papier ou des images à vendre, ils resteront là, à traîner d'une cabine téléphonique à un café. À courir du pont de Docelles à la mairie de Lépanges. Accrochés à leur histoire comme à une deuxième vie.

L'autre jour, au Bragard de Gérardmer, après l'ultime reconstitution, nous nous sommes retrouvés à dîner à quelques-uns dans les salons feutrés du restaurant. Tous de vieux rats de la Vologne. Nous étions un brin nostalgiques. C'était comme un banquet d'adieu puisque Simon va très bientôt clore son instruction. Après le repas, Hauck[6] m'a proposé de finir en sa compagnie une bouteille de Glenfiddish. Nous l'avons vidée. Et nous avons beaucoup parlé. De l'histoire, évidemment. J'ai éprouvé quelques difficultés, ensuite, à retrouver ma chambre. J'ai mal dormi.

Trois années et quelques semaines se sont écoulées. On a déjà

(6) Jean-Claude Hauck est décédé des suites d'une encéphalite aiguë, le 18 octobre 1999.

tout dit et tout écrit sur l'histoire de Grégory. On a d'abord cru que son oncle Jacky l'avait noyé. Puis Laroche est devenu l'étrangleur présumé, et Muriel sa complice. Le fantôme de Christine hante aujourd'hui les pensées des enquêteurs. Les flics ont d'abord été persuadés qu'elle avait agi seule. Aujourd'hui, Simon[7] cherche des complicités, peut-être même la croit-il innocente. Un expert confirmé vient même d'expliquer que l'enfant a pu être noyé dans une baignoire, avant d'être jeté, beaucoup plus tard qu'à l'heure prévue, à la Vologne. Aucun doute, le corbeau de Lépanges continue à nous narguer. Et à nous filer des insomnies.

Au matin, fatigué, j'ai quitté l'hôtel et repris la nationale de Nancy avec le sentiment fugace, mais réconfortant, d'en avoir fini avec un bout d'histoire. Je ne remettrai plus les pieds à Docelles, ou alors l'été, pour me baigner, Dans les eaux troubles de la Vologne.

Denis Robert, le 13 janvier 1988.

---

(7) À l'époque, peu d'information filtrait sur l'enquête de Maurice Simon. En réalité, le magistrat dijonnais était sur le point de rendre un non-lieu total et définitif pour Christine Villemin. Il décèdera le 23 mai 1994. C'est un autre magistrat dijonais qui finira le travail.

L'AFFAIRE DE LA VOLOGNE

Nous suivons ici, dans leur chronologie, les différents articles écrits par Denis Robert pour *Libération* depuis son arrivée à Lépanges-sur-Vologne deux jours après la découverte du petit Grégory Villemin, jusqu'aux ultimes rebondissements du dossier près de dix ans après.

• Vue enneigée de la tombe de Grégory, février 1985.

19.10.1984

CHASSE AU CORBEAU À LÉPANGES : IL A NOYÉ LE FILS DU CHEF…

La mère pleure son enfant disparu, le village crie vengeance et le père dit : « Je sais qui c'est, mais je ne dirai rien. »

Les Hauts de Lépanges sont bizarrement animés. Un corbillard vide redescend du plateau balayé par les vents. Devant la jolie maison de bois des Villemin, une dizaine de voitures stationnent. La famille. De temps en temps, la porte s'entrouvre et un visage apparaît, blanc et triste. « *Le petit est sur la table, on est en train de préparer le corps* », murmure le préposé des pompes funèbres, un bouquet de buis à la main. Au bourg, les villageois ont tous la nuit de mardi en tête : « *Après les trois filles égorgées d'Épinal, et le massacre de Fays, c'est le sixième crime en un an dans le coin. Mais celui-là, il est pire que tous les autres.* » Et de la haine aux lèvres : « *L'assassin, vous nous le donnez, on est mille cent cinquante habitants ici, on passe les uns après les autres et on lui file un coup de couteau.* »

La famille pleure sur son plateau, et le village crie vengeance.

D'abord, il y a la cruauté des faits : Grégory Villemin est sorti de l'école mardi à 16 h et s'est rendu chez sa gardienne, madame Jacquot. Sa maman est venue le chercher à 16 h 50. Quinze minutes plus tard, Grégory jouait dans le sable devant chez lui. Et puis, plus rien. À 17 h 30, un coup de téléphone anonyme chez l'oncle Gabriel prévient la famille : « *Ça ne répond pas à côté… Je me suis vengé… J'ai pris le fils du chef et je l'ai jeté dans la Vologne.* » À la même heure, une habitante de Docelles, petit village distant de six kilomètres, aperçoit le corps flottant, qu'elle a pris d'abord pour un sac poubelle. Et ce n'est qu'à 21 h 15, grâce à l'aide des villageois, que le corps de Grégory sera retrouvé. Pieds et poings liés, un bonnet replié sur les yeux, vêtu d'un anorak, Grégory est mort noyé. L'autopsie ne révèlera aucune trace de violence physique. Selon le capitaine de gendarmerie Sesmat, « *on aurait dit que l'enfant était entré dans l'eau de lui-même, comme par jeu.* » Dès la découverte du corps, l'enquête s'est orientée vers les proches des Villemin. « *On cherche autant dans la famille qu'à l'extérieur... Mais surtout dans la famille* », confirmera le juge Lambert chargé de l'instruction. Car les Villemin sont une grande famille enracinée autour de Bruyères, au cœur des massifs vosgiens. Une grande famille à histoires. Et à rumeurs.

Dès l'annonce de la disparition de Grégory, Christine, sa jeune mère de vingt-cinq ans, a éclaté en sanglots comme si elle avait déjà pressenti la monstrueuse vengeance : « *Si tu avais tout su, tu comprendrais tout de suite comme nous. S'il le tient, c'est foutu* », a-t-elle dit à sa gardienne. Une affirmation lourde de sous-entendus, réitérée le lendemain par le père, Jean-Marie, contremaître de vingt-six ans : « *Je sais qui c'est, mais je ne dirai rien.* » L'hypothèse de la vengeance familiale ne fait pas de doute à Lépanges. Ni le fait que Grégory connaissait son (ou ses) ravisseur(s). Les gendarmes ont d'ailleurs retrouvé la trace d'une 4L verte et des empreintes de chaussures d'homme et de femme sur les lieux de la noyade. « *Soixante-dix personnes proches de la famille sont pour l'instant des suspects potentiels* », aurait lâché un enquêteur.

Les Villemin sont en effet une caste aux ramifications complexes. Le grand-père Albert avait déjà huit enfants quand il s'est remarié en 1958 avec sa seconde femme, qui elle-même avait déjà six enfants. Ensemble, le couple en a eu quatre autres, dont

Jean-Marie, « *celui qui a réussi* ». Entre demi-frères et demi-sœurs, les relations se sont détériorées au fil des ans. Querelles ancestrales.

Les amis des parents de Grégory parlent volontiers de jalousie à l'égard du père. Aux problèmes familiaux viennent s'ajouter des problèmes professionnels puisque le jeune contremaître était le supérieur hiérarchique de certains demi-frères. Il venait même d'en licencier un récemment. Son surnom de « chef » viendrait de son attitude à l'entreprise Auto-Coussin : « autoritaire, peu bavard mais travailleur ».

Depuis la mort de Grégory, les vieux griefs refont surface. Voici deux ans et demi, quand Jean-Marie et Christine ont quitté leur HLM pour s'installer au plateau, de mystérieux tireurs à la carabine ont régulièrement aspergé de plombs leurs volets. Puis la porte a été fracturée. Dès la naissance de Grégory, les gendarmes avaient mission, quand Jean-Marie travaillait de nuit, de surveiller la mère et l'enfant. De plus, pendant deux années, un corbeau n'a pas cessé de téléphoner à Jean-Marie ou à ses parents, menaçant la famille de représailles : « *Attention, ta maison va brûler cette nuit... Le vieux est mort, pendu dans sa grange.* »

La grand-mère a dénombré jusqu'à la mi-août 83 « *plus de sept cents appels anonymes en l'espace de deux ans* ». Placés d'abord sur écoute et étroitement protégés par la gendarmerie de Bruyères, la surveillance des grands parents et des parents de Grégory s'était relâchée depuis un an. Le corbeau s'était calmé. Jusqu'à la disparition de Grégory. Car une nouvelle lettre anonyme est tombée le lendemain du meurtre dans la boîte aux lettres des Villemin.

À 19 h, un communiqué émanant du juge d'instruction et du procureur de la République d'Épinal attestait « *qu'aucune garde à vue n'était pour l'instant envisagée* ». L'enquête se poursuivant autour de l'exploitation des traces sur les lieux de la noyade et, en particulier, de l'analyse de l'empreinte d'un talon de chaussure de femme.

HIROSHIMA MON AMOUR

Bruyères: sur la plus haute branche, la rumeur du pendu

« Les langues, enfin, se délient » dans l'affaire du meurtre de Grégory, disent les gendarmes pour appâter les petits rapporteurs. Mais les langues vont là où la dent fait mal, du côté d'un autre enfant mort, il y a 40 ans.

Corbeauland (envoyé spécial)

La Vologne, où a été retrouvé le corps de Grégory.

Denis ROBERT

UNE FEMME TONDUE

Nice: le meurtrier du boulanger dormait au HLM «Bon voyage»

Corse: protestation des magistrats après les incidents de Bastia

On attendait aussi la comparution des membres de la famille et d'habitants de la région. Pourtant, pendant deux heures cet après-midi, les gendarmes de Bruyères ont perquisitionné au domicile du couple propriétaire de la 4L verte, cherchant les traces d'une lettre anonyme expédiée aux parents le soir de l'assassinat, sur laquelle on lisait : « *Te voilà content avec ton argent, ton fils est mort et je me suis vengé.* » Ce couple, Jean-Marie et Christine le connaissent bien. Il s'agit en effet de son demi-frère et de sa femme, qui ont été aussitôt relâchés en fin de soirée. « *Nous avons maintenant des certitudes* », ont seulement lâché les gendarmes, fiers et laconiques.

APRÈS LA DICTÉE, LE CORBEAU AUX OBSÈQUES DE GRÉGORY ?

Alors que Bruyères enterre aujourd'hui le petit Villemin, on cherche toujours la « griffe » du corbeau. Une 4L verte, soixante-dix dictées, un mystérieux « voyeur » à la jumelle : pour la gendarmerie c'est clair, « plus on avance, plus on recule », dans cet étonnant scénario à la Clouzot..

Cela fait maintenant quatre jours que la campagne vosgienne autour de Bruyères ressemble à un étrange labyrinthe. Un corbeau s'y cache, présumé assassin. Une centaine de gendarmes suivent sa trace, depuis la maison des Villemin où le petit Grégory a été enlevé jusqu'à la Vologne, six kilomètres plus bas, où son cadavre a été retrouvé. Que le corbeau auteur des lettres anonymes soit l'assassin, tous les enquêteurs en sont maintenant persuadés. Une lettre a été postée à Lépanges-sur-Vologne, où habitent les parents de Grégory, par ses soins. Son contenu édifiant prouve que le(s) meurtrier(s) avai(en)t parfaitement prémédité son (leur) coup. Cette lettre s'adressant au père, et ouverte par les gendarmes le lendemain de la noyade de l'enfant, se termine par ces mots : « *Ma vengeance est faite. Tu peux faire le fier avec ton pognon, tu ne reverras jamais ton gosse.* » La lettre a été envoyée au plus tard à 17 h 15 par une boîte à lettres de Lépanges, le cachet faisant foi. À ce moment-là, Grégory était encore vivant.

« *C'est une histoire absolument extraordinaire, mais elle est sans doute encore plus effarante que vous ne pouvez l'imaginer. Vous verrez quand vous connaîtrez le dénouement. Nous sommes dans une jungle où il y a un loup qui hurle, et tant qu'il continuera de hurler, nous le suivrons. Et nous finirons bien par le débusquer.* » Cette confidence faite avant-hier par le jeune capitaine de gendarmerie (qui est entré de plain-pied dans un jeu avec la presse, inhabituel dans ces parages) a semé le doute et donné une intensité nouvelle à l'affaire. Le loup continue de hurler et le corbeau poursuit sa vengeance.

Même après la mort de Grégory, les coups de téléphone anonymes se poursuivent. « *Si tu continues à avoir des relations avec ce fumier, on brûle ta baraque* » est la dernière menace en date reçue hier matin par un ami des parents de Grégory, habitant Garche, un village tout proche.

Outre l'hypothèse d'une vraisemblable vengeance, les appels du corbeau semblent avoir comme autre but de brouiller les pistes. On pense évidemment au film prémonitoire de Clouzot et à la sombre machination montée par son corbeau. Le juge Lambert, chargé de l'instruction, a dû d'ailleurs se le repasser récemment puisque les soixante-dix « suspects » (?), familiers ou proches de Grégory, répertoriés par les gendarmes, se sont pliés à un exercice d'écriture et de dictée, une fois de la main gauche et une fois de la main droite. Les gendarmes ramassaient encore les dernières copies en fin d'après-midi. Des graphologues se sont aussitôt mis au travail.

La mort du petit Grégory (quatre ans) et l'incroyable contexte familial dans lequel elle se situe jettent le doute et la consternation dans la région.

Dans les cafés ou les magasins, les radios fonctionnent en permanence, et, à chaque flash, « on écoute » en commentant aussitôt. Le retour de la peine de mort est réclamé quasi unanimement. La lettre d'un lecteur publiée intégralement par le journal *La Liberté de l'Est*, sous le titre « *J'ai honte* », illustre le climat de haine et d'incompréhension régnant : « *On va tenter de défendre ce genre de monstre, cela s'appelle rendre la justice. Mais jamais je ne croirai au regret d'un pareil personnage. France, tu perds ton honneur et ta dignité ! J'ai honte ce matin d'être citoyen d'un tel pays…* » Les stocks, doublés, de quotidiens régionaux sont épuisés partout autour de Bruyères dès midi. Le corbeau intrigue. Le corbeau angoisse. Le corbeau joue de cette situation où le suspense va grandissant, où la population cherche à le lyncher, où chaque piste nouvelle conduit à des impasses. Ou à des rebondissements.

La famille Villemin est au cœur de toutes les conversations. Depuis hier, le nombre des demi-frères et sœurs (voir les informations parues dans toute la presse, y compris *Libération*) a considérablement baissé… Les grands-parents de Grégory, âgés tous deux d'une cinquantaine d'années, n'ont eu en réalité que six enfants dont seul l'aîné, Jacky, fils maternel, n'est pas né de ce mariage. Ce sont des cousins et oncles qui étaient venus grossir les rangs des témoins de la supposée vendetta, car les arrière-grands-parents maternels de Grégory ont eu dix-huit enfants, dont douze sont encore en vie. Depuis le début de l'enquête, la police recherche l'assassin dans les tissus inextricables de ces relations familiales où jalousie et vieilles querelles se conjuguent sans bruit. Mais sur cette vendetta vosgienne, le silence reste de rigueur chez les Villemin-Jacob. Un silence qu'a pourtant rompu Jean-Marie Villemin, père de Grégory, en accusant nommément un membre de la famille d'avoir dit : « *Un jour, je balancerai Titi* (surnom de Grégory) *dans la Vologne* » ; menace proférée par ce parent « jaloux », selon le père, de sa réussite sociale. (Jean-Marie est contremaître à l'usine et propriétaire d'une maison.) Une accusation que venait encore étayer la présence d'une 4L verte vue par la mère au moment des faits, alors qu'une voiture du même type avait été prêtée par ses beaux-parents au même homme… Entendu pendant quatre heures à la gendarmerie de Bruyères, ce dernier a été relâché. Il avait un alibi en béton. Au moment du crime, il aidait un voisin à réparer son toit.

« Plus on avance, plus on recule » semble être pour l'instant le parcours de la gendarmerie, cherchant par tous les moyens à débusquer le corbeau. À le pousser à se manifester. Un avis de recherche a même été lancé afin de découvrir un mystérieux voyeur, possesseur de jumelles, aperçu régulièrement depuis quelques années sur les lieux du crime. La population a été alertée. Les perquisitions se poursuivent. Outre les mobiles parfaitement inconnus, les enquêteurs se cassent toujours la tête sur la rapidité et l'assurance diabolique du meurtrier. Tout s'est passé en dix minutes mardi, selon les déclarations de la mère de Grégory qui, pour l'instant, n'ont pas été remises en question.

Dix minutes : le temps de kidnapper Grégory puis, par un chemin détourné passant un peu à l'écart de la maison, située sur le plateau, le temps de l'amener au bord de la Vologne distante de six kilomètres, de l'attacher et de le noyer. Dix minutes pour un tel parcours, c'est ce qui amène à affirmer que l'assassin ne peut être qu'un familier de Grégory et une personne connaissant parfaitement le coin. L'homme aux jumelles, bon Dieu, mais c'est bien sûr !

Chacun attend maintenant les obsèques de Grégory qui se dérouleront aujourd'hui à 14 h au cimetière de Lépanges. La tribu des Villemin-Jacob sera sans doute réunie au complet autour des parents. Elle conserve toujours ses secrets, clés supposées de la vengeance du corbeau.

Qui protège qui ? Et de quoi ? Les suspicions familiales et professionnelles catalysées par Jean-Marie Villemin égarent les enquêteurs et enveloppent Bruyères et sa région d'une atmosphère étouffante. Au cimetière de Lépanges, devant la tombe de Grégory, quand les jeteurs d'eau bénite défileront, la main du corbeau tremblera-t-elle ? C'est du moins le suspense créé ici.

LA TRIBU VILLEMIN-JACOB ENTERRE GRÉGORY

Ultime hommage rendu, au grand complet. Tous les familiers se sont retrouvés samedi pour l'enterrement de Grégory. Pour les quelques centaines de personnes réunies au cimetière de Lépanges-sur-Vologne, une même interrogation : le corbeau est-il présent ?

Lépanges-sur-Vologne a enterré son enfant mort. La petite église de village à flanc de coteau était pleine à craquer : six cents ou sept cents personnes. Devant, il y avait la très grande famille des Villemin-Jacob en costumes bleus trop larges ou en robes à fleurs. Derrière, s'entassaient les villageois en blue-jeans repassés et en anoraks propres. Dans la masse s'étaient cachés, tant bien que mal, un député attristé, quelques gendarmes en civil (dont un avait encore, toute fraîche sur le front, la marque de son képi) et puis tous ces journalistes, voyeurs professionnels dont certains, placés au premier rang, jouaient les arrière-petits-cousins.

Monsieur le curé a d'abord rendu hommage à la mère en priant, « *Je vous salue Marie* », et a parlé de la peine des parents de Grégory. Mais pas plus de quinze secondes. Pour le reste, c'était sans doute une messe comme les autres. Devant une étoffe blanche, sur le petit cercueil à roulettes, le regard de Grégory en photo couleurs fixait la salle. Riant. Il n'y a presque pas eu de pleurs. Sauf à la fin, quand la mère a craqué, déclenchant par là même des sanglots étouffés et des sorties de mouchoirs. Monsieur le curé a parlé « *des enfants martyrs et des enfants pauvres* » ; il a recommandé de donner, pour eux, une pièce. Ce que presque tout le monde a fait, francs d'argent et sous jaunes.

À Lépanges, on n'est pas avare, mais économe.

Pendant que les gens tristes défilaient, aspergeant d'eau bénite la petite caisse à roulettes, Saint-Preux, en musique de fond sur la chaîne stéréo du presbytère, marquait la cadence. Les enfants de chœur bâillaient. Des mères hissaient leur petit à bout de bras pour qu'ils voient bien le cercueil et la photo. Debout, en rangs d'oignons sur les premiers bancs, les hommes de la famille avaient les poings serrés et les mâchoires aussi. Les gendarmes et le juge l'avaient assez dit, les journaux l'avaient écrit : « *L'assassin était peut-être dans l'église.* » Et ça la foutait mal. Apparemment serein et pragmatique, Monsieur le curé réglait la circulation : « *Sortez par les côtés, s'il vous plaît, sinon il va y avoir des embouteillages.* »

Dans le cimetière juste à côté, les jeteurs d'eau bénite, leur devoir accompli, commençaient à affluer. Les photographes se postaient. La procession arriva par le côté. La grand-mère Monique, solide paysanne de cinquante ans, s'accrochait au cou du grand-père Albert, en chemise violette, hagard et frêle dans son costume cintré. Lionel, le jeune fils de onze ans, marchait en retrait, avec des gestes et des mots d'adulte : « *Laissez-nous nous recueillir en paix.* » La procession arriva dans le cimetière du bas. Près du caveau fleuri, tout était encore calme, malgré les clic-clac des appareils photo. Les villageois et les collègues de travail du père et « chef » s'étaient dispersés plus haut, derrière le mur. Pudiques. Monsieur le curé a donné l'ordre, et le cercueil a glissé doucement sous terre.

Alors, les murmures ont monté. La mère a poussé un long cri de désespoir, révélant que tout, jusque-là, avait été trop silencieux : « *Greg' reviens !… Chéri, empêche-le !* » Elle est tombée en hurlant dans l'herbe. Un photographe s'est approché avec un cameraman. Lionel et Gilbert ont fait la police : « *Arrêtez de nous faire chier avec vos photos.* » Un des leurs a pris une pierre mais, retenu par le maire affolé, il ne l'a pas lancée. La famille s'est ensuite repliée en cercle autour de la grand-mère Monique en pleine crise de nerfs. Un journaliste a appelé un docteur. Puis, Jean-Marie s'est enfui avec Christine dans ses bras.

La tribu faisait front, recroquevillée sur sa douleur. Sur son secret aussi, ont pensé les spectateurs. Monsieur le curé n'était déjà plus là. Les photographes sont partis. Les ancêtres regardaient le ciel soudain nuageux : « *C'est pas possible de nous faire ça, on l'a pas mérité.* » En quelques minutes, il ne restait plus qu'un fossoyeur bouchant un trou et une petite vieille changeant l'eau des fleurs de la tombe de son mari, mort à la guerre.

Après cet enterrement étrange où, « *pour la première fois depuis... toujours* », m'a dit un frère, le clan s'était rassemblé, traqué, fuyant par petites grappes la foule et les regards pesants, un noyau d'une quarantaine de Villemin-Jacob s'est réfugié chez Jean-Marie, dans la maison du plateau, un kilomètre plus haut. Il était alors 15 h 15 à Lépanges-sur-Vologne. Monsieur le maire a dit : « *Je m'excuse mais j'ai un mariage à trois heures et demie.* »

LÉPANGES JOUE AUX RENARDS ET AU CORBEAU

De la découverte du corps de Grégory, mardi vers 21 h 15 dans la Vologne, jusqu'aux obsèques de la victime. Le point sur l'enquête.

Mardi, 16 h 30, Grégory Villemin, quatre ans, quitte l'école maternelle de Lépanges-sur-Vologne dans les bras de sa gardienne, Madame Jacquot. Sa mère, Christine, en sortant de son travail, passe le prendre à 16 h 50. Ils rentrent ensemble dans leur maison distante d'un kilomètre. À 17 h 05, Madame Villemin aperçoit son fils qui joue dans le tas de sable devant la maison. À 17 h 30, un appel anonyme (le corbeau...) chez Gilbert Villemin, annonce le meurtre. Au même moment, à six kilomètres de là, à Docelles, une passante aperçoit le corps de l'enfant dans la Vologne. (Elle confondra d'abord la couleur bleue de l'anorak avec un sac poubelle.) Pendant que la mère se rend chez la gardienne et lui lâche, dans l'émotion : « *Si tu savais tout, tu comprendrais ce qui se passe* », Jean-Marie, le père, ayant quitté précipitamment son travail, et Gilbert, l'oncle, arpentent le long de la Vologne. Sans succès. Le corps sera retrouvé par les sauveteurs à 21 h 15. L'autopsie révèlera que l'enfant, pieds et poings liés, bonnet descendu jusqu'au menton, a été noyé vivant et sans violence physique « *comme s'il était entré dans l'eau par jeu* », commentera le commandant Sesmat. (Les médecins n'ont trouvé aucune trace d'adrénaline, symptôme de la peur.)

Mercredi, vers 11 h, les gendarmes de Bruyères découvrent, dans la boîte aux lettres des Villemin, une lettre du corbeau postée à Lépanges la veille avant 17 h 15, dans laquelle il est déjà fait mention de la mort de Grégory et de la vengeance accomplie. Le corbeau se manifestera encore après le meurtre, au moins une fois, vendredi matin, à Granges-sur-Vologne, menaçant un ami de Jean-Marie Villemin.

Une 4L verte aperçue au moment du crime par Christine Villemin aiguillera faussement les enquêteurs, provoquant une violente altercation, dans la gendarmerie de Bruyères, entre Jacky et Jean-Marie Villemin, s'accusant mutuellement.

Jeudi à 11 h, les gendarmes ont lancé, par le biais de la presse, les habitants de la région sur la piste d'un mystérieux homme aux jumelles aperçu par des « témoins fiables » peu avant le crime. Pas plus de résultat que pour la voiture verte, toujours recherchée.

Perquisitions, dictées (comparaison d'écritures) et vérifications systématiques d'emplois du temps, l'enquête s'oriente exclusivement sur la famille. À la gendarmerie de Bruyères, les hommes du commandant Chaillan ont affiché un grand tableau répertoriant une centaine de « suspects ». À côté des noms, sont pointées des croix (alibis vérifiés) ou des cases vides (alibis invérifiables). Le problème est que le nombre des cases vides est toujours largement supérieur au nombre de croix. Outre les sept gendarmes en poste à Bruyères, renforcés par la compagnie d'Épinal, la brigade de recherches de Nancy est également sur les dents. (Au total, environ quatre-vingts gendarmes se relaient sur l'affaire.) La piste professionnelle (les relations de travail de Jean-Marie à l'entreprise Auto-Coussin de La Chapelle) semble avoir été définitivement écartée. Reste l'hypothèse d'un maniaque extérieur à la famille qui, jusqu'à présent, n'a jamais été envisagée directement.

Selon le commandant Chaillan, l'enterrement de samedi aurait dû être un tremplin pour l'enquête. Quatre gendarmes en civil étaient à cet effet chargés de surveiller les Villemin-Jacob. La stratégie policière étant toujours de provoquer le corbeau pour le piéger, puisque les premiers résultats des analyses graphologiques n'auraient donné aucun résultat.

Hier, après cinq jours de recherches et la surprise passée, la famille, au grand dam des gendarmes, commence à se replier sur elle-même.

Or, sept membres de la famille dont les parents (qui ont, eux aussi, subi le test de la dictée), semblent particulièrement suspectés. Hier soir encore, toute la famille proche des grands-parents (sauf Jacky) était réunie dans la maison familiale d'Autmonzey, encadrée par une dizaine de gendarmes, et réécoutait les enregistrements magnétiques du corbeau.

• Le procureur Lecomte parle à la presse en sortant de la gendarmerie de Bruyères, le 18 octobre 1984.

• Le juge Lambert à la sortie du tribunal d'Épinal après avoir accordé un non-lieu à Bernard Laroche, le 25 mars 1985.

• L'adjudant-chef Lamirand sortant de l'église à l'enterrement de Grégory, octobre 1984.

LE WHO'S WHO INCONGRU DE LA « JUNGLE » DE BRUYÈRES

Du patron de l'enquête au procureur, en passant par les gendarmes et le mystérieux criminel, les portraits croquis des principaux protagonistes...

Tout se passe dans un coin de campagne vallonnée et boisée des Basses Vosges, un ensemble de petits bourgs autour de Bruyères, le long d'une rivière accidentée : la Vologne. Toutes les investigations policières se passent dans un rayon de douze kilomètres autour de Lépanges, lieu de l'enlèvement. L'économie locale : le bois, mais surtout le textile.

Une histoire à grimper aux arbres

Tout semble se passer entre Villemin et Jacob, tribu familiale comptant plus de cent membres, dont tous ceux nés de l'union d'Albert Villemin et de Monique Jacob. La plupart sont des petits propriétaires terriens (maisons individuelles et jardinets). Milieu ouvrier paysan (textile). Selon la plupart des témoignages, une famille « *difficilement pénétrable au niveau d'un raisonnement primaire* ». Les interrelations hermétiques au non-familier et les querelles de clan complexes entre cousins et frères rendent l'enquête délicate.

Contremaître à vingt-six ans, propriétaire d'une maison et de deux voitures, Jean-Marie, surnommé « le chef » en raison de son caractère autoritaire et travailleur, est « celui qui a réussi ». Sa haine pour Jacky, son demi-frère aîné, ouvrier dans une filature, est manifeste (et réciproque). Jacky ayant un alibi en béton (il a été vu par douze témoins réparer sa toiture au moment du meurtre), les accusations lancées à son encontre par Jean-Marie Villemin ont été écartées. Outre une certaine ressemblance physique, les deux hommes ont le même visage d'adolescent vieilli trop vite ; entre autres points communs, ils jurent tous deux à qui veut l'entendre, vouloir liquider le corbeau en le jetant dans la Vologne.

Quels secrets ?

Problématique de base : la référence constante à « *quelque chose qu'on ne peut pas dire* », un lourd secret qui unit et déchire le clan, semble être à l'origine de la vengeance dont a été victime Grégory. Jusqu'à la découverte du meurtre, les Villemin-Jacob étaient considérés dans le canton comme « des gens pas bavards et sans histoire ».

Pourtant, depuis deux ans, couvait la lente vengeance du corbeau, dont les menaces anonymes étaient vainement traquées par les gendarmes de Courcieux. Placés au devant de la scène, les membres de la famille réagissent abruptement à cette situation, ne cherchant visiblement pas à « finasser » avec les gendarmes. « *Quand on leur démontre que leur alibi ne tient pas puisque que personne ne les a vus, ils continuent, imperturbables, à répéter toujours et toujours la même phrase, comme par exemple :* "Puisque je vous dis que j'étais au champ à travailler", *sans visiblement réagir davantage à nos questions* », expliquait hier un enquêteur, fatigué.

Les stars de l'enquête

• **Étienne Sesmat**, trente ans, capitaine de gendarmerie à Épinal depuis le 23 septembre 1983. Sorti de Saint-Cyr, en 1978. Études de criminologie à Melun. Marié, un enfant d'un an. Quand la porte de la gendarmerie de Bruyères s'entrouvre, c'est en général lui qui apparaît. Il toussote et lance sans sourciller : « Nous n'avons pas d'éléments nouveaux, mais l'enquête progresse de jour en jour. Je n'ai rien d'autre à ajouter. » Dernière observation en date : « L'enquête peut encore durer des semaines, comme elle peut se terminer demain. » Il laisse parfois échapper une parabole qui fait tilt : « Nous sommes dans une jungle où il y a un loup qui hurle… tant qu'il continuera à hurler, nous le suivrons à la trace. » Des loups dans la jungle ! Il sait également appâter les journalistes en parlant de « cadavre dans le placard », de « dénouement extraordinaire ».

Signe particulier : a une extinction de voix depuis trois jours.

Le « boss » : commandant Chaillan, quarante-quatre ans, nouveau patron de la brigade de recherches de Nancy. Arrive de Forbach (frontière allemande) avec une réputation de « bon », précis et méticuleux. Le cheveu ras et le visage carré, il a parfois des coups de déprime et lance : « *Nous ne comprenons plus rien, on se demande vraiment pourquoi il a tué… Nous ne sommes pas plus avancés qu'au premier jour.* »

Signe particulier : est d'une discrétion sans égale pour entrer et sortir de la gendarmerie.

• **L'indigène : adjudant Lamirand,** presque cinquante-cinq ans, de la gendarmerie de Bruyères. Vosgien rondouillard et têtu, connaît parfaitement la région et ses habitants. À l'aise dans toutes les situations. Même lors des enterrements, il a toujours le mot pour faire rire. Fait souvent part à haute et intelligible voix de son analyse rapide de la situation : « *Belle saloperie que cette affaire-là, je vous le dis.* » Recherche la complicité des faits-diversiers qui aiment à l'entendre deviser.

Signe particulier : commence souvent ses phrases par « *Vous voulez que je vous dise mon sentiment ?* », mais les termine rarement.

• **Le « proc » : Jean-Jacques Lecomte**, quarante ans, marié, quatre enfants. École de la magistrature jusqu'en 1976. Débarque de Verdun où il était déjà procureur. Enjoué et sociable, le proc tient à « *jouer franc jeu et à ne pas se servir de la presse* ». Envoie deux fois par jour d'Épinal où il siège un communiqué sibyllin dans lequel il fait le point rapide : « *On a un moule qui correspond à l'assassin, dans lequel on peut mettre cinq ou six personnes, et ça colle toujours.* » Déclare s'entendre « parfaitement » avec son collègue juge d'instruction (et réciproquement).

Signe particulier : porte soit une cravate en laine brune, large et triangulaire, soit un élégant nœud papillon.

• **Le juge : Jean-Marie Lambert**, trente-deux ans, célibataire, ne possède pas de permis de conduire. Allure de lycéen pubère, le juge aime laisser ses dossiers et venir sur le terrain « se frotter aux réalités ». Gêné par la difficulté de dialoguer avec la famille, il patine comme chacun sur l'inextricable « tissu familial ». Il persévère à ne croire qu'en cette piste. S'est déjà cogné sur l'histoire des trois filles assassinées à Épinal où le coupable court toujours. Signes particuliers : écrit des romans, rentre juste de vacances au Sri Lanka, aime la cuisine très épicée.

• **Madame Colomb,** au four et au moulin. À l'hôtel de la Renaissance, au cœur de Bruyères, le standard téléphonique ne fonctionne plus. Et la patronne, Mme Julia Colomb, Vosgienne de souche de soixante-cinq ans, craque : « *Rendez-vous compte... Comment voulez-vous que je m'en sorte avec tout ce monde* ! » Dans un coin de sa salle de café, des touristes japonais attendent leur thé. À l'autre bout, des reporters se battent pour décrocher une ligne. Julia Colomb, assise sur son tabouret, lève les bras au ciel et ne comprend plus : « *D'habitude ici, tout est si calme. Je n'ai que des retraités.* »

Car ce week-end, à Bruyères, les passions se télescopent. Et les consciences encaissent. Depuis mercredi, la ville subit l'assaut d'une meute d'étrangers à la recherche d'un téléphone, d'un restaurant, d'un indice ou d'un journal. Et, là-dessus, six cents Hawaïens et Nippo-Américains qui débarquent pour fêter la libération de la ville. Une commémoration, un fait-divers morbide dans lesquels chaque Bruyèrois se sent impliqué. Drôle de dimanche pour Madame Colomb, drôle de dimanche pour les gendarmes au four et au moulin, drôle de rencontre entre un corbeau et ces petits soldats venus d'ailleurs.

But not the least, le corbeau

Il croasse, moqueur et sinistre, jetant l'ombre et la méfiance autour de Lépanges-sur-Vologne. Le corbeau se serait manifesté pour la première fois en 1977, à l'encontre d'Albert et de Monique Villemin, les ancêtres du clan. Par coups de téléphone et par lettres anonymes. Selon le procureur Lecomte, et grâce à l'écoute des enregistrements téléphoniques et l'analyse graphologique des lettres, « *il y aurait apparemment plusieurs voix. Et des écritures maquillées mais similaires.* » Les messages, courts et injurieux, ne sont apparemment assénés que dans un but provocateur, vengeur ou simplement pervers : « *Va voir dans la grange, le père s'est pendu... Si tu continues à fréquenter le Jean-Marie, on fout le feu à ta maison... J'ai mis le fils du chef dans la Vologne.* » Ils sont presque exclusivement adressés à Jean-Marie Villemin et à ses amis. Et les grands-parents de Grégory en ont été longtemps les victimes (ainsi que les frères Gilbert, Michel et même Jacky), surtout depuis que Jean-Marie n'était plus dans l'annuaire. Le corbeau n'aurait-il pas accès à la liste rouge ? Ou est-ce encore un piège pour brouiller les pistes.

« *Sept cents appels en deux ans* » a dénombré la grand-mère. L'écoute systématique par les gendarmes de Corcieux, réclamée par la famille, n'a rien donné. Depuis mai 1983, le corbeau ne s'était pourtant plus manifesté. La lettre postée à Lépanges peu de temps avant la mort de Grégory (le cachet de la poste indique 17 h 15) et s'adressant au père : « *Tu peux faire le fier maintenant avec ton argent et sans ton fils* », prouve que le corbeau est au moins le complice de l'assassin. De plus, certaines conversations démontrent qu'il connaissait parfaitement l'intimité de ses victimes. Comme, par exemple, le dernier appel reçu par Jean-Marie Villemin : « *– Allô, c'est moi. – Qui toi ? – Mais tu sais bien ... on se connaît. Je peux te décrire ta maison par cœur, ou ta tapisserie bleue.* » (Suit la description.)

Ce type de conversation ne montre pas forcément que le corbeau est un proche. Il peut également être le mystérieux homme aux jumelles recherché par les gendarmes et aperçu sur les lieux du crime « souvent, au cours de ces dernières années ».

Le comble, même après la mort de Grégory, le corbeau poursuit sa besogne et semble se jouer de la situation, se manifestant toujours là où personne ne l'attend, laissant pantois les gendarmes. Et rêveur le procureur. Le juge d'instruction Lambert ne se pose qu'une question : pourquoi le corbeau se venge-t-il ? Il a une certitude : la famille Villemin-Jacob le sait. Mais rien ne filtre. Sinon comme à l'enterrement de Grégory, quand la mère s'est effondrée et que le père a invoqué le ciel : « *Quelle est cette malédiction* ? »

Le corbeau a une voix masculine et habite la région. Il porte peut-être des jumelles et roule peut-être en voiture verte, accompagné d'une femme comme au moment du crime. Le corbeau maquille maladroitement son écriture. Mais peut-être la maladresse n'est-elle qu'un stratagème ? Le corbeau rend toutes les hypothèses vraisemblables. Surtout celles qui ne le sont pas.

BRUYÈRES : LE CORBEAU A CHANGÉ DE BRANCHE SUR L'ARBRE GÉNÉALOGIQUE

Vers 18 h 30, les gendarmes de Bruyères ont amené de force, dans leurs locaux, deux couples jusqu'alors inconnus de tous. « *De la famille très éloignée* » a-t-on précisé. Le corbeau est-il parmi eux ? Après une perquisition à leur domicile, des gendarmes disent avoir retrouvé une paire de bottes vertes qui pourraient correspondre aux empreintes laissées au bord de la Vologne par l'assassin, ainsi qu'une corde ayant peut-être servi à ligoter Grégory.

Le visage dissimulé par une couverture, la jeune fille ayant fait ces révélations, inattendues et décisives, a quitté la gendarmerie avec l'arrivée des deux couples, âgés pour l'un d'une quarantaine d'années et pour l'autre de vingt-cinq ans. L'interrogatoire mené par le commandant Chaillan et ses hommes vise à vérifier l'emploi du temps de ces quatre personnes au moment du crime. L'écoute des bandes magnétiques enregistrant la voix du corbeau est également prévue.

Par ailleurs, un portrait-robot de l'assassin présumé, recueilli à partir de différents témoignages, a été diffusé : « *L'homme est grand (environ un mètre quatre-vingts), âgé d'une quarantaine d'années, porte des lunettes. Il est de forte corpulence, a un pull bordeaux et des cheveux bruns mi-longs bouclés.* »

La simultanéité de ces trois événements renforce la rumeur d'un complot fomenté par de la famille très éloignée, mais les motifs du meurtre sont toujours aussi mystérieux. Le projecteur quitte lentement les proches de la famille Villemin pour s'intéresser maintenant à une branche nouvelle. À Lépanges-sur-Vologne, la population du village, sur les nerfs après six jours d'enquête et de rumeurs, mise en alerte par cette succession de révélations, réagit brutalement. Certains se disaient prêts à « *aller faire un tour* » du côté de la gendarmerie, sans attendre la fin de la nuit.

BRUYÈRES : L'ENQUÊTE REPART À ZÉRO

Les deux couples interrogés dans la nuit de lundi à mardi ont été mis hors de cause. Les enquêteurs se concentrent sur les déclarations des parents de Grégory.

Après six jours d'enquête, les investigations gendarmesques sont revenues à la case départ. Cet après-midi, la maison des parents de Grégory a été le théâtre, trois heures durant, d'un huis clos entre Jean-Marie, Christine Villemin et le capitaine Sesmat. Un peu avant 19 h, le couple est sorti de la maison, puis a gagné la demeure des grands-parents pour y passer la nuit. Rien n'a filtré de la villa aux volets fermés. Les gendarmes ont donc repris le témoignage de Christine Villemin, la mère, à la lettre.

Toute l'enquête repose en effet sur ses déclarations que les enquêteurs jugent contradictoires. Elle aurait d'abord dit aux gendarmes avoir été alertée de la disparition de son fils par le coup de téléphone de son beau-frère, Gilbert. Mais elle aurait également dit s'être préalablement inquiétée de l'absence de Grégory, qui jouait dans le tas de sable à trois mètres de la fenêtre de la cuisine. La précision concernant l'heure de la disparition (17 h 05) proviendrait du fait qu'après 17 h la mère écoutait sur *RTL*, l'émission « Les grosses têtes ». Toute la journée, les gendarmes ont également refait l'enquête de voisinage, une reconstitution du crime étant prévue plus tard dans la soirée.

Compte tenu de son emplacement, sur une butte surplombant la petite route vicinale empruntée par les ravisseurs venant de Lépanges, une personne se trouvant à l'intérieur de la maison des Villemin aurait normalement pu entendre un bruit de moteur ou, tout du moins, voir la voiture des ravisseurs arriver. À moins d'être sûrs de ne pas être surpris, ceux-ci ont pris un gros risque en arrivant par cette petite route. Ce dernier point, le témoignage de Christine Villemin attestant n'avoir rien vu ni entendu, intrigue maintenant les enquêteurs, qui se lancent sur cette « nouvelle piste ».

La nuit dernière, à 1 h 20 du matin, la cinquantaine de journalistes et de villageois qui battaient la semelle devant la gendarmerie de Bruyères espéraient tous un dénouement proche. Le bruit courait que parmi les deux couples qu'interrogeait le juge Lambert, à la suite des révélations surprises faites l'après-midi même par une jeune fille, se trouvait l'assassin, le corbeau. On disait même que l'homme d'environ quarante ans aperçu lors de son entrée au poste de gendarmerie ressemblait au portrait-robot. Vaines spéculations. Il n'y avait aucune ressemblance entre les deux hommes. À leur sortie à 1 h 25, les deux couples, parents éloignés de la famille Villemin, étaient nerveux mais visiblement soulagés. Un voisin, surnommé « la belette », les avait aperçus en train de ramasser des pommes à une dizaine de kilomètres de Lépanges, au moment du drame.

« *On s'est cassé la tête pour rien, on repart à zéro, mais on ne désespère pas.* » Cette révélation d'un gendarme donne le ton. Malgré les incessantes affirmations du capitaine Sesmat ou du commandant Chaillan, lors de leurs rencontres avec la presse, l'évidence est là, criante : les gendarmes sont dans la panade.

L'habituelle conférence de presse prévue à 17 h a d'ailleurs été annulée. C'est la première fois depuis le début de l'affaire.

La partie de Cluedo à laquelle se livrent gendarmes et journalistes entre le domicile des parents, des grands-parents et la gendarmerie commence à agacer sérieusement la population locale, qui ne croit plus trop à un dénouement rapide : « *Encore un qu'ils vont nous laisser filer.* » Les grands-parents et les frères de Jean-Marie ont eu des récentes et strictes consignes des enquêteurs : « *Ne plus parler aux journalistes* » .

Monique Villemin, la grand-mère, a quand même tenu à dire : « *Nous sommes une famille unie, il n'y a pas de clan par chez nous.* » C'est, en tout cas, parmi cette famille – ou plutôt parmi ces familles – que fouille le juge Lambert, quatre générations d'hommes et de femmes, Vosgiens par nécessité professionnelle. (La plupart sont agriculteurs ou travaillent dans les filatures.) Mariages consanguins, problèmes d'héritage (toujours petits), enfants illégitimes, rumeurs anciennes et suspectes... Un linge sale moisissant depuis près d'un siècle dans les greniers familiaux est maintenant déballé au grand jour. Le mobile de la vengeance du corbeau se trouve sans doute là. Parallèlement à l'affaire, on reparle de plus en plus d'assassinats inexpliqués survenus au cours de ces trois dernières années dans un rayon de dix kilomètres autour de Bruyères (entre six et huit crimes). Les gendarmes qui se sont déjà penchés sans succès sur ces enquêtes, ne font encore aucun lien entre la noyade de Grégory et ces histoires. Les assassins courent toujours.

À Bruyères, les enfants des écoles, hyper sensibilisés par la mort d'un des leurs, et surtout par les mises en garde de leurs parents, affluent aux abords de la gendarmerie avec des mots d'adultes : « *Le corbeau, faut l'étrangler, moi je vous le dis !* » ou avec des réflexions d'enfant : « *Mais si par exemple, Grégory, il était allé dans la Vologne pour jouer avec le corbeau ?* »

BRUYÈRES: LES GENDARMES FONT (DE LA) TAPISSERIE

Pas de nouvelles, mauvaises nouvelles. Pour la première fois depuis le début de l'enquête sur la mort de Grégory (déjà huit jours), ce fut un jour sans rebondissement, sans arrestation, sans témoin surprise, sans garde à vue. Presque de la routine s'il n'y avait eu les déclarations…

Tandis que le commandant Chaillan annonçait, confiant, à la presse que « la piste professionnelle était réactivée », s'appuyant sur le fait que le corbeau était très informé sur les faits et gestes du « chef » (Jean-Marie Villemin) sur son lieu de travail, ce même Jean-Marie Villemin, excédé par les errances de l'enquête, déclarait, pour défendre ses droits de père meurtri, avoir pris contact avec l'avocat de l'association Légitime Défense.

Au palais de Justice d'Épinal, le procureur Lecomte donnait, quant à lui, dans l'imagerie fine : « *Cette enquête est un véritable travail de tapisserie. Pour l'instant, nous tissons des brins de laine les uns après les autres. Aucun n'est à enlever. Au fur et à mesure de notre tissage, nous cernons une figure qui, si elle n'apparaît pas encore clairement, peut se révéler d'un jour à l'autre.* »

Tous les indices trouvés sont étudiés… « scientifiquement », et un motard amènerait même chaque jour, en express, de Bruyères à Strasbourg, les dictées que des membres de la famille Villemin-Jacob continueraient à faire chez un graphologue. Pas de résultat probant pour l'instant. Le corbeau croasse toujours à l'ombre des tapissiers…

BRUYÈRES : SUR LA PLUS HAUTE BRANCHE, LA RUMEUR DU PENDU

« Les langues, enfin, se délient » dans l'affaire du meurtre de Grégory, disent les gendarmes pour appâter les petits rapporteurs. Mais les langues vont là où la dent fait mal, du côté d'un autre enfant mort, il y a quarante ans.

La petite épicerie cachée d'Autmonzey est ouverte toute la journée, « *dès que la mère Lebedel est debout, jusqu'à ce qu'elle se couche.* » On y boit du gros rouge et on y vient acheter « sa boîte en fer » de haricots, pour la soupe de midi. Mme veuve Lebedel, charentaises usées, vieux tablier gris en nylon sur gilet de laine raccommodé, a une morale et une seule : « *J'ai rien à dire aux gendarmes ni aux reporters.* » Et effectivement, elle ne dit rien. Elle est pourtant au courant de beaucoup de choses, de tout ce qui se passe à Autmonzey et dans les environs. Suffit de s'asseoir au bistrot d'à côté et de tendre une oreille même distraite pour s'en rendre compte.

Autmonzey, quatre cent cinquante-neuf habitants, est le village de « la » famille. C'est là que les grands-parents de Grégory ont construit une maison, un peu à l'écart du bourg, juste à côté de celle de leur fils. L'usine de tissage Boussac-St-Frères où travaille une bonne partie de la famille, c'est là, à Autmonzey, où le grand-père est arrivé en 1949, recueilli par une tante après le suicide de son père. Un drôle de début dans la vie. Mais c'est aussi dans la ferme juste à côté de la sienne qu'il a rencontré sa femme. C'est également à Autmonzey que le corbeau s'est manifesté le plus souvent, à la maison familiale ou à la filature (où le grand-père a reçu son dernier appel du corbeau le 17 mai 83, il s'en souvient : « *Il me disait que j'allais me pendre.* »)

Tout le village était au courant des manèges du corbeau :

« *Vous pensez... Un jour à une réunion de famille, on est même venu leur livrer un cercueil, comme si le père Villemin était mort.* » Dans les « farces » macabres et anonymes du corbeau, outre la vengeance, il est presque toujours fait référence à une mort violente et à une histoire de pendu. Ça frise l'obsession. Les Hollard habitent Laveline-du-Houx, à deux kilomètres d'Autmonzey. Branche éloignée de la famille du côté de l'arrière-grand-mère paternelle, ils ont reçu voici quelques années un coup de téléphone d'une femme éplorée se faisant passer pour Jacqueline Villemin : « *Papa est mort, il s'est pendu...* »

Le jour même, les Hollard, endimanchés, se sont rendus chez les Villemin, une plaque mortuaire sous le manteau. Mais sur la route, ils ont rencontré Albert tout sourires qui leur a demandé « *ce qu'ils faisaient donc là, si bien habillés ?* » – « *Rien... rien, on allait juste voir l'assureur* », ont-ils rectifié précipitamment. La plaque mortuaire est restée sous le manteau.

Des histoires de ce calibre, les Autmonzois en racontent des dizaines à l'épicerie de Mme Lebedel. M. Georges, l'ancien directeur d'école et secrétaire de mairie, aujourd'hui en retraite à Granges-sur-Vologne, a assuré la scolarité de presque trois générations de Villemin-Jacob : « *Ce sont des gens qui ont vraiment eu du mal à élever une famille comme ça (les Jacob ont eu dix-huit enfants dont cinq sont morts nés), toujours propres, très bien nourris. Toujours très unis.* » À l'école, les résultats n'étaient pas terribles : « *Pas plus de trois ou quatre qui ont décroché leur certificat d'études.* » Mais ce n'était pas important, certificat ou pas, tous les Villemin-Jacob, en sortant de la communale à quatorze ou quinze ans, comme presque tous les Vosgiens de la vallée, rentraient aux ordres de maître Boussac, des filatures du même nom.

Sédentarisés pour des raisons professionnelles, les gars et les filles ne quittaient pas le canton : « *Aller à Épinal* (trente kilomètres) *était une expédition.* » Ils se retrouvaient souvent ensemble, et les mariages en famille étaient fréquents. Outre le travail à la filature, la plupart exploitaient un petit bout de terre « *pour joindre les deux bouts* ».

Certains après-midi, Mme Lebedel reçoit de la visite d'Herpelmont, commune voisine, d'où sont originaires les arrière-grands-parents paternels de Grégory.

On raconte donc là-bas cette très vieille histoire qui se transmet de génération en génération. « *En ce temps-là, les parents gardaient tout pour eux. Les jeunes étaient tenus à l'écart* », témoignent aujourd'hui les enfants d'alors. Mais quand les histoires marquent leur époque, « on » se souvient… Un Gaston avait épousé une Jeanne dans les années trente : quatre enfants allaient naître de cette union (dont le grand-père de Grégory). « *Le ménage marchait sur une jambe, rapport à la Jeanne qui couchait à droite à gauche.* »

Quarante ans après, la mémoire des vieux d'Herpelmont et de Jussarupt se réveille… « *Je crois bien que c'était après la déclaration de guerre, en 41-42… Ils ont cogné tous les deux sur le gosse comme des sourds.* » Émilien, le cadet, avait alors huit ans, il serait mort roué de coups, la tête fracassée contre la cuisinière de bois. La mère allait être inculpée du meurtre et passer trois ans en prison, et le père disculpé allait partir à la guerre où il allait rapidement être fait prisonnier. À son retour, en 1945, ruiné et mangé de remords, il allait se pendre. Dans la grange de sa maison. Les vieux d'Herpelmont ne savent plus ce qu'est devenue la Jeanne « *qui se serait fait tondre à la Libération rapport au fait qu'elle aurait mêmement couché avec les Allemands.* » On se souvient pourtant de la naissance d'une petite Yvette en prison qui serait allée habiter en Haute-Marne… Trouble.

« *Dites voir, Mme Lebedel, vous pensez que le corbeau était déjà né en ce temps-là ?* », c'est la question de la voisine d'Herpelmont à l'épicière d'Autmonzey qui ne répondit pas, et poussa un long soupir.

P. S. : bientôt dix jours d'investigations et toujours le même leitmotiv : « *L'enquête progresse.* » Les gendarmes fouillent le passé récent de la famille (trois ou quatre ans). Ils lancent un appel vibrant à tous les « corbeaux » potentiels : « *N'ayez pas peur, apportez-nous votre témoignage.* » Partant du principe – « presque démontré » – que l'enlèvement de Grégory est un coup monté par plusieurs personnes, le capitaine Sesmat insiste : « *Je demande solennellement à un des complices de venir libérer sa conscience.* » Quant à Jacky et Jean-Marie Villemin, « *montés l'un contre l'autre par les dénonciations du corbeau* », ils seraient en voie de réconciliation. La famille accuse également certains journalistes d'avoir défoncé la porte de l'un d'entre eux. Et d'avoir frappé, deux heures durant, la nuit dernière contre un volet ! À se demander si le corbeau n'est pas multiple, une vaste et ancienne conspiration, et si le royaume du corbeau n'est pas celui des médias.

BRUYÈRES : ADJUDANT-CHEF LAMIRAND, AU RAPPORT

Le témoignage du patron de l'hôtel, qui affirme avoir vu un homme peu avant et peu après le meurtre de Grégory, semble de nouveau pris au sérieux par la gendarmerie. Il relance l'hypothèse d'un complot réalisé par plusieurs personnes.

Monsieur Cornillie, le patron de l'hôtel de la Poste de Docelles, était formel hier soir : « *Un homme est venu boire une bière chez moi mardi dernier à 16 h 35, il était nerveux et tapotait son paquet de cigarettes en regardant la pendule. Il est sorti cinq minutes plus tard et est revenu de 17 h 05 à 17 h 15, a payé avec 5,50 francs en monnaie préparée d'avance. Je l'ai remarqué parce que ce n'était pas un client habituel.* »

À dix jours de distance, le cafetier est sûr de lui, en raison, dit-il, de la présence de son fils qui rentrait de l'école au même moment et de l'heure de fermeture de sa banque à Épinal où il devait retirer de l'argent. L'hôtel, légèrement en retrait de l'axe routier Bruyères-Épinal, se situe à environ quatre-vingts mètres de l'endroit où a été retrouvé le corps de Grégory. De plus, l'horaire indiqué est exactement celui correspondant au temps mis par les ravisseurs pour kidnapper l'enfant (17 h 05) à six kilomètres de là, puis pour téléphoner à l'oncle de Grégory (17 h 30).

Après avoir prévenu la gendarmerie de Bruyères, le cafetier a reçu un coup de téléphone de la police judiciaire de Metz qui l'a interrogé pour dessiner le premier portrait-robot déjà largement diffusé. Et puis, plus de nouvelles. « *J'avais dit aux gendarmes de Bruyères que c'était sans importance, ils ont dû me croire.* » Ce témoignage, déjà recueilli par les hommes de l'adjudant-chef Lamirand et que le commandant Chaillan a déclaré ignorer, est pourtant fondamental. Il alimenterait la thèse d'un complot (vengeance ou règlement de compte ?)

monté avec au moins deux complices (dont une femme). L'inconnu de Docelles (également aperçu par un autre témoin) ayant pu prévenir les ravisseurs en planque à Lépanges (« la voie est libre »), superviser l'opération et contacter l'oncle Gilbert. L'homme et la femme, déjà trahis par leurs traces de pas au bord de la Vologne et aperçus dans une Renault 12 verte suspecte aux environs de la maison des Villemin, se chargent dès réception du coup de téléphone de l'envoi de la lettre anonyme, annonçant la mort anticipée de Grégory (postée avant 17 h 15). Avec un léger retard, la gendarmerie semble avoir pris très au sérieux ce témoignage puisqu'elle vient de diffuser un nouveau portrait-robot correspondant à l'homme décrit par le cafetier : « *Trente-cinq ans environ, athlétique, favoris prononcés remontant aux pommettes, moustache tassée à la commissure des lèvres, cheveux châtains bouclés, costume bleu et pull bordeaux.* » Il est frappant de constater que divers éléments de cette description ont déjà servi à l'élaboration du précédent portrait-robot. Les gendarmes ayant vraisemblablement composé un patchwork des différents éléments de témoignages même contradictoires, partant du principe a priori étonnant qu'il ne pouvait exister qu'un seul suspect.

L'existence d'une vengeance préméditée et froidement fomentée par plusieurs personnes contre Jean-Marie Villemin – « *T'es fier maintenant avec ton pognon et sans ton fils* » – éloigne quelque peu de la piste du corbeau terrorisant la famille depuis des générations, mais les meurtriers ont pu se greffer sur les histoires de famille et les lettres du corbeau pour brouiller les pistes. Cette hypothèse fragile (bien d'autres raisons peuvent expliquer la présence de ces inconnus dans la campagne vosgienne…) pourrait expliquer les trop grossières (pour être honnêtes) fautes d'orthographe de la dernière lettre anonyme reçue par les parents, et l'incompréhensible silence du corbeau entre son avant-dernière manifestation, le 17 mai 83, et la mort de Grégory.

BRUYÈRES : FAVORIS ET SAC DE NŒUDS

Le froid est tombé sec et rude sur Bruyères et sa contrée. Chacun s'attendait ici à un week-end calme et sans histoire, une petite trêve après douze jours d'enquête mouvementée. Ce fut presque le cas.

La journée de samedi fut marquée par l'arrivée de maître Garaud, avocat de Légitime Défense, venu spécialement de Paris aider Jean-Marie Villemin dans la procédure de constitution de partie civile. Les parents de Grégory auront maintenant accès au dossier de l'enquête. « *Je suis allé dans la chambre du petit Grégory, elle n'a pas bougé. Il y avait même un nounours sur le lit. On sent que c'était un enfant choyé et aimé* », a déclaré en substance le champion de la peine de mort, la larme à l'œil.

La très large diffusion du « portrait-robot » d'un suspect aux longs favoris et à la moustache tombante, dans la presse régionale et nationale, a porté ses fruits. Depuis samedi midi, les gendarmes vérifient les emplois du temps d'une quinzaine de Vosgiens à favoris, dont un a même été dénoncé par son coiffeur…

La rumeur du dimanche : une histoire de nœuds. Des gendarmes auraient, paraît-il, déterminé l'origine des nœuds de cordelettes qui ont ligoté les membres de Grégory. Ces nœuds auraient été exécutés par une femme (ouvrière dans le textile, bien sûr…)

Le bruit a également couru, suite à l'appel pathétique lancé par *TF1* (« Bonjour la France ») montrant le portrait-robot de l'homme aux favoris (« *Si vous voyez cet homme, dénoncez-le à la gendarmerie. Il a tué un enfant* »), qu'une dénonciation capitale avait été faite dans la matinée du dimanche. Mais ce n'était qu'un bruit. Un de plus.

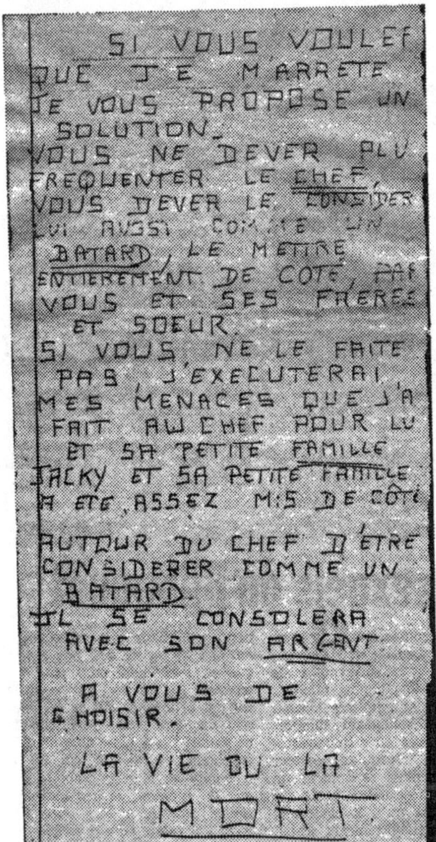

SI VOUS VOULEZ
QUE JE M'ARRETE
JE VOUS PROPOSE UN
SOLUTION.
VOUS NE DEVER PLU
FREQUENTER LE CHEF,
VOUS DEVER LE CONSIDER
LUI AUSSI COMME UN
BATARD, LE METTRE
ENTIEREMENT DE COTE, PAR
VOUS ET SES FRERES
ET SOEUR.
SI VOUS NE LE FAITE
PAS, J'EXECUTERAI
MES MENACES QUE J'A
FAIT AU CHEF POUR LU
ET SA PETITE FAMILLE
JACKY ET SA PETITE FAMILLE
A ETE ASSEZ MIS DE CÔTE
AUTOUR DU CHEF D'ETRE
CONSIDERER COMME UN
BATARD.
IL SE CONSOLERA
AVEC SON ARGENT
A VOUS DE
CHOISIR.
LA VIE OU LA
MORT

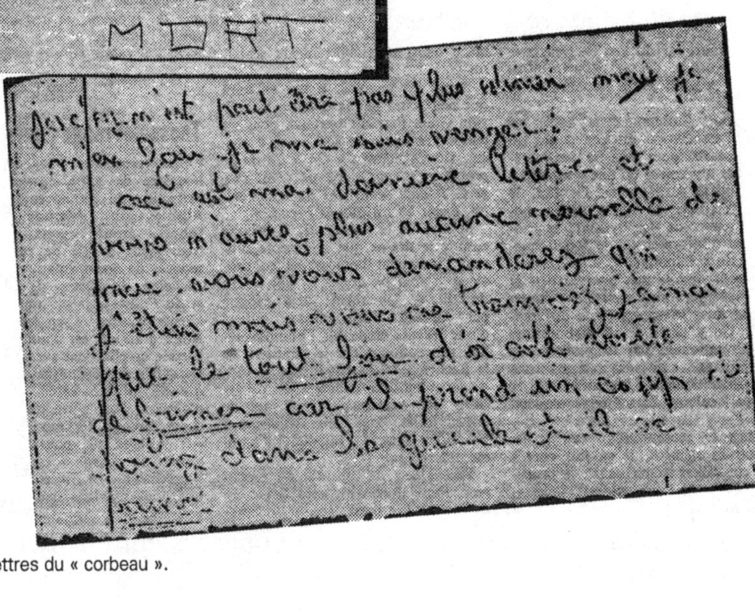

[illegible] m'est peut être pas plus [illegible] mais je
un jour je me suis vengé...
C'est ma dernière lettre et
vous n'aurez plus aucune nouvelle de
moi. vous vous demanderez qui
j'étais mais vous ne trouverez jamais
[illegible] le tout Jean d'à côté [illegible]
[illegible] car il prend un coup de
dans la gueule et il se
[illegible]

• Lettres du « corbeau ».

BRUYÈRES : ON BRÛLE…

Les responsables de la mort du petit Grégory, le corbeau, sa femme et leur complice, l'homme aux favoris, auraient été identifiés. Reste à les confondre. Mobile : la jalousie.

Enquête sur le meurtre par noyade du petit Grégory Villemin, treizième jour. Les enquêteurs, les enquêtés et les observateurs de l'enquête stationnant à Bruyères depuis deux semaines déjà, se livrent à un étrange ballet : un remake de *On achève bien les chevaux* où les danseurs, mécaniques et plus ou moins confiants, s'observent en se disant que bientôt, à l'usure, et à l'usure seulement, le corbeau finira par tomber.

Apparemment, il ne se passe rien. Le procureur Lecomte joue à l'homme occupé. Le juge Lambert ne sort plus le nez de ses dossiers. La famille Villemin, muette, se cloître dans la maison du grand-père. Même les traditionnelles rencontres des gendarmes avec la presse ont vécu. Tout est pourtant trop calme et trop facile pour être vrai. Seul élément nouveau : les gendarmes, hier tendus, ont aujourd'hui retrouvé le sourire.

Leur travail de fourmi « *tapissière* », comme l'avait qualifié le procureur Lecomte, semble porter ses fruits… Une figure cohérente leur serait apparue. Les enquêteurs auraient maintenant une idée très précise sur l'homme et la femme ayant monté l'opération Grégory. Ils ont même testé leurs présomptions sur des proches des Villemin, qui ont fini par craquer : « *Mais bon sang, mais c'est bien sûr !* »

Ils étaient trois, avec l'homme aux favoris qui a, semble-t-il, joué un rôle de comparse, mais aussi sans doute d'informateur vis-à-vis des gendarmes. Le corbeau aurait été trahi par sa voix, finalement identifiée. Et la femme du corbeau, débusquée en raison de son écriture.

D'étranges similitudes sont en effet apparues entre la dernière lettre du corbeau (17 mai 83), la lettre revendiquant le crime, et une dictée (de femme). En particulier dans la manière d'écrire le « M » de monsieur et les deux « L » de Villemin.

Le couple soupçonné travaillerait dans une filature et n'aurait pas d'alibi (comme des dizaines d'autres suspects d'ailleurs). Mais ce couple aurait un mobile : la jalousie. Bête, cruelle et incompréhensible. « *N'allez pas chercher trop loin,* avait déjà prévenu le juge Lambert, *c'est une affaire rurale et familiale.* » On brûle. Mais avant d'inculper, il faut confondre... Le résultat tant attendu des analyses graphologiques pourrait tomber demain. Jusque-là, motus. Et frustration.

LA LONGUE TRAQUE D'UN PRÉSUMÉ CORBEAU

Seize jours d'une enquête à rebondissements ont abouti hier à l'interpellation d'un cousin de la famille de Grégory. Bernard Laroche est soupçonné après l'analyse graphologique des lettres du corbeau. Avec sa femme, ils viennent d'être placés en garde à vue.

Bernard Laroche, cousin germain du petit Grégory retrouvé mort le 16 octobre, a été placé en garde à vue, hier en fin d'après-midi, dans le cadre d'une information ouverte contre X pour assassinat. Âgé de vingt-six ans, ouvrier qualifié aux Tissages Ancel à Granges-sur-Vologne, il est considéré par les enquêteurs comme le « témoin numéro un ».

Seize jours après le début de l'enquête, le jeune homme semble avoir été confondu par l'épreuve de la dictée à laquelle plusieurs dizaines de membres de la famille ont été soumis.

Mardi 16 octobre, 16 h 30 : Christine Villemin, jeune et jolie maman de vingt-trois ans, sort de son travail à la manufacture de Lépanges, un petit village de mille cent cinquante habitants, au cœur des Basses Vosges où le textile est depuis toujours l'activité économique de base. Comme tous les jours, elle va chercher son fils Grégory chez sa gardienne, madame Jacquot, qui l'a hébergé à sa sortie de l'école. Tout est normal. Grégory, grippé la veille, va mieux. Il aura le droit de jouer dehors en arrivant à la maison à deux kilomètres de là, sur le plateau des Hauts de Lépanges. La Renault 5 de Christine stationne vingt minutes plus tard dans son garage. « Titi », comme le surnomment affectueusement les proches des Villemin, joue dans le sable avec une petite balle en plastique. Christine s'affaire dans la cuisine, en écoutant la radio et en jetant de temps à autre un coup d'œil à la fenêtre.

À 17 h 03, au moment où, sur *RTL*, l'émission « Les grosses têtes » lance son jingle, Grégory est toujours là. Mais à 17 h 15, Christine, inquiète, ne voit plus l'enfant. Elle sort aussitôt. Grégory a disparu. Affolée, elle fonce à nouveau chez Madame Jacquot. « *Peut-être Grégory aurait-il eu envie d'y retourner* », pense-t-elle, sans trop y croire. Arrivée au HLM de la nourrice, elle est en larmes : « *Il est entre leurs mains… Si tu savais, tu comprendrais que c'est fini* », lâche-t-elle, énigmatique et au comble de l'excitation. Madame Jacquot enregistre la phrase et essaie de calmer la maman. Sans succès. Christine retourne précipitamment chez elle…

Pendant ce temps, à douze kilomètres de là, à La Chapelle, Jean-Marie Villemin, le père, marié à Christine depuis à peine trois ans, achève sa journée à l'entreprise Auto-Coussin, une PME de soixante-dix salariés spécialisée dans l'aménagement intérieur des voitures. Sa réputation est celle d'un meneur d'hommes doué, autoritaire, renfermé mais très travailleur. Chef d'équipe à vingt-six ans, il a rapidement grimpé les échelons dans la hiérarchie de l'entreprise, mais son ascension a suscité quelques jalousies. Là-bas, on l'appelle « le chef », avec un soupçon d'ironie et d'envie. Jean-Marie semble ne pas prêter attention à ce qu'il considère comme des ragots et répète à qui veut l'entendre que « *ce qu'il a – une maison de « quarante briques » et deux voitures, dont une Renault 20 – il l'a gagné à la sueur de son front… Pour sa femme et son gosse.* » Vers 17 h 30, ce mardi-là, le téléphone sonne chez Auto-Coussin. C'est Michel, son frère d'Autmonzey.

Autmonzey, à cinq kilomètres de La Chapelle, c'est le village où sont nés les petits frères et sœurs Villemin. À l'ombre de l'entreprise de tissage Walter et des filatures de maître Boussac. Les parents de Jean-Marie, Albert et Monique, quinquagénaires usés par le travail de tisserands, y ont construit une maison belle et spacieuse. C'est là que la famille se réunit. Michel, le frère aîné, habite juste à côté un petit pavillon. Il travaille comme son père et son demi-frère Jacky à l'entreprise de tissage Ancell, à une centaine de mètres de là. Ce mardi-là, il regarde la télévision, seul, dans la maison de son père, en visite chez un voisin.

À 17 h 26 – le minutage a posteriori de l'émission regardée est formel – le téléphone sonne. C'est le corbeau. Toujours cette même voix d'homme nasillarde et méchante. Michel est surpris. Depuis le 17 mai 83, date où Albert Villemin avait été appelé pendant son travail pour s'entendre dire « *qu'il allait finir pendu* », le corbeau ne s'était plus manifesté. Cette fois-ci, pas d'erreur, c'est à nouveau lui et avec une nouvelle effroyable : « *Allô... Tu me reconnais, y a personne à côté, chez Christine. Alors j'te téléphone. Je me suis vengé. J'ai pris le fils du "chef" et je l'ai mis dans la Vologne.* »

Et le corbeau raccroche. Michel, livide, essaie aussitôt de téléphoner à Christine. En vain. Il appelle alors Lionel, son jeune frère de onze ans qui fait du vélo dehors, et lui demande d'aller prévenir le grand-père de Grégory. Puis, il téléphone à Auto-Coussin pour alerter Jean-Marie. Ensemble, ils décident d'aller faire un tour au bord de la Vologne, vers Lépanges. Vers 19 h, ils préviennent les gendarmes et les pompiers. Entretemps, Christine est rentrée et ne bouge plus de chez elle.

À 21 h 15, à six kilomètres de là, en aval de la Vologne, ce mardi 16 octobre, les sauveteurs – pour la plupart des habitants du village – retrouvent le cadavre ligoté et immergé de Grégory. Il porte un petit anorak bleu, propre et sans aucune marque de déchirure. Son bonnet de laine est replié jusqu'au menton. Ses pieds chaussés de souliers neufs et ses petites mains sont liées par un nœud très lâche (« *un nœud pratiqué couramment par les ouvrières du textile* », révèlera l'enquête). L'autopsie le précisera par la suite : l'enfant a été noyé vivant.

Le corps immergé de Grégory a été vu à 17 h 30 à l'endroit où les sauveteurs l'ont retrouvé quatre heures plus tard. Ce témoignage fondamental d'une passante qui a d'abord cru reconnaître un sac poubelle, puis en écoutant la radio s'est rendu compte que c'était Grégory, montre que le ou les ravisseurs ont agi en moins de vingt-sept minutes (vingt-trois minutes même si on prend en compte le coup de téléphone du corbeau réceptionné par Michel à 17 h 26).

Le lendemain du drame, mercredi vers 11 h, le capitaine Sesmat, de la gendarmerie d'Épinal, découvrira dans la boîte aux lettres de Jean-Marie Villemin la terrible missive signant et préméditant l'acte du corbeau : « *Ma vengeance est faite. Tu peux faire le fier maintenant avec ton pognon et sans ton gosse.* »

La lettre a été envoyée de Lépanges, d'une boîte aux lettres proche de la poste. Le cachet laisse perplexe : 17 h 15.

L'enquête démarre dans le flou le plus complet. Seule certitude de départ : le « timing » et les indices laissés par les ravisseurs (traces de pneus et de pas) impliquent une connaissance approfondie de la région et surtout de la famille. « *Ça ne peut être qu'un habitué du coin et même un membre de la famille* », commencent par dire les gendarmes qui vont immédiatement diriger leur enquête autour du noyau des Villemin : Albert, Monique, leurs six enfants et les familles de ces derniers. Ils découvrent que le corbeau est un habitué de la maison. Au cours de ces trois dernières années, tous ont été plus ou moins tyrannisés par deux « corbeaux », (surtout un homme, mais quelquefois une femme). Les Villemin nommément visés sont Albert, le grand-père, et Jean-Marie, le fils « qui a réussi ».

L'arme du corbeau : le téléphone, mais aussi la lettre anonyme manuscrite à l'écriture maladroitement maquillée. Les Villemin vont à tour de rôle, et à leur demande, être placés sur écoute par les gendarmes de Corcieux. Signe distinctif des bandes enregistrées : les farces macabres et la constante référence à un pendu (« *Le vieux* (Albert) *s'est pendu, va voir dans la grange* »...), la commande d'un cercueil aux pompes funèbres envoyé en pleine réunion de famille…, la connaissance minutieuse de l'intimité des Villemin (À Jacky : « *Vous avez posé un miroir dans votre salon ce matin… votre femme est constipée…* », à Jean Marie : « *Je sais que tu viens de mettre de la tapisserie bleue, ou de repeindre ton bureau…* »)

Mais les appels téléphoniques vont bizarrement s'interrompre le 17 mai 83. Plus de nouvelle du corbeau jusqu'à la mort de Grégory. Autre détail important : après s'être mis sur la liste rouge, Jean-Marie n'a plus été ennuyé.

Les enquêteurs vont d'abord plonger tête baissée sur le suspect numéro un : Jacky Villemin, trente ans, l'aîné de la fratrie, « *le mal aimé de la famille* ». Trop beau pour être vrai. Jacky, timide, toujours pâle et peu bavard, et sa femme Liliane, plus ouverte et spontanée, correspondante de *La Liberté de l'Est*, sont immédiatement soupçonnés. Leur rupture avec le reste de la famille est consommée depuis trois ou quatre ans déjà. Jacky, dans son enfance très lié à Jean-Marie, va peu à peu s'éloigner de lui : des histoires de filles mais surtout le « secret » de sa naissance. Jacky Villemin n'est pas le fils d'Albert Villemin. Dans le village, tout le monde connaît « *cette triste histoire de bâtard* ». Jacky en souffre et dit « *ne pas comprendre pourquoi les autres le rejettent* ». Il va finalement déménager à Granges-sur-Vologne, ville voisine.

Les Villemin, Jean-Marie et Albert en tête, sont persuadés que Jacky est le corbeau. D'ailleurs Christine va se souvenir « *a posteriori* » avoir aperçu une « *Renault 4* » verte suspecte circuler aux alentours de la maison avant le rapt. Les parents de Liliane (la femme de Jacky), les Jacquel, ont justement prêté leur voiture à Jacky. De plus, ce dernier aurait proféré de terribles menaces à l'égard de Jean-Marie, quelques mois auparavant : « *Ton Titi, je le balancerai dans la Vologne.* » (sic)

Entendu pendant trois jours et soumis à la très forte pression des journaux, Jacky va finalement être innocenté. Son alibi est de marbre : le soir du crime, il a été vu par douze témoins réparer la toiture de son voisin. Quant à Liliane, également soupçonnée, elle était chez sa voisine, juste sortie de la maternité deux jours plus tôt.

Les gendarmes repartent alors à zéro et attendent avec impatience l'enterrement où les cris de douleur d'une mère et de deux grands-mères seront les seuls événements marquants. Le corbeau sera effectivement présent dans la foule de pleureurs, mais il ne se manifestera pas.

Les gendarmes repartent sur l'hypothèse de la piste professionnelle « *sans écarter pour autant la famille* ». Malgré les déclarations optimistes des gradés de la gendarmerie ou du procureur : « *on avance, on avance…* », le corbeau croasse toujours et se manifeste même une nouvelle fois à Granges, en promettant à un petit entrepreneur, ami des Villemin, « *de foutre le feu à son atelier* » s'il continue à fréquenter Jean-Marie. Déposition après déposition, dictée après dictée, les quatre-vingts gendarmes se relayant sur l'affaire continuent à vérifier les emplois du temps de la centaine de proches de la famille. C'est long, délicat et minutieux. Beaucoup n'ont pas d'alibi.

En plein marasme, l'arrivée d'un témoin surprise (« *souhaitant libérer sa conscience d'un lourd fardeau* ») va relancer l'enquête sur une nouvelle piste : celle des Hollard. Deux couples sont aussitôt amenés au poste. Les quatre nouveaux suspects habitent Laveline, dans un quartier délabré donnant sur une nationale en travaux, à mi-chemin entre le bidonville de campagne et la cité ouvrière en ruines. Les deux couples ne vivent que des maigres salaires de la filature. Daniel, l'aîné, la quarantaine, est presque aveugle. Claude, son frère, a environ trente ans. Alibi en poche, ce dernier et sa femme seront rapidement mis hors de cause. Par contre, l'alibi fourni par Daniel et sa femme Chantal apparaît léger : un seul témoin, Daniel Michel, surnommé « la belette », assure « *être allé aux pommes avec eux au moment du crime* ». Après cinq heures d'interrogatoire acharné, l'alibi sera pourtant suffisant pour qu'ils puissent repartir libres.

« *Nous retournons à la case départ* »

relayés ensuite, par le fringant procureur Lecomte pour qui « *l'enquête était un travail de tapisserie. À chaque point de laine ajouté,* disait M. Lecomte, *la figure risquait d'apparaître.* » Une lingerie fine tranchant avec l'artillerie lourde utilisée par le capitaine Sesmat : « *Il y a des cadavres dans le placard... Quand vous connaîtrez le dénouement, vous serez effarés.* » Ou encore : « *Nous sommes dans une jungle où il y a un loup qui hurle... Tant qu'il continuera à hurler, nous le suivrons à la trace.* »

Beaucoup de déclarations. Peu de résultats. Après dix jours d'investigation, les rumeurs les plus folles se sont mises à circuler, jamais confirmées : on a tour à tour mis en cause les parents de Grégory, un énigmatique homme aux jumelles. On a aussi parlé d'un enfant qui aurait pu entraîner Grégory dans un jeu de la noyade ou d'un oncle éloigné interné à l'hôpital psychiatrique de Mirecourt.

Après le temps des rumeurs et des fausses confidences des enquêteurs, et la déprime du commandant Chaillan, est venu le temps de la rigueur. Rigueur des mots : plus de rencontre avec la presse. Rigueur des analyses : « *Nous voulons du scientifique* ! » Sans davantage se préoccuper du casse-tête vosgien qu'était le problème du mobile, les gendarmes ont essayé de tirer le maximum de leurs indices, et surtout des voix du corbeau et des analyses graphologiques.

Lundi 30 octobre à midi, le juge Jean-Michel Lambert a de vagues soupçons sur un nouveau suspect, resté jusque-là en retrait. C'est le témoignage apparemment anodin de Christine Villemin qui lui a mis la puce à l'oreille. Depuis le début de ses investigations dans la famille, le magistrat, responsable de l'enquête, a une idée fixe sur le mobile, une idée intuitive mais fortement enracinée : une histoire de jalousie, une vengeance. Christine Villemin, lors d'un interrogatoire, lance le juge sur la piste de Laroche en lui contant une anecdote antérieure à son mariage avec Jean-Marie : lors d'une fête de famille, Bernard Laroche lui aurait fait des avances pressantes auxquelles elle n'aurait pas donné suite. Même trouble quand le juge apprend que

Laroche est le meilleur ami de Michel Villemin, et qu'il est également le frère de lait de Jacky dont la femme Liliane a été aussi l'objet de ses avances.

Le lendemain à huit heures, le juge contacte deux graphologues de Strasbourg et de Paris qui planchent sur les dictées de Laroche et les comparent avec les dernières lettres du corbeau, et en particulier sur celle qui annonce la mort de Grégory. Trois similitudes graphologiques viennent conforter le juge dans son hypothèse : d'abord les « L » (de Villemin) et le « M » (de monsieur) sur les adresses des lettres du corbeau sont les mêmes que dans la dictée. Ensuite l'épaisseur des traits et la force d'appui sur le stylo sont identiques. Enfin, l'analyse caractérologique révèle une intelligence forte et de tendance obsessionnelle hors du commun. Mais le juge décide de ne pas intervenir tout de suite. Il attend une dernière confirmation : une analyse spectrographique commandée à un laboratoire de Sarrebrück.

Le commandant Chaillan est spécialement envoyé à la frontière sarroise pour chercher le résultat qui tombera peu avant 14 h. L'expert allemand est formel : des traces d'écriture révélées à la lumière et retrouvées sur la feuille ayant servi à écrire la dernière lettre du corbeau ont été faites de la main de Bernard Laroche. C'en est assez pour décider la mise en garde à vue, dans le cadre d'une information contre X pour assassinat, de l'homme qui, se sentant apparemment traqué, se terre à son domicile, volets clos, ne répondant pas au téléphone.

À 16 h 15, une 504 banalisée, avec à son bord le commandant Sesmat, vient le cueillir. Bernard Laroche n'oppose apparemment aucune résistance. La route d'Aumonzey à Bruyères est quadrillée par les fourgons bleus de la gendarmerie.

• Arrestation de Bernard Laroche sur son lieu de travail, février 1985.

L'ENQUÊTE MÈNE À LA FILATURE

Bernard Laroche, témoin numéro un, est père d'un garçon surnommé « Titi » comme Grégory.

Bernard Laroche habite Autmonzey depuis sa naissance. Cousin germain de Jean-Marie Villemin – leurs mères sont sœurs – il est le fils de Marcel Laroche, un solide Vosgien, ouvrier en filature, mort d'un cancer voici quatre ans. Sa mère, Thérèse Jacob, est décédée à l'âge de vingt-six ans en le mettant au monde. Il a épousé voici cinq ans Marie-Ange Bolle. Ils ont eu un enfant du même âge que Grégory, quatre ans, qu'ils ont surnommé « Titi », comme Grégory. Mais « Titi » Laroche, à la grande douleur de ses parents, est hydro-encéphalique. Pour survivre, l'enfant est esclave d'un drain évacuant le liquide cérébral.

À l'entreprise de tissage Ancell, de Granges-sur-Vologne, où il exerce la profession de monteur, Bernard Laroche est unanimement estimé par ses collègues : « *Un ouvrier hyper qualifié, titulaire d'un CAP d'ajusteur, de régleur, et de dessinateur industriel* », dit-on. Son travail, qui consiste à monter et démonter des machines à tisser dans les entreprises de l'Est de la France, lui permet de vivre au contact de beaucoup d'ouvriers du coin, et d'avoir un emploi du temps souple, avec un maximum de temps libre.

Dans le village, de l'institutrice aux proches voisins, tout le monde est d'accord : « *Laroche est un type sans histoire, gentil et serviable. Peut-être un peu sauvage, sans plus…* » On dit que dans ses rapports avec les femmes, avant son mariage, l'homme n'avait pas vraiment « *la cote* ». « *Il n'était pas dragueur et très très timide* », explique un de ses amis. Cheveux châtain clair, larges favoris, moustache blonde … il avait une carrure de bûcheron. Renfermé et peu causant, il partait souvent pour de longues balades en forêt

LE CAPITAINE BARRIL RACONTE

Dans une interview à « Libération », le capitaine Barril raconte son expérience au sein de la cellule anti-terroriste de l'Elysée. Il commente ses gaffes et dénonce les pratiques de certains services policiers. Lire pages 20 à 22.

MARDI 6 NOVEMBRE 1984

Libération

Un million de chômeurs sans allocation

L'UNEDIC vient de faire une étude pour mieux cerner cette « population » sans travail et sans ressources. Lire page 16.

Bruyères: le suspect n° 1 a été inculpé du meurtre du petit Grégory

LES MYSTERES DU CORBEAU

Trois semaines après l'assassinat du petit Grégory Villemin et après une traque à rebondissements, Bernard Laroche, oncle de Grégory, vient d'être inculpé d'assassinat par le juge Lambert. Suspect n° 1 depuis sa garde à vue de la semaine dernière, il bénéficiait toujours de la confiance de la famille. Hier, son alibi tombait : sa belle-sœur avouait avoir menti par peur et indiquait qu'elle avait vu Bernard Laroche partir avec Grégory. Lire page 19.

ELECTIONS PRESIDENTIELLES AMERICAINES: LE D DAY

Les Américains choisissent aujourd'hui leur président et une partie du Congrès. Tous les sondages donnent Reagan vainqueur, et certains prêtent au président sortant une majorité dans tous les Etats sauf le Minnesota. Lire p

Barre: oui à l'avortement mais pas remboursé par la sécu

Au cours de son « Heure de vérité », hier soir sur Antenne 2, l'ancien Premier ministre s'est démarqué de Jacques Chirac sur le problème de l'avortement et s'est présenté comme « libéral » plutôt que comme « conservateur ». Lire pages 10 et 11.

« *faire du bois* », confiait-il.

Financièrement, la famille Laroche était à l'abri du besoin. Fils unique, héritier de la ferme paternelle, il avait construit une petite villa blanche au lieu dit « *La fosse* », sur la colline surplombant Autmonzey. Bernard Laroche était apparemment en très bons termes chez le grand-père et surtout chez son ami, Michel Villemin. C'est en sa compagnie, d'ailleurs, qu'il a assisté à l'enterrement samedi dernier à Lépanges.

C'est par le biais de Michel, et à son insu, que l'homme se serait vraisemblablement tenu très informé de tout ce qui se passait dans la famille. De plus, les petites filatures où « *entre ouvriers tout se sait* », auraient également servi de caisse de résonance aux informations diverses glanées ça et là par le corbeau.

La culpabilité de Bernard Laroche ? Si elle devait se confirmer, il semble qu'elle pourrait s'expliquer par plusieurs facteurs : outre ses ennuis amoureux passés avec Christine et Liliane Villemin, et la possible identification jalouse à Jean-Marie, à qui tout semblait réussir (surtout Grégory), une vieille histoire de chantage exercée par des membres de la famille Villemin sur Marcel Laroche, le père de Bernard, refait brutalement surface. Le chantage porterait sur une « *grosse histoire de vol... voire de meurtre* ». À la mort de son père, Bernard Laroche aurait mis la main sur des pièces compromettantes. Détails importants : l'hospitalisation et le départ de la ferme familiale du père de Bernard, en novembre 81, correspondent au début du harcèlement du corbeau sur les Villemin.

Jacky Villemin, soulagé d'apprendre l'interpellation d'un suspect, mais atterré par la révélation du nom, ne peut qu'esquisser une parole : « *Je ne comprends pas, je ne comprends pas ce qu'il pouvait nous reprocher...* » La nouvelle de l'inculpation a rapidement fait le tour de la contrée. Chacun, hier soir, cherchait à savoir où « *il se cache* ». Dans les cafés et au bord des routes, les paroles terribles et vengeresses de la population des environs de Bruyères sont sans nuance : « *Lynchons-le* ».

LA « CORNEILLE » À L'AFFÛT DU CORBEAU

Michel Cornillie, dit « la Corneille », a fourni aux gendarmes un témoignage qui a réorienté l'enquête.

Quarante ans, un éternel pull rouge serré qui cache mal un petit bide naissant, le verbe gouleyant, le regard appauvri par treize années passées derrière un comptoir dans un petit village vosgien, Michel Cornillie, le patron de l'hôtel de la Poste de Docelles (le précédent patron s'appelait Monsieur Merle) est à la fois fier et méfiant. Fier d'avoir affronté le corbeau sur son terrain, méfiant, en raison d'une vengeance toujours possible. Depuis qu'il est allé témoigner après quelques jours d'hésitation à la gendarmerie de Bruyères, Michel Cornillie, surnommé « la Corneille » (rapport à son patronyme) par ses amis et clients est devenu une célébrité locale.

« *Sans lui, les gendarmes seraient toujours à la recherche d'un suspect à lunettes* », m'assure un convive reconnaissant.

Michel Cornillie est en effet le témoin de dernière heure venu lancer les gendarmes sur la piste d'un mystérieux homme aux favoris. La Vologne coule à quelques dizaines de mètres de sa porte. C'est là qu'a été retrouvé le corps ligoté de l'enfant non loin de la rue aux Oiseaux, juste devant La Colombe, un hôtel concurrent. Michel Cornillie en est encore tout retourné : « *Pensez voir, un petit gamin de cet âge… Vous reprendrez bien un pastaga ?* » Fidèle à la règle de mutisme régnant dans le coin, ses amis avaient beau lui dire : « *N'y va pas, Michel, ça t'attirera que des ennuis* », Michel Cornillie a tenu bon et a fait son devoir de citoyen. Il est allé voir l'adjudant en chef Lamirand et lui a dit : « *J'ai vu le jour du crime un individu louche se balader à Docelles. Il a même bu une bière chez moi à deux reprises : à 16 h 35 et à 17 h 15. Il était nerveux et regardait sans arrêt la pendule.* »

L'homme est sûr de l'horaire, son fils rentrait de l'école et après le départ de son client suspect, il est allé à la banque à Épinal. Il est également sûr du portrait-robot largement diffusé dans la presse : un homme aux longs favoris et à la moustache tombante. Depuis sa déposition, tous les barbus des environs de Bruyères défilent à la gendarmerie. Mais depuis deux jours, le défilé s'est considérablement ralenti. Est-ce à dire que l'homme aux favoris aurait déjà été démasqué ? C'est ce que pense Michel Cornillie, mais il ne peut en dévoiler davantage : « *Les gendarmes m'ont mis dans le secret, je ne peux vous en dire plus.* » (Air grave, mine admirative des clients de l'hôtel de la Poste.)

Pourtant, lundi, une lettre est arrivée dans sa boîte. Dactylographiée et apparemment anodine, venant du midi de la France. Le patron de l'hôtel de la Poste l'a ouverte machinalement et s'est immédiatement assis sous le choc. Le corbeau (celui-là ou un autre…) venait de lui faire signe : « *Bravo M. Cornillie ! Toutes mes félicitations ! Meilleurs vœux pour la suite de l'enquête.* » (ou quelque chose d'approchant).

Fébrile et craignant les représailles, Michel Cornillie s'est aussitôt précipité au quartier général des gendarmes, qui l'ont rassuré et lui ont promis une surveillance. À l'hôtel de la Poste, ses copains lui tapent maintenant sur le ventre en buvant leur « bien frais » (du vin rouge servi dans un petit ballon sur un gros glaçon, une curiosité locale) : « *T'as vu, Michel, on t'avait prévenu de ne pas te mêler de ça.* » Et Michel de baisser les yeux : « *Pensez voir, il ne va pas s'attaquer à un gros oiseau comme moi. Vous reprendrez bien un petit calva ?* »

LE PRÉSUMÉ CORBEAU INCULPÉ D'ASSASSINAT

Il était depuis quelques jours le personnage clé du meurtre de Grégory Villemin ; hier, Bernard Laroche a été écroué par le juge Lambert après la nouvelle audition de sa jeune belle-sœur, Muriel.

Il y avait peu de soleil, lundi matin à Granges-sur-Vologne. La concierge de l'usine de tissage Ancell ne s'attendait pas vraiment à une matinée calme. Le patron l'avait prévenue : « *Je ne veux pas voir un gars sortir avant l'heure ni un journaliste mettre un doigt de pied à l'intérieur.* » Dedans, le bruit était assourdissant. Dehors, des photographes attendaient 13 h et la sortie de la première tournée. Bernard Laroche avait pris le boulot à 5 h du matin, les mains dans le cambouis, à monter une machine à tisser. Vers 10 h, sa femme et deux de ses beaux-frères étaient venus le voir. Il était apparu derrière les grilles. Sans broncher. Puis il était retourné à l'intérieur, avec toujours la même démarche nonchalante d'homme fatigué.

Au même moment, à Épinal, le juge Lambert réentendait pour la énième fois le témoignage de Muriel, la petite belle-sœur rousse de quinze ans et demi, celle-là même qui lui avait fourni un alibi au moment du meurtre de Grégory, le 16 octobre dernier. Le juge ne croyait pas à l'alibi. Selon lui, Muriel avait dit qu'en sortant de l'école ce mardi-là, après avoir pris le bus, elle avait rejoint Bernard Laroche chez lui. Il jouait avec Sébastien, son enfant de quatre ans. Mais rapidement, le juge allait se rendre compte que Muriel n'avait pas pris le bus ce mardi-là…

L'ambiance à l'atelier était plus suffocante que d'habitude. La chaleur, l'odeur des produits, sans doute. Laroche bossait, silencieux et méticuleux, comme tous les jours. À la pause, ses compagnons de travail lui avaient serré la main, avec un timide sourire. Certains avaient même glissé une petite phrase amicale : «*J'ai confiance, je sais que t'es pas dans le coup.*» Personne, en tout cas, n'ignorait que Bernard Laroche était le suspect numéro un. Vendredi soir, après sa garde à vue éclair de vingt-quatre heures, Laroche avait justement clamé son innocence devant les caméras de la télévision : « *C'est pas moi le corbeau, c'est tout ce que j'ai à dire. Les gendarmes et les graphos... machin, eux, sont sûrs. Qu'est-ce que vous voulez que j'y fasse ?* »

Ses amis l'ont cru. Tout le monde l'a cru. Sauf le juge et quelques gendarmes.

À Autmonzey, son village natal, les habitants étaient unanimes : « *Pas lui, pas le Bernard. C'est impossible... Les gendarmes sont fous.* »

Tout le week-end, Bernard Laroche, malgré les sous-entendus accablants des gendarmes, paraît garder son calme. Jardinage, balades en forêt «*pour faire du bois*», télévision... Il ne va pas bouger de la petite villa blanche sur le plateau d'Autmonzey. Sa femme, Marie-Ange, et sa belle-famille s'affolent, crient à l'injustice, mais lui ne bronche pas, si ce n'est pour répéter inlassablement : «*Je suis innocent*», d'une voix monocorde, l'air impassible.

La famille Villemin, parents de Grégory en tête, ne croient pas non plus en sa culpabilité. Vendredi, après sa libération, Bernard Laroche ira même rendre une visite amicale à Michel Villemin. Pas pour s'excuser ni pour s'expliquer. Michel a même tendance à le croire. Ils se connaissent depuis si longtemps...

Autour de lui, pourtant, la tension monte. Les paparazzi s'excitent, les gendarmes sont de plus en plus souriants. Mais Bernard Laroche paraît serein. Et hier, il va au boulot comme tous les lundis. Vers 11 h pourtant, sa femme vient lui annoncer que « *le juge est encore avec la petite...* » Il commence sans doute à s'inquiéter mais il reprend le boulot, les doigts dans la machine à tisser. Ses collègues ne remarquent aucun changement d'attitude, aucune nervosité... Bernard Laroche bricole, sans relever la tête.

« *Ou il est très fort, ou il est innocent* », jure même son chef. Pourtant, à midi et quart, ce même chef va lui taper sur l'épaule. Doucement. Le capitaine Sesmat est là, avec des menottes. Cinq minutes plus tard, Bernard Laroche est dehors, les mains liées, entouré par sept gendarmes. Il a toujours la même démarche nonchalante et l'air fatigué. Vidé. Il ne fait aucune difficulté pour entrer dans la Peugeot 305 de la gendarmerie qui fonce, direction Épinal.

À 16 h, les menottes toujours aux poignets, dans son bleu de travail noir de graisse, Bernard Laroche va débarquer au palais de Justice où l'attend le juge. Dans les escaliers, une cinquantaine de journalistes, de cameramen et de photographes se pressent. « *Je n'ai rien à voir dans le coup, je suis innocent* » glissera l'homme. Après quinze minutes d'entretien, le juge l'inculpe de l'assassinat de Grégory. À sa sortie, il ne dira rien. Dehors, une foule de curieux, deux à trois cents personnes environ, cracheront sur le présumé corbeau, criant « *au salaud* ».

Depuis une semaine, le juge Lambert était persuadé de la culpabilité de Bernard Laroche. Même après la fin de la garde à vue, il restait sur ses positions. Il lui fallait simplement quelques jours supplémentaires pour rassembler d'autres témoignages et demander de nouvelles expertises graphologiques qui sont tombées finalement hier matin. Et surtout il a fallu la nouvelle déposition de Muriel. L'alibi de Bernard Laroche s'est ainsi retourné contre lui.

Ce mardi 16 octobre, à 16 h 30, Muriel était dans la 305 grise de Bernard Laroche avec lui et Sébastien, son fils hydro-encéphalique. Il serait allé à Lépanges. Là, Bernard Laroche n'aurait eu aucun mal à faire monter son neveu, le petit Grégory… Muriel a affirmé au juge qu'elle n'était pas sortie de la voiture et a gardé Sébastien. À Docelles, Bernard Laroche se serait alors dirigé vers la Vologne, seul avec l'enfant. Et revenu, cinq minutes plus tard, seul, sans l'enfant. Selon le juge, il aurait ensuite posté sa lettre de revendication de la poste de Lépanges : « *Tu peux faire le fier maintenant avec ton pognon sans ton fils.* » Laroche a ensuite ramené Muriel chez elle qui n'aurait découvert l'histoire que le lendemain dans le journal. D'après le juge Lambert, seule la « *peur* » expliquerait le silence.

Si cela se confirme, Bernard Laroche aurait agi seul. Guidé par une jalousie envers les Villemin et surtout Jean-Marie le « bienheureux ». Jalousie qu'il ruminait depuis des années. Lui, Laroche, le taciturne, le père du petit Sébastien, enfant malade pour l'éternité. Lui, Laroche, celui que personne n'attendait.

GRÉGORY : PORTRAIT DE JACKY, EX-SUSPECT NUMÉRO UN

Il y a trois semaines, on le donnait pour coupable au point que le père de Grégory avait failli le tuer. Il raconte ces jours noirs. De l'assassin présumé, Bernard Laroche, il dit : « C'est le plus aimé de la famille. »

Muriel, quinze ans et demi, l'adolescente dont le témoignage a conduit lundi à l'inculpation et à l'incarcération de son beau-frère Bernard Laroche, assassin présumé de Grégory Villemin, est revenue sur ce témoignage, mercredi, devant des journalistes venus la rencontrer.

« *Bernard est innocent. Je n'ai jamais été avec mon beau-frère* », a-t-elle affirmé. « *Le jour de la mort de Grégory, à 17 h 15, j'ai vu mon beau-frère avec son fils assis sur ses genoux, qui regardait la télévision chez ma tante, à Autmonzey.* » Muriel a encore affirmé qu'après avoir fourni un alibi à son beau-frère, elle était revenue sur ses déclarations parce que les gendarmes l'auraient menacée de la « *placer dans une maison de correction* » si elle ne témoignait pas contre Bernard Laroche.

Voici trois semaines, tout le monde voyait en lui l'assassin de Grégory. Accablé par sa famille, soupçonné par les gendarmes, harcelé depuis trois ans par le corbeau, Jacky Villemin, ex-suspect numéro un, panse maintenant ses blessures. Profondes.

Demi-frère de Jean-Marie Villemin, Jacky, trente et un ans, est ouvrier textile à Autmonzey. Enfant rejeté par son beau-père, il va être élevé par ses grands-parents, Albine et Léon Jacob, qui « adopteront » également Bernard Laroche, l'actuel assassin présumé de Grégory, dont la mère est morte en le mettant au monde. Jusqu'à leur majorité, Jacky, Jean-Marie et Bernard, frères de sang ou de lait, seront les meilleurs amis du monde.

Jacky a épousé Liliane, correspondante à *La Liberté de l'Est* et couturière à domicile, le 12 août 1973. Ils sortent peu, ne partent jamais en vacances et passent douze heures par jour à travailler…

La maison de Granges-sur-Vologne qu'ils viennent d'acheter avec un crédit sur vingt ans est grande et rénovée. À quelques mètres de l'entreprise de tissage Ancell ou Bernard Laroche a été arrêté, Jacky et Liliane Villemin attendent à l'intérieur de leur cuisine rustique nouvellement équipée, en buvant des cafés noirs. Depuis trois semaines, ils ne travaillent plus et ne quittent pas leur maison. La Renault 5 bleue flambant neuve stationne devant en permanence. Éric, leur fils de onze ans, en vacances pour cause de Toussaint, dort encore dans la chambre du haut. Il est dix heures du matin, Jacky est fatigué comme chaque matin depuis le temps où il a perdu le sommeil. Trois semaines déjà et toujours l'angoisse pour voisine. Malgré la récente inculpation de Bernard Laroche, Jacky et Liliane continuent à vivre dans la peur. Peur du téléphone, peur des bruits de pas derrière la porte, peur du facteur.

Pourtant, aujourd'hui, Jacky a un gros motif de satisfaction : Jean-Marie, le père de Grégory, avec qui il était « brouillé » depuis un an et demi est venu le voir hier au soir : « *Pas vraiment pour s'excuser, mais pour dire qu'il avait eu tort de me croire coupable. Quand je pense qu'il a failli me tuer, pour venger son fils.* » Effectivement, trois semaines plus tôt, en découvrant la mort de son enfant, Jean-Marie, fou furieux, est venu chez Jacky, armé d'une carabine. Seule la présence devant la maison de ce qu'il a pris pour une 4L de la gendarmerie l'a fait rebrousser chemin. « *Le corbeau a presque réussi son coup. Si j'étais mort, il était peinard* », explique Jacky. Jean-Marie était sûr que Jacky avait fait le coup. Toute la famille en était convaincue. En trois ans de harcèlement téléphonique incessant et de lettres anonymes dénonciatrices, le corbeau avait tout « *manigancé* » (selon les termes d'une des lettres) pour que les soupçons tombent immédiatement sur Jacky le bâtard, comme l'appelait le corbeau.

« *Si Jacky et Liliane n'avaient pas eu d'alibi solide au moment du crime, ils étaient bons pour la plus belle erreur judiciaire du siècle* », confiera a posteriori un gendarme. Jacky et Liliane ont eu chaud, le mardi du crime, leur voisin n'aurait en principe pas dû être là. Mais Dominique, l'amie de Liliane, était rentrée de maternité trois jours plus tôt que prévu. Ce que le corbeau ignorait. Jacky allait aider ses voisins à réparer leur toiture : l'alibi sera confirmé par douze témoins.

Leur calvaire a commencé voici trois ans. « *C'était par cycles : toutes les trois semaines, il appelait dix fois par jour. Au début, il ne disait rien. Après il faisait des bruitages d'animaux. Il ne parlait toujours pas et attendait notre réaction* », se souvient Jacky. Le harcèlement va être lent et gradué, le corbeau se manifestant toujours les nuits de pleine lune : « *Dès qu'on commençait à l'oublier, il revenait. Après les trucs cochons, ça a été les injures. Et puis les menaces… Tu crèveras, tu te pendras.* » Jacky et Liliane vont rapidement s'organiser et enregistrer les conversations au magnétophone. Le corbeau est au courant mais n'en est visiblement pas gêné. Comme s'il était certain que personne ne pourrait penser à lui.

Parallèlement, Jean-Marie et les grands-parents Villemin vont être victimes des mêmes appels. Le corbeau, très bien informé sur l'intimité de chacun, jouera à « monter » les uns contre les autres.

Les gendarmes de Corcieux ouvrent une enquête, mais ne trouvent rien. La rupture entre Jacky, soupçonné par tous d'être le corbeau, et le reste de la famille remonte à un an et demi, date où les grands-parents disent ne plus avoir été l'objet de menaces. La suspicion est partout chez les Villemin-Jacob qui, à tour de rôle, vont alors tous jouer au corbeau, « *sauf moi* », jure Jacky. « *C'est pas mon truc* ».

Aujourd'hui, il est las, usé. Son ulcère qui s'était calmé le tenaille à nouveau. Avec Liliane, ils ne lisent plus les journaux et regardent à peine la télévision. Ce que les journalistes ont écrit sur lui l'a vacciné.

L'inculpation de Laroche ? Il n'en a été qu'à moitié surpris : « *C'est le plus aimé de la famille, un modèle, le seul à qui personne n'aurait jamais pensé. Mais c'était quand même le seul qui était aussi bien informé de ce que nous étions, tous… C'est pour ça que je crois que c'est lui.* » Quant aux mobiles de la vengeance, Jacky est songeur : « *Laroche était normal jusqu'à la mort il y a trois ans de son père, tous les deux étaient très attachés. Laroche s'est retrouvé seul. C'est peut-être ça qui l'a détraqué.* »

Hagard, Jacky soupire, passe une main tremblante dans ses cheveux en bataille. Liliane enlève un minuscule grain de poussière à l'aide de son aspirateur de poche (qui ne la quitte jamais). Éric boit son café noir avec un peu de lait froid. Tous trois reprendront leurs activités lundi prochain. Jacky, père blessé, espère que les copains de classe d'Éric oublieront vite les plaisanteries de la semaine passée, les « *ton père, c'est l'assassin* ». Le téléphone sonne. Il sursaute.

JE ME SOUVIENS DE L'AFFAIRE DU CORBEAU...

D'hypothèse en certitude, de fausses confidences en vrai rebondissement, l'enquête a mis sous tension toute la région de Bruyères sur laquelle planait l'ombre de l'insaisissable corbeau.

Mais comment a pu s'enclencher ce grand jeu de Cluedo « version Vosges profondes » où le docteur Lenoir a été remplacé par un enfant assassiné ? Ce mardi 16 octobre, les Villemin, les Jacob et autres Laroche coulent des jours paisibles dans la petite vallée de la Vologne où seuls les problèmes du textile viennent troubler l'équilibre ambiant. Et puis, ce mardi-là, le corps ligoté d'un enfant de quatre ans est retrouvé noyé dans la Vologne. La presse régionale publie aussitôt à sa une les images du « *drame* ». Le lendemain, un corbeau se manifeste et signe son crime, « *prémédité.* » Grégory a été l'objet d'une vengeance d'adultes. Les médias nationaux rappliquent, s'installent, fouillent et bousculent les us et coutumes de la petite vallée boisée... Les gendarmes sont circonspects. Le juge est encore discret. Mais le chagrin et les révélations de la famille de Grégory s'étalent d'emblée sur les unes. Alors, les vieilles histoires de famille commencent à ressurgir.

La première semaine est celle de la dictée. Comme dans le film de Clouzot, le juge a décidé de confondre le coupable en faisant écrire des deux mains, et en scripte, cent trente membres de l'inextricable famille Villemin-Jacob. Les gendarmes, procéduriers et méticuleux, vérifient l'emploi du temps de tous les suspects potentiels, appartenant de près ou de loin à la famille. En vain : les sans alibi se révèlent trop nombreux.

Après l'audition de Jacky, suspect de la première semaine, les gendarmes s'attaquent aux Hollard, dénoncés par une mystérieuse femme blonde (en fait il s'agit de Mme Laroche, la femme du présumé corbeau). Livrés en pâture aux photographes, les Hollard deviennent les suspects de la seconde semaine. « *Malheureusement* », leur alibi est en béton. « *Il faut repartir à la case départ* » comme l'annonce, légèrement déprimé, le commandant Chaillan. Légère pause. Les gendarmes s'intéressent alors à la piste professionnelle et, après certaines déclarations fracassantes, se montrent plus avares de confidences à l'égard des journalistes. Le procureur livre ses états d'âme mais est rapidement réprimandé par la Chancellerie. La famille, après l'enterrement, décide de se taire. Et le juge essaie de « *garder ses distances* ».

Maître Garaud, l'avocat de Légitime Défense venu soutenir les parents de Grégory, en profite pour livrer à la presse quelques lettres du corbeau, aussitôt publiées.

Deux semaines de tension, de courses poursuites entre la maison familiale d'Autmonzey, la gendarmerie de Bruyères et le tribunal d'Épinal, d'échafaudages, d'hypothèses, de fausses confidences et de vrais rebondissements ne mènent à rien. Rien de concret, d'explicable, de plausible. Mais l'ombre du corbeau plane toujours sur Bruyères et sa région. Les enquêteurs sont visiblement dans la panade. Mais les médias restent « accros ».

On passe alors à la phase « scientifique ».

Au palais de Justice, des bruits de couloir persistants font état de résultats « *tangibles* », concernant les analyses graphologiques, et surtout spectrographiques. Un laboratoire allemand aurait, grâce à un traitement « *magique* » aux rayons ultraviolets, découvert en filigrane une signature sur la dernière lettre du corbeau. Un « B » suivi de ce qui pourrait ressembler à un « E » et à un « R ». « B » comme Bernard . (Bon sang, mais c'est bien sûr !) Réunis en comité extraordinaire, les trois experts graphologues vont également remettre les résultats de leurs études : « *Le seul qui colle, c'est Laroche.* »

Le verdict scientifique est tombé. Reste à le faire coïncider avec le profil psychologique de l'individu Laroche, jusqu'alors inconnu des services de gendarmerie. Ce « *suspect numéro un* » est gardé à vue, puis relâché. Le témoignage (extirpé ou spontané ?) de Muriel vient enfoncer le clou. Ses dénégations ultérieures ne servent qu'à convaincre encore davantage le petit juge d'Épinal, qui ne peut s'empêcher de manifester sa satisfaction d'avoir résolu l'énigme au banquet des journalistes.

Le doute peu à peu semble s'évaporer, concluant la partie de Cluedo.

Laroche sous les verrous, chacun apporte sa version du crime et des mobiles du tueur. Un travail d'apprenti psychanalyste quelque peu troublé par les déclarations des avocats de Laroche, maîtres Prompt et Welzer, pour qui le témoignage d'une mineure est sans valeur juridique. « *Il y a dans cette affaire une grave violation des droits de la défense* », découvrent aussitôt les deux défenseurs de Laroche, demandant le dessaisissement du juge.

Trop de fuites, trop de pressions... L'affaire Grégory entame sa quatrième semaine. Le juge se replie à nouveau derrière le secret de l'instruction. Alertés par les associations pour le rétablissement de la peine de mort, les parents de Grégory se lancent dans une campagne de pétitions. Les quatre-vingts gendarmes et presque autant de journalistes se reposent un peu avant de passer aux affaires courantes.

BRUYÈRES : TRENTE-HUIT JOURS PLUS TARD, LE CORBEAU CROASSAIT TOUJOURS

Le meurtre du petit Grégory Villemin s'éloigne, et Bernard Laroche est au secret depuis dix jours sans qu'aucun élément nouveau ne soit venu infirmer ou confirmer l'hypothèse de sa culpabilité.

Trente-huit jours après le meurtre du petit Grégory Villemin, plus rien d'officiel ne filtre au tribunal d'Épinal depuis l'arrestation de Bernard Laroche. Les directives de silence – « *venues d'en haut* » – adressées au procureur Lecomte et au juge Lambert sont suivies à la lettre. Une dizaine de journalistes sont pourtant restés sur place, à épier le moindre soubresaut qui viendrait troubler l'apparente tranquillité dans laquelle semble stagner l'enquête.

Rien de tangible depuis dix jours n'est venu infirmer ou confirmer l'hypothèse de culpabilité de Bernard Laroche. Incarcéré et isolé depuis deux semaines maintenant à la prison Charles III de Nancy, celui-ci s'est, paraît-il, plongé dans un profond mutisme d'où il ne sortirait que pour clamer, toujours et inlassablement, son innocence. Ses trois avocats ont bon espoir de voir la chambre d'accusation de Nancy ordonner prochainement sa mise en liberté… « *tant le dossier est vide et tant la conviction du juge repose sur peu de choses.* »

Les expertises graphologiques sur lesquelles reposait l'essentiel des convictions ne figureraient vraisemblablement toujours pas au dossier d'instruction. La graphologue strasbourgeoise serait, paraît-il, revenue sur ses premières affirmations. Quant à Muriel, rendue trop précipitamment à sa famille, elle maintiendrait toujours son témoignage, unique et réversible alibi pour Laroche.

Pour ce qui est de la miraculeuse analyse spectrographique émanant du laboratoire allemand qui aurait permis de découvrir, grâce au rayonnement ultraviolet, les premières lettres de « Bernard » au bas de la dernière missive du corbeau, il semble que le juge l'attende toujours. En vain. Apparemment donc, après trente-huit jours d'enquête grand spectacle où les suspects se sont succédés, il ne reste plus guère de certitudes dans le panier du juge.

Comme dans tous les vieux polars, les enquêteurs se sont pourtant donné une nouvelle mission : chercher la femme. Quelle femme ? Elémentaire, mon cher Lecomte, celle qui a forcément dû accompagner le corbeau pendant le rapt… Celle qui a sans doute posté la lettre signant la mort préméditée de Grégory, avant 17 h 15… Celle qui a persécuté la famille Villemin par ses appels téléphoniques macabres… Celle qui pourra dire si oui ou non Laroche est coupable.

Cette femme, encore une fois, les enquêteurs la cherchent dans la famille. Fouillant toujours dans les vieilles histoires d'amour et de haine, semant partout le doute et la méfiance. Parallèlement à cette nouvelle traque, le juge a souhaité revenir sur le minutage du rapt :

17 h 03. Christine Villemin voit son fils pour la dernière fois. (C'est la fin du flash-info sur une radio périphérique.)

17 h 26. Michel Villemin (l'oncle) reçoit l'appel du corbeau qui annonce la mort de Grégory. (Il regardait alors un film à la télévision et se souvient de l'image sur laquelle a retenti la sonnerie du téléphone.)

Vingt-trois minutes (au maximum) pour enlever l'enfant, parcourir les six kilomètres et demi menant à la Vologne, procéder à la noyade. Et téléphoner. Ni le juge, ni les gendarmes, ni les observateurs proches de l'enquête ne peuvent croire à ce scénario trop bien léché. Trop parfait.

Michel et Christine Villemin, réentendus avant-hier, ont répété leurs affirmations. Seule zone d'ombre : quatre collègues de travail, confrontés à Christine, jurent l'avoir vue au volant de sa Renault 5 noire le jour du meurtre, juste à la sortie du travail (entre 16 h 50 et 17 h 05) à proximité de la poste de Lépanges. Christine nie et assure : « *Il était 17 h 30 ou 18 h, je cherchais Grégory.* »

Dans les couloirs du palais de Justice, alors que de source officieuse on apprenait que le juge partait pour trois jours en vacances (trente-huit jours de stress, ça use), Albert Villemin, le grand-père, venu accompagner Michel, attendait droit comme un piquet. Et conversait aimablement avec des gendarmes aux traits tirés. Petite tape amicale sur l'épaule de Michel quand celui-ci est sorti du bureau du juge : « *Ça va ? – Ça va, je n'ai pas été inquiété, je suis innocent.* »

Dans le bourbier qu'est devenue l'affaire Grégory, tout le monde soupçonne à nouveau tout le monde. Un peu comme dans la famille Villemin, quand le corbeau a commencé à sévir. Avec une once d'imagination et un minimum de paranoïa, on en arriverait presque à croire qu'un corbeau est toujours là. Tapi dans l'ombre. À brouiller les pistes…

• Jean-Marie Villemin sortant du tribunal, novembre 1984.

AFFAIRE GRÉGORY : LAROCHE SUSPECTÉ D'INNOCENCE

La chambre d'accusation doit statuer aujourd'hui sur la mise en liberté du meurtrier présumé de Grégory. En quelques semaines, les preuves matérielles se sont évaporées. Reste un dossier d'instruction bien mal ficelé.

Bernard Laroche, le meurtrier présumé de Grégory, peut-il être libéré ? Pile c'est oui, face c'est non. Quelques heures avant la décision de la chambre d'accusation de Nancy, bien malin celui qui peut répondre à la question.

Côté avocats de la défense, même si on affichait officiellement un optimisme prudent, officieusement on était beaucoup moins confiant. Le cas Laroche est en effet complexe et unique. Depuis un mois, l'homme est incarcéré, à l'isolement, à la maison d'arrêt de Nancy. Depuis un mois, relayé par sa famille et surtout par sa femme Marie-Ange, il clame son innocence. Ses accusateurs, principalement le juge d'instruction Lambert et les gendarmes, après avoir ouvertement manifesté leur satisfaction d'avoir en partie résolu l'affaire, sont maintenant beaucoup plus réservés. Le doute s'est, semble-t-il, installé dans leur esprit. Pernicieux et paralysant. La récente demande d'annulation des pièces de procédure (expertises de la voix et de l'écriture du corbeau) par le parquet nancéien n'a fait que jeter un nouveau trouble sur l'enquête. Un de plus.

Actuellement, outre le manque d'aveux (cruel pour les accusateurs), aucun élément objectif et matériel ne vient entériner les thèses de l'accusation. Les analyses graphologiques confondant Bernard Laroche, aux dires du juge, n'existent légalement plus, jusqu'à la prochaine décision de la chambre d'accusation (le 18 décembre). De plus, l'analyse spectrographique commandée au laboratoire allemand qui avait, selon une rumeur spinalienne persistante, révélé sur la dernière lettre du corbeau une signature suspecte, ne figure toujours pas au dossier. Il semble que le juge, pressé par son entourage, ait décidé un peu vite et principalement sur des affirmations orales des graphologues, de garder à vue « *son* » suspect. Les experts n'ayant pas par la suite confirmé par écrit, ni avec autant d'assurance, leurs soupçons, le juge se retrouve maintenant sans l'ombre d'une preuve pour étayer sa thèse.

Contre Laroche, il ne lui reste que sa conviction de magistrat, très intime, et le témoignage de Muriel, la jeune belle-sœur de quinze ans et demi, lycéenne à Bruyères. Laroche s'était en effet servi d'elle comme alibi : « *Au moment du meurtre, j'étais chez la tante Louisette, je regardais la télévision avec mon fils Sébastien. Vers 17 h 30, Muriel est passée et m'a vu.* » La tante a confirmé, mais, interrogée immédiatement par le juge, Muriel a, quant à elle, fourni une déclaration complètement inverse. D'où les fortes présomptions. Dans sa première déposition, Muriel aurait dit que c'était elle qui regardait la télévision quand « *son beau-frère est rentré* ». L'inversion a fait craquer le juge qui à trois reprises, pendant trois jours, a cuisiné Muriel. Le lundi 5 novembre au matin, celle-ci a conduit le magistrat sur les lieux de l'enlèvement, expliquant qu'elle avait accompagné son oncle et le fils de celui-ci, le mardi du crime, dans sa voiture. Bernard Laroche était inculpé de l'assassinat de Grégory une heure plus tard.

Pourtant, deux jours après, subissant la pression de sa famille, Muriel est revenue entièrement sur ses déclarations : « *Ce sont les gendarmes qui m'ont menacée. Ils m'ont dit que c'était Bernard qui avait déjà dit tout ça. J'avais peur d'aller en maison de correction. J'ai raconté tout ce qu'ils voulaient...* »

La chambre d'accusation va aujourd'hui à nouveau buter contre l'alibi réversible, Muriel. S'ils maintiennent Laroche en détention, cela signifiera que, infirmant la loi, ils ont tenu compte des dires d'une mineure. Mais cela pourrait également signifier, comme le précisent les défenseurs de Laroche « *qu'ils ne veulent pas troubler l'ordre public et protéger la sécurité du prévenu.* » Nous aboutirons alors à une situation plus que paradoxale : après avoir « fabriqué » et emprisonné un coupable, la justice se trouverait dans l'incapacité de libérer un innocent. (Mais ce cas de figure est extrême.)

Sur place, autour de Bruyères, les gendarmes ont beaucoup œuvré pour faire coïncider leurs impressions avec la réalité. Les résultats ne sont pour l'instant pas très probants. Le chauffeur, ayant dans un premier temps contrairement aux secondes affirmations de Muriel, déclaré que celle-ci n'était pas dans le bus le jour du crime, ne serait plus très sûr de lui. Une lycéenne affirmant la même chose, se rendant compte de la gravité de sa déposition, serait également revenue sur ses dires. Ceci montre bien la délicate fragilité de témoignages recueillis à froid.

Outre les vérifications d'alibis, les juges de la chambre d'accusation ont dû aussi se pencher sur les questions du mobile et du déroulement du crime. Rien n'est en effet clair sur ces deux points. L'hypothèse du « psychopathe jaloux » est séduisante mais un peu trop romantique et difficilement étayable par des faits concrets. Si aujourd'hui la chambre d'accusation maintient Laroche en détention, il faudrait avant tout que les enquêteurs puissent expliquer comment Laroche, accompagné de sa seule belle-sœur, a pu, en vingt-trois minutes maximum : kidnapper Grégory (sans être vu), parcourir les six kilomètres et demi séparant Lépanges de Docelles, en postant la lettre de revendication avant 17 h 15, noyer l'enfant puis téléphoner à l'oncle.

Deux mois après la mort de Grégory, personne n'est en mesure d'expliquer cela. On imagine l'embarras de la chambre d'accusation. Du juge Lambert. Et des gendarmes.

LAROCHE : LES EXPERTISES PASSÉES AU CRIBLE

La chambre d'accusation devrait annuler aujourd'hui les expertises de voix et d'écritures qui avaient permis au juge d'instruction de placer en garde à vue Bernard Laroche, avant de l'inculper pour l'assassinat de Grégory Villemin.

La chambre d'accusation de Nancy doit rendre aujourd'hui à 14 h son verdict concernant la demande d'annulation de pièces de procédure, déposée par le procureur de la République et l'avocat général. Il faudrait un miracle pour que cette demande soit repoussée.

Le 5 novembre dernier, quand les gendarmes d'Épinal sont allés cueillir Bernard Laroche sur son lieu de travail à Granges-sur-Vologne, ils avaient des certitudes : Laroche était coupable. Muriel venait d'avouer. Mais cinq jours plus tôt, quand ils étaient allés l'arrêter chez lui pour le placer en garde à vue, Muriel n'avait encore rien dit. Outre une possible intuition, les certitudes du juge ne reposaient que sur les résultats, tant attendus alors, des expertises en écriture. Sans elles, Laroche n'aurait vraisemblablement jamais été gardé à vue. Muriel n'aurait sans doute pas été interrogée avec autant d'insistance. Et le suspect « numéro un » n'aurait peut-être pas été inculpé… si vite.

La demande d'annulation formulée devant la chambre d'accusation de Nancy par l'avocat général Renault revêt donc rétrospectivement une importance capitale. Elle lève également le voile sur la manière dont s'est déroulée l'instruction dans les moments chauds ayant précédé l'arrestation de Laroche.

Plus que le problème formel posé par les expertises de voix du corbeau (les deux médecins parisiens ayant reconnu la voix de Laroche ne figurent sur aucune liste d'experts officiels et ont été désignés par les gendarmes et non par les juges), c'est tout le déroulement des expertises en écriture qui est sérieusement mis en cause.

Désignées elles aussi par les gendarmes (donc officieusement), les deux expertes ayant « étudié » les dictées imposées à la famille se seraient même plaintes par écrit au juge d'instruction Lambert de leurs mauvaises conditions de travail. Mme Jacquin-Keller, experte en écriture strasbourgeoise, menaçant même le juge le 5 novembre, par écrit, d'interrompre ses analyses : « *J'en ai assez d'être harcelée. Je préfère arrêter de travailler et tout vous renvoyer.* » Cinq jours plus tôt, c'était pourtant elle qui avait dit au juge ses « *sérieuses présomptions concernant Bernard Laroche* »... « *Mais il faut beaucoup de prudence* », avait-elle aussitôt ajouté, s'insurgeant déjà contre le harcèlement quotidien des gendarmes la pressant de rendre le plus vite possible ses conclusions.

Mêmes ennuis, selon les défenseurs de Laroche, chez Madame Berrichon-Sedeyn, experte en écriture et en graphologie parisienne, convoquée la veille de la garde à vue de Laroche et à qui le commandant Chaillan aurait présenté la seule dictée de Laroche sans autre possibilité de comparaison.

De plus, les deux expertes ne se seraient prononcées qu'oralement devant les gendarmes qui auraient aussitôt communiqué la « nouvelle » au juge. D'où la rapide décision de garder à vue le suspect Laroche.

Aujourd'hui, un autre problème de fond sera posé aux juges de la chambre d'accusation. Les défenseurs de Laroche, « *regrettant qu'il ait fallu cinq semaines au ministère public pour savoir que la loi n'avait pas été respectée* », viennent de demander la nullité « *de tout ou partie des actes d'instruction accomplis après les actes annulés.* » Il serait très étonnant, quelques jours après la décision de maintenir Laroche en prison, que les juges suivent les avocats dans ce sens. Cela signifierait en effet l'annulation pure et simple du témoignage de Muriel. Le scénario le plus probable reste la seule annulation des expertises, donc implicitement la désignation officielle, cette fois, de nouveaux experts.

LE CAPITAINE BARRIL RACONTE

Dans une interview à « Libération », le capitaine Barril raconte son expérience au sein de la cellule anti-terroriste de l'Elysée. Il commente ses gaffes et dénonce les pratiques de certains services policiers. Lire pages 20 à 22.

4,30 F • MARDI 6 NOVEMBRE 1984 • IIIe SERIE • N° 1077

Libération

Un million de chômeurs sans allocation

L'UNEDIC vient de faire une étude pour mieux cerner cette « population » sans travail et sans ressources. Lire page 16.

Bruyères: le suspect n° 1 a été inculpé du meurtre du petit Grégory

LES MYSTERES DU CORBEAU

Trois semaines après l'assassinat du petit Grégory Villemin et après une traque à rebondissements, Bernard Laroche, oncle de Grégory, vient d'être inculpé d'assassinat par le juge Lambert. Suspect n° 1 depuis sa garde à vue de la semaine dernière, il bénéficiait toujours de la confiance de la famille. Hier, son alibi tombait : sa belle-sœur avouait avoir menti par peur et indiquait qu'elle avait vu Bernard Laroche partir avec Grégory. Lire page 19.

Barre: oui à l'avortement mais pas remboursé par la sécu

Au cours de son « Heure de vérité », hier soir sur Antenne 2, l'ancien Premier ministre s'est démarqué de Jacques Chirac sur le problème de l'avortement et s'est présenté comme « libéral » plutôt que comme « conservateur ». Lire pages 10 et 11.

ELECTIONS PRESIDENTIELLES AMERICAINES: LE D DAY

Les Américains choisissent aujourd'hui leur président et une partie du Congrès. Tous les sondages donnent Reagan vainqueur, et certains prêtent au président sortant une majorité écrasante dans tous les Etats sur son rival démocrate Mondale. Lire p

ALLEMAGNE • AUTRICHE • BELGIQUE • CANADA • COTE D'IVOIRE • DANEMARK • ESPAGNE • ETATS-UNIS • GRECE • ITALIE • LUXEMBOURG • MAROC • PAYS-BAS • PORTUGAL • SENEGAL • SUISSE • TUNISIE

CAFTAGE

AFFAIRE GREGORY: MURIEL CONTRE LES GENDARMES

La jeune belle-sœur du meurtrier présumé a été confrontée aux gendarmes, qu'elle accuse de l'avoir manipulée pour mettre en cause Laroche.

Epinal (correspondance)

Confrontée, hier, dans le bureau du juge Lambert aux gendarmes ayant enquêté sur le secret de Grégory, Muriel n'a fait que répéter que Laroche, son beau-frère, était innocent...

[illegible]

[illegible]

DE BAR EN BARRE

Un inculpé joue son quitte ou double devant les jurés de Douai

Forte tête en prison, co-fondateur de la revue « Otages », Jean-Pierre Mouille est aujourd'hui accusé d'avoir tué un homme dans les toilettes d'un café lillois. En cavale au moment des faits, il clame son innocence.

Douai (de notre correspondant)

[illegible]

AFFAIRE GRÉGORY : MURIEL CONTRE LES GENDARMES

La jeune belle-sœur du meurtrier présumé a été confrontée aux gendarmes, qu'elle accuse de l'avoir manipulée pour mettre en cause Laroche.

Confrontée, hier, dans le bureau du juge Lambert, aux gendarmes ayant enquêté sur la mort de Grégory, Muriel n'a fait que répéter que Laroche, son beau-frère, était innocent…

La journée était annoncée comme décisive, hier à Épinal, mais les journalistes et badauds qui, pendant près de cinq heures et après un mois de « vacances », s'étaient donné rendez-vous devant le palais de Justice sont restés sur leur faim. Muriel n'a pas craqué, ou plutôt si : Muriel a craqué, elle n'est pas revenue sur sa seconde déposition. Cent quatre jours après la mort de Grégory, la tension est pourtant toujours aussi forte du côté des Vosges profondes. La confrontation entre la jeune belle-sœur de quinze ans de Bernard Laroche et les gendarmes était, paraît-il, « *fondamentale* ». Les expertises en écriture confondant Laroche ayant été annulées par la cour d'appel de Nancy, l'inculpation ne repose en effet plus que sur la première déposition de Muriel accusant son beau-frère du meurtre de Grégory. Bien que récusée par la suite, cette déposition pèse toujours très lourd dans la balance.

Sans porter plainte contre eux (comme l'a récemment fait Bernard Laroche), Muriel avait accusé les gendarmes de l'avoir forcée à parler : « *Ils m'ont dit que si je ne disais rien, j'irais en maison de correction. C'est eux qui m'ont menti et qui m'ont dit que mon beau-frère avait avoué…* », s'était-elle plainte au lendemain de sa rétractation. Le juge Lambert voulait sans doute vérifier hier la réalité de ces propos vengeurs.

Muriel est arrivée au palais à 14 h, encadrée par son « clan ».

La mère, les cousins, les frères et sœurs, toute la famille était là pour protéger la « gamine ». Marie-Ange, l'épouse de Bernard Laroche, en tête… Chacun, en aparté, y allait de son petit commentaire sur cette « putain de justice » qui les avait amenés là. Muriel était en pleurs, comme d'habitude lorsqu'elle débarque au palais. Mais parfois, ses pleurs sont balayés par un sourire de môme joueuse. La meute de photographes et de cameramen est là, qui gonfle et qui presse, et Muriel, en petite star de campagne, se cache sous la veste d'un oncle protecteur. Depuis trois mois, « la petite », comme l'appelle sa mère, n'est plus retournée à son CES de Bruyères. La classe de 3ème de transition s'est faite sans elle. Depuis trois mois, « la petite » reste chez elle.Cachée par la famille, dans sa chambre, d'où elle ne sort que pour faire du vélo dans le jardin, ou aller visiter d'autres membres de la famille. Le clan Laroche, méfiant et surprotecteur, surveille : « la petite » est malade… « la petite » en a assez vu… « la petite » n'a rien à dire. La mère, sèche et autoritaire, parle pour elle.

Hier encore, Muriel n'a rien dit de nouveau, s'enfonçant dans les incohérences de sa double déposition. Incohérences qui ont pourtant fait défiler les gradés de la gendarmerie. On jouait une nouvelle version de *Z*, sauce faits-divers. Un à un, l'adjudant Lamirand, le capitaine Sesmat, le lieutenant-colonel Chaillan, le colonel Tanguy et trois autres gendarmes sont passés devant le juge. Outre les déclarations de maître Welzer, qui n'assistait pas à la confrontation, rien n'a filtré des échanges. Pour le défenseur de Laroche : « *Il y a trois raisons d'être satisfaits… D'abord, malgré la confrontation avec sept gendarmes, Muriel confirme ses dires. Ensuite, l'itinéraire de la voiture du ravisseur de Grégory, suivant les indications de Muriel, est impossible à réaliser. Enfin, il semble que l'un des gendarmes ait reconnu être l'auteur d'un des croquis produits comme émanant de la main de Muriel…* »

Pas de coup de théâtre, Muriel reste sur ses positions. Laroche reste en prison. Et le mystère reste entier. Le dernier obstacle avant le procès qui doit amener

Bernard Laroche devant un jury d'assises, est fixé au 10 février. C'est ce jour-là que les nouveaux experts en écriture, nommés par le juge Lambert, doivent rendre le résultat de leurs travaux. Jusqu'à cette date, Muriel demeure au centre de toutes les interrogations...

05.02.1985

UNE VALLÉE SOUS INFLUENCE

Sur les rives de la Vologne, les habitants ont surtout peur du débarquement des reporters de Paris. La méfiance est la règle. Mais l'évocation des volte-face de l'enquête fait monter la colère.

L'annonce de la libération de Laroche aujourd'hui vers 13 h 45 a résonné comme un coup de gong dans la vallée de la Vologne. Les « *Vosgiens profonds* » (c'est-à-dire les habitants des Vosges profondes), comme les ont baptisés les médias, ont dû se gratter le haut du front et tendre le dos : « *Encore les Parigots qui vont venir nous faire c...* » Bizarrement, aux environs de Bruyères, les premières réactions tournent autour de la crainte d'un nouveau débarquement médiatique.

Amnésié, Grégory. Oublié, Laroche. On cherche le photographe ou la caméra dissimulée. On a appris ici, au fil des mois, à se méfier des journalistes « *à qui on dit le petit doigt et qui écrivent le bras* ». La vallée est usée, vaccinée par les rebondissements successifs de l'affaire. « *Quatre mois, vous pensez ? Au début, ils nous disaient que c'était le Jacky, après c'est devenu les Hollard et maintenant le Bernard Laroche est innocent. Ils se foutent de qui ?* »

À Lépanges, où demeurait Grégory et où la maison de Jean-Marie est en vente depuis trois mois, sans qu'aucun acheteur ne se présente, on a du mal à croire à la nouvelle. « *Tout ça finira à coups de fusil.* » Même unanimité à Autmonzey, le village où Bernard Laroche avait construit sa maison à flanc de coteau et où habitent le grand-père Villemin et ses deux fils. Pas de parole excessive.

« *On en a marre, vous savez, de se faire traîner dans la boue. Qu'est-ce que vous voulez que je vous dise, que je suis content, que je savais que Bernard était innocent, à quoi ça sert ?* » Même à la sortie de l'entreprise de tissage Ancell, à Granges-sur-Vologne, les camarades de travail de Laroche jouent l'ennui et la discrétion. À moins que ce ne soit de la colère intériorisée. Pour le champagne, « *on verra une autre fois...* »

Comme si la vallée était en état de siège. Dans tous les cafés, au moindre flash radio, on monte le son. Et on écoute. Religieusement... En dodelinant de la tête : « *Pensez voir un peu à cet homme, où est-ce qu'il se cache maintenant ? Sa vie est brisée... Ce sont les flics qui doivent payer le mal qu'ils ont fait... Il faut qu'il demande des dommages et intérêts... Avec des fusils que ça finira, je vous dis...* » La vengeance est aux lèvres mais pas pour de vrai.

On sait bien par ici que rien ne se passera, la passivité est la règle. Comme si la vallée servait de terrain de jeu à des apprentis enquêteurs.

Le mystère de la mort de Grégory demeure pourtant. Impénétrable et pesant. Pour tous. Un corbeau se cache dans la vallée.

LE « PRÉSUMÉ CORBEAU » RELÂCHÉ PAR SON JUGE

Devant le vide de son dossier d'instruction, le juge Lambert s'est résolu à ce qui apparaissait, depuis plusieurs semaines, inévitable. Les bavures de l'enquête menée par les gendarmes et l'assurance de Muriel maintenant l'alibi de son beau-frère ont pesé lourd dans la balance.

Écroué depuis le 5 novembre, Bernard Laroche a pu, hier, aller donner librement sa première interview, toujours inculpé de l'assassinat du petit Grégory.

On peut craindre que « la chasse au corbeau » soit rouverte et que la fièvre du mois d'octobre ne rallume passions et rumeurs, plus que jamais, autour du persécuteur anonyme et introuvable de la famille.

Malgré l'inculpation maintenue, cette décision constitue l'ultime aveu de la part des magistrats instructeurs et surtout des gendarmes d'Épinal (qui pourraient être dessaisis au profit de la police judiciaire) que le dossier contre Bernard Laroche n'aurait jamais dû justifier son incarcération. Maître Jean-Denis Bredin, dans une tribune, apporte sa contribution à la critique d'un tel fonctionnement de la justice « inquisitoriale » qui applique comme une peine la détention provisoire. Dans la grosse tête de Jean-Michel Lambert, le désormais célèbre juge d'instruction d'Épinal, la fumée doit être épaisse. En répondant positivement hier après-midi à la troisième demande de libération des défenseurs de Bernard Laroche, le juge a surpris son monde. Malgré la peu probante (pour l'accusation) confrontation entre Muriel et les gendarmes de la semaine passée, beaucoup pensaient que le juge allait attendre le résultat des nouvelles expertises en écriture pour rendre sa décision.

Apparemment, ce résultat n'était pas encore parvenu sur son bureau, hier. C'est donc que le dossier d'accusation ne devait plus peser bien lourd. Et le dossier d'instruction être cruellement vide.

Que reste-t-il contre Laroche ? Un petit doute, lié à la première déposition de Muriel et aux très controversées expertises en écriture. Mais la récente déclaration d'un gendarme « avouant » que le plan de l'itinéraire de la voiture ayant conduit le ravisseur de Grégory de Lépanges à Docelles était de sa main, et non de celle de la jeune fille, comme cela avait été précédemment dit, a dû perturber le juge. Omission ou pas, les gendarmes avaient bel et bien menti. Et ça, le juge a dû très mal le supporter.

La force de caractère de la jeune fille a dû également le surprendre. Quatre heures durant, Muriel a maintenu ses dires, répétant cent fois : « *Je vous jure que Bernard Laroche, mon beau-frère, est innocent.* » Elle a fini par entamer l'intime conviction de Jean-Michel Lambert. Contre Laroche, il ne restait alors plus qu'une impression vague… liée au climat et appuyée sur aucune preuve précise.

Concernant les arguments pour la défense, force est de constater que les trois avocats du prévenu, et surtout le spinalien maître Welzer, ont bien joué le coup. Jusqu'à preuve du contraire, l'alibi de Laroche s'appelle toujours Muriel. Pendant le meurtre de Grégory, Laroche regardait la télévision chez sa tante…

L'avocat d'Épinal tient là l'affaire de sa vie. De son cabinet idéalement placé face aux fenêtres du tribunal, il a su échafauder une stratégie habile, se servant des médias pour faire écho à la moindre de ses démarches. Après l'avoir desservi, la presse, surtout locale, s'est faite le défenseur de Bernard Laroche. C'est sans doute pour remercier cette presse que maître Welzer et son client, dès leur sortie de la prison Charles III vers 13 h 30, se sont rendus chez le correspondant régional de *RTL* à qui Bernard Laroche a confié ses premières impressions. « *Par moments, ça a été très dur, j'ai eu envie de me foutre en l'air. Mais j'ai tenu le coup. Je regrette une seule chose : que le juge ait dû attendre trois mois. J'espère qu'il retrouvera le coupable, maintenant* », a déclaré, très ému, l'ex-suspect numéro un, avant d'ajouter que le plus pénible pour lui avait été d'entendre à la radio « *traiter son gosse de débile, alors qu'il est très intelligent.* »

La famille Bolle, liée à Marie-Ange Laroche, a toujours fait bloc autour de l'inculpé, maudissant « *la sale justice qui l'avait amené* ».

Laroche est maintenant caché, loin des regards importuns. Sa femme et sa belle-fille le protègent. Aux dernières nouvelles venues de cette famille, dès que « *ça sera calmé* », Bernard Laroche a l'intention de reprendre son travail à l'entreprise de tissage Ancell, où ses camarades de travail l'attendent. Mais, bien que libéré, il est toujours inculpé pour l'assassinat de Grégory. Le juge Lambert n'est sans doute pas encore persuadé de l'innocence de Bernard Laroche. Sa libération porte pourtant un sérieux coup à la crédibilité de l'accusation.

Les gendarmes de Bruyères rasent les murs. Tel un serpent de mer, le bruit d'un dessaisissement court toujours. Ce n'est peut-être pas par hasard qu'aujourd'hui sur la route d'Autmonzey, l'adjudant-chef Lamirand, de la gendarmerie de Bruyères, réglait la circulation.

« *Ça fait drôle... Je n'y comprends plus rien.* » Bernard Laroche n'est pas le seul à perdre son latin dans l'inextricable tissu de l'affaire Grégory. Car bientôt, si les expertises en écriture l'innocentent complètement, il restera le meurtre de Grégory, et un terrible doute pesant sur toute la famille Villemin. Avec un corbeau en liberté, ça fait beaucoup...

L'AFFAIRE GRÉGORY SE TROUVE UN NOUVEAU SUSPECT

Bernard Laroche libéré, les différents protagonistes se renvoient la responsabilité du « bide judiciaire ». La rumeur se rabat sur un autre proche de la famille de Grégory. Et l'on brandit à nouveau des expertises d'écriture.

Alors que Bernard Laroche se repose de ses trois mois de prison et que magistrats, gendarmes, avocats et journalistes se rejettent les responsabilités de la « bavure », la rumeur s'est trouvée un nouveau coupable…

Bernard Laroche vient de passer trois mois en prison. Chacun s'accordait à penser hier, dès sa libération, que « *sa vie était maintenant foutue* ». Dans les bistrots, les couloirs des tribunaux, les rues de Lépanges ou d'Autmonzey, partout le même refrain : « *Pauvre Bernard* » ; et la même question : « *La faute à qui ?* »

Une question qui fait réagir tous ceux qui se sentent un peu coupables. Hier matin, les gendarmes, dont maître Garaud, l'avocat de Légitime Défense et de la partie civile, a demandé le dessaisissement, renvoyant une bonne part des responsabilités sur les frêles épaules du juge Lambert. Certains allant même jusqu'à râler à haute et intelligible voix, qualifiant le jeune magistrat d'épithètes peu compatibles avec le devoir de réserve lié à la charge militaire. « *À force d'en prendre plein la gueule pour pas un rond, faut bien qu'on se défende, nous aussi. Vous croyez qu'elle est simple, cette affaire* ? »

En première ligne pour prendre le relais des gendarmes, le SRPJ de Nancy traîne un peu la jambe… Les commissaires Andrieux et Jacob, que le juge a rencontrés dès la libération de Laroche, sont surtout gênés par les nombreuses fuites, « *orchestrées ou non* », ont-ils précisé, ayant « *saboté* » les quatre mois d'instruction.

Le juge, plus que jamais enfermé dans son petit bureau à porte vitrée, ne rumine plus. Il assume avec élégance et parle maintenant de son « *intime conviction d'innocence* » concernant Laroche. Selon une « *certaine rumeur* », le juge aurait sur son bureau les premiers résultats des nouvelles expertises en écriture qui innocenteraient Laroche et « *condamneraient* » un petit nouveau… Le juge ne dit rien. Il a fait son boulot « *en toute indépendance* », et s'il a parfois été « *influencé* », il a toujours décidé seul. En son âme et conscience.

Bataille d'avocats pour séduire la presse et influencer les juges

Pour l'instant, même si les gendarmes ne sont pas encore officiellement dessaisis du dossier, leurs rapports avec le magistrat chargé de l'enquête ne sont pas au beau fixe. À la question « la faute à qui ? », le juge ne répond pas directement, mais ses proches parlent volontiers des erreurs « gendarmesque » : l'histoire du trajet dessiné de la main d'un gendarme et qui avait d'abord été attribué à Muriel pèse très lourd. La presse est également, régulièrement, mise en accusation.

M. Lecomte, le procureur de la République d'Épinal, dont le bureau se trouve juste au-dessus du cabinet du juge d'instruction, toujours aux premières loges au début de l'enquête, ne fait plus aucune déclaration depuis deux mois. Il a pourtant été un des plus chauds partisans de la thèse Laroche. S'il prenait aujourd'hui (il a cinq jours pour le faire) la décision de faire appel de la libération ordonnée par le juge, il ne surprendrait personne. Les rapports entre le procureur Lecomte et le juge Lambert, jadis chaleureux, se sont au fil des mois un peu refroidis.

Du côté des trois avocats de la défense, hier, on abordait bien sûr un large sourire de satisfaction. Si le bâtonnier Stasi, s'intéressant surtout à l'aspect procédurier de l'affaire, reste tranquillement à Paris, maître Prompt (l'avocat parisien au chapeau mou) et Welzer (le régional de l'étape) sont passés à l'offensive.

« *Nous irons jusqu'au bout,* ont-ils déclaré hier. *Nous y sommes décidés. Le problème de Bernard Laroche est une chose (il faudra voir comment l'indemniser et réparer), mais pour nous, il est clair que la justice et la gendarmerie ne sont pas faites pour traquer les innocents.* »

Essayant au passage de minimiser la responsabilité du juge (« *Au départ, il avait un dossier ficelé, il a inculpé Bernard Laroche. Puis il a dépaqueté ce dossier et y a découvert d'importantes contradictions et surtout trois mensonges des gendarmes.* »), les avocats entendent donner suite à la plainte de faux et usage de faux déposée, voici deux semaines, par Laroche contre un officier de gendarmerie. Outre le faux « plan » dessiné par cet officier pour l'instant anonyme (l'ordonnance du juge n'a pas encore été rendue publique), les « mensonges » pistés par les défenseurs de Laroche portent sur la prolongation de garde à vue de Muriel (la décision a été prise par les gendarmes, sans autorisation du juge) et la présence de personnes étrangères à l'affaire (en fait l'épouse d'un gendarme) lors de cette même garde à vue.

Mais entre les deux avocats, l'entente n'était pas parfaite, hier, quelques heures après la libération de Laroche. L'engueulade portait sur la stratégie à développer vis-à-vis de la presse. Un avocat était partisan du mutisme. L'autre du vidage de sac.

La dictée d'Albert D. le nouveau suspect

Finalement, les deux hommes se sont mis d'accord pour que Laroche parle. Mais pas n'importe comment et à n'importe qui. Vraisemblablement caché chez des proches de maître Welzer, Bernard Laroche a reçu hier matin quelques « *reporters privilégiés* » à qui il n'a fait que répéter sa fatigue et son innocence. L'excursion journalistique a été organisée dans le « *plus grand secret* » par l'avocat spinalien. Pour les « *malheureux* » reporters indésirables, il restait le jeu de piste pour tenter de retrouver Laroche. Heureusement, il y avait le nouveau suspect.

Appelons-le Albert D. et voyons comment une « *certaine rumeur* », la même qui, voici trois mois, a accusé Bernard Laroche, va peut-être l'amener en prison. Il a suffi qu'un journaliste recueille le énième témoignage d'un proche pour qu'on commence à s'intéresser à sa personne : selon ce proche, lors d'un appel du corbeau, une voix d'enfant, en bruit de fond, aurait permis, « *à coup sûr* » précise le proche, d'identifier le fils d'Albert D. Quelques jours après avoir eu vent de cette information (parue dans la presse locale qui cite le vrai nom d'Albert D.), un autre journaliste recueille une confidence d'un gendarme : « *Ne le répétez à personne mais le juge l'a dans le nez...* »

Et la rumeur ne s'arrête pas en si bon chemin. Le jour de la confrontation des gendarmes avec Muriel, un avocat défenseur de Laroche glisse une petite phrase : « *Le juge a reçu les premiers résultats d'expertises.* » Elles innocenteraient Laroche, par contre un nouveau suspect apparaîtrait. (Le conditionnel est toujours de rigueur dans ce genre de situation.)

– Ne s'appelle-t-il pas Albert D. ? glisse alors un reporter malicieux.

– Damned, comment le savez-vous ? rétorque l'avocat.

Quelques jours plus tard, Laroche est libéré. Et une nouvelle fuite s'échappe du cabinet d'instruction, selon laquelle les nouvelles expertises seraient maintenant sur le bureau du juge. Sur les huit suspects ayant refait une dictée, deux n'auraient pas d'alibi, dont un serait « *indubitablement confondu* » par les experts, qui préfèrent « *attendre un peu avant de sortir le nom.* »

« *Ça va en décevoir et en surprendre plus d'un* », aurait même laissé échapper, énigmatique, un des experts à un journaliste qui a aussitôt diffusé la nouvelle sur une radio périphérique.

Décidément, Albert D. est dans de sales draps. Hier matin encore, sa femme a dû repousser les assauts d'un reporter ayant eu vent de son nom...

AFFAIRE LAROCHE : L'INNOCENCE EN TOUTES LETTRES ?

Selon l'avocat de la défense, les dernières analyses graphologiques innocenteraient Bernard Laroche, assassin présumé de Grégory. La décision de non-lieu pourrait intervenir sous peu. Et l'enquête de repartir vers de nouvelles pistes.

Les nouvelles expertises tombées hier matin sur le bureau du juge Lambert innocenteraient totalement Bernard Laroche, le présumé assassin de Grégory, selon l'avocat de la défense. Un non-lieu pour demain ?

Apparemment, Jean-Michel Lambert, le juge d'instruction d'Épinal, n'attendait qu'elles pour prendre sa « *douloureuse décision* ». Après l'annulation des premières expertises de voix et d'écriture pour vice de procédure, et la récente déposition de Muriel maintenant ses dires contre les gendarmes, les nouvelles analyses d'écriture étaient l'ultime vérification attendue par le magistrat spinalien.

« *J'ai rencontré le juge Lambert ce matin, il m'a simplement dit, ce n'est pas Laroche* », a indiqué maître Welzer, l'avocat du désormais ex-présumé corbeau. L'analyse en écriture portait sur la comparaison entre la dernière lettre du corbeau revendiquant la mort de Grégory et les dictées réalisées par Bernard Laroche. Officieusement donc, les résultats de ces expertises laveraient irrémédiablement Bernard Laroche de tout soupçon.

Partant du postulat encore jamais remis en cause que si Laroche n'est pas le corbeau, alors il n'est pas l'assassin, la décision de non-lieu du juge Lambert pourrait intervenir sous peu… Les défenseurs de Laroche auront alors tout loisir de se battre contre les gendarmes (une plainte a été récemment déposée contre eux par Laroche) en vue de réclamer des dommages et intérêts pour leur client. Outre Laroche, huit autres suspects auraient par ailleurs été soumis à de nouveaux tests de dictée. Dès lundi, des policiers du SRPJ de Nancy devraient prendre l'affaire en main. Le vide laissé par la libération de Laroche, présenté voici à peine trois mois par les gendarmes et le juge comme « *l'assassin sur mesure* » de Grégory, relance évidemment l'enquête vers de nouvelles pistes. Il y avait neuf petits nègres, il n'en reste que huit. Tous font partie de la grande et inextricable famille des Villemin-Jacob. On se croirait revenu quatre mois plus tôt avec les mêmes doutes. Et une seule certitude : un corbeau est là, dans l'ombre, il a tué Grégory. Est-ce lui qui a persécuté la famille par ses appels anonymes pendant les deux années ayant précédé le crime de la Vologne ou est-ce que l'assassin de Grégory s'est servi de lui pour détourner les soupçons ? Les policiers chargés de l'enquête devront au plus vite répondre à cette question essentielle. Avec le très lourd passif de l'inculpation de Laroche, ils vont devoir jouer plus prudemment.

Les parents, grands-parents et oncles de Grégory, laissés pendant les trois mois de l'incarcération de Laroche à peu près tranquilles par les enquêteurs, risquent à nouveau d'être placés sous haute tension. Chacun va s'observer et accuser, encore et encore…

Quant à Bernard Laroche, il refait doucement surface. Il va reprendre son travail « *le plus tôt possible* » a-t-il déclaré. À l'entreprise de tissage Ancell, on l'accueillera « *à bras ouverts* » a insisté avec un large sourire son directeur qui l'attend pour le 1er mars. Bernard Laroche et sa famille ont depuis quelques jours regagné leur maison blanche des Hauts à Autmonzey. « *Il me faut encore un peu de temps pour oublier* », a simplement dit Laroche aux journalistes qui continuent à le suivre dans ses déplacements.

L'assurance que le juge a montrée au moment de son arrestation n'a d'égale que celle qu'il déploie aujourd'hui pour dire son innocence.

• Audition de Christine Villemin, accompagnée de son avocat maître Moser, le 19 décembre 1985.

• Marie-Ange Laroche se rendant du tribunal d'Épinal, avril 1985.

AFFAIRE GRÉGORY : LE TEMPS DES INDISCRÉTIONS

Avec le printemps et les premiers bourgeons s'est ouverte la guerre des futurs suspects. Au point que le procureur général de Nancy appelle la presse « à la réserve ».

Depuis la libération de Bernard Laroche et la passe d'armes entre les gendarmes d'Épinal et les policiers du SRPJ de Nancy, l'enquête semblait plonger dans une douce torpeur. Que seules venaient troubler des nouvelles, comme l'annonce de la grossesse de la mère de Grégory, ou la nomination au poste de préfet de Marseille de Pierre Richard, numéro deux de la PJ de Nancy, jusqu'alors superviseur de l'enquête ; ou encore les accusations portées par tel ou tel témoin dans un journal à sensation. On avait presque oublié qu'il subsistait le meurtre d'un enfant et un suspect numéro un, libéré peut-être, mais toujours inculpé.

Et puis, soudainement, comme si l'actualité ne pouvait se satisfaire des silences de l'affaire Grégory, tout s'est à nouveau précipité. En une semaine. Il y a d'abord eu, publiés par *France Soir* et *Le Parisien Libéré*, puis relayés par *RTL*, les noms et les photos de trois suspects. Des femmes. « *De source sûre...* », a-t-on pu lire, « *de source policière* », a-t-on pu entendre. « *Halte aux rumeurs* », ont ensuite scandé les avocats de Laroche, déplorant que le parquet, si rapide à enfermer leur client, se serve maintenant de lui comme d'un « *otage* » et « *s'oppose à la manifestation de la vérité* ». Cette déclaration tonitruante a été accompagnée d'un télégramme au juge d'instruction Lambert demandant que soit « *notifié sans délai le rapport des experts en écriture, afin de couper court à l'escalade des rumeurs.* »

Ces troisièmes expertises en écriture, dont les résultats sont connus du juge depuis deux semaines déjà, font l'objet de moult tractations. Officiellement, rien n'a encore filtré. Mais officieusement, le juge les aurait livrées aux policiers, qui les auraient donc « cédées » à une partie de la presse. Pour égarer les soupçons, trois noms de femmes ont été publiés. Mais un seul serait bon.

Pourtant les policiers nancéiens, pour ne pas refaire les erreurs gendarmesques, avaient reçu des consignes très strictes de ne rien dire aux journalistes. « *Ordre du ministre* », s'entendait-on rétorquer à chaque question, plus ou moins insidieuse. Mais au fil des jours, après que les avocats de la défense se soient fait remettre en place par le parquet spinalien et aient obtenu du juge l'assurance que leur client ne se trouvait pas, de près ou de loin, mêlé à cette nouvelle charrette de suspects, la partie de Cluedo s'est poursuivie.

« *L'affaire Grégory est théoriquement résolue* » a-t-on pu lire sur les fils de l'*AP* (*Associated Press*). Selon la dépêche, l'affaire « *pénible est sur le point d'être résolue mais il reste de nombreux obstacles de procédure et de forme.* » Concernant Bernard Laroche, on apprend, toujours selon cette source, qu'il est « *désormais exclu, et de loin, de la première place dans la hiérarchie des suspects. Pour les enquêteurs, le corbeau est une femme...* » L'auteur présumé du crime, ou pour le moins son complice très rapproché, serait« théoriquement » identifié. On n'arrête plus l'intox. À se demander encore une fois si pareille « information » n'est pas livrée dans le seul but de faire réagir un hypothétique suspect.

Le coup porté à l'enquête, où le secret de l'instruction est toujours, en principe, la règle absolue, semble de taille puisque hier, Roger Descharme, le procureur général de la cour d'appel de Nancy, est sorti de sa réserve pour, dans un communiqué à *l'Agence France Presse*, demander aux journalistes « *devant la multiplication des rumeurs faisant état d'un prochain rebondissement de l'affaire, d'observer dans toute la limite compatible avec les exigences de l'information du public, la réserve qu'impose une affaire particulièrement douloureuse, par l'âge de la victime et les circonstances de sa mort.* »

Malgré cette vingt-deuxième semaine d'enquête riche en événements journalistico-policiers, rien ne permet de dire ou de penser, même si une expertise graphologique met en cause quelqu'un, que le corbeau de la Vologne est sur le point d'être démasqué. Et encore moins le meurtrier de Grégory.

C'est, jusqu'à preuve du contraire, la seule information du moment.

23.03.1985

LES PARENTS DE GRÉGORY CONVOQUÉS CHEZ LE JUGE

Après leur audition fleuve, jeudi par le SRPJ, le juge doit notifier lundi à Christine et Jean-Marie Villemin les dernières expertises graphologiques.

À l'instar des piles Wonder, l'affaire Grégory ne s'arrête jamais. On croit que l'action va baisser, que les acteurs vont se fatiguer, que l'intérêt du public va chuter. On se trompe.

La semaine dernière avait été riche en événements journalistico-policiers. Trois noms de femmes étaient sortis de l'oubli comme d'une boîte à ressort pour faire la nique à la vindicte populaire. Cette semaine, à coups de communiqués d'avocats et de fuites policières, l'étau s'est resserré lentement autour de la mère de Grégory. Christine Villemin, vingt-six ans, la petite ouvrière de Lépanges-sur-Vologne que les images de la télévision ou les photos de la presse ont toujours montrée vêtue de noir, les yeux et le nez rougis par le chagrin, est finalement sortie de sa réserve et a réagi « *à la campagne de presse ourdie contre elle.* »

« *Si on essaie de créer un climat pour me faire craquer, c'est peine perdue* », a-t-elle déclaré à l'*AFP*. « *On peut me mettre en garde à vue, mais je n'ai rien à me reprocher. Ce n'est pas comme ça qu'on trouvera l'assassin de mon fils.* » N'empêche, la mère est dans le collimateur. Visiblement, à la PJ, on accorde un crédit très relatif à ses déclarations concernant son emploi du temps le jour du crime, entre 17 h et 18 h. Et on le fait savoir, par voie de presse.

L'emploi du temps a encore été au centre des questions durant les neuf heures d'interrogatoire policier qu'ont subies les parents de Grégory avant-hier, à l'hôtel de police de Nancy.

Rien de très neuf : dès les premiers jours suivant la mort de Grégory, devant l'inextricable de la situation, les regards s'étaient portés vers les parents. Sortant de son usine de Lépanges à 16 h 30, passant chercher Grégory chez sa gardienne, puis s'enfermant chez elle pour faire du repassage, c'est Christine qui avait été la dernière à voir l'enfant vivant.

De là à la suspecter, il n'y avait qu'un petit pas que beaucoup ont franchi aisément. Puis sont venus les autres suspects, et les premières expertises graphologiques, et surtout Bernard Laroche, éclipsant temporairement le personnage clé que représentait la mère.

Mais le nom de Christine Villemin est désormais régulièrement cité par les policiers et avocats comme étant celui désigné par les nouvelles expertises graphologiques. Prenant les devants, maître Garaud, avocat de la partie civile et donc de Christine Villemin, s'est empressé de rappeler qu'une « *expertise n'a jamais été une preuve valable* » et qu'une « *contre-expertise serait immédiatement réclamée* ». Beaucoup de bruit pour pas grand-chose ?

Lundi, dès 14 h, Christine Villemin sera à nouveau reçue chez Jean-Michel Lambert, dans son cabinet d'instruction d'Épinal. Le juge devrait officiellement lui remettre le résultat des expertises la mettant en cause. Christine a juré que ça ne la ferait pas craquer. Jean-Marie, lui, a serré les dents. Visiblement, les nerfs sont à fleur de peau. Si tout, dans cette sombre saga, n'était pas si tragique, on serait tenté de sourire. Il en va des rumeurs comme des expertises... de véritables serpents de mer. Du côté de la Vologne, l'histoire se répète, indubitablement.

26.03.1985

AFFAIRE GRÉGORY : UNE DICTÉE À L'HÔPITAL

Depuis une semaine, les rumeurs désignaient Christine Villemin comme le corbeau. Hospitalisée dans la nuit de dimanche à la suite d'une hémorragie, elle a été entendue par le juge Lambert qui lui a fait subir l'épreuve de la dictée. Mais aucune inculpation n'a été notifiée à la mère de Grégory.

Que retenir d'une pareille journée ? La pluie ? Le regard de Jean-Marie Villemin ou les sourires de son avocat maître Garaud ? L'arrivée en force du commando Lambert (du nom du magistrat instructeur) à la petite clinique La Roseraie ? Le nouveau look de Bernard Laroche ? Ou encore la nouvelle peu surprenante que Christine Villemin – désignée toute la semaine dernière par les rumeurs comme étant le corbeau – était toujours, en fin de journée, innocente et partie civile ? Rien et tout à la fois. Fidèles à leur tradition, les journées de débarquement médiatique vosgien font « beaucoup de bruit pour pas grand-chose ».

Christine Villemin, la mère de Grégory, devait être entendue hier à 14 h par le juge Lambert, qui devait lui notifier les derniers résultats d'expertises graphologiques et lui faire passer pour la énième fois un test d'écriture. Malheureusement, dimanche vers 23 h, Christine allait être transportée d'urgence en clinique, de Bruyères où elle habite désormais chez sa mère, vers Épinal. « *Une mauvaise hémorragie utérine* », tel était le diagnostic, autrement dit une « presque fausse couche » qui a fait la Une de tous les flashes radios de la matinée. Mais, que tout le monde se rassure : l'enfant que porte Christine est sauf. Les médecins de La Roseraie l'ont certifié.

Cette indisposition maternelle n'a pas trop contrarié le programme du juge, plus que jamais décidé à agir vite. Après avoir officieusement notifié les résultats d'expertise à Jean-Marie Villemin et fait passer, en présence des deux experts parisiens, de nouveaux tests d'écriture à Jacky, Liliane (l'oncle et la tante de Grégory) et Jean-Marie Villemin, Jean-Michel Lambert s'est rendu peu avant 16 h au chevet de Christine. Il était très entouré : outre son greffier, les deux experts, maître Garaud et Jean-Marie Villemin, une escorte policière et le procureur Lecomte l'accompagnaient. Une heure et demie plus tard, interrompant le défilé des femmes enceintes se rendant à la petite clinique « *d'habitude si calme* », le petit groupe ressortait sous la pluie et le feu des projecteurs. Le juge se faufilait dans sa 4L de service, maître Garaud était tout sourires : « *S'il y avait des charges contre ma cliente, cela se saurait. C'est une mère éplorée et courageuse, torturée moralement. C'est l'assassin qui doit s'en réjouir en ce moment.* » Ceux qui s'attendaient à une inculpation choc en étaient pour leur compte. Hier, dans la petite clinique, on jouait les confidences sur l'oreiller.

De sa chambre d'hôpital, qu'elle devra garder au moins cinq jours encore, Christine Villemin a subi une épreuve de dictée. Même si la nouvelle n'a pas été encore rendue publique, c'est elle que les dernières expertises désigneraient comme le corbeau de la Vologne, à « *quatre-vingts chances sur cent* ». Maître Garaud s'est d'ailleurs empressé d'annoncer une contre-expertise explicite « *qui devrait prendre au moins quinze jours* ».

Quant aux experts nommés par le juge, avec leurs quatre nouvelles dictées sous le coude, ils ont un mois pour rendre leurs conclusions. « *On repart à zéro, en tout cas on fait comme si...* » a expliqué Madame de Ricci en sortant vers 19 h du bureau du juge : « *On travaillera jour et nuit, dans l'anonymat et l'objectivité.* »

On est apparemment encore loin d'un dénouement. Entendu en présence de ses avocats pendant une heure, en fin de soirée, par le juge, Bernard Laroche, aminci, le cheveu fraîchement coupé, toujours inculpé du meurtre de Grégory, est ressorti souriant lui aussi : « *Je suis pratiquement innocenté* », a-t-il déclaré, sûr de lui. Une innocence qui tarde cependant à se concrétiser par un non-lieu. À 20 h, Jean-Michel Lambert était toujours enfermé dans son bureau de verre. Dure journée pour lui. Une de plus. Les deux semaines précédentes, la rumeur, toujours elle, était montée, condamnant la mère. Sans autre preuve que l'avis discutable de deux experts en écriture. Aujourd'hui, les expertises ont été notifiées, et tout se dégonfle à nouveau. Comme d'habitude...

LA MORT-WESTERN DE BERNARD LAROCHE

Hier vers 13 h, Jean-Marie Villemin a tiré sur son cousin Bernard Laroche, mettant ainsi à exécution ses menaces « de faire justice lui-même, si la justice ne faisait pas son travail ». Il s'est constitué prisonnier une heure après.

Une balle a suffi. Une seule, tirée à bout portant. Derrière la crosse du fusil de chasse, Jean-Marie Villemin, blanc et nerveux. Au bout du canon, Bernard Laroche, son cousin, surpris. Inquiet… Peu de mots échangés sinon une tentative de Laroche du genre : « *Arrête tes conneries, entre à la maison discuter.* » Un beau-frère a tenté de s'interposer. Et puis le coup partit. Marie-Ange Laroche qui hurle. Bernard qui s'effondre. Et Jean-Marie qui repart aussi vite qu'il a surgi.

Autmonzey-Épinal… Une trentaine de kilomètres. Le fusil dans le coffre, des lunettes noires sur les yeux. Le visage blanc. La rage et la peur au ventre. Direction la clinique… Christine. La voiture garée, le salut de l'agent en faction depuis lundi à La Roseraie, les marches gravies quatre à quatre. Chambre 110. Christine. Quelques mots échangés, sans doute des pleurs. Et puis l'appel au commissariat d'Épinal : « *Allô, c'est moi. Jean-Marie Villemin. Je viens de tuer Bernard Laroche.* »

Il est 14 h. Bernard Laroche est mort depuis trente minutes. La famille Bolle, belle-famille de Bernard Laroche, est déjà sur les lieux. Dans la maison blanche des hauts d'Autmonzey, juste à l'orée de la forêt. Quelques journalistes sont également là. Avant les gendarmes de Corcieux. Maître Welzer, l'avocat de Laroche, téléphone, presque par hasard, au domicile de Laroche. Il apprend la nouvelle. Il fonce, lui aussi.

À Épinal, c'est déjà l'affolement. Jean-Marie s'est constitué prisonnier. Le SRPJ de Nancy est alerté. Le commissaire Andrieux débarque. À la gendarmerie où le capitaine Sesmat suivait toujours l'affaire de loin, la nouvelle circule également. On croit à un gag. Le procureur Lecomte file au commissariat, soucieux. Au tribunal, on cherche à joindre le juge Lambert, parti en vacances le matin même par le train de 5 h 30. Direction : le Hoggar. Histoire de se reposer, de faire un peu de marche. Ses vacances devaient durer deux semaines. Le petit juge aura à peine le temps de humer l'air de l'aéroport d'Alger.

Ce n'est pas une mauvaise blague. « L'affaire Grégory » vient de livrer un de ses coups bas dont elle a le secret. Autour de Bruyères, c'est l'état de choc. Partout des hochements de tête, des murmures, des phrases marquant l'incompréhension et le dégoût : « *On n'a jamais vu un truc pareil.* »

Jean-Marie Villemin n'avait a priori rien d'un tueur. À Auto-Coussin, l'entreprise d'aménagement intérieur de voitures où il était contremaître et où ses ouvriers l'avaient surnommé « le chef », ce jeune de vingt-neuf ans avait la réputation d'un homme dur, ambitieux et autoritaire, parfois violent dans ses mots. Jamais dans ses actes. L'épreuve des six derniers mois a fait monter l'adrénaline. Jean-Marie Villemin avait évidemment changé. Depuis la mort de Grégory, il ne travaillait pratiquement plus et avait rompu avec sa famille. Sa maison était en vente. Il vivait à Bruyères dans le petit F3 de Mme Blaise, sa belle-sœur. Il vivait beaucoup entre quatre murs. Depuis une semaine que Christine était hospitalisée, Jean-Marie ruminait contre la presse « *qui accusait sa femme* », contre la justice « *qui ne faisait pas son devoir* », contre Bernard Laroche qui, pensait-il toujours, avait tué Grégory...

Hier matin, après avoir longuement parlé avec Christine à l'hôpital, il est passé à l'acte. Il est passé prendre son fusil, a garé sa voiture au-dessus de la maison de Laroche et il s'est planqué pour attendre son retour de l'usine, dans un bosquet de sapins. À l'affût.

Si Laroche ne se doutait de rien, d'autres auraient peut-être pu prévoir ce qui allait se passer et ses avocats avaient demandé une protection pour lui. Le père de Grégory avait souvent prévenu le juge, son avocat, la police, les journalistes ou les gendarmes que « *si la justice ne faisait pas son travail, lui, s'en chargerait* ». Le jour de la mort de Grégory, il s'était aussitôt emparé de son fusil chez Jacky, son demi-frère, alors fortement suspecté, armé du même fusil de chasse. Ce n'était, avait-il expliqué par la suite, que la présence d'une 4L bleue de la gendarmerie qui l'avait fait renoncer. Très récemment encore, il avait déjà essayé de tirer sur Bernard Laroche, mais on l'en avait empêché. Au dernier moment, Jean-Marie avait toujours fini par ne pas céder à la tentation de tuer. Hier, il a craqué. Il avait, avec son fils, tout perdu. Sauf peut-être Christine, enceinte, mais qu'on accusait…

Jean-Marie Villemin n'a finalement pas supporté. Le juge, les gendarmes, les journalistes lui avaient longtemps fait croire que Laroche était le meurtrier de son fils. Il s'en était convaincu et on ne lui avait jamais « *prouvé,* disait-il, *le contraire…* » « *Je n'attends que ça,* avait-il lancé au moment de la libération de Laroche, *qu'on me prouve qu'il est innocent, et je vais lui serrer la main… Pourquoi le juge ne l'a-t-il jamais vraiment interrogé ? Et Muriel ? Si ce n'est pas lui l'assassin, pourquoi est-il toujours inculpé ?* » questionnait-il mercredi dernier.

Dans sa tête, « *TUER Laroche* » était devenu une idée fixe. Peut-être aussi le moyen brutal et primaire de blanchir Christine. De sortir de l'impasse. L'horreur a, l'espace d'un soir, changé de camp. Ce sont maintenant les frères et sœurs de Marie-Ange, la veuve d'Autmonzey, qui crient « *vengeance* » et promettent la mort de Jean-Marie « *à sa sortie de prison* ». On n'en finit plus. Le coup de fusil du père de Grégory, chauffé à blanc, au fil des jours et des accusations contradictoires, replonge toute cette « saga » dans la très morbide réalité où elle baignait depuis l'origine. On avait un peu oublié la mort de l'enfant pour ne s'intéresser qu'à la recherche du corbeau assassin. Le grand jeu s'interrompt. Les policiers vont-ils pouvoir encore se contenter d'attendre et de laisser pourrir la situation, dans l'espoir, à tout jamais dévoilé, de faire craquer leur suspects ? Un père en prison, une mère à l'hôpital, un oncle assassiné. L'enquête sur la mort de Grégory Villemin continue.

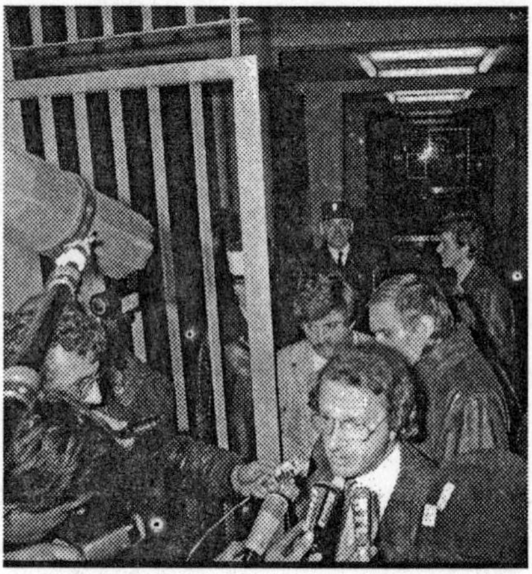

• Sortie de Bernard Laroche qui s'est vu signifier son non-lieu par le juge Lambert, accompagné de son avocat Maître Welzer, le 25 mars 1985.

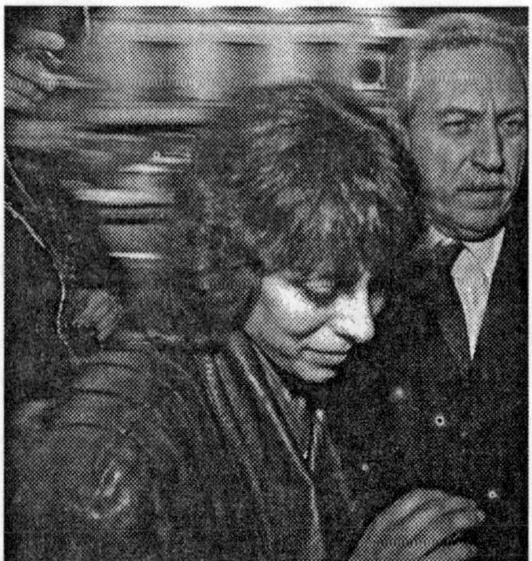

• Christine Villemin entrant au tribunal d'Épinal pour y subir une confrontation avec ses beaux-parents, en compagnie de son avocat Maître Garaud, le 20 décembre 1985.

ÉPINAL : LES GENDARMES PORTENT LE KÉPI

Pour le meurtre de Bemard Laroche, Jean-Marie Villemin a été inculpé, alors que sa femme a été emmenée vers une direction inconnue, après interrogatoire. Un nouveau week-end de folie dans l'affaire du petit Grégory, pendant lequel les gendarmes ont fait figure de boucs émissaires.

Par-delà l'inculpation de Jean-Marie Villemin pour le meurtre de Bernard Laroche et la garde à vue, puis la libération, de sa femme Christine, ce sont les gendarmes qui ont été, durant ce nouveau week-end à rebondissements, la cible de très graves accusations émanant des avocats de Laroche, de sa veuve Marie-Ange, mais aussi de Christine Villemin : « *Jean-Marie n'a été que le bras d'un complot organisé. Il faudra que les responsables paient* », a lancé, vengeur, maître Prompt, avocat de Laroche. Un procès hors norme est ouvert contre la gendarmerie, qui pourrait bien en cacher d'autres. Au premier rang des accusés, le capitaine Sesmat porte le képi. Lourd. Trop lourd pour un seul homme.

La matinée de samedi avait commencé mollement. Le soleil chauffait la place du marché d'Épinal où les forains relayaient les médias au pied levé : « *Vous avez vu, Laroche, il l'a pas loupé. Si c'est lui, et moi je vous dis que c'est lui, c'est bien fait. Maintenant… on ne saura jamais vraiment.* » On questionnait la presse, massée en nombre près du tribunal : « *C'est-y vrai ce qu'on dit sur la mère : qu'elle aurait tué son gosse ?* » Un retraité à la baguette – « *pas trop cuite s'il vous plaît* » – plus au parfum que d'autres, haranguait déjà sur le thème de la justice et de l'insécurité : « *Tout ça, c'est la faute aux gendarmes. Qu'est-ce qu'ils avaient à monter la tête au Jean-Marie ?* »

Les avocats de Laroche, toujours dans le bureau du procureur Lecomte, avaient donné rendez-vous « *à tout le monde* » au sortir de leur entrevue. À 11 h 30, le concierge du tribunal, méfiant, sort sa grosse clé et ouvre la grille. Ruée des photographes. Maître Prompt invective : « *Arrêtez vos conneries, on n'est pas au cirque !* » Première salve : « *Jean-Marie Villemin n'a pas été que le bras qui a tué. Il s'est passé quelque chose pour l'exciter. Les paroles qu'on lui a dites avant son geste ne sont pas restées dans l'oreille d'un sourd… Nous voulons connaître le rôle des gendarmes, savoir si le capitaine Sesmat avait des documents et continuait à harceler Jean-Marie. Le devoir d'un officier est d'obéir. S'il n'avait rien à dire, il devait se taire. Au nom de Sébastien et de sa mère, nous portons plainte pour complicité d'assassinat.* »

Tandis que le porte-parole des défenseurs de Laroche fait des allusions à leur « *adversaire* » en essayant de l'entraîner sur le terrain glissant de la légitime défense (« *c'est elle qui est en cause. Qu'on soit de droite ou de gauche, on doit la refuser* »), maître Garaud, moustaches grises et costume gris, l'avocat des parents de Grégory, se faufile derrière la meute, espérant qu'on ne le remarque pas trop. Prompt continue d'accuser les gendarmes : « *Malgré nos demandes et la lettre que nous avons envoyée au procureur Lecomte le 6 mars, ils ont refusé d'assurer la protection de Bernard Laroche. Ils sont responsables. Une plainte contre les gendarmes est déposée, elle sera instruite à Dijon.* » L'avocat tire à boulets rouges sur « *une certaine presse* » responsable elle aussi du chaos. Maître Welzer est le représentant de maître Stasi à Épinal, les deux autres avocats de Laroche le laissent parler en grimaçant un peu. Marie-Ange Laroche et sa famille n'osent pas sortir du bureau de l'avocat où ils patientent depuis le début de la matinée. Maître Garaud, de son côté, esquive, sur un petit nuage : « *Je n'ai rien à dire. Je viens soutenir moralement mon client* (Villemin). *Je ne veux pas mettre le feu aux poudres.* » Pas de chance pour maître Garaud, en arrivant à la clinique La Roseraie vers 13 h, il apprendra par le concierge que Christine vient d'être emmenée par les policiers du SRPJ de Nancy…

Devant le tribunal, Marie-Ange Laroche, en pleurs, tente

une sortie. Photographes puis cameramen s'interposent. Autour d'elle, la fratrie Bolle réagit. Premier coup. Premier Nikon amoché. Marie-Ange Laroche enfonce le clou : « *C'est* (le capitaine) *Sesmat qui a monté la tête à Jean-Marie. C'est les gendarmes qui ont tué mon mari.* » Le temps se gâte. Il pleut un peu.

À la caserne d'Épinal, le capitaine Etienne Sesmat ne souhaite pas répondre aux attaques dont il est l'objet. « *Pas encore* », prévient un de ses hommes…

Le « cri » exclusif de Christine Villemin

13 h. « *Un document sans préambule, un cri* », prévient l'animateur du journal *d'Europe 1* : l'interview de Christine Villemin, réalisée par téléphone, à sa demande (bien que légalement libre, les policiers interdisent tout contact entre Christine et l'extérieur). Christine Villemin confirme que les gendarmes auraient insisté auprès de son mari sur la culpabilité de Laroche. Puis, elle donne une version de l'assassinat de Laroche, tel que son mari lui aurait raconté : « *Jean-Marie est venu à l'hôpital à 9 h 15. Il m'a dit* : "Je suis allé voir les gendarmes… J'en ai marre, je suis à bout." *Il est revenu après, il s'est mis à genoux.* "J'ai tué Laroche" *qu'il disait.* "Je voulais le faire parler." *Mais Laroche s'est moqué de lui.* "On n'a rien à se dire" *qu'il a dit.* » « *De toute façon, les experts, on les a payés pour qu'ils enfoncent ta femme* » aurait dit Laroche à son meurtrier (!)

Sur les autres stations, même cri, même intensité, même voix de femme. Marie-Ange raconte le meurtre auquel elle a assisté : « *Fais pas le con, Jean-Marie, je te jure, j'ai pas fait de mal à ton gosse. Pose ton fusil et monte…* », aurait imploré Bernard Laroche avant que Jean-Marie ne l'abatte. Deux cris, deux voix. L'une ment, ou fabule. C'est sûr.

À trente kilomètres de là, à Autmonzey, la famille de Marie-Ange, les Bolle, tient conseil. Le père cherche son fusil et menace de tirer. Les fils s'en prennent à la famille Villemin et aux « *salopards de gendarmes* ». Le temps se gâte. Irrémédiablement. Dans les restaurants d'Épinal, les avocats tiennent aussi conseil, avec quelques journalistes. Chacun fomente ses plans. Maître Garaud fait une petite sieste. On le réveille pour lui apprendre que Christine est placée en garde à vue.

16 h 40. Les trois avocats de Laroche ressortent du palais après une longue discussion avec le procureur Lecomte et le juge Lambert (intercepté à son départ pour le Sahara). Maître Prompt, inquiet à l'idée qu'un tireur fou puisse être embusqué, glisse à l'oreille de Welzer : « *T'es sûr qu'on n'est pas trop à découvert ?* » (!) Cette fois, les avocats chargent aussi Christine Villemin : « *La question se pose de son rôle dans l'assassinat de Bernard Laroche.* » Et toujours Sesmat dans le collimateur, « *directeur de conscience de Jean-Marie Villemin qui l'aurait encouragé dons ses projets criminels* ». Nouvelle gifle pour le capitaine aux yeux turquoise, celle que le corps tout entier de la gendarmerie ne supportera pas.

Le concierge du tribunal, impassible, continue à jouer les ouvreuses, et maître Garaud les extra-terrestres : « *Les experts en écriture ne sont pas étrangers au climat de haine qui règne ici* », glisse l'avocat de l'association Légitime Défense. C'est le moment que choisit son adversaire Prompt pour lancer l'ultime estocade : Il y a une bande organisée derrière l'assassinat de Bernard Laroche. Une seconde voiture, « *en couverture de Jean-Marie Villemin* », aurait été vue en contrebas de la maison au moment du meurtre. D'autre part, Alain Puquet, l'expert en écriture, aurait reçu un coup de fil anonyme une heure après la mort de Laroche : « *Laroche t'avait acheté, t'as vu ce qui lui est arrivé. Enculé. Il va t'arriver la même chose.* » On croit rêver… Le corbeau, ou l'un de ses nombreux émules.

19 h. Le procureur Lecomte s'accorde une pause au café : « *Un demi bien frais* ». Dans la rue, parmi les badauds, les premiers faux bruits circulent concernant l'inculpation de Christine Villemin pour « *complicité d'assassinat* ».

Avec la tombée de la nuit, les observateurs patentés de l'affaire Grégory en reviennent aux confidences traditionnelles du genre « *Si Christine craque, c'est bon. Sinon, c'est foutu* », dont on sait maintenant les effets qu'elles provoquent…

Minuit. Jean-Marie Villemin est transporté de Nancy au tribunal d'Épinal où le juge Lambert lui signifie son inculpation d'assassinat. Il est transporté dans la prison d'Épinal, juste à côté. Christine sera, quant à elle, libérée de sa garde à vue vers 2 h, destination inconnue, chez des amis, à l'abri.

Procès Sesmat : parole à la défense

À l'aube, le procès de la gendarmerie, nouveau bouc émissaire, bat son plein. Si l'accusation a, durant ce long weekend, sorti l'artillerie lourde, la défense ne s'est pas encore fait entendre. Au premier rang des accusés, le capitaine Étienne Sesmat. À peine trente ans, saint-cyrien, criminologue, droit comme un piquet, les marques de son képi rougissant son front dégagé. Regardant fixement devant lui, comme toujours. Cherchant ses mots, de peur de mal dire. Oubliant, pour le rêve, sa charge militaire. Que dirait-il ? Quelque chose comme : nouveau bouc émissaire, je paie pour les autres. Sûr. J'ai fait l'erreur de trop parler aux journalistes. Mes hommes ont également raté quelques coups : les traces au bord de la Vologne, l'autopsie de Grégory… Mais dans l'ensemble, on a tenu bon, l'enquête était difficile, il y avait ce corbeau qui brouillait les pistes…

Pour l'accusation (pourquoi avoir fait du pauvre Laroche votre unique coupable ?), agacé, le capitaine Sesmat n'aurait même pas un regard : c'est une hérésie d'accuser une mère. Nous ne sommes pas des pervers, nous, à la gendarmerie. Pourquoi allez-vous chercher la mère et pourquoi ne pas lire les lettres du corbeau au premier degré ? C'est un esprit primaire et jaloux qui a fait le coup. C'est lui que nous avons toujours cherché…

C'est d'ailleurs le commandant Chaillan qui a téléphoné au juge pour lui dire que les expertises désignaient Laroche, et non pas Sesmat, mais ce dernier ne peut compter sur son témoignage : ce commandant Chaillan, en Nouvelle-Calédonie, à l'heure où éclate ce procès, a d'autres corbeaux à fouetter…

Muriel, nous dirait peut-être le capitaine, nous ne l'avons jamais forcée : c'est la faute au juge Lambert qui l'a replacée dans sa famille, qui n'a jamais voulu l'entendre sur le fond, en face de Laroche…

À un tel procès, le petit juge aux lunettes fumées se ferait encore plus petit. Le juge Lambert rougirait sûrement, rien qu'en pensant rétrospectivement à ses prestations télévisées, où, triomphalement, il déclarait à la France entière faire peu de cas des rétractations de Muriel. – Capitaine Sesmat, avez-vous, oui ou non, poussé M. Jean-Marie Villemin à exécuter Bernard Laroche ? – J'avais gardé un contact avec eux, plaiderait Sesmat. Pour être gendarme, on n'en est pas moins homme. Je ne me sentais pas le courage de renvoyer M. Villemin, quand, perdu, même après que nous ayons été déchargés de l'enquête, Jean-Marie venait me demander conseil, essayer de savoir, de comprendre…

Et il y a en effet des enregistrements magnétiques de telles conversations puisque, parmi d'autres et après les gendarmes, les policiers ont mis sur écoute le téléphone des Villemin, en l'occurrence celui de la mère de Christine, Blaise, chez laquelle le couple s'était réfugié depuis plusieurs semaines ; ces enregistrements attesteraient de la continuité des « certitudes » à l'encontre de Laroche.

Enfin, vendredi matin, Jean-Marie Villemin s'est bien rendu une nouvelle fois à la caserne de gendarmerie pour y discuter de l'affaire. Mais ce n'est pas le capitaine Sesmat qu'il y a rencontré, juste avant le drame, assurait hier, ému aux larmes, un gendarme de faction : le capitaine n'était pas à la caserne à ce moment-là. D'ailleurs, du bas en haut de l'échelle, cette émotion, dimanche, a gagné toute la gendarmerie. D'abord, le commandant de la brigade régionale (par intérim, son prédécesseur, lui aussi, a pris l'avion pour Nouméa), Jean Fressy, est monté au créneau contre les « *mensonges* » accusateurs visant ses hommes : « *Le capitaine Sesmat n'a absolument pas failli à son devoir* », assura-t-il, avant d'interpeller le sommet de sa hiérarchie. De fait, le directeur général de la gendarmerie, Olivier Renard Payen, s'est gendarmé à son tour, hier soir, en s'élevant « *avec indignation contre les propos*[8] ... qualifiant un officier de gendarmerie de *« directeur de conscience d'un meurtrier. »* Plus haut encore, au sommet de ce corps militaire, verra-t-on Hernu lui-même se parachuter aujourd'hui au pays du corbeau ? Bourbier...

P. S. : dernier « coup de théâtre » dimanche soir : Marie-Ange Laroche, en parfait parallélisme avec Christine Villemin, annonce qu'elle est enceinte, réclame officiellement une protection et récuse le service d'ordre de la gendarmerie pour l'enterrement, mardi, de son mari : les camarades de travail de « Popov » Laroche s'en chargeront.

---

(8) des avocats.(ndlr)

BERNARD LAROCHE, DÉLÉGUÉ SYNDICAL À TITRE POSTHUME, SERA-T-IL BLANCHI POST MORTEM ?

Bernard Laroche n'a vraiment pas eu de chance. Il a fallu qu'il meure pour qu'on commence vraiment à se préoccuper de la question de son innocence... ou de sa culpabilité. Toute la journée d'hier, les avocats ont fait le forcing pour obtenir un petit mot du juge. Un non-lieu en bonne et due forme. Ils ne l'ont pas eu. Ils se sont alors rattrapés comme ils ont pu, en assurant dans un communiqué que le juge leur avait fait part, le 26 mars dernier, au lendemain de la signification des rapports d'expertise graphologique, de sa décision de « *rendre une ordonnance de non-lieu dans un bref délai* ».

Mais le délai n'aura finalement pas été suffisamment bref. Laroche est mort inculpé de l'assassinat de Grégory. L'extinction de l'action publique due à sa mort – qui équivaut déjà légalement à un non-lieu – ne rattrapera pas la bavure. Et la conclusion de l'ordonnance de mise en liberté de Laroche, signé le 4 février par le juge Lambert, ne fait que remuer un peu plus le couteau dans la plaie : « *Attendu que le climat passionnel qui entourait cette affaire depuis le début semble avoir diminué d'intensité, que Laroche ne paraît plus faire l'objet de manifestations d'hostilité particulièrement virulentes... Attendu, dans ces conditions, qu'il n'existe plus aucun motif de maintenir en détention Bernard Laroche, ordonnons la mise en liberté de Bernard Laroche* »...

Le tribunal d'Épinal a encore été, hier, le théâtre d'une animation très particulière. Les avocats de Laroche n'ont cessé d'y croiser les gendarmes. Le capitaine Sesmat d'abord, le commandant Fressy et le général Boulay ensuite : « *Nous n'avons pas porté plainte* (contre les avocats de Laroche). *Nous avons eu une discussion avec le juge...* », a lâché à sa sortie le plus gradé des trois gendarmes. Là aussi la plaie n'est pas près de se cicatriser.

À Autmonzey, sur cette autre planète loin d'Épinal, les proches de Laroche montent la garde autour du cercueil... À coups de pierres et de poing. À Granges, les camarades de travail de celui qu'ils surnommaient « Popov » sont moins méfiants et racontent volontiers que le jour de sa mort « *Laroche avait quitté l'usine à 11 h, sans savoir s'il venait d'être élu délégué CGT du personnel.* »

L'usine sera fermée aujourd'hui de 13 h 30 à 16 h 30 pour les obsèques où les ouvriers de chez Ancell assureront ce que maître Prompt a appelé « *un service d'ordre* ». Devant sa grille, M. Vidaut, le directeur, ne tarit pas d'éloges sur Laroche, ce « *formidable bosseur qui pendant les deux mois ayant suivi sa sortie de prison a travaillé comme un fou pour remettre ses machines en état* ». À Jussarupt, dans le petit cimetière où sont enterrés des Villemin et, là, des Jacob ou des Laroche, deux fossoyeurs creusent un trou sous le soleil. Face à la Vologne.

TRISTE PROMENADE DE LA VOLOGNE AUX OBSÈQUES DE BERNARD LAROCHE

Les villageois du pays étaient peu nombreux à s'être déplacés pour les funérailles de Bernard Laroche. Venus par curiosité, comme pour une balade du dimanche. Une cérémonie pourtant empreinte de gravité.

Un paysan, à la Gitane papier maïs collée au bec, faisait la circulation en bas. Il y avait foule. Comme pour un jour de procession. Les paysans avaient reçu des consignes strictes : « *Surtout ne faire monter aucune voiture dans la côte. C'est réservé à la famille.* » Ils s'y appliquaient, avec un zèle qui frisait l'insolence.

Le cimetière intercommunal aux vieilles croix mangées par les lichens, était un peu en hauteur sur la colline. Le trou cimenté était prêt. Les premiers cliquetis d'appareils photographiques faisaient penser que la cérémonie allait bientôt commencer. On n'attendait plus que la famille (nombreuse) et les camarades de travail qui étaient encore à Autmonzey. Pour un dernier hommage, avant l'épreuve.

Les villageois de Jussarupt, de Granges et d'Herpelmont n'étaient pas venus en nombre. Une centaine en tout. On pouvait facilement les reconnaître, car ils étaient d'apparence assez différente des autres, les journalistes ou les quelques flics qui s'étaient glissés dans la foule. Ils ne portaient pas de lunettes de soleil, de blouson de cuir ou d'imperméable mastic. Ils se contentaient d'un anorak, d'une cravate noire, ou d'un costume rayé patte d'éléphant.

Ils ne connaissaient Laroche que de vu par « *les journaux* », mais s'ils avaient tenu à venir dans leur église un mardi après-midi, c'était pour voir « *sa femme* » ou écouter le curé. Et se retrouver après dans les cafés pour discuter de l'affaire.

Ils entraient les uns après les autres et se massaient au fond de la nef, laissant les premières places aux derniers arrivants…

Quand les voitures de la famille sont arrivées, le paysan à la clope a fait de grands signes. Deux de ses collègues ont couru en donnant des ordres. Les pompiers en uniforme se sont approchés, croyant à une épreuve de force. Il ne s'est rien passé. Une vieille Volvo jaune et rouillée, ouvrant le cortège, a gravi la côte en faisant crisser ses pneus jusqu'au corbillard. L'avocat de la famille avait troqué sa Porsche pour une voiture plus discrète. D'autres « guindes » ont suivi. Pleines de proches. Marie-Ange, la veuve, ses frères, ses sœurs, ses parents et puis les autres, Carlos, le juge, Guitou, les amis de chez Ancell qui arboraient tous un bandeau noir, sur lequel certains avaient collé un petit badge CGT. En hommage à leur délégué du personnel.

Les photographes, une cinquantaine, cherchaient à se placer. Le mieux possible. Certains, les « nouveaux », confondaient encore Marie-Ange et sa sœur, et photographiaient bêtement celle qui pleurait le plus. La tante Louisette était là, aux premières loges. Mâchant sa douleur. Star d'un jour. Ses poses de petite vieille « *hyper nature, tu vois…* » faisaient les délices des faiseurs d'images.

Les couronnes se perdaient dans l'herbe devant la porte de l'église… Roses plastique. L'une d'elles, très remarquée : « *À Bernard Laroche, victime innocente d'une haine aveugle, ses avocats et ses amis* ». On s'était arrangé pour bien astiquer les plaques mortuaires où les étiquettes « *bronze véritable* » étaient parfois plus lisibles que les messages personnels. « *À mon papa, je ne t'oublierai jamais* » avait-on fait dire à Sébastien, le fils. Dans la matinée, l'évêque de Saint-Dié et le curé de la Vologne avaient diffusé un communiqué que les journalistes se passaient sous le manteau : « *Il est des rancœurs accumulées, des paroles, des écrits, des images, des jugements hâtifs, des rumeurs qui portent en eux-mêmes un venin mortel. La vie et la dignité de tout homme dépendent aussi de chacun de vous.* » Il y avait une gravité certaine dans l'air.

Pendant que le curé disait la messe, des badauds s'approchaient mais patientaient entre les tombes. Un haut-parleur diffusait en sourdine les paroles divines. Le curé a lu un texte parabolique d'Isaïe : « *Je ne me suis pas protégé contre les crachats et les outrages. Je me suis fait un visage de pierre. Je ne serai pas confondu...* » L'allusion au Christ, jugé par Ponce Pilate, puis flagellé et crucifié, a fait gamberger l'assistance. La « bouille » du mort occupait les esprits. Ses moustaches gauloises, son bleu de travail plein de cambouis. Ses mains menottées derrière la grille de chez *Ancell*. Son regard dans les couloirs du tribunal. Ses petits mots soufflés comme des évidences...

Dehors, un enfant indifférent, lointain, un peu plus vieux que Grégory, jouait dans le sable du cimetière avec de l'herbe et des morceaux de bois. Il s'amusait à faire une tombe avec une petite croix. À l'intérieur, Marie-Ange craquait pendant que les communiants recevaient leurs hosties. « *Mon Mimi, mon Mimi* », son cri ressemblait à celui de Christine Villemin qui, six mois plus tôt, pleurait son « Titi ». Dehors, les photographes jouaient le jeu, respectant les consignes du « service d'ordre » de l'usine : « *On n'est pas à Lépanges* »... Ils étaient grimpés sur le vieux mur du cimetière et photographiaient à distance.

Quelques mètres seulement. Deux ou trois les séparaient de la veuve, chancelante dans les bras de Lamboley, le beau-frère géant et protecteur. Le défilé des condoléances commençait. Long. Très long. Les visages se refermaient. Rouges. Distants. Le trou allait bientôt être scellé.

En bas des escaliers, un pompier à lunettes faisait cette fois la police avec la même emphase et la même démesure que son collègue à cigarette. Une femme tirait le coude de son mari : « *Viens on va raconter ça à la marraine, après on pourra plus sortir.* »

18-04-1985

GRÉGORY : CHRISTINE VILLEMIN TÉMOIN DANS LE DOSSIER LAROCHE

Trois heures d'audition chez le juge Lambert pour la mère de Grégory, entendue à propos du meurtre de Bernard Laroche. Charriant rumeurs et confidences, le dossier ressemble à l'inventaire de Prévert.

C'est un peu comme une carte postale ou un album à colorier. On l'avait connu en automne, sous la neige, ou sous la pluie. On s'était refroidi, les mains emmitouflées dans de gros gants. On le redécouvre sous le soleil. Rien n'a changé en six mois. Le palais de Justice d'Épinal est un théâtre grec. On y joue une saga fleuve en mille actes. Son titre: Grégory. Hier, la sixième audition de la mère.

Résumé des épisodes précédents : après avoir suspecté Bernard Laroche d'avoir assassiné Grégory Villemin, après que le père de Grégory ait lui-même tué Bernard Laroche, le juge Jean-Michel Lambert suspecte maintenant la mère de l'enfant d'avoir supprimé la chair de sa chair...

Au programme de la journée, Christine Villemin, débarquant de Petitmont, le village meurthe-et-mosellan de sa grand-mère où elle se terre depuis la mort de Laroche, était entendue comme témoin par le juge Lambert. Dans le « strict » cadre de l'enquête sur la mort de Bernard Laroche. D'où l'absence de son avocat, maître Garaud.

Paysage habituel, les officiers de police en uniforme gardent jalousement leurs grilles, le concierge joue les ouvreuses et les journalistes font le pied de grue. Le grand jeu pour le SRPJ de Nancy consiste à faire entrer Christine au tribunal loin des regards et des flashes importuns. En face, chez les journalistes, l'astuce est de se placer devant la bonne entrée. Plusieurs répétitions ayant déjà eu lieu, chacun opère sur du velours, sauf peut-être la principale intéressée. Christine Villemin est repartie au bout de trois heures, laissant le juge seul pour démêler l'écheveau de son instruction.

Un bonnet rayé, une piqûre d'insuline sans insuline, un voisin avec son chien, un chèque signé « Christine Villemin », une voisine dans le coffre de la voiture de son beau-frère, deux anciens flics qui se prennent pour Rouletabille, un vrai commissaire qui joue avec la presse, un juge transpirant derrière une vitre qui chauffe sous le soleil, un procureur qui fait le mort : l'affaire Grégory ressemble maintenant à un foutoir à la Prévert. Chacun y retire et y met ce qu'il peut, ou ce qu'il veut, et construit son petit « scénario maison », avec plus ou moins de bonheur.

Les policiers portent désormais une attention toute particulière à une ampoule d'insuline trouvée au bord de la Vologne par les gendarmes non loin de l'endroit où a été découvert Grégory. Le chèque ayant permis l'achat du fusil meurtrier de Jean-Marie Villemin a été signé par Christine : les enquêteurs espèrent peut-être par ce biais l'amener à avouer une complicité dans l'assassinat de Bernard Laroche, hypothèse écartée mercredi par le juge Lambert.

Les témoins de voisinage ont également tous été « recuisinés » longuement, et deux d'entre eux auraient assuré ne pas avoir vu la voiture ou l'enfant aux alentours de la maison après 17 h... Mais, plus que tout autre, le récit de Christine Jacquot, la nourrice de Grégory, semble captiver les enquêteurs nancéiens qui cherchent par tous les moyens à amener la contradiction aux dires de la mère. Emmenée dans le coffre d'une voiture pour déjouer les photographes vers Nancy, Christine Jacquot, réentendue six mois après les faits, n'est plus en mesure de certifier avec exactitude l'heure où elle a vu Christine Villemin le soir du drame.

Restent les quatre témoignages de collègues de travail ayant aperçu Christine Villemin poster une lettre le jour du drame avant 17 h 15. Mais tous ces éléments, que la presse s'est déjà largement chargée de diffuser, sont pourtant aujourd'hui invérifiables.

Jurant a qui veut l'entendre de son innocence, Christine Villemin porte à chaque coup donné une réponse désarmante : « *La lettre, c'était la veille... Les chèques, je les signe tous... C'est monstrueux de penser que c'est moi.* » L'air d'Épinal est de plus en plus vicié. Prochain épisode : le 26 avril avec le retour en scène de M. Buquet et de Mme De Ricci, les experts en écriture, accusant Christine d'être « *le corbeau* »...

24-04-1985

AFFAIRE VILLEMIN : L'ENQUÊTE TIRE FORT SUR LA CORDELETTE...

Les policiers ont trouvé chez les époux Villemin une cordelette du même type, très répandu dans la région, que celle qui liait le petit Grégory. Une découverte qui relance la machine à soupçons contre la mère.

Les enquêteurs du SRPJ de Nancy ont saisi chez Jean-Marie et Christine Villemin, les parents du petit Grégory assassiné le 16 octobre, des morceaux d'une cordelette qui pourrait être du même type que celle employée pour lier les poignets et les chevilles de l'enfant avant qu'il ne soit jeté dans la Vologne.

Les policiers ont remis ces pièces hier au juge Lambert qui

devrait les soumettre à l'expertise. Des perquisitions pourraient être effectuées prochainement en présence du juge.

Les morceaux de cordelette ont été retrouvés à l'extérieur de la maison des Villemin à Lépanges-sur-Vologne. L'un était fixé à une gouttière, l'autre était posé sur un outil.

Ce type de cordelette est « relativement » courant dans la région, a déclaré maître Marie-Christine Chastant, avocate des Villemin avec maître Garaud, selon laquelle il est « *utilisé dans certaines filatures pour emballer des balles de coton russe* ». L'avocate a rappelé que des morceaux d'une cordelette semblable avaient été saisis par les gendarmes chez un autre membre de la famille, au début de l'enquête.

Battue, Caroline. Écrasée, la grande Stéphanie. La star incontestée des couvertures de magazines s'appelle aujourd'hui Christine Villemin.

Une nouvelle lancée hier par *RTL*, puis par *l'AP* (Associated Press), annonçait qu'une cordelette identique à celle ayant servi à lier les poignets de Grégory aurait été découverte dans la maison des Villemin, n'est que l'illustration de la guerre des nerfs qui se joue entre la PJ de Nancy, certains journalistes et la mère de l'enfant.

Le juge Lambert et le parquet spinalien assistent, stoïques et silencieux, aux débats. Sans jamais confirmer ou infirmer les informations qui tombent. Comme à Gravelotte. Invérifiables. Toujours dirigées contre la mère. Comme si, à ce stade de l'affaire, justice et police n'avaient plus que le secret espoir de la faire craquer, par médias interposés.

Christine Villemin était entrée dans les chaumières par la petite porte. Un soir d'octobre. Les Français avaient découvert son visage triste et son cri de mère blessée à mort. Une ouvrière de Lépanges-sur-Vologne. Vêtue d'une cape noire, le nez dans un mouchoir, les yeux rougis, vingt-quatre ans. Les journalistes présents s'étaient habitués à ses silences. Jean-Marie, son « homme », parlait pour elle et accusait à tour de bras ses frères, demi-frères, oncles ou cousins… Le drame de la Vologne allait démarrer doucement, mais sûrement. Après l'effroi suscité par la mort de Grégory, on se mettait à gamberger sur les aspects possibles. Des gendarmes au procureur, en passant par le juge ou des familiers, chacun y allait de sa petite phrase alimentant la chronique quotidienne.

Les rédactions parisiennes marchaient encore sur des œufs. Puis, tranquillement, l'horrible image de l'enfant, si petit, les mains liées, l'anorak souillé, les chaussures neuves, le bonnet sur les yeux, s'est dissipée. Les premières photos ont jauni. Les condoléances passées, les mots décrivant l'effroi tant de fois assénés, il a fallu trouver d'autres biais. La chasse au corbeau battait son plein. Devant une pareille saga, les lecteurs mordaient à l'hameçon. Il y avait foule au bord de la Vologne. Cinquante, soixante, cent reporters de choc envoyés très spécialement par leurs rédactions respectives, décidées à faire de l'affaire LEUR affaire.

Difficulté numéro un pour l'envoyé spécial au bord de la Vologne : pénétrer la famille Villemin. Il est fortement conseillé pour qui veut le faire d'appeler préalablement par téléphone… Et de se déclarer l'ami de quelqu'un, d'un frère, un cousin ou un avocat. Puis de se lamenter, en lâchant quelques petites phrases vengeresses à l'égard du corbeau. Attention : ne jamais oublier que tous les proches de Grégory sont placés sur écoute téléphonique.

Deuxième leçon : pour amadouer, rien de tel qu'un petit cadeau. Des fleurs pour les dames, des cigares pour les hommes. Si vous offrez de l'argent, faites-le en liquide et dans une enveloppe, discrètement. Si les interlocuteurs ne comprennent pas, passez par un avocat.

Si vous voulez que le cadeau ne vous coûte rien, jouez sur la corde sensible. Simulez un vol dans la famille en décrochant un album de photos, une plaque mortuaire ou une lettre compromettante. Faites des doubles. Puis allez voir le père, l'air gêné et franchement amical, amenez-lui l'objet et expliquez que c'est un ami reporter qui vous l'a donné.

Vous passez pour un justicier, vous gagnez sa confiance.

Troisième leçon, ou comment faire durer l'histoire. Pas de précipitation. Distillez vos tuyaux à bon escient. Au besoin, souvenez-vous de petites allusions qu'un proche vous a faites il y a quelques mois. Ressortez-les en actualisant un peu. Si par bonheur vous êtes branché avec la PJ ou un avocat, sortez vos infos une à une. Refusez la précision au profit du mystère. Concernant la mère, ne la déclarez jamais clairement coupable, laissez toujours planer un doute. Si vous êtes en panne de tuyaux, trouvez des angles originaux. Allez chercher une vieille tante, au besoin. Faites-la un peu boire pour la faire parler. Si vous avez tout épuisé, allez voir un personnage original et haut en couleur : un maire, un mage, un croque-mort. Faites-lui dire n'importe quoi. Et enrobez. Si vraiment vous n'avez rien à vous mettre sous la dent, arrangez-vous avec un collègue et faites, comme *France Dimanche*, un papier sur vous dans lequel vous organisez votre propre interview, en prenant tout le monde à contre-pied.

Pour les photographes, rien de tel qu'une bonne exclusivité.

Arrangez-vous avec un avocat pour être le premier et le seul sur le coup. Pour les photos délicates (libération ou mort de Bernard Laroche), usez d'habiles stratagèmes : faites-vous passer pour un photographe amateur, soucieux de garnir l'album de famille. Soyez attentionné et discret.

Côté médias, l'affaire Grégory est devenue un filon formidable. Un super bingo avec un investissement de base minimum. À titre d'exemple, la mort de Laroche a fait grimper les ventes de tous les hebdos et quotidiens sur place. « *À chaque manchette sur l'affaire, on grimpe d'au moins six mille* », lâchait récemment un salarié de *France Soir*. Pour *Match*, qui en un mois a consacré trois couvertures à l'affaire, il faut multiplier ce chiffre par dix. Et maître Garaud, l'avocat de Christine, a eu beau lâcher dimanche à l'*AFP* que « *l'information, manipulée par la police*

– c'est classique mais c'est aux journalistes de résister – a remplacé la justice », rien n'arrête la locomotive. Aux yeux de l'opinion, Christine Villemin est devenue coupable au fil des jours.

La découverte de la cordelette n'est sans doute qu'une péripétie de plus. En tout cas, elle ne prouve rien, d'autant que ce genre de corde est très répandu dans la région et qu'en plus, on a déjà découvert la même chez d'autres membres de la famille. Pourtant, le fait est là, écrit sur le papier. « *On a découvert une cordelette identique à celle ayant servi à lier les poignets de Grégory à l'extérieur du chalet de Jean-Marie Villemin. Elle servait à retenir une gouttière.* »

Christine ne va pas apprendre la nouvelle par le juge ou les policiers. Les journalistes se sont déjà empressés de lui annoncer. En cherchant à déceler dans son regard ou dans sa voix le détail accusateur qui résoudrait l'énigme.

21-06-1985

RECONSTITUTION LAROCHE : PARTIE DE GENDARMES ET VOLEURS D'IMAGES

Foule journalistique, hier, pour la reconstitution du meurtre de Bernard Laroche, mais foule gendarmesque aussi, les premiers essayant d'intercepter des bribes de ce que les seconds tentaient de masquer. Au fond, entre une Marie-Ange Laroche distante et un Jean-Marie Villemin qui mimait à maintes reprises son geste, l'instruction continuait.

Ça ressemblait à un grand jeu de colonie de vacances. En plus tragique. Deux équipes étaient opposées : les gendarmes et les journalistes. Avec leurs déguisements. Et puis au centre trônait le château à atteindre : la maison de Laroche. Avec ses prisonniers. Lieu de la reconstitution.

Le jeu avait déjà commencé la veille au soir. Les photographes les plus courageux, mais pas forcément les plus malins, avaient élu domicile chez l'habitant, à proximité des lieux du drame. D'autres dormaient dans leurs voitures, comme à la veille d'un grand match. La matinée fut calme, les gendarmes ne s'étaient pas encore montrés. Ils sont arrivés en force sur le coup de 13 h, pendant que les journalistes déjeunaient à la pizzeria du coin : deux bataillons de gardes mobiles, plus les compagnies de gendarmeries de Bruyères, St-Dié ou Épinal : deux cents hommes environ. Les photographes, eux, mangeaient leur pain noir dans leurs voitures, qu'ils avaient garées tout autour de la maison blanche de Bernard Laroche, à flanc de coteau. Quand les gendarmes ont découvert les photographes dans leurs voitures bouclées, ils ont fait une drôle de tête. Leur chef a dit : « *Dégagez-moi tout ça.* » Mais une dizaine de voitures, c'est difficile à dégager. Il aurait fallu au moins une grue…

Alors le chef a dit : « *Bon, ça va, temporisez.* » Quand un reporter a demandé : « *Pourquoi n'êtes-vous pas venus dès le matin ?* », un gendarme a répondu : « *Vous savez combien ça coûte, de déplacer tant de bonshommes ?* » L'autre ne savait pas, mais dans sa tête, il en a conçu qu'en ne venant qu'une demi-journée, ça devait coûter moins cher.

Les grappes de gendarmes (des bleues, des noires) se sont alors disséminées en cercles « concentriques » autour de la maison jusque dans la forêt. Dans un ordre parfait. Quand les journalistes, qui avaient fini de manger, sont arrivés, ils ont également fait une drôle de tête. Les premiers badauds s'étaient déjà massés au bord de la colline et les gamins comptaient les voitures : « *Y'a que des 75 !* » Il était 13 h 30, et la partie commençait vraiment…

En haut, les photographes étaient toujours enfermés dans leurs voitures. En bas, les rédacteurs se demandaient comment passer les rideaux successifs d'hommes en képi. Certains tentèrent l'attaque de front. Refoulés. D'autres usaient de méthodes plus douces: « *Allez, déconnez pas, laissez-moi passer, je n'ai qu'un petit carnet.* » Niet. Les plus téméraires se risquèrent dans la forêt. Il commençait à pleuvoir, et les chemins étaient sinueux et impraticables en voiture. Il fallait presque ramper. Les porteurs de K-Way et de bottes en caoutchouc étaient avantagés. Tapi à l'ombre des sapins, il fallait arriver le plus près possible de la maison. C'était ça le jeu, au début. Mais au bout d'une heure de ce manège infantile, les gendarmes et les journalistes se sont lassés. Finalement, le chef des gendarmes et les porte-parole des journalistes se sont mis d'accord sur l'air de « soyons raisonnables ». Le chef des gendarmes a dit : « *Si les photographes sortent des voitures et si les journalistes sont gentils, nous vous laisserons regarder. Mais à une certaine distance…* » Comme le chef des gendarmes n'avait pas de craie et que par ailleurs, l'herbe était mouillée, il a dit : « *Vous voyez ce fil à linge, je vous interdis de le dépasser.* » Les journalistes ont dit : « *D'accord !* » Et les photographes ont pu installer leurs pieds d'appareils et monter leurs gros objectifs. Il était 15 h et le spectacle pouvait commencer, les spectateurs étaient parqués. Et les acteurs étaient en place.

Jean-Marie Villemin, vêtu d'un gilet pare-balles, était très pâle, et sa coupe de cheveux de prisonnier, très dégagée sur le front, le vieillissait de dix ans. Marie-Ange Laroche portait des bas gris de deuil et un gilet bleu marine, ses avocats venaient souvent lui caresser l'épaule tandis qu'avec un petit mouchoir blanc, elle s'essuyait le nez. Sur ordre du juge, les gendarmes firent reculer les journalistes du premier fil à linge, et une camionnette de CRS fut garée devant le garage de Laroche, de manière à obstruer la vue des faiseurs d'images. Le ballet était étrange.

Jean-Michel Lambert, le juge chef d'orchestre, n'avait pas de clap ni de baguette, mais il dirigeait les opérations avec la maestria d'un Karajan : « *Bon, allez, Jean-Marie, vous venez maintenant avec le fusil.* » Cinq fois de suite, Jean-Marie Villemin va mimer la scène de l'assassinat, brandissant son gros fusil à pompe à un mètre de la poitrine d'un flic à blouson bordeaux, sosie de Bernard Laroche. Marie-Ange, distante, rectifiait le tir.

Un silence religieux régnait dans le public de voyeurs, professionnels ou pas, qu'était venue grossir une petite colonie de touristes alsaciens là pour l'occasion, au milieu d'un champ de patates. Seules des considérations strictement techniques du genre « *Je perds un diaph avec mon doubleur* » venaient troubler la quiétude ambiante. Un léger vent soufflait dans les sapins. Un fantôme à moustaches hantait les lieux, celui de Christine Villemin était dans toutes les têtes.

Deux heures plus tard, les gendarmes, les journalistes et les acteurs étaient toujours là, mais, à force de lointaines répétitions, le jeu devenait lassant. Les avocats des deux camps bataillaient sur des détails de position de personnages, qui, vus du public, semblaient dérisoires. Vers 17 h, le juge fit arrêter le massacre. Jean-Marie Villemin monta aussitôt dans sa fourgonnette. Direction : la prison de Saverne. Dernier plan de photographe : « *C'est super, là, je l'ai en ombre chinoise.* » Les gendarmes, soudain détendus, pouvaient se serrer la pogne : « *Allez, rassemblement les gars, on rentre.* » On avait tous bien joué…

08.07.1985

CHRISTINE VILLEMIN : LE RECOURS À LA MORT LENTE

Dès son incarcération à la prison de Metz-Queuleu, vendredi, la mère de Grégory, enceinte de six mois, a entamé une grève de la faim. Son avocat, maître Garaud, devrait déposer aujourd'hui une demande de mise en liberté, et le juge Lambert aura cinq jours pour se prononcer.

Le juge était prévenu, les policiers en étaient sûrs, l'opinion s'y était préparée. Bref, ça n'a rien d'une surprise. Mais quand même… Si la grève de la faim de Christine Villemin était prévue et inscrite dans sa stratégie de défense « au cas où… », le passage à la réalité de ses intentions jusqu'alors hypothétiques sécrète quelque chose de choquant. De morbide. Et de terriblement émouvant.

« *Le feuilleton continue* » est-on tenté d'écrire. À chaque rebondissement du fait-divers, une véritable secousse sismique traverse l'hexagone. Cette fois-ci, un peu comme après la mort de Laroche, l'intensité dramatique est brusquement remontée d'un cran. L'assassinat d'Autmonzey avait fouetté l'opinion. Sèchement. Violemment. La torture que s'inflige aujourd'hui

Christine Villemin (et qu'elle inflige également aux autres), ce chantage à la mort (la sienne et celle de l'enfant qu'elle porte), joue davantage sur la lenteur et la pression psychologique. Un peu comme le supplice de la goutte d'eau sur la tête du condamné. Les jours de jeûne de la mère et de son enfant vont maintenant s'égrener… Auront-ils une influence sur l'apparente certitude affichée par le juge Lambert ? Sa décision d'inculper d'assassinat et d'écrouer Christine Villemin qui a cessé de s'alimenter depuis maintenant soixante heures peut-elle évoluer ? Christine Villemin boit pourtant un peu d'eau, sur les conseils de son avocat : « *À cause de l'enfant, mais aussi parce qu'elle souffre d'une phlébite* », a précisé maître Garaud. Elle est allongée dans une cellule de la très moderne et très aseptisée maison d'arrêt du Plateau de Metz-Queuleu. Dans sa cellule, une autre femme, codétenue, lui tient compagnie et a sans doute un peu mission de la surveiller. Un médecin et un gynécologue sont auprès d'elle. Le juge savait qu'il prenait un gros risque en écrouant celle qu'il suspectait. Il faut d'ailleurs remarquer qu'il a pris cette très lourde décision contre l'avis du parquet, qui s'était opposé à la mesure de mise sous mandat de dépôt. « *L'inculper d'accord, mais ne pas l'écrouer* » : telle semble être la position intermédiaire du ministère public. Ambiguë, mais évitant le conflit ouvert. C'est rare dans les annales judiciaires lorraines, le ministère public est aujourd'hui en désaccord avec la police judiciaire.

Maître Garaud, dès l'annonce vendredi à 18 h de la décision du juge Lambert, a indiqué son intention de déposer une demande de mise en liberté. Il doit le faire aujourd'hui, Jean-Michel Lambert aura cinq jours pour y répondre. Dans l'hypothèse vraisemblable où celui-ci s'y refuse, ce sera alors à la cour d'appel de Nancy de trancher. Et les magistrats nancéiens auront trente jours pour le faire. Dans un sens comme dans l'autre, ils ne pourront pas juger d'une éventuelle remise en liberté en faisant abstraction du « chantage » de la mère. Et de sa santé. Un jugement sous pression pour les magistrats.

Christine Villemin, femme déterminée, ne devrait pas craquer. Elle a suffisamment dit et redit qu'elle « *irait jusqu'au bout* » pour qu'on prenne ses menaces en considération. Dès l'annonce par le juge de son inculpation, elle a d'ailleurs annoncé la couleur en refusant de signer le procès-verbal d'inculpation. Toujours soutenue par son avocat, elle refuse maintenant de parler ou de collaborer et se referme, s'enferme dans cet ultime et très macabre bras de fer avec l'autorité judiciaire. Sa parole, innocence clamée… contre l'intime conviction du magistrat instructeur.

De cette situation judiciaire cornélienne, où toute sérénité est désormais absente (qu'il est loin le temps où Badinter réclamait son retour au cours de « L'heure de vérité » après la mort de Bernard Laroche), il devient de plus en plus délicat de rechercher une vérité sur les circonstances de la mort de Grégory, étayable sur une preuve matérielle. Plus que les témoignages et les expertises en écriture, l'indice le plus troublant accablant Christine Villemin reste la fameuse cordelette. Mais même si, comme l'ont fait savoir les policiers, les cordelettes ayant servi à entraver les mains de Grégory sont « *rigoureusement* » les mêmes que celles de la pelote retrouvée chez les Villemin, il peut toujours exister d'autres cordelettes, et « rigoureusement identiques » ailleurs.

Provenant de la même pelote, ou d'une autre… Sans aveux, le doute sera toujours présent. Paralysant. Et devant nécessairement profiter à l'accusée. Pris à leur propre piège, les médias ne peuvent maintenant décemment plus « ne plus en parler ». Les paris restent ouverts sur les développements possibles : la libération de Christine Villemin ? Sa mort ? Le suicide de Jean-Marie Villemin ? Il va fatalement se passer encore quelque chose. Demain, malgré les vacances, « l'affaire » continue, empoisonnante. Unique.

L'HYPOTHÉTIQUE COURSE CONTRE LA MONTRE D'UNE R5 NOIRE

Les policiers en sont persuadés : si Christine Villemin a tué, elle a agi seule. Sans complicité. Malgré leurs questions au voisinage, ils n'ont trouvé aucun amant à la jeune femme. Et ont écarté la piste d'une relation entre elle et Bernard Laroche. Ce serait donc un crime de femme vengeresse, de mère excédée. Un geste fou. Essayons, à partir de différents témoignages, de faire redéfiler le film du meurtre avec le visage de Christine Villemin à la place du masque neutre de l'assassin. Nous sommes le mardi 16 octobre 1984. Il est 16 h 56, la Renault 5 noire de Christine sort de la manufacture de confection vosgienne et se dirige vers la poste de Lépanges distante de cinq cents mètres. Elle met une lettre (celle revendiquant le crime ?) dans la boîte, fait demi-tour et fonce chez madame Jacquot, à un kilomètre de là, récupérer Grégory qui joue dehors. « *Pas le temps de m'arrêter, j'ai du repassage à faire.* » Au plus tôt, à 17 h, elle grimpe la côte qui la mène chez elle. Deux témoins la voient avec Grégory dans la voiture (Mme Grandidier et M. Colin). À hauteur de la maison, deux scénarios hypothétiques, que l'autopsie du corps n'a pas réussi encore à véritablement départager, s'affrontent.

Premier plan : elle se gare devant la maison, fait entrer Grégory, l'endort et l'étouffe, le ficelle puis le jette dans le coffre de sa voiture et fonce vers Docelles.

Deuxième plan : elle continue sa route et noie Grégory vivant dans la Vologne à l'entrée de Docelles, non loin de maisons d'habitation...

En roulant très vite (quatre-vingt-dix à cent km/h) par de petites routes larges par endroit d'à peine deux mètres cinquante, en respectant à peine les stops, en n'étant pas gênée par un camion trop long, on met environ six minutes trente secondes pour rejoindre Docelles. Bref , quatorze minutes de déplacement dans des conditions optimales. Si on ajoute le temps de tuer l'enfant... il faut que Christine Villemin, si c'est elle, ait agi avec un sang-froid de robot et une chance inouïe.

Si Mme Grandidier est sûre d'avoir vu monter Christine à 17 h (c'est l'heure où elle mange), Mme Marcelle Claudon, une agricultrice rentrant ses vaches, est certaine d'avoir parlé à Christine après 17 h 15 et avant 17 h 20. Elle s'était étonnée ce jour-là de voir ses vaches encore au champ « *à cinq heures et quart* » et en avait fait part à son mari. En sortant aussitôt de chez elle, elle s'est dirigée vers le chalet des Villemin et aurait, dit-elle, « *à coup sûr* », vu la Renault 5 noire si elle était passée à proximité. Mme Claudon a même tendu un fil devant la maison des Villemin pour empêcher ses vaches de se sauver. C'est à ce moment (il est au plus tard 17 h 20) qu'elle voit Christine Villemin sortir de sa maison (elle y est donc déjà depuis plusieurs minutes) qui lui demande « *si elle a vu Grégory* ». Dix minutes plus tard, à environ 17 h 30, elle va revoir Christine Villemin remonter en voiture, une ou deux minutes avant son fils, chauffeur de bus, dont le « mouchard » de l'autocar, marquant l'arrêt du moteur, affichait ce jour-là 17 h 32. Ces repères horaires, (à intégrer – comment ? – avec l'appel du corbeau à Michel Villemin à 17 h 27...) vérifiables et vérifiés étayent les dires d'une agricultrice voisine ayant peu de liens avec les Villemin et visiblement sûre d'elle.

Reste le témoignage (mis en avant par les policiers) de M. Colin qui promenait son chien, qui assure que la Renault 5 noire de Christine Villemin n'était pas devant la maison à 17 h 10. M. Colin contre Mme Claudon... La seule issue, en l'état de l'enquête, resterait celle d'un infanticide suivi d'une course de côte. En R5.

16-07-1985

SUSPENSE À NANCY : QUELLE LEVÉE D'ÉCROU POUR CHRISTINE VILLEMIN ?

La chambre d'accusation de la cour d'appel de Nancy rendra aujourd'hui son verdict sur la demande de mise en liberté de la mère de Grégory. Entre désavouer le juge Lambert ou risquer une grève de la faim de Christine Villemin, la marge est étroite.

C'est aujourd'hui mardi à 16 h que le suspense prendra fin. Il ne s'agit pas de la fin de l'affaire, bien sûr, mais de la fin du suspense concernant la demande de mise en liberté déposée par les avocats de Christine Villemin. Trois possibilités s'offrent aux magistrats de la chambre d'accusation de la cour d'appel de Nancy, dirigée par le président Daltéroche.

Jugeant le dossier du juge Lambert trop léger, ils peuvent décider de remettre purement et simplement en liberté Christine Villemin. Ce serait dans ce cas un fantastique camouflet pour le juge d'instruction d'Épinal.

Après l'affaire Laroche, ce serait également un jugement négatif porté sur l'enquête policière. Cela signifierait un nouveau départ pour l'instruction. Presque une remise des compteurs à zéro. Christine Villemin, toujours inculpée d'assassinat, se présenterait libre à un éventuel procès d'assises.

Les magistrats nancéiens peuvent également juger les éléments réunis par le juge Lambert suffisants pour maintenir Christine Villemin en détention. Cela accréditerait la thèse de l'assassinat commis par la mère. Le juge et les policiers sortiraient grandis de ce jugement. Mais les ennuis ne s'arrêteraient pas pour autant. Christine Villemin l'a promis : si on ne la remet pas en liberté, elle recommence sa grève de la faim…

Troisième hypothèse, plus vraisemblable, une libération assortie d'un placement étroit sous contrôle judiciaire. Compte tenu de son état de grossesse et de son statut « médiatique », Christine Villemin serait alors sujette à une mesure exceptionnelle : une « prison dorée », une incarcération douce dans une maison de retraite surveillée où elle ne pourrait recevoir des visites que de sa famille ou de ses avocats. La chambre d'accusation permettrait ainsi au juge Lambert et aux policiers d'affiner leur dossier et de gagner un peu de temps...

Hier, de 9 h à 14 h, les magistrats ont entendu les plaidoiries de maîtres Garaud, Chastang et Moser, les défenseurs de Christine Villemin, ainsi que celle de maître Lombard, l'avocat venu de Marseille pour porter secours aux grands-parents de Grégory, et à ses oncles et tantes, parties civiles depuis peu (indépendamment des parents de Grégory). Les trois magistrats ont également dû subir le réquisitoire de l'avocat général Reynaud qui avait, par le passé, lourdement requis contre Bernard Laroche et qu'on dit très hostile à l'incarcération de la mère de Grégory. En sortant du palais, les quatre avocats ont appliqué les consignes de silence de la chambre d'accusation. Presque à la lettre. Déclarations banales : « *Demain à 16 h, vous saurez tout. Pour l'instant, on ne peut rien dire...* » lançait maître Garaud avant d'avouer « *sa confiance* », plutôt son « *optimisme. Pour nous, c'est fini. C'est comme quelqu'un qui accouche...* »

Maître Lombard, dans un communiqué sibyllin, donnait, lui, dans la nuance et la prudence : « *Le débat n'a pas porté sur la culpabilité mais sur la libération de Christine Villemin... La partie civile n'a pas à remplacer l'accusation, ni la juridiction d'instruction... Elle s'en rapporte à l'appréciation et à la prudence de la cour. Quelle que soit la décision, elle souhaite que les investigations et les recherches puissent se poursuivre et que la vérité éclate enfin...* »

Jean-Michel Lambert, qui est un petit juge malin, a profité de la réunion à la cour d'appel de Nancy pour rendre deux visites aux prisons de Nancy et Metz, où il a vu Jean-Marie puis Christine Villemin. Hors la présence de leurs avocats. Ce qui n'a pas dû leur faire tellement plaisir.

Depuis l'inculpation de la mère, le juge et les enquêteurs de la PJ continuent à fouiner à la recherche d'éventuels témoins ou indics.

L'élément le plus sujet à discussion, la brèche dans laquelle maître Garaud a dû sauter hier devant la cour d'appel de Nancy, reste la question du « comment ». Si effectivement la mère a tué (seule…), comment a-t-elle pu opérer, sachant qu'elle a tout au plus dix-huit, au grand maximum vingt minutes de « blanc » dans son emploi du temps ? Un « blanc » que les enquêteurs du SRPJ voient occupé par une folle virée en voiture entre les Hauts de Lépanges et Docelles.

Aujourd'hui à 16 h, par leur réponse à la demande de mise en liberté, les magistrats de la cour d'appel de Nancy diront également, selon la formule de maître Garaud, si oui ou non ils pensent que Christine Villemin a les dons et le sang-froid d'une « *pilote de rallye* »…

LA LIBERTÉ SOUS CONDITION DE CHRISTINE VILLEMIN

Foule et effervescence journalistique à la sortie de la prison : la chambre d'accusation de Nancy a opté pour la libération de Christine Villemin, placée sous contrôle judiciaire. Une portière qui claque, quelques déclarations d'avocats, un nouveau chapitre pour l'affaire de la Vologne.

Les magistrats ont rendu hier, après les vingt-quatre heures de réflexion qu'ils s'étaient données, leur arrêt : toujours inculpée de l'assassinat de son propre enfant, Christine Villemin, enceinte de six mois, est remise en liberté avec un contrôle judiciaire du même type que celui qui avait été ordonné pour Bernard Laroche, le 4 février dernier. Christine Villemin n'a pourtant pas été libérée à ce seul titre du droit à l'innocence des inculpés.

Tout le contexte de cette folle affaire, qui en est à son deux cent soixante-treizième jour, a pesé sur cette décision.

Selon le dernier ténor du barreau intervenant au nom des grands-parents, aujourd'hui, l'affaire ne fait pourtant que commencer... Le sas d'entrée (et de sortie) de la prison de Metz-Queuleu était en ébullition. Georges et Michel, les deux jeunes matons, n'avaient jamais vu ça. Autant de monde. Autant d'effervescence. Les caméras et les appareils se pressaient contre la vitre. Les lumières rouges s'allumaient. Les téléphones sonnaient. Parfois, un détenu hagard, portant un sac plastique ou une petite valise, fraîchement libéré par Mitterrand, venait interrompre le flot incessant d'hommes en képi qui faisaient des allers-retours entre l'air libre et l'air de la prison.

Ces détenus-là n'intéressaient personne. La foule de badauds de gendarmes ou de journalistes n'était là que pour elle. La star. Christine Villemin en personne allait être libérée après douze jours et onze nuits de prison. Il était 18 h 30. Deux heures plus tôt, la chambre d'accusation de Nancy avait rendu son arrêt. À peine surprenant : mise en liberté assortie de l'interdiction de quitter le département et obligation de répondre à toutes les convocations du juge Lambert. Et toc. Encore un rebondissement.

À 18 h 45 précises, « elle » est sortie. Derrière une 4L de gendarmerie, dans la voiture blanche de son avocat. Elle occupait la place du mort, comme on dit. Elle était pâle. Son front était légèrement dégagé. Son visage avait maigri depuis notre dernière rencontre, voici trois semaines.

La voiture blanche a foncé vers la nationale par la petite rue de la Seulhotte. Drôle de nom de rue pour une rue de prison. Christine Villemin n'a fait aucune déclaration, n'a pas crié sa joie, n'a pas posé pour la photo... On l'a ramenée chez elle, sans doute à Petitmont, où elle pourra retrouver son frère, sa belle-sœur. Peut-être sa grand-mère. Aujourd'hui ou demain, elle ira à la prison Charles III de Nancy, voir Jean-Marie pour le remercier des quinze roses rouges qu'il lui a offertes pour son anniversaire de prisonnière. Et pour l'embrasser. Christine Villemin est libre, mais elle est toujours inculpée de l'assassinat de son fils Grégory.

La chambre d'accusation de Nancy, présidée par le président Dalteroche, qui, pour la petite histoire, n'a lui-même jamais été juge d'instruction, a jugé inopportune l'incarcération de Christine Villemin.

Si la cour a jugé « *troublantes* » certaines charges à l'égard de l'inculpée (les témoignages des collègues de travail, les cordelettes, les similitudes d'écritures), si la cour a également jugé « possible » l'assassinat dans la maigre fourchette horaire libre (17 h-17 h 20) de l'emploi du temps de Christine Villemin, si la cour a « *envisagé sa participation à l'acte* » ... néanmoins, en raison de l'absence de « *tout témoignage direct la mettant en cause* », des insuffisances des indices matériels, des imprécisions concernant les horaires, de la constance à ce jour des « *déné-*

gations » de Christine Villemin, en raison surtout de « *l'absence d'un mobile cohérent* » (« *rien,* précise l'arrêté, *ne permettant d'entrevoir les motifs d'un tel acte, le couple paraissant uni dans l'épreuve et l'enfant étant l'objet d'affection* »), la chambre d'accusation de Nancy a donc décidé de remettre en liberté Christine Villemin. Tout en concluant : « *Il subsiste, pour une inculpation aussi grave, de nombreuses et importantes interrogations auxquelles l'information doit encore s'efforcer de répondre.* »

Maître Garaud, avocat de Christine Villemin, a aussitôt dit sa satisfaction, sans triomphalisme, insistant sur les « *douze jours d'injuste incarcération* », interpellant la France entière : « *Cette décision redonne à Christine et Jean-Marie Villemin la confiance qu'ils avaient perdue.* » Maître Lombard, avocat d'une partie civile – les parents – qui en trois jours et trois nuits a dû précipitamment ingurgiter le lourd dossier de l'affaire, tout en se « *félicitant de la libération de Christine Villemin* », a déploré que « *dans des affaires moins spectaculaires, d'autres accusés ne bénéficient pas, bien souvent de garanties identiques.* »

Les grands-parents de Grégory défendus par maître Lombard y sont également allés de leur communiqué : « *Cette liberté à laquelle nous ne nous étions pas opposés va faire du bien à Jean-Marie. Elle va aussi permettre à l'enfant qui va naître de voir le jour ailleurs que dans une prison. Cette perspective nous déchirait le cœur. Nous supplions la justice de tout mettre en œuvre pour découvrir la vérité, quelle qu'elle soit, et mettre fin à l'angoisse de notre famille.* » Plus retors, leur avocat à quand même laissé pointer l'oreille : pour lui « *aujourd'hui, l'affaire commence* »...

Loin de diminuer d'intensité, les passions restent toujours exacerbées. À Épinal, le juge Lambert n'a pas dû être très heureux de l'arrêt de la chambre d'accusation. Sans doute s'y attendait-il ? Sans être un désaveu complet, l'avis des juges est un avertissement sérieux. La marge de manœuvre est aujourd'hui très étroite pour le magistrat spinalien. Ses entretiens avec Christine Villemin ne mènent qu'à des impasses et, à moins d'un témoignage de dernière minute, sorti du panier policier, que peut-il encore espérer pour étayer sa thèse ?

En plaçant en détention provisoire Christine Villemin, alors que son inculpation ne le nécessitait pas, le juge Lambert a vraisemblablement voulu créer un choc psychologique. Peut-être espérait-il des aveux… Force est aujourd'hui de constater qu'il s'est trompé. Christine Villemin ne sort pas innocentée de l'épreuve judiciaire, mais renforcée dans son statut de « martyre ».

Sur la place Stanislas, à quelques mètres de la cour d'appel de Nancy, ou sur le gazon devant la prison de Metz-Queuleu, les premières réactions des badauds étaient unanimes : « *Pauvre femme* ». Douze jours plus tôt, ces mêmes badauds juraient : « *Je suis sûre que c'est elle, je te l'ai toujours dit…* » Pourtant, en douze jours, une autre idée fixe a gagné des voix : « *On ne saura jamais la vérité.* » Une idée qui, par la décision d'hier, a fait du chemin…

BRISES D'ÉTÉ, VENT DE FOLIE SUR L'AFFAIRE DE LA VOLOGNE

Hier, le juge Lambert interrogeait derechef Christine Villemin, tandis qu'une mystérieuse fuite psychiatrique faisait état de « l'hystérie, à caractère pervers » de la plus célèbre présumée innocente de France.

Les psychiatres sont des types vraiment formidables. On leur présente Christine Villemin, ils la voient quelques heures derrière les murs de la prison de Metz, ou quelques minutes dans la maison familiale de Petitmont. Ils discutent le coup ensemble, s'interrogent sur sa sexualité, sa relation à l'enfant, sa relation au mari. Et en deux temps, trois mouvements, pondent un premier rapport qui explique et justifie tout : ne cherchez plus, si Christine Villemin a tué, c'est parce qu'elle est folle... tout simplement. Pas une grosse folie évidente, non. Une petite, à la limite de la norme et difficile à déceler. À lire ce pré-rapport (qui a rapidement « filtré » via *L'Est Républicain* et *France Soir*) des docteurs Brion et Leyrier, Christine Villemin n'est pas encore aussi « schizo » que le personnage meurtrier du *Psychose* d'Alfred Hitchcock, mais elle s'en approche dangereusement. La défense a évidemment protesté contre ce qui lui apparaît comme une fuite « *autorisée* ».

Selon ces deux experts de la cour d'appel de Paris, la jeune femme serait « *sans instinct maternel et aurait une potentialité vers un état mental confus* ». Cet état pourrait même susciter des « *troubles névrotiques relevant d'une hystérie à caractère pervers* ». Au-delà des entretiens qu'ils ont eus avec elle, les psychiatres étaieraient en partie leur diagnostic sur des bribes d'interviews récoltées çà et là dans les colonnes du *Parisien*, de *France Soir*, de *Elle* ou de *Paris Match*. L'analyse de contenu est sommaire, mais les « jugements » portés sont sévères, coïncidant parfaitement avec la thèse du juge Lambert, et comblant tant bien que mal le manque de mobile dénoncé par la chambre d'accusation de Nancy, lors de la mise en liberté de Christine Villemin. Dans l'hypothèse de sa culpabilité, ce ne serait plus par « *jalousie* » envers Grégory, ni par « *haine* » de son mari ou de sa belle-famille, que Christine Villemin aurait tué, mais parce qu'elle serait « *hystérique et perverse.* »

Selon ces experts, « *la maladie mentale qui n'en est pas vraiment une* » dont souffre Christine Villemin serait telle qu'elle lui permettrait de tuer puis d'oublier qu'elle a tué, et de se croire « *sincèrement* » innocente. Mais leur système explicatif du crime de Lépanges va encore plus loin : Christine Villemin serait très « *influençable* » et vivrait dans un univers mythique et échappatoire qui pourrait ressembler à celui des livres de la collection Harlequin. Sa sexualité serait « *trouble* ». L'argument d'une hypothétique frigidité est même imprudemment avancé. Enfin le passage à l'acte (l'infanticide de Grégory) pourrait « *s'expliquer* » : à nous les ambiguïtés du sado-masochisme... Mais que chacun se rassure, tous les experts (même le contre-expert présenté par maître Garaud, avocat de Christine Villemin) sont d'accord sur deux points : Christine Villemin est « *supérieurement intelligente et calculatrice* » et, si elle est « *folle* », elle ne l'est pas suffisamment pour entrer dans le cadre de l'article 64 du Code pénal : « *Il n'y a ni crime ni délit lorsque le prévenu était en état de démence au temps de l'action, ou lorsqu'il a été contraint par une force à laquelle il n'a pu résister.* » Selon les psys, Christine Villemin reste « bonne » pour les assises.

Depuis la libération de sa principale héroïne, le 16 juillet dernier, (et sans compter « *la sublime* » folie du texte de Duras...), le feuilleton de la Vologne a changé de registre, on ne joue plus *Dallas*, mais *Les Bargeots.* La chaleur de juillet et la pression de neuf mois d'enquête aidant, chacun mise sur la folie de l'autre en termes plus ou moins courtois.

Si les psychiatres médicalisent les errances de Christine Villemin, cette dernière, fidèle à son désormais légendaire art de la réponse, envoie tous ses accusateurs en hôpital psychiatrique : « *Ceux qui disent que je suis folle, c'est eux qui sont cinoques* », a lancé récemment la dame de Petitmont avant de s'en prendre à Marguerite Duras et à son article (maître Garaud lui en a lu quelques passages) : « *C'est pas possible d'écrire des trucs pareils, elle est dérangée celle-là* »…

Loin de ces polémiques, tout n'est pas rose non plus entre juges et avocats. Si en public la politesse est de rigueur entre partie civile et défense, en coulisse, par contre, les qualificatifs fusent pour décrire la santé mentale des uns et des autres : les « *bons pour la retraite* » rivalisent avec les « *complètement jetés* ». La contre-offensive en vingt points lancée par maître Lombard a eu le don d'excéder, de semer la zizanie. Le juge Lambert, « *dont l'itinéraire intellectuel déconcerte* » y est égratiné. Maître Moser, avocat de Christine Villemin, n'a pas trop apprécié qu'« *on* » vienne lui apprendre son métier. « *Le magistrat opère un transfert de ses convictions d'un inculpé à un autre inculpé, Christine Villemin* », a expliqué, magnanime et freudien, à l'*AFP*, le nouvel avocat de la jeune femme.

À Autmonzey, rien ne va plus. Marie-Ange Laroche, fatiguée de voir son mari traîné dans la boue, serait, dit-on, dans un état des plus dépressifs. Elle aurait de plus en plus de mal à retenir sa famille de manifester une folle vengeance. À Petitmont, Christine Villemin se déplace toujours encadrée par deux gendarmes, et les villageois se sont vite fatigués de voir les reporters cachés derrière chaque poteau télégraphique menant au 7, rue de la Cité. Un vent de folie souffle aujourd'hui sur le bourg. Comme hier à Lépanges. Côté journalistes, deux cas de déprime grave (neuf mois à Épinal, ça use !) sont également à noter, ainsi qu'un coup de sang à *La Liberté de l'Est*. Ne supportant plus d'être sous-payé à suivre l'affaire depuis le début, un rédacteur pigiste du quotidien vosgien a quelque peu malmené le matériel entreposé dans la salle de rédaction. Il a ensuite démissionné.

Une crise passagère, parmi les autres… En août, commencent les vacances du juge. Les avocats aspirent au calme. Christine Villemin à la tranquillité. Un mois pour souffler et pour oublier la folie de là-bas. En espérant aussi qu'elle nous oublie.

27.09.1985

L'AFFAIRE GRÉGORY PIÉTINE AUTOUR D'UNE PAIRE D'ESCARPINS

Le juge chargé de l'enquête sur le meurtre de Grégory aurait en sa possession un nouvel élément, « important, sinon capital », selon un avocat. Une paire de chaussures à talons fins ? Une lettre du corbeau ? Et chacun d'y aller de son commentaire…

Avant-hier, au sortir du palais de Justice, un avocat, sans doute ennuyé de voir les phares de l'actualité quitter Épinal pour la Nouvelle-Zélande[9], a eu ce mot merveilleux : « *Il y a aujourd'hui sur le bureau du juge Lambert un élément important, sinon capital, et nous avons fait un grand pas dans la recherche de la vérité sur l'assassinat de Grégory Villemin.* » Ça faisait longtemps… Christine Villemin vit toujours chez sa grand-mère, à Petitmont, protégée par une armée de gendarmes. Deux fois par semaine, elle rend visite à son mari, paraît-il très amaigri et déprimé. Elle se rend également à Lépanges, sur la toute nouvelle tombe de son fils. Christine va bien, elle sort très peu et soigne sa grossesse, les « paparazzi » ont quitté les

(9) Nous sommes alors en pleine affaire Rainbow Warrior.

abords de sa maison.

Dans la solitude de sa prison nancéienne, Jean-Marie Villemin ne trouve comme ultime remède au mal qui le ronge que le travail du bois. Il réalise des gravures à l'effigie de son fils. Ses collègues prisonniers ont, eux, inventé un jeu terrible, baptisé « Bingo Grégory » : les paris portent sur les prochains rebondissements de l'affaire. À la prison Charles III, les avis sont partagés et les bookmakers font recette.

À Épinal, le juge, après des vacances consacrées à la randonnée pédestre en montagne, a repris en main le dossier (qu'entre-temps le président de la cour d'appel de Nancy s'est fait voler, mais ça c'est une autre histoire...) Il a organisé de nombreuses confrontations et revu plusieurs fois les policiers. Ces derniers se disent confiants, ils ont repris le « timing » du meurtre et ont précisément recensé et confronté les emplois du temps de tous les membres de la famille ayant été victimes des appels du corbeau. Le résultat, sur un schéma très synthétique, est paraît-il des plus éclairants...

Routines. Pourtant, avant-hier, aussitôt annoncé un « *élément nouveau* », la mèche encore chaude de l'affaire s'est enflammée. Chacun des observateurs patentés de l'affaire s'est demandé quel pouvait bien être cet élément capital. Certains avocats ont parlé d'une lettre oubliée du corbeau, d'autres « témoins proches de l'enquête » ont laissé entendre qu'il aurait pu s'agir de la découverte d'une paire de chaussures à talons fins, dont l'empreinte correspondrait à celle trouvée au bord de la Vologne, après le meurtre. Chacun, « off the record », s'accorde pour dire que l'instruction avance, que l'étau se resserre... Mais aucun nom n'a bien sûr été prononcé. Le juge va laisser le temps aux deux mamans d'Épinal (Christine et Marie-Ange veuve Laroche) d'accoucher. Il a prévu une nouvelle confrontation, le 18 octobre, entre tous les membres de la famille Villemin. On y parlera du corbeau.

Mais bizarrement, le 23 octobre, le juge a convoqué

les écoliers de Bruyères ayant pris le bus le jour du crime, pour savoir si oui ou non ils se souviennent de la présence de Muriel, la belle-sœur de Bernard Laroche. Qu'est-ce à dire ? Le juge remettrait-il en cause les paroles de la jeune fille ? Maître Garaud a, quant à lui, retiré la plainte en diffamation contre *Paris Match.* Il y a eu, dit-il, « *transaction entre les deux parties* » (!) On est par ailleurs toujours sans autre nouvelle des suites de la découverte d'un microémetteur caché au domicile des beaux-parents de Bernard Laroche.

Sacrée galère... Il y aura la naissance des deux bébés presque un an, jour pour jour, après la mort de Grégory.

Les deux mamans, aidées de leurs avocats, cherchent déjà une maternité très discrète. On raconte en effet que, du côté de la Vologne, nombreux sont les journalistes qui souhaiteraient accrocher cette image d'Épinal dans leur album de famille. Souriez, charmants bébés, vous entrez dans la pospérité. Clic, clac.

GAMBERGES. JULIEN VILLEMIN, 3, 300 KG, 650 000 F

Match a mis le paquet pour s'offrir l'exclusivité des photos de la naissance de Julien Villemin. De source bien informée (comme on dit...), on parle très sérieusement de la somme rondelette de 650 000 F. Sans confirmation ni démenti, maître Henri-René Garaud, avocat des Villemin, a bien joué le coup. Début juillet, suite à une série d'articles accusant directement la mère de Grégory d'avoir tué son enfant, il déposait plainte en diffamation contre l'hebdomadaire de Filipacchi et réclamait un million de francs de dommages et intérêts pour ses clients. L'affaire, après avoir été reportée une première fois, devait passer à la dix-septième chambre correctionnelle la semaine dernière. Or, in extremis, les avocats des deux parties ont annoncé qu'une « transaction » avait eu lieu et que la plainte avait été retirée. Un contrat à plusieurs clauses a en effet été signé pour l'occasion entre maître Garaud et maître Mattarazzo, avocat du journal.

En échange du retrait de la plainte et de l'exclusivité des photos (à la maternité et le retour à la maison) de Julien Villemin et de sa maman, *Match*, outre les 650 000 F, se serait engagé à « reprendre » la piste Bernard Laroche suspect et à restituer un album de photos « emprunté » à la famille par un journaliste indélicat. Cette magouille, que les avocats ont pudiquement baptisée « *transaction* », fait des heureux dans les deux camps. *Match* évite un procès et « assure » une manchette, un de ses journalistes (celui de l'album) se « rince » au passage, maître Garaud rembourse ses frais et Christine Villemin les emprunts de sa maison en vente. Tout s'achète.

L'affaire Grégory est finalement un très bon investissement à long terme. Au box-office de ses images, Julien Villemin a largement battu le record établi par feu Bernard Laroche (dont la libération et le cadavre avaient été rachetés autour de 300 000 francs – dit-on… – par *Sygma*). Combien pour la future naissance du petit Laroche ? Combien pour la libération de Jean-Marie Villemin ? À quand Christine Villemin à la une de *Play Boy* ?

16-10-1985

L'ANNÉE VOLOGNE

C'était sur la place Rouge, cet été, pour le Rassemblement international patronné par Gorbatchev. Un jeune Russe s'est approché d'un délégué : « *Vous êtes Français ?* » À la réponse positive, son visage s'est illuminé. Allait-il questionner sur la santé de Georges Marchais ou sur les santiags de Renaud ? Avant toute autre politesse, le jeune Russe a balancé, fébrile, cette question qui lui brûlait les lèvres depuis un moment : « *Est-ce que vous avez enfin découvert l'horrible assassin du petit Grégory* ? » Allez donc lui répondre, comme aux dizaines de délégués des quatre coins du monde angoissés par l'énigme de la Vologne, qu'on venait d'inculper la mère elle-même du meurtre de son enfant. Un coup à porter atteinte à l'image internationale de la France, plus sûrement que n'importe quelle affaire *Greenpeace*.

L'affaire de Lépanges a fait le tour du monde. Jusque dans les isbas du « village planétaire », on a entendu croasser ce corbeau vosgien que la France découvrit… il y a tout juste un an, le mardi 16 octobre 1984. Ce jour-là – qui peu l'ignorer ? – l'Anonyme revendiquait le meurtre de l'enfant qu'on venait de repêcher, les mains liées, dans les eaux de la Vologne.

Après un an de rebondissements – et un autre meurtre –, l'affaire continue. Dimanche, le curé de Lépanges dira une messe pour le gosse et, le 22, le juge a convoqué tout le monde pour un nouveau grand show d'Épinal. Et même si aucun élément décisif ne risque plus désormais d'apparaître (comme le soulignaient hier les avocats de tous bords), il y aura encore bien des relances judiciaires ou médiatiques d'ici le procès. Comme pour l'affaire de Bruay-en-Artois, dont la télévision évoquait récemment le treizième anniversaire, on n'a pas fini de souffler les bougies du petit Grégory.

AFFAIRE GRÉGORY : L'INSTRUCTION VA À VOLOGNE

Le juge Lambert, convaincu de la culpabilité de Christine Villemin, a essayé de reconstituer hier le meurtre de Grégory sur les hauts de Lépanges. Sous le regard des vaches qui, il y a plus d'un an, étaient déjà là, à l'heure du crime.

Il y avait Christine Villemin, toujours en noir. Et puis Mme Claudon, rosie par le froid. M. Colin aussi et Jimmy, son dalmatien. Les vaches, présentes le jour du drame, avaient changé de pré. Il est vrai que le juge les avait convoquées et chronométrées deux jours auparavant (elles ont mis neuf minutes trente secondes pour monter la côte et rentrer jusqu'à la ferme). On a aperçu M. Méline, le voisin, qui est venu redire ce qu'il n'avait cessé de répéter, en insistant sur le fait « *qu'un an après, on est sûr de rien* ».

Tout autour des témoins, parmi les policiers du SRPJ de Nancy, les avocats des deux camps (trois dans chaque) faisaient de grands gestes. Le juge Lambert, accompagné de son fidèle greffier, restait relativement impassible. Parfois, la main sous le menton, il semblait réfléchir profondément.

Au loin, à une cinquantaine de mètres, près des vaches, la meute des journalistes, serrée par un cordon d'une trentaine de gendarmes aux treillis fraîchement repassés (« *Désorganisez pas le front, les gars ! Ils vont passer par la gauche* »), cherchait à capter des bribes. Bouts de mots, morceaux d'images, Un preneur de son d'*Antenne 2* avait même branché un micro parabolique, comme dans les films d'agents secrets. Il faisait très froid. Ça a duré quatre heures, de 9 h à 13 h.

Un peu poussé par la partie civile (Lombard & Co), Jean-Michel Lambert avait décidé hier de convoquer sa « *suspecte numéro un* » dans sa maison, désormais abandonnée, de

Lépanges-sur-Vologne. But de la manœuvre : refaire en temps réel, et avec les témoins d'alors, les faits et les gestes ayant précédé l'assassinat de Grégory, le mardi 16 octobre 1984 sur les hauts de Lépanges entre 17 h et 17 h 45.

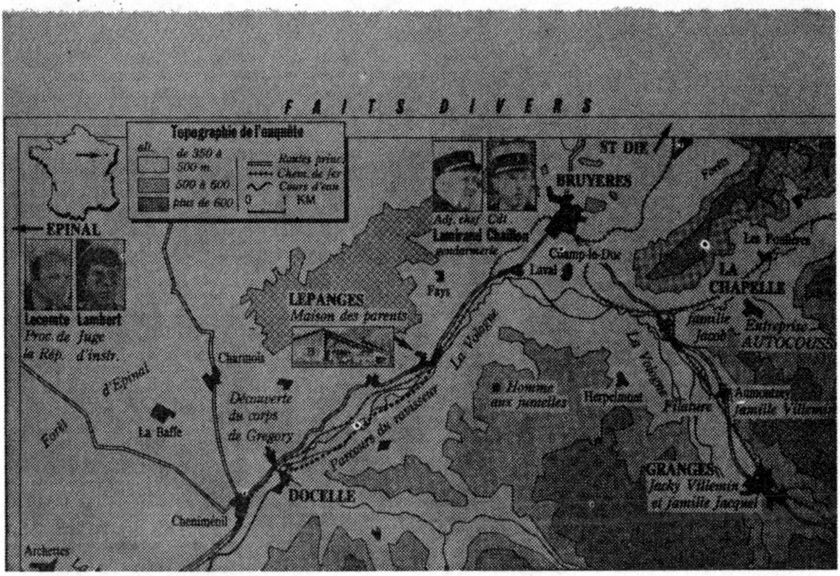

• Topographie de l'enquête.

Selon la défense, Christine Villemin serait arrivée à la maison à 17 h, aurait laissé Grégory jouer dehors dès 17 h 03, se serait rendu compte de sa disparition vers 17 h 20, aurait fouillé autour de chez elle, alerté ses voisins, puis serait descendue vers le village chez sa nourrice vers 17 h 30. Selon la défense, Grégory Villemin a inévitablement été kidnappé et tué par une tierce personne (Bernard Laroche, par exemple).

Cette version a été en partie confirmée hier par le témoignage de Mme Claudon qui assure avoir vu Christine, « *affolée deux ou trois minutes après cinq heures et quart* » (l'heure de rentrer les vaches). Elle est par contre infirmée par M. Colin qui, compte tenu de ses habitudes de promenade, pense qu'il était dix minutes plus tard. Autre sujet de controverse : la Renault 5 de Christine Villemin. M. Colin a redit hier ne pas l'avoir vue lors de son passage devant la maison (pas plus qu'il n'a vu Grégory jouer). Mme Claudon assure le contraire : la voiture aurait été garée devant le garage vers 17 h 17.

L'absence de voiture, alimentant la thèse du juge, pourrait signifier que Christine Villemin aurait pu kidnapper et noyer elle-même Grégory à Docelles, puis revenir à la maison. Le juge fait répéter plusieurs fois aux témoins leurs faits et gestes, re-chronométrant tout. M. Colin s'est beaucoup promené (Jimmy était très content), Mme Claudon a subi avec fougue les assauts des avocats et du juge, allant même jusqu'à dire à maître Garaud : « *Arrêtez de me faire dire des conneries.* » Christine Villemin est apparue souriante, elle a pu passer deux heures en compagnie de son mari (et de deux gendarmes) dans leur maison vide.

Un mystérieux tachygraphe

En bout de course, chaque partie a justifié la reconstitution à sa manière. Les défenseurs de Christine Villemin pavoisaient : « *Aujourd'hui c'est sûr, Christine Villemin n'a pas eu le temps matériel de faire ce qu'on lui reproche, nous avons le sourire, pas comme d'autres.* »

La partie civile était plus mesurée : « *Cette reconstitution pourrait innocenter Christine Villemin. Ça n'a pas été le cas. Le dossier, squelettique en juillet, est maintenant consolidé. II va falloir que, dans quelques temps, la justice prenne ses responsabilités* ». M. Colin, lui, se demande si la justice va lui rembourser ses frais de déplacement : « *Pensez, toutes les fois que le juge me convoque à Épinal, faut que je pleure pour avoir un sou.* » Après un long après-midi consacré à de nouvelles confrontations, le juge Lambert, toujours convaincu de la culpabilité de Christine Villemin, a re-convoqué tout le monde pour le 5 novembre : les premières expertises audiométriques, les énièmes expertises graphologiques, ainsi qu'un mystérieux tachygraphe, en fait la boîte noire du bus du fils de Mme Claudon, qui pourrait attester de l'heure de passage de Christine Villemin, devraient être sur son bureau. Ça promet.

06-11-1985

AFFAIRE GRÉGORY : LA FABLE DU MOUCHARD ET DU CORBEAU

Le mardi 5 novembre de l'an de grâce 1985 devait être une date historique dans la saga vosgienne des Villemin. Une de plus. Les avocats des grands-parents de Grégory avaient prévenu : « *Ce jour-là, la boucle sera bouclée, la partie civile aura fait son travail. Ce sera alors à la justice de trancher.* » En fait, la journée ne fut qu'à demi historique.

L'instruction (ou plutôt l'accusation) a utilisé hier ses dernières cartouches (et quelles cartouches !). Mais le combat avec les défenseurs de Christine Villemin n'a pas eu lieu, faute de combattants. Tandis que maître Garaud plaidait « *ailleurs* », Maître Chastant était « *légèrement indisposé* » et maître Moser, le Mulhousien de l'étape, avait la mauvaise idée de mettre sa voiture dans le fossé, sur la route menant à Épinal. Le juge Lambert a donc remis l'ultime confrontation entre Christine Villemin et ses accusateurs au 29 novembre. Trois semaines de répit pour tout le monde.

Deux éléments nouveaux ont pourtant marqué la matinée : le mouchard du bus appartenant à un des voisins de Christine Villemin attestant du passage de celle-ci, le jour du crime, a été retrouvé. Il indique, selon les avocats de la partie civile, « *au moins 17 h 35* ». Cette précision, qui accrédite la thèse policière, élargit la fourchette horaire de Christine Villemin, lui laissant la possibilité matérielle d'avoir elle-même assassiné son enfant. Cet horaire contredit par ailleurs l'heure de passage (17 h 20) avancée par un des témoins (Mme Claudon) lors de la reconstitution.

Autre élément, plus tangible si l'on en croit la partie civile : les résultats de l'analyse audiométrique. Le juge Lambert avait remis, voici un mois, les enregistrements de voix du corbeau à un laboratoire parisien. Les experts, sans mettre un nom sur la voix, auraient relevé deux faits « *intéressants* »: dans un enregistrement, le corbeau (un corbeau…) se serait trahi en muant sa voix en cours de conversation. Les experts auraient identifié une voix de femme. Sur une autre cassette enregistrée par Christine Villemin à son domicile, les experts parisiens auraient, toujours selon la partie civile, « *prouvé* » que l'enregistrement n'a pas été fait au téléphone, mais « *monté* » pour l'occasion.

Ces éléments ont été communiqués avant-hier aux défenseurs de Christine Villemin qui n'ont, pour l'instant, fait aucune déclaration les infirmant. Ce qui a sans doute suggéré à maître Lombard, avocat de la partie civile, souhaitant par ailleurs aux défenseurs de l'inculpée « *un prompt rétablissement* », cet euphémisme, qui depuis le début de l'affaire a régulièrement changé de bouche : « *Dire qu'on touche à la vérité est prématuré, mais on s'en approche.* »

L'espoir, et surtout la crainte de voir l'affaire définitivement s'engluer, fait vivre du côté d'Épinal.

07.11.1985

AFFAIRE GRÉGORY : LA PARTIE CIVILE CRÈVE LE MUR DU SON

Les avocats de la partie civile pensent tenir des éléments renforçant la thèse de la responsabilité de Christine Villemin. À partir des analyses audiométriques, déjà contestées par la défense.

Après les traces de pneus et de bottes au bord de la Vologne, après les cordelettes retrouvées dans la maison des Villemin, après les lettres du corbeau et leurs délicates expertises graphologiques, après les tableaux de concordance d'emploi du temps des différents suspects, le dossier d'instruction de l'affaire Grégory vient de s'entrouvrir à nouveau, laissant échapper un dernier indice jugé « *imparable* » par l'accusation : les cassettes d'enregistrement de la voix du corbeau. Maîtres Lombard, Lagrange et Bourdelle, les avocats de la partie civile, s'en sont aussitôt saisis pour lancer une ultime banderille dans le flanc de la défense de Christine Villemin.

S'appuyant sur un rapport d'expertise audiométrique (« *épais de cinquante pages* »), ils sont montés d'un cran dans la bataille juridique qu'ils livrent depuis la libération de la mère de Grégory. Moins de précautions oratoires et de conditionnels cette fois. Pour eux « *les experts sont formels, Christine Villemin a menti. C'est elle-même qui a truqué une bande.* » Pour la première fois depuis le début de l'enquête, mettant leur crédit dans la balance, ils parlent de « *preuves directes de culpabilité de la mère* ». Coupable de quoi ? D'abord, d'être le corbeau, ensuite par extension, l'assassin.

En face, les défenseurs de Christine Villemin jouent l'étonnement. Ils ont lu le rapport des experts, mais n'ont pas eu le temps de « *l'éplucher* ». Ils prennent cependant déjà leurs distances avec ses conclusions. « *À supposer que ce rapport contienne des charges contre notre cliente, il faudra s'interroger sur la valeur scientifique. Souvenez-vous au début de l'instruction... Un premier rapport audiométrique aujourd'hui annulé désignait déjà cinq personnes de sexe masculin dont, en premier lieu, Bernard Laroche. D'après des professionnels, il y aurait une fiabilité de l'ordre de 50 %. C'est léger* », a déclaré hier matin maître Thierry Moser, indiquant par là même la future stratégie de la défense, qui demandera sans doute rapidement une contre-expertise.

Le juge Lambert avait en effet à sa disposition, depuis plus d'un an, les sept cassettes livrées par la famille dont on reparle aujourd'hui. Harcelés pendant trois années par le corbeau, les grands-parents, les parents et deux oncles de Grégory avaient tous, sur les consignes de la gendarmerie de Corcieux, branché un minicassette sur leur téléphone. Chaque appel était enregistré avec les moyens du bord : micro-ventouse ou scotch sur l'écouteur, puis répertorié. C'est à partir de ces bandes que les deux experts parisiens ont travaillé. Les avocats, eux, ne les ont jamais écoutées directement, mais ont dû se contenter de la retranscription graphique.

Deux passages, parmi les quatre ou cinq heures d'écoute, seraient, d'après la partie civile, particulièrement « *troublants* ».

D'abord, un monologue entre Christine Villemin et le corbeau, enregistré au domicile de celle-ci : Christine Villemin décroche son téléphone : « *Allô* ». À l'autre bout, rien, du silence. C'est une habitude du corbeau de ne rien dire et de laisser son correspondant l'injurier puis raccrocher. La scène durerait environ une minute. Outre les invectives de Christine Villemin, les experts auraient localisé, en bruit de fond, une émission de télévision (« Salambô ») et enfin, juste avant de raccrocher, les mots d'un enfant : « *Maman, nounours* » (ou quelque chose d'approchant). Selon l'expertise, l'enfant et les bruits de télévision proviendraient du lieu où se trouvait Christine Villemin, qui aurait fabriqué cet enregistrement sans coup de téléphone. À la limite, si cela s'avérait exact, cela pourrait montrer tout au plus que la jeune femme, comme chacun à un moment ou à un autre chez les Villemin, aurait joué au corbeau, inventant jusqu'à ses silences.

Plus grave par contre est le second élément mis en avant par la partie civile. Il concernerait une conversation antérieure. Le téléphone sonne chez un oncle de Grégory : la conversation est enregistrée dès la sonnerie. Un enfant décroche : « *Allô* », une voix (non maquillée) lui répond : « *Tu peux aller me chercher ton papa ?* » L'enfant s'exécute. Le père reprend le combiné : « *Allô* ». La voix est cette fois-ci maquillée, rauque. Le corbeau se serait trahi…

C'est en comparant l'intensité de voix de Christine Villemin (enregistrée par ailleurs sur la même bande) avec ce petit bout de phrase que les avocats de la partie civile espèrent confondre leur « *suspecte* ». Cette comparaison ne figure pas dans le rapport remis avant-hier au juge Lambert. Elle devrait pourtant être sur son bureau le 29 novembre prochain.

ÉPINAL : MANDAT D'AMENER CONTRE UN PIGISTE DE MATCH

Parce qu'il avait déposé un micro au domicile des Bolle, cousins des Laroche, Sylvain Hebbat, ex-pigiste du groupe Filipacchi, a aujourd'hui un mandat d'amener aux basques.

C'est Mme Bolle qui, courant août, a trouvé le micro dans l'armoire à linge. En se planquant un peu en contrebas de la maison, avec un petit poste récepteur branché sur la FM, n'importe qui pouvait entendre les conversations des Bolle. Ce micro était surtout destiné à recueillir les confidences de Muriel Bolle, l'adolescente rousse, belle-sœur de Bernard Laroche, qui dans la presse a régulièrement vu son nom affublé de l'épithète « *mystérieuse* ». C'est en fait pour percer ce mystère inhérent à l'affaire Grégory, savoir ce que faisait Bernard Laroche le jour de la mort de l'enfant, qu'un chasseur de scoop – que ses confrères qualifieront sans doute bientôt de « *peu scrupuleux* » – s'est introduit chez les Bolle pour y déposer son micro, sans pouvoir d'ailleurs le récupérer. D'où ses ennuis aujourd'hui. En effet, trois mois plus tard (« *parce que la PJ n'avait pas le temps de s'occuper de ça avant* », a précisé le juge Lambert), un mandat d'amener vient d'être lancé contre un ex-pigiste du groupe Filipacchi et de l'agence photographique *Sygma* : Sylvain Hebbat. Introuvable à son domicile des Vosges, pour les uns, en garde à vue un peu longue pour les autres, Sylvain se « promènerait » quelque part à Paris. Un important matériel d'enregistrement relativement sophistiqué, la trousse à outils du parfait petit agent secret, aurait par ailleurs été saisi à son domicile. À Épinal, Jean-Michel Lambert attend le jeune journaliste de pied ferme pour lui signifier son inculpation d'atteinte à la vie privée. Une anicroche de plus à mettre au passif de l'affaire.

Hebbat était arrivé dans les Vosges un peu avant la mort de Bernard Laroche. Photographe pour *Sept Jours Madame*, de retour d'un reportage sur un jeune fermier de Munster, il avait, suite à la demande de sa rédaction parisienne, fait un crochet par Lépanges pour « *voir Christine* ». Il n'allait pratiquement plus quitter la région, se sentant une véritable vocation de détective de faits-divers. Dans un papier (non signé) annoncé avec fracas à la une de *Paris Match* (7 mai 1985), il écrivait : « *Quand j'ai appris que l'inculpation de Laroche reposait sur les dépositions d'une fille de quinze ans, j'ai réagi. Cette fois-ci je n'ai plus du tout jeté un regard professionnel sur l'affaire Grégory. Je me suis littéralement passionné pour elle. [...] J'entrerais dans un des clans : les Laroche, les Villemin, les Bolle, les Jacob... Je leur parlerais, leur raconterais ma propre vie, je ferais leurs courses au supermarché, je vivrais avec eux et je comprendrais...* » *Match*, sous l'influence de son reporter de choc, annonçait à l'époque des révélations prochaines. On les attend toujours. Hebbat, lui, progressivement lâché par l'hebdo, va glisser dans le fait-divers, comme on s'embourbe sur les bords de la Vologne. Il prend d'abord racine à Épinal, habitant près du palais de Justice, se faisant l'ami de quelques consommateurs du café du Commerce, répétant à qui veut l'entendre : « *Ce sont les Vosgiens qui m'ont donné la vérité sur l'affaire Grégory. Un jour, elle pètera à la gueule de tous...* » Hebbat va essayer par tous « *ses* » moyens de démontrer la culpabilité de Laroche et l'innocence de Christine Villemin, envoyant des fleurs à la dame de Petitmont, allant même jusqu'à lui écrire. Sans succès, celle-ci ne répond pas. Au fil des jours, le pigiste indélicat devient de plus en plus agaçant pour le juge et les policiers jusqu'au coup du micro qui le pousse à disparaître de la circulation quelque temps.

Plus vulnérable car seul et pigiste, il est le premier journaliste ayant suivi l'affaire (et sans doute le dernier) à être inquiété judiciairement. Il risque, outre la saisie de son matériel acheté à coups d'emprunts, tout au plus une amende. Et un sermon.

07-01-1986

CHRISTINE V ET SIMONE W MONTENT SUR LA BALANCE

Dans l'Est de la France, à soixante kilomètres de distance, deux stars des faits-divers devraient être fixées sur leur sort. Simone Weber saura aujourd'hui si elle est maintenue en détention pour un crime sans cadavre, Christine Villemin connaîtra bientôt les conclusions du juge Lambert.

Tandis qu'à Nancy la chambre d'accusation se réunit aujourd'hui pour décider de la libération des sœurs Weber, à soixante kilomètres de là, à Épinal, le juge Lambert s'apprêterait à clore cette semaine son instruction de l'affaire Villemin. Deux femmes inculpées d'homicide, deux juges aux méthodes différentes, mais, dans la même région, les mêmes avocats, les mêmes journalistes, et un peu le même trouble. D'un côté, une affaire qui, médiatiquement au moins, s'est enlisée, de l'autre, une énigme criminelle, non dénuée d'un certain classicisme, qui arrive à maturité.

L'affaire Weber, du nom des deux sœurs, Madeleine et Simone, soupçonnées d'avoir fait disparaître au moins deux des amants de Simone, éclôt un an après la mort du gamin de la Vologne. Les magistrats, policiers et autres journalistes ont-ils su tirer quelques conséquences des avatars de l'affaire Villemin... ? Par opposition au juge Lambert, le juge Gilbert Thiel (surnommé « *l'anti-Lambert* » dans *L'Est Républicain*) a tout fait pour que recule l'échéance de « médiatisation » de son affaire. Pendant quatre mois, il a pu travailler à peu près tranquillement, c'est-à-dire dans le secret, jusqu'à sa décision d'inculper les sœurs Weber, donc de rendre publique une partie de son enquête.

À Épinal, le dit « petit » juge n'avait pas bénéficié de la même conjoncture. L'image d'un enfant de quatre ans, ligoté et noyé comme un chat, était, dès le lendemain du meurtre, dans la presse locale. Les confidences et les déclarations impromptues ont fait le reste. Les avocats ne sont venus que bien plus tard…

Même s'ils lâchent parfois quelques tuyaux, les enquêteurs branchés sur l'affaire Weber s'y reprennent souvent à deux fois avec les journalistes : « *Attention ! Faites pas le con, n'allez pas nous faire un petit Grégory dans le dos.* » Les journalistes, eux, se tâtent. Les quotidiens régionaux ont embrayé sur l'inculpation des sœurs Weber et cherché « *à tout prix* » à faire de l'affaire un feuilleton à épisodes. Mais, malgré les nombreuses révélations distillées au jour le jour, la « mayonnaise » prend mal. Les lecteurs ont sans doute encore à l'esprit une autre affaire : « *Ils ne vont quand même pas nous refaire le coup de la Vologne.* »

Restent les avocats, leur multiplicité grâce à ces nouveaux acteurs du fait-divers : la famille… partie civile ou partie prenante des accusés, principale source d'information pour les médias. Les confidences des filles ou des sœurs de Bernard Hettier (l'amant disparu de Simone Weber) remplacent celles des grands-parents de Grégory et de la famille de Bernard Laroche. Les avocats sont les mêmes, à quelques exceptions près. Maîtres Lagrange et Welzer, respectivement avocats des grands-parents de Grégory ou de Bernard Laroche, se sont constitués partie civile pour la famille Hettier, ils ont même trouvé une autre partie civile pour leur ami maître Lombard, lui aussi star de l'affaire Grégory.

En face, parce qu'il l'a fait gentiment « entrer » dans l'affaire Grégory comme avocat de la mère de Christine Villemin, Maître Robinet, du barreau de Nancy, a demandé à maître Garaud de l'accompagner pour soutenir les sœurs Weber. Aucun de ces avocats ne s'en cache : « *Ce genre d'affaire bien suivie par les médias ne représente pas de rentrée d'argent directe, mais un formidable tremplin pour nos cabinets.* » Bref, les avocats de l'affaire Villemin se sont passé le mot : « *Dites voir cher ami, si vous allez à Épinal, faites un crochet par Nancy.* »

C'est vrai, l'affaire Weber vaut le déplacement. L'histoire d'une mémé de cinquante-cinq ans d'apparence tranquille et rangée, une cliente de salon de thé au regard de nourrice, Simone Weber. Et puis, un 22 juin 1985, un ex-amant de la dame disparaît. Les filles de l'ex-amant s'en inquiètent, interpellent la police. L'enquête commence et révèle qu'aidée de sa sœur Madeleine, la gentille Simone a tout fait (faux certificat médical, appels téléphoniques bidons) depuis le 22 juin pour faire croire que l'absence de Bernard Hettier n'était qu'une fugue. Mais à force de fouiller et d'écouter au téléphone, le juge Thiel fait voler la respectabilité de dame Simone en éclats. Un second mari mort trois semaines après son faux mariage, un premier interné en hôpital psychiatrique, un faux testament, une passion pour le surnaturel, une fille suicidée, des armes et de faux papiers d'identité… Tous les ingrédients sont là, dans le désordre, pour faire de Simone Weber une émule de Landru.

Aujourd'hui, les couloirs de la cour d'appel de Nancy qui se réunit à la demande de libération déposée par les avocats des sœurs Weber, seront sans doute pleins de journalistes. « Le cadavre supposé » de Bernard Hettier n'a toujours pas été découvert, et les défenseurs de la « mémé flingueuse » de Nancy auront beau jeu de plaider : « Pas de cadavre, pas de crime ». Voici un bon mois, la cour d'assises de Bordeaux a acquitté un homme accusé d'un crime sans cadavre alors qu'un étroit faisceau de présomptions le désignait comme coupable.

À Lépanges-sur-Vologne, le corps est inhumé au cimetière municipal. La même chambre d'accusation de Nancy a, voici six mois, libéré de sa prison de Metz la coupable présumée en l'assignant à résidence. Le juge Lambert avait pour mission d'affiner son intime conviction, de mieux la présenter. Aidé de la PJ nancéienne, le juge a beaucoup travaillé, multiplié les auditions, les expertises : en voix, en écriture. De nouveaux indices sont apparus « *accablants* », dit-on, pour la mère. En face, les avocats de Christine Villemin ont fait ressurgir le cadavre de Bernard Laroche et le vieux leitmotiv : « *Muriel n'avait pas menti la première fois...* » Difficile maintenant de faire parler les morts. Dernière salve avant la réquisition en suspicion légitime, Christine et Jean-Marie Villemin, après la très surréaliste demande d'un sérum de vérité, viennent d'écrire au président de la République pour demander un dessaisissement du juge Lambert comme si Mitterrand avait quelque chose à y voir...

Chacun sait, aux environs du palais de Justice d'Épinal, que Jean-Michel Lambert, toujours persuadé de la culpabilité de Christine Villemin, arguant d'un trouble de l'ordre public, souhaiterait la réincarcérer à nouveau, mais craint un camouflet de la chambre d'accusation de Nancy. Le juge ne peut plus faire traîner la procédure trop longtemps. Même si les médias ont relâché leur pression (merci Simone Weber...), le dernier rapport de synthèse des policiers et les ultimes expertises sont sur son bureau. Que manque-t-il pour clore l'instruction et renvoyer à la cour d'appel, afin que celle-ci choisisse de la date du futur procès ? Rien, sinon qu'en l'état des présomptions, la meurtrière présumée et hyper médiatisée se fasse plus discrète, alors que dans l'affaire Simone W. on attend, au contraire, que les cadavres se fassent un peu moins discrets.

VOLOGNE : LE RETOUR DU CORBEAU

Parler d'elle devient délicat, depuis la libération de Christine Villemin toujours « *présumée innocente* », il y a six mois. Hier encore, pourtant, certaines unes ont refleuri…

La nouvelle des énièmes expertises en écriture la désignant comme le corbeau assassin, annoncée avec fracas, était déjà connue de tous. Depuis le lundi 6 janvier, où le juge Lambert avait remis les conclusions des experts en écriture à l'avocat Robinet. Même si la terminologie usitée, « *présomptions graves et suffisamment concordantes* », marque une conviction plus affirmée, ce n'est rien que la quatrième fois en un an qu'on nous refait le coup du scientisme, de la graphologie travelling arrière : les troisièmes expertises étaient pourtant plus mesurées. « *Selon toute vraisemblance, ça devrait être elle.* » Les secondes encore moins affirmatives, c'était « *probablement* » elle. Quant aux premières, elles étaient tout simplement prudentes : « *ça pourrait être elle* ». À chaque nouvelle expertise, l'assurance est montée d'un cran. Comme si les experts s'étaient peu à peu faits à l'idée qu'une mère comme elle pourrait avoir tué son enfant. Qu'y a t-il de « scientifique » dans ce très étrange crescendo ?

FAUX ÉPILOGUE DANS L'AFFAIRE GRÉGORY

Les charges retenues contre Christine Villemin étaient-elles suffisantes pour l'envoyer aux assises ? La cour ne donnera sa réponse que le 12 novembre : le dossier remis par l'avocat était trop volumineux.

Maître Garaud, le chef de la bande des quatre avocats de Christine Villemin, croyait sans doute avoir réussi un bon coup en remettant avant-hier au soir à la partie civile le volumineux mémoire devant lui permettre d'obtenir un non-lieu pour sa cliente. Un pavé de deux cent quatre-vingt-sept pages « *annexes comprises* », précise-t-on. Maîtres Lombard et Lagrange, les parties civiles, qui eux, s'étaient fendus d'une « synthèse » de trente pages, ont ouvert des yeux ronds comme des billes et ont râlé, « *ça se fait pas des trucs pareils* », mais, courageux, Paul Lombard a quand même juré qu'il était prêt à « *y passer la nuit* » pour plaider le lendemain à 9 h. C'était en effet hier que la cour d'appel de Nancy (composée de trois magistrats, certains disent « *hauts magistrats* ») devait entendre le réquisitoire du procureur général et les plaidoiries des six avocats impliqués dans l'affaire. L'enjeu était de taille puisque la cour devait, après réflexion, dire si oui ou non les charges retenues contre Christine Villemin étaient suffisantes pour l'envoyer aux assises, ou insuffisantes et donc décider d'un non-lieu ou d'un complément d'enquête. On approchait donc hier de l'épilogue de la saga Villemin, deux ans et onze jours après la mort de l'enfant de la Vologne.

Les acteurs de ce mélodrame jugé à huis clos sont entrés au palais de Justice de la Pépinière à 9 h, fringants, et ressortis deux heures plus tard, tout aussi fringants. La nuit de maître Lombard avait dû être très courte puisqu'il n'avait visiblement pas réussi à lire entièrement et à intégrer le travail de ses confrères. Les parties civiles ont donc demandé un report … qu'elles ont obtenu. L'affaire est renvoyée au 12 novembre.

Les positions de chacune des parties sont maintenant connues. Le 12 novembre, le procureur général Reygrebellet reprendra l'ordonnance du juge Lambert (qui n'aspire aujourd'hui plus qu'à une chose, des vacances… et qui lui-même n'a fait que reprendre le réquisitoire du procureur d'Épinal, Simard). Le document d'une trentaine de pages, même s'il laisse encore planer un doute quant aux déclarations de Muriel Bolle, accusant dans un premier temps Bernard Laroche, puis se rétractant, n'est pas tendre pour Christine Villemin. L'argumentaire de base repose sur le fait que le corbeau de la Vologne et l'assassin ne sont qu'une seule et même personne. Cette idée, chère aux policiers nancéiens, est aujourd'hui admise par tous. C'est donc en cherchant le corbeau (et en particulier l'auteur de la dernière lettre, antérieure au crime et le revendiquant : « *J'espère que tu mourras de chagrin, le chef. Ce n'est pas ton argent qui te rendra ton fils. Voilà ma vengeance, pauvre con* », que les enquêteurs ont trouvé… Christine Villemin.

Les charges contre elle sont très lourdes : ses factures de téléphone augmentent inexplicablement quand l'activité du corbeau est intense. Sur quatre-vingt-sept appels anonymes étudiés, elle serait la seule à ne présenter aucune incompatibilité d'emploi du temps lui permettant de téléphoner. (Les autres membres de la famille sont tous à divers moments sur leur lieu de travail ou en présence d'un tiers.) Les collèges d'experts en écriture qui assurent que toutes les lettres anonymes sont de la même main, la désignent ; de même que les experts ayant étudié les cassettes des messages du corbeau penchent pour une voix de femme maquillée. Quatre collègues de travail de Christine Villemin maintiennent par ailleurs toujours qu'elles l'ont vue près de la poste de Lépanges, le jour du meurtre. L'une assure même qu'elle a vu Christine Villemin poster une lettre... D'autres éléments à charge comme la découverte au bord de la Vologne de traces de pneus identiques à ceux de la R 5 de Christine Villemin ou, au domicile de Lépanges, de cordelettes du même type que celles ayant servi à ligoter l'enfant, risquent également de faire pencher la balance dans le sens souhaité par l'accusation.

Reste l'énigme du mobile, le juge Lambert a eu beau trouver une foultitude d'experts psys (qui n'ont pu apporter une analyse qu'a posteriori, donc forcément influencée par le ramdam médiatique), le crime d'une Christine Villemin schizophrène liquidant son enfant pour se venger de son dictateur de mari passe mal... Et c'est en particulier par cette brèche que la défense espère contre-attaquer, remettant par là même en cause les expertises « *peu sûres* » ou les témoignages humains « *sujets à caution.* » Les défenseurs de Christine Villemin feront également tout, le 12 novembre prochain, pour ressortir de son cercueil le cadavre de Bernard Laroche. « *Christine Villemin ne peut être jugée avant une décision dans le cadre des procédures contre Muriel Bolle* », ont-ils déjà prévenu. Les parties civiles, tout en postulant l'indiscutable innocence de Bernard Laroche, compteront les points, en espérant quand même déboucher sur un procès d'assises.

Quand chaque partie se sera exprimée, messieurs Wogstenberger, Bresciani et Belin, les trois magistrats nancéiens qui auront eu le loisir d'étudier les quarante kilos et le mètre cinquante du dossier, devront alors choisir. S'ils ne sont pas sûrs d'eux, prétextant diverses erreurs de procédure (comme des procès-verbaux non signés), ils pourront s'accorder un nouveau délai de plusieurs mois en demandant à un nouveau juge d'instruction (nancéien cette fois-ci) de reprendre la copie du juge Lambert. Ce serait reculer pour mieux sauter...

LE DESTIN DE CHRISTINE VILLEMIN EN APPEL À NANCY

Le procureur a demandé hier un supplément d'information et une nouvelle reconstitution de l'emploi du temps de la mère de Grégory, le jour de sa disparition.

Rebelote. Après le rendez-vous manqué du 28 octobre dernier, où la défense avait eu la mauvaise idée de rendre un peu tard son (gros) mémoire, les trois magistrats de la cour d'appel de Nancy, le procureur général et les six avocats se sont retrouvés hier pour une longue journée de plaidoirie. Et pour se pencher sur le destin de Christine Villemin : non-lieu, assises ou supplément d'information ?

13 h 30. Cameramen, photographes, reporters radio et journalistes sont allés déjeuner. Sur la place de la Pépinière désertée, seul un inamovible enquêteur de *Détective* croquait une pomme d'amour, achetée dans une camionnette. La vendeuse lui en a même donné une de rabe « *pour Christine* ». Les avocats sont sortis. D'abord ceux de la partie civile, maîtres Lombard et Lagrange, très chics dans leurs lodens. Pas de pronostic, mais des impressions : « *C'est bizarre, bizarre, ce matin* », a dit Lagrange, le Nancéien, qui pensait alors que les débats dureraient deux jours : « *Ils peuvent très bien l'envoyer aux assises, ils peuvent aussi demander un complément d'information.* »

Cinq minutes plus tard sont sortis les quatre défenseurs de Christine Villemin. « *On n'obtiendra pas le non-lieu tout de suite. Ils vont sûrement ordonner un supplément…* » Tous ont rejoint leurs puissantes voitures et sont allés déjeuner, dans deux restaurants différents. Entre les deux camps, on ne s'aime pas beaucoup…

14 h 30. Retour au palais. La porte a claqué sèchement, avant de se fermer à double

tour pour six ou huit heures de huis clos au minimum, pour cette fois aborder le fond du dossier.

La matinée a en effet été consacrée aux erreurs de procédure de l'instruction. La défense compte beaucoup là-dessus pour annuler diverses expertises et témoignages gênants. Une grande partie de son argumentation repose également sur la mise en cause de la « loyauté » du juge Lambert : « *Christine Villemin a été inculpée trop tardivement*, a expliqué maître Moser, *le juge l'a interrogée en tant que témoin, alors qu'il la pensait coupable... Les lois de la défense n'ont pas été respectées.* »

Le procureur général Reygrebellet qui, dans son réquisitoire d'hier, a repris dans ses grandes lignes la synthèse de la partie civile, ne l'a pas suivi dans cette direction. Loin s'en faut : « *S'agissant d'un crime sans mobile rationnel et sans témoin direct, pour lequel un suspect avait déjà été inculpé, incarcéré et assassiné, et qu'aurait perpétré une mère qui protestait énergiquement de son innocence, il a été prudent et raisonnable pour le juge d'attendre... Il est paradoxal, pour les conseils de Christine Villemin, d'affirmer, d'une part, que les charges qui pèsent sur elle sont légères et imprécises et de prétendre, d'autre part, qu'elles étaient assez sérieuses pour entraîner son inculpation dès le 24 octobre 84...* », a énoncé le procureur en rejetant également les nullités réclamées à propos des expertises, avant d'admettre que le juge avait fauté, en omettant de faire signer divers procès-verbaux (sept en tout, pas fondamentaux) et surtout en recueillant des témoignages sans respecter la procédure, lors de la reconstitution du crime, à Lépanges. « *Je demande à la Cour de désigner un de ses membres dans le cadre d'un supplément d'information pour procéder à une nouvelle reconstitution du 16 octobre 84* », a-t-il finalement réclamé.

Cette ultime requête signifie donc que le parquet, après réflexion, ne souhaite plus un renvoi aux assises, mais un nouveau délai, et une reconnaissance « globale », cette fois-ci, de la fin de journée de Christine Villemin, le 16 octobre 84. De sa sortie de l'usine vers 16 h 50, jusqu'au coup de téléphone de 17 h 40 lui « apprenant » ce qu'elle pressentait déjà : la disparition de Grégory…

Un nouveau grand show en perspective donc puisqu'il est peu probable que la Cour ne suive pas l'avis du procureur. Mais elle peut aussi très bien, au lieu de s'auto-désigner, nommer un nouveau juge d'instruction pour orchestrer cela. La partie civile, après « l'échec Lambert » n'y serait pas opposée : « *Quelqu'un ayant de la poigne, de la méthode : ça ne ferait pas de mal.* » En d'autres termes, quelqu'un qui pourrait faire « craquer » Christine Villemin, en la réincarcérant à nouveau. Cette hypothèse n'emballe évidemment pas la défense.

L'après-midi et la soirée d'hier ont été consacrés au « fond » du dossier. Et dans cette affaire, le fond ressemble à un labyrinthe, hanté par le fantôme de Bernard Laroche. La défense a choisi, par tous les moyens, de l'accuser encore et encore : « *Si ce n'est pas Christine, c'est lui. Et si ce n'est pas lui, c'est personne…* »

Pour cela, Garaud & Co ne manquent pas d'arguments : les déclarations tonitruantes de Lambert à la télévision, l'emploi du temps flou de Bernard Laroche le jour du crime, mais surtout le témoignage de Muriel, la jeune belle-sœur de Bernard Laroche qui « *aurait* » (c'est un scoop de la défense), voici quelques mois, confié à une amie que ses rétractations lui auraient été dictées par sa famille. Cette amie aurait même écrit au juge Lambert qui n'en aurait pas tenu compte…

Un détail pourtant affaiblit considérablement la plaidoirie : selon ses avocats, et ils l'écrivent dans leur mémoire, pour innocenter Christine Villemin (« *la mère douloureuse du pauvre petit Grégory* », sic), la lettre revendiquant le crime aurait été postée à Lépanges avant 16 h 50. Or, toujours selon ses avocats, à cette heure précisément, Bernard Laroche (s'il était coupable) récupérait sa jeune belle-sœur à la sortie de l'école…

Cependant les charges contre Christine Villemin restent très lourdes… Restent en effet difficilement contournables pour la défense les témoignages de cinq collègues de travail qui l'ont vue le jour du crime (ils en sont sûrs) près de la poste, les lettres du corbeau (« *toutes de la même main, gauche, rédigées par un droitier* ») que trois collèges d'experts attribuent à Christine, et les analyses des messages téléphoniques du corbeau. L'accusation jure, expertise à l'appui, qu'il s'agit d'une voix de femme, et que seule Christine Villemin a pu, sans incompatibilité d'emploi du temps, les donner. En outre, ses factures téléphoniques augmentaient régulièrement au moment des appels du corbeau. Enfin, les deux mètres huit cent quarante-six centimètres de corde ligotant Grégory... du même type que celle retrouvée chez les Villemin.

Reste le nœud coulant de l'affaire. La fin d'après-midi du 16 octobre, que la probable nouvelle reconstitution devrait peut-être permettre d'éclairer. Il faut quatorze minutes en roulant vite pour faire l'aller-retour de Lépanges à Dorelles, lieu de la noyade, plus deux minutes (en noyant vite) pour éliminer l'enfant... donc seize minutes au minimum. Et une chance monstrueuse pour tuer sans être vu... Monsieur Colin, Monsieur Meline, Madame Claudon : trois témoins étaient près de la maison de Christine Villemin au moment du meurtre, où elle a été localisée avec l'enfant entre 17 h et 17 h 02. Aucun n'a d'ailleurs à ce propos remarqué la voiture de Bernard Laroche...

Pour la défense, qui se réfère à une des dépositions de Madame Claudon qui aurait vu Christine Villemin entre 17 h 15 et 17 h 20, « *matériellement, la mère n'a pas pu tuer l'enfant.* » L'accusation, qui se réfère à un autre créneau horaire et à d'autres dépositions, assure qu'au contraire « *plus de vingt-cinq minutes* » séparent les deux instants. Les témoignages, au fil du temps et des interrogatoires et des interviews, évoluent... L'ultime chance, pour la cour d'appel de Nancy, de trouver un moyen de déterminer avec précision est sans contestation possible cet horaire. Sinon, se sera l'impasse. À jamais.

CHRISTINE VILLEMIN RENVOYÉE AUX ASSISES

Estimant que des charges suffisantes pesaient sur la mère de Grégory, la cour d'appel de Nancy a rejeté le non-lieu après un mois de délibéré. Christine Villemin comparaîtra devant un jury populaire pour homicide volontaire avec préméditation.

C'est maître Lagrange, l'avocat nancéien de la partie civile, qui a annoncé la nouvelle, hier peu après 9 h du matin, dans le couloir de la cour d'appel de Nancy. Jusqu'à ce qu'il ouvre la porte le séparant des journalistes, l'ambiance était à la lassitude et à l'ennui : « *Encore l'affaire Villemin, y'en a marre...* » Certains n'avaient même pas cru bon de faire le déplacement à Nancy, sûrs que la cour ordonnerait un très prévisible supplément d'information. Si un bookmaker était passé par là, il aurait fait fortune en engageant des paris : les assises à cent contre un !

Car l'avocat est sorti, a ajusté ses lunettes et a lâché : « *C'est le renvoi !* » On a d'abord cru à un gag, mais il a répété tranquillement que les magistrats avaient écarté la possibilité du non-lieu et avaient tranché dans le vif. Carrément... les assises. Ça signifie que, sauf si une faute s'est glissée dans la procédure de renvoi de la cour d'appel (permettant un pourvoi en cassation), Christine Villemin comparaîtra avant la fin de l'année 1987 devant un jury populaire. Et vosgien...

Pourtant, pour la partie civile, cette décision « *n'est pas une surprise, la cour a pensé que les charges retenues contre Christine Villemin étaient suffisantes et qu'elle ne pouvait, d'un revers de manche, écarter cinq expertises et une dizaine de témoignages* », et Laroche se trouve « *définitivement innocenté* ».

La défense a mis une heure avant de se jeter en pâture aux journalistes. Le temps de rédiger un communiqué. Maître Chastang avait les yeux anormalement rouges. Maître Garaud, grave et visiblement secoué, a déclaré : « *Christine Villemin est innocente. C'est notre conviction. Cet arrêt ne saurait constituer une déclaration de culpabilité.* » Il a répété que la question du mobile n'est toujours pas élucidée, et que « *le calvaire juridique de Christine Villemin continue* ».

Les quatre avocats se sont ensuite rendus à Petitmont, le village de Meurthe-et-Moselle où la jeune femme continue, sous la constante protection de deux gendarmes, à vivre tant bien que mal. Au rythme de trois visites hebdomadaires à son mari, emprisonné à Savernes, qui voit par là même l'horizon de son propre procès pour l'assassinat de Laroche s'assombrir. Sa demande de sursis à statuer a été rejetée... La nouvelle a été expliquée à Christine Villemin qui l'avait déjà apprise par les flashes radio et qui croyait avant-hier soir encore, dit-on, à un non-lieu. La défense a maintenant cinq jours pour rédiger son pourvoi en cassation qui devrait porter sur diverses nullités de procédure et qui, s'il est accordé, sera suspensif et nécessitera un nouveau renvoi devant une autre cour d'appel. Elle aura le choix par exemple entre la non-recevabilité des parties civiles représentées par Michel et Jacky Villemin, oncles de Grégory, jugés trop éloignés de l'enfant... Ou l'annulation de divers procès-verbaux de transport, erreur imputable à Jean-Michel Lambert. Mais l'essentiel n'est pas là...

La cour, hier, sans doute excédée par les lenteurs, les errances et les interprétations médiatiques de l'affaire, a jugé clairement et à froid, après un mois de réflexion, sur le fond. Elle a refusé tout nouveau retard inutile. Pour les trois magistrats nancéiens, aucun doute : les charges, principalement les expertises (cordelettes, écritures) et les témoignages (surtout ceux des collègues de travail de Christine Villemin l'ayant vue aux abords de la poste de Lépanges, témoignages « *jugés indiscutables* ») sont suffisamment lourds et le timing du meurtre suffisamment éclairé par les reconstitutions, pour envoyer Christine Villemin aux assises. Elle restera vraisemblablement en liberté à moins qu'une nouvelle décision d'incarcération après l'arrêt de la Cour de cassation, ne tombe…

Dans son arrêt – un document de soixante pages, « *très motivé* » d'après les avocats des deux camps, où elle rejette, une à une, toutes les réquisitions de la défense – la cour d'appel précise que Christine Villemin sera écrouée au plus tard la veille de l'ouverture du procès donnant ainsi un non-lieu posthume à feu Bernard Laroche.

« *Sa culpabilité est aujourd'hui pratiquement exclue*, annonce le rapport… *tout d'abord parce qu'il n'avait absolument aucune raison de tuer le petit Grégory…* » Les magistrats rejettent également les déclarations jugées « *insuffisamment fiables et crédibles* » de Muriel Bolle et reprennent, point par point, tous les attendus de l'ordonnance de renvoi du juge Lambert, le réhabilitant au passage, pour conclure sèchement : « *Qu'il résulte de l'information des charges suffisantes contre Christine Villemin d'avoir à Docelles (Vosges) le 16 octobre 1984, volontairement donné la mort à Grégory Villemin avec cette circonstance que cet homicide volontaire a été commis avec préméditation.* »

C'est suffisamment net pour troubler les défenseurs de Christine Villemin qui, repliés hier de Petitmont à Savernes, tardaient étrangement à faire entendre leur voix et leur projet.

AFFAIRE GREGORY

CHRISTINE VILLEMIN : LA TENTATION DU TEMESTA

La jeune femme a tenté de se suicider dimanche soir en avalant deux tubes de tranquillisants. Les médecins de Lunéville la déclaraient hier « hors de danger ». Selon ses avocats, elle n'aurait pas supporté le renvoi, mardi dernier, de son procès aux assises.

Metz (de notre correspondant)

[illegible]

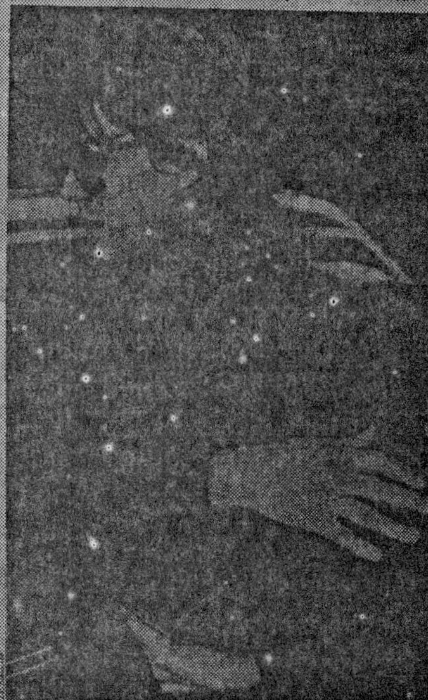

Denis ROBERT

Christine Villemin rendait visite à son mari mercredi dernier, à la prison de Saverne.

CHRISTINE VILLEMIN : LA TENTATION DU TEMESTA

La jeune femme a tenté de se suicider dimanche soir en avalant deux tubes de tranquillisants. Les médecins de Lunéville la déclaraient hier « hors de danger ».Selon ses avocats, elle n'aurait pas supporté le renvoi, mardi dernier, de son procès aux assises.

Dans les livres de la collection Harlequin, que Christine Villemin aime tant lire le soir, avant de s'endormir à Petitmont, une héroïne sur deux, par dépit amoureux ou à cause de soucis financiers, un soir d'ivresse ou de déprime, s'égare « à mettre fin à ses jours ». Mais ce n'est que du roman à l'eau de rose et, à la fin de la nuit, ou à la sortie de l'hôpital, tout s'arrange. Le suicide échoue, l'amour retrouvé en ressort généralement renforcé. Le soleil brille… Hier matin, malgré sa tentative « de suicide », Christine Villemin n'a pourtant pas réussi à échapper à son histoire et a transformé son noir roman en mauvais rêve. Son suicide raté au Temesta, un tranquillisant assez léger mais dangereux à forte dose, n'est qu'un coup du sort de plus dans la saga dont elle est « l'héroïne ».

Hier, en début d'après-midi, les médecins de l'hôpital de Lunéville, relayés par les avocats de Christine Villemin, pouvaient respirer et déclarer, bien que la jeune femme soit toujours en réanimation, que « *ses jours n'étaient pas en danger* ». Mais toute visite, même de sa sœur, était néanmoins interdite. Cet épisode supplémentaire de l'affaire Villemin ne change rien au dilemme juridique, il creuse en fait davantage le fossé entre les accusateurs et les défenseurs (de plus en plus rares) de la jeune femme. Pour les premiers, ce geste désespéré, s'il n'est pas une simulation, est un aveu de culpabilité. Pour les seconds, c'est un aveu… d'innocence et d'impuissance.

Pour l'appréhender, il faut revenir à la récente décision de la cour d'appel de Nancy qui, mardi dernier, avait décidé d'envoyer Christine Villemin aux assises. La jeune femme, d'après ses avocats, aurait très mal supporté la sentence et ne « *s'en remettait pas* ».

Samedi soir, au cours d'un repas de famille avec ses frères et sœurs, où il a été beaucoup question du futur procès d'assises, Christine Villemin aurait montré des signes de trouble et de peur, ne cessant de fondre en larmes.

L'après-midi pourtant, elle avait reçu dans sa maison de Petitmont son avocat, maître Garaud, en compagnie de journalistes de *Paris Match*… Tout s'était bien passé. « *Maître Garaud l'a vue parce qu'il lui sentait les nerfs usés. Il lui a insufflé un peu de force et d'espoir* », expliquait-on hier au cabinet de l'avocat de Légitime Défense qui, visiblement marqué, encore inquiet pour sa cliente et appréhendant « *la réaction de Jean-Marie* », n'a pu que déclarer : « *Ce qui vient de se passer est terrible. On n'a pas le droit de jouer comme ça avec la vie d'une femme. Il y a un moment où ça chavire. La justice, dans cette affaire, c'est pire qu'un bateau ivre.* »

Et puis, il y a eu dimanche, un dimanche de plus à Petitmont, ce petit village lorrain où, dans la maison isolée de sa grand-mère, Christine Villemin tourne en rond, sous le regard bienveillant des deux gendarmes de service qui la protégent. Le soir, avant de se coucher, elle laisse deux lettres : une pour sa grand-mère où elle « *demande pardon pour ce qu'elle fait* » ; l'autre à son avocat parisien, que les gendarmes vont lui faire parvenir, sans l'ouvrir, dans la journée. Elle ne fait, dans cette lettre, que répéter les questions qu'elle pose depuis une semaine : « *Comment le monde peut-il être si injuste ? À quoi ça sert d'avoir fait tout ce qu'on a fait ? D'avoir vu tant d'experts ? D'avoir remué tant de choses ?* » La veille, elle avait également écrit à son mari des choses comme on en lit dans les livres de chez Harlequin. Des choses tristes comme « *Mon tendre amour, tu es le seul à savoir combien j'aimais notre enfant* », ou encore : « *Nous avons beaucoup trop rêvé pour l'année 1987. Elle sera aussi noire que les autres années, depuis la mort de notre Titi.* »

Ensuite, Christine Villemin est allée prendre un verre d'eau et les deux tubes de Temesta qu'elle avait gardés.

Le Temesta est un myorelaxant, il n'attaque pas le cerveau, il détend les muscles. Mais, à forte dose, il assomme et peut rendre le sommeil éternel. Hier matin, vers huit heures, Mme Blaise, la grand-mère de Christine, est entrée dans la chambre. Sa petite-fille était à demi inconsciente : « *C'était pas assez fort* », aurait-elle simplement eu la force de murmurer. Et puis, il y a eu l'ambulance. Et à nouveau, l'hôpital de Lunéville où, un an plus tôt, Julien Villemin a vu le jour. Ici, on a maintenant l'habitude, on sait gérer l'effervescence. Christine, après la réanimation, retrouvera sa chambre. Protégée par ses gendarmes. Dehors, il y a toujours autant de journalistes, de micros, de caméras et de stylos… qui attendent. Et puis, les mots des passants, coupant les verdicts d'un jury populaire : « *Si elle a fait ça, c'est qu'elle est fautive* » ; ou encore : « *Moi, je crois que c'est elle, je l'ai lu dans les journaux.* » De quoi avoir quelques idées noires.

LE NOMBRIL DU JUGE LAMBERT, AUTO-PORTRAIT

En un lourd pavé qui tient du journal d'adolescent, le « petit juge » se contemple au fond de l'âme. Où l'on apprend qu'il ne bandait plus mais mangeait beaucoup pendant « l'affaire ». Et que Christine Villemin avait « un charme étrange ». Des révélations qui valaient bien la violation du secret de l'instruction.

L'institution judiciaire n'en finit pas d'inspirer le monde de l'édition. Au même moment paraissent trois livres qui racontent, chacun à leur manière – et dévoilent parfois – les arcanes d'un système décidément mal connu. Trois livres qui montrent, peu ou prou, le fonctionnement ordinaire de la justice, ses dérapages, ses imperfections, son archaïsme, en un mot sa réalité. Un petit juge d'instruction « *se met à nu* », un palais de Justice décrit dans ses aventures quotidiennes, une magistrature passée au crible. Et au bout du compte, une mine d'informations livrées au justiciable qui, peut-être, saura y puiser les moyens de ne pas tomber des nues si par malheur il se trouve aux prises avec la justice.

Jean-Michel Lambert est un adepte de la marche à pied : c'est la première révélation de son livre *Le petit juge*[10]. « *Si vous aimez la randonnée pédestre, vous vous plairez dans les Vosges… C'est un département tranquille où il ne se passe rien…* », lui dit, le 31 janvier 1980 lors de son débarquement à Épinal, le premier président de la cour d'appel de Nancy. Sacré devin. Dès le début de son pavé-témoignage de quatre cent huit pages, on le sent : Jean-Michel Lambert veut crever l'abcès.

(10) Albin Michel.

On a d'abord droit à l'enfance du jeune prodige, ses études, l'armée, où, pas très dégourdi, il raconte « *un capitaine fantastique qui avait une pêche extraordinaire* ». Au fil des pages, il jette aussi une centaine de compliments sentant très fort la guimauve à des « *amis* » d'Épinal (qui l'ont beaucoup invité à dîner durant l'affaire), à ses collègues magistrats, « *tous juristes de premier* » plan, à son greffier, à son papa, à sa maman. Même à Philippe Séguin, maire d'Épinal, a droit à sa cuillère de miel. Ça ressemble un peu aux dédicaces sur les radios locales…

Bien que le pensant, mais craignant sans doute l'excès de vulgarité, Jean-Michel Lambert n'écrit pas, à l'instar des publicités anti-drogues : « *La justice, c'est de la merde* ». Mais il répète à tout va : « *Juger, c'est ne pas comprendre* », ou encore : « *La cour d'assises est une loterie.* » Quand un prévenu déboule dans son petit cabinet, il « *sent* » avant de « *savoir* ».

Il sélectionne ainsi les « *têtes sympathiques* », qui parfois le dupent, et les « *faux-jetons* », avec qui il ne badine pas. Leur anonymat – car souvent, Lambert nous narre les mésaventures de prévenus non encore jugés – malgré la seule présence de l'initiale du nom de famille mais grâce à la multitude de détails parfois très intimes, est mis à mal et ne devrait pas faire beaucoup d'heureux du côté d'Épinal. Honnête, Jean-Michel Lambert ne dissimule pas son « *plaisir sadique* », en cours d'interrogatoire, à titiller le bourgeois, mais il s'émeut devant la détresse des pauvres. *Le petit juge* est avant tout une succession de tableaux. Alcooliques tueurs, mémés nymphomanes, commerçants pervers, lécheurs d'hémorroïdes, éjaculateurs précoces… Jean-Michel Lambert nous livre, tout froids, ses petits secrets de cinq ans d'instruction, avec une attirance certaine pour tout ce qui touche, de près ou de loin, à la chair (pas toujours très fraîche).

Une centaine d'affaires sont ainsi résumées dans un long travelling que le tombeur de Christine Villemin se plaît à entrecouper d'états d'âme sur « l'affaire », sur la justice, sur les Vosgiens qu'il surnomme, « *affectueusement* » prévient-il, les « *Kanaks de la Vologne* ». Et surtout, sur lui-même, son portrait à l'huile trône dans son salon de célibataire, apprend-on.

Le petit juge est assurément une œuvre nombriliste d'une naïveté désarmante. Le livre tient plus du journal d'adolescent (pubère) que du traité de droit. Il est, pour cette raison, accessible au grand public et instructif quant à l'univers et à la solitude du « petit bonhomme.»

Lambert glisse souvent, même si certaines révélations sur son intimité (que l'éditeur aurait souhaité voir disparaître), concernant ses crises de boulimie ou son « *atonie sexuelle* » pendant « l'affaire », surprennent. Le juge d'Épinal évoque peu l'affaire Villemin directement. « *Ce crime ne regarde peut-être pas la justice des hommes* », confie-t-il.

Une vingtaine de pages lui sont consacrées. Le temps de nous re-raconter qu'il a écouté Léo Ferré à fond, la veille d'inculper Christine Villemin, qu'il a aussi beaucoup pleuré (trois fois) ce jour-là. Le temps aussi de nous confier son attrait pour la Dame de la Vologne.

« *Elle n'était pas de ces beautés sur qui tout homme est obligé de se retourner dans la rue. Elle n'était pas non plus jolie. Ni mignonne. Mignonnette, sans plus. Et pourtant, il émanait d'elle un charme étrange, indescriptible. Elle exerçait une réelle fascination sur ses interlocuteurs, à l'instar de certaines femmes-enfants. Une personne qui aura l'occasion de passer quelques heures avec elle me dira :* "Maintenant, je comprends ce que vous vouliez dire en affirmant qu'il s'agit d'une femme séduisante ou séductrice », écrit-il, lyrique, oubliant sans doute que du fond de sa prison de Savernes, un mari jaloux risque d'apprécier modérément le compliment adressé à son épouse.

À la différence des Pascal, Sengelin ou autres Bidalou qui, par le passé, se sont rendus célèbres pour leur combat individuel, en se mettant à dos leur hiérarchie, Lambert, lui, ne se bat pour rien. Il faisait jusqu'à aujourd'hui figure de bon élève. De juge sage. Normal. Le contraire d'un cas. C'est sans doute ce qui risque d'inquiéter maintenant ses pairs, et ses justiciables de lecteurs. Car, et c'est en filigrane de tout l'ouvrage, Jean-Michel Lambert donne de la justice, de « *sa* » justice, diront ses détracteurs, une image inquiétante de subjectivité, de légèreté, d'hypocrisie… Trop réaliste en tout cas pour être complètement fausse.

Les réactions, même avant la sortie du livre, n'ont d'ailleurs pas tardé. Pas un magistrat ou un avocat pour le défendre. Les plus virulents sont bien sûr les avocats impliqués dans l'affaire Grégory. « *Ce bouquin est très maladroit. Lambert se prend pour quelqu'un d'important. Il ne se rend pas compte de ce qu'il fait* », explique maître Lagrange, avocat des grands-parents de Grégory, tandis que maître Lombard, partie civile lui aussi, assène : « *Ce livre porte le coup de grâce au déjà moribond secret de l'instruction.* » Mais pour ces deux avocats, le dossier « *reste ce qu'il est.* »

Maître Garaud et les défenseurs de Christine Villemin remettent en cause, eux, la suite de la procédure. « *Ce bouquin est un attrape-couillon,* plaide maître Garaud, pourtant à l'origine d'un livre de Christine Villemin *; le juge y révèle ses secrets, influant sur le déroulement de la justice.* » « *Monsieur Lambert est-il, oui ou non, encore magistrat ?* » a interrogé, dans une lettre au garde des Sceaux et au président de la République, maître Garaud. *Si oui, quelles dispositions comptez-vous prendre pour l'amener à respecter son obligation de réserve ?* »

Le passage, ce soir, à « Apostrophes » et le lancement médiatique savamment distillé du *Petit juge* n'arrangent évidemment pas l'histoire, et risquent de donner quelques aigreurs d'estomac supplémentaires au garde des Sceaux et à la hiérarchie judiciaire.

Lambert, lui, est loin de tout ça. Profitant au « maximum » de son congé sabbatique d'un an, qui prendra fin au 31 décembre 1987, il coule des jours paisibles entre Mirecourt et Épinal, planant par avance au-dessus des méchancetés. La randonnée pédestre le protège

P. S. : Jean-Marie Villemin est inculpé de complicité de diffamation. Et de deux ! Après Christine Villemin, son mari, Jean-Marie, fait les frais de l'instruction menée par le juge Thiel au tribunal de Nancy, suite à la plainte déposée par les grands-parents et les oncles et tantes de Grégory, après la parution de *Laissez-moi vous dire*, le livre de Christine Villemin.

HISTOIRE

Nicole.
La fiancée du « petit juge » sera bientôt Mme Lambert, avant le toujours possible procès d'assises de Christine Villemin, espère-t-elle.

Ça y est, c'est fait, le juge Lambert l'a officiellement annoncé au cours d'une des nombreuses séances de dédicace dans les librairies vosgiennes où son bouquin, *Le petit juge*, fait un tabac. Il va convoler en justes noces « *avant la fin de l'hiver* » a même précisé la jeune fille qui ne le quitte plus d'une semelle. Avec un peu de chance, et si les magistrats de la cour d'appel de Dijon, qui doivent se réunir le 21 mai prochain pour débattre du cas Villemin, y mettent de la bonne volonté, l'hymen pourrait être célébré au moment du toujours envisageable procès d'assises de la mère de Grégory. La briseuse de solitude du petit juge s'appelle Nicole. Elle est brune, a les yeux noisette et une trentaine d'années : c'est du moins ce qu'on a pu lire dans les gazettes et dans *Match* où on l'a découverte, posant avec son futur mari pour la postérité, sous un parapluie. Elle est institutrice dans une école maternelle de Mirecourt, à quelques kilomètres d'Épinal. Ils se sont rencontrés chez des amis communs en juillet dernier. Elle ne l'a pas reconnu tout de suite. L'ami a dû insister lourdement : « *Mais tu sais bien, le juge de l'affaire Grégory.* » Elle a dit « *ah oui* ». Et ils se sont revus. Ils se sont plu. Il a, paraît-il, regretté de ne pas l'avoir connue avant...

Elle l'aurait sans doute aidé à moins gamberger et à mieux bander lors de ses longues veillées de déprime hivernales passées à rêvasser à Christine Villemin devant sa télévision.

Depuis la sortie du livre, Nicole ne manque pas une séance de signatures. Elle se tient debout, dans l'ombre, alors que lui, en pleine lumière, assis, « *autographie* » à tour de bras et enregistre les doléances de la France et des Français. Comme l'autre samedi, à la maison de la presse d'Épinal : « *On comprend beaucoup de choses en lisant votre livre* », glisse un retraité. « *Moi, mon pauvre monsieur, je préfère être à ma place qu'à la vôtre* », lâche une ménagère.

« *Félicitations, Madame, ça doit pas être rose tous les jours* », glisse une autre. Nicole, stoïque et grave, tient le choc : « *Je sais, c'est dur, mais il commence à s'en remettre.* » Nous, toujours pas…

SUPPLÉMENT D'INFORMATION DANS L'AFFAIRE VILLEMIN

En demandant un supplément d'enquête, la cour d'appel de Dijon inflige un camouflet au juge Lambert qui a notamment omis de faire signer à de nombreux témoins leur déposition. Les magistrats ont demandé une nouvelle reconstitution du meurtre.

«*On en a repris pour un an minimum*» : cette petite phrase soufflée par une avocate à la terrasse d'un café, quelques minutes après la décision de la cour d'appel de Dijon qui avait à statuer sur le sort du dossier Villemin, exprime assez bien la lassitude et la résignation qui prévalaient hier aux abords du palais de Justice.

Après neuf cent quatre-vingt-deux jours d'enquête et d'errance, après que la cour d'appel de Nancy ait cassé ce jugement, les magistrats dijonnais étaient placés, hier, devant un double choix : soit ils jugeaient les charges suffisantes contre l'inculpée et confirmaient la décision nancéienne, soit ils adoptaient la position intermédiaire du supplément d'enquête… Ils ont finalement choisi cette dernière solution, en la motivant longuement dans un arrêt d'une trentaine de pages.

Un de plus, certes, mais cette fois, les magistrats dijonnais ont adressé un nouveau camouflet cinglant à l'instruction menée par le juge Lambert. Quatre cent cinquante pages, sur les trois mille cinq cents que compte le dossier, sont à déchirer pour de très stupides oublis de procédure. Jean-Michel Lambert, sans doute pressé d'arriver au bout de son tunnel judiciaire, avait, entre autres, omis de faire signer à de nombreux témoins leurs dépositions : en particulier, celles attestant de l'emploi du temps de Christine Villemin le jour du crime. Tous les procès-verbaux de transport sur les lieux du rapt sont également annulés pour les mêmes raisons, ainsi que les diverses expertises mineures telles que les foulages sur la dernière lettre du corbeau de la Vologne ou celle de la salive ayant servi à coller le timbre de cette lettre.

« *L'instruction n'est pas à refaire* », a expliqué, en quittant le palais, maître Lombard, l'avocat des grands-parents de Grégory, apparemment « *comblés* » par la décision (c'est lui qui l'a dit) : « *Disons, pour être gentils, qu'il s'agit d'un toilettage.* » Maître Garaud et ses collègues affichaient, eux, une mine moins satisfaite, déçus de ne pas avoir le non-lieu qu'ils attendaient : « *Cette décision est une étape vers le non-lieu* », a tout de même lancé l'avocat de Christine Villemin avant d'annoncer : « *Le sort de Jean-Marie Villemin dépend de l'issue de cette procédure, qui va durer plusieurs mois. En conséquence, nous allons aujourd'hui même solliciter sa mise en liberté.* »

Les principales charges à l'encontre de la mère de Grégory n'ont pourtant pas été éludées par les magistrats de la cour d'appel, qui en ont énuméré dix et, principalement : les dépositions des collègues de travail de Christine Villemin l'ayant vue le jour du meurtre aux abords de la poste de Lépanges où la lettre morbide du corbeau, revendiquant le crime, a été postée ; la conclusion de sept collèges d'experts qui la désignent comme l'auteur de cette lettre ; une expertise qui montre que les cordelettes ayant servi à ligoter l'enfant étaient rigoureusement identiques à celles découvertes au domicile des Villemin ; enfin l'expertise audiométrique désignant Christine Villemin comme l'auteur des coups de téléphone du corbeau risque de peser lourd également.

Pour autant, et forts d'un regard neuf sur le dossier, à partir de simples constats, ils se sont visiblement aménagé divers champs d'investigation qui n'ont étrangement pas encore été exploités par les enquêteurs. Par exemple, le fait que, malgré la fraîcheur de l'eau, le corps de Grégory ne présentait aucune rigidité, signe que son séjour aquatique avait été « *nécessairement* » court. Les magistrats soulignent aussi que l'auteur du coup de téléphone annonçant la mort de l'enfant le soir du crime, s'était trompé en parlant d'une mort par « *étranglement* »... Divers éléments qui lèvent le voile sur une idée sous-jacente au raisonnement du magistrat : et si Grégory n'avait pas été noyé entre 17 et 17 h 30, comme cela a toujours été le postulat de l'instruction Lambert, mais bien plus tard, aprés 19 h, par exemple ? Dans son jugement, qualifié d'« *intelligent* » ou de « *bien charpenté* », par les différents avocats, le président de la cour d'appel de Dijon, Maurice Simon, qui, pour l'occasion, a reculé d'au moins un an la date de son départ en retraite – il a soixante-quatre ans – a néanmoins relevé l'absence de mobile dans l'hypothèse d'un assassinat commis par Christine Villemin, et surtout ressorti de son ornière la vieille « hypothèse Laroche ». Une instruction suite à une plainte « *pour subordination de témoin* » déposée par la veuve de Bernard Laroche contre les gendarmes d'Épinal, est actuellement en cours à Dijon. Le président Simon a décidé d'attendre le résultat de cette procédure avant de prendre sa décision finale : assises ou non-lieu... La question devra alors nécessairement être tranchée.

Pour arriver à se forger une intime conviction, le magistrat dijonnais, ancien juge d'instruction, a déjà décidé d'une prochaine reconstitution du meurtre au bord de la Vologne avec Christine Villemin. Presque un retour, donc, à la case départ. La quiétude des habitants de Lépanges-sur-Vologne va, encore une fois, être troublée. La dernière, sans doute...

LA SAGA VILLEMIN SUR FOND DE RECONSTITUTION

Trois ans après, le juge Simon a commencé hier une nouvelle reconstitution des faits entourant la mort de Grégory. En guest-stars, tous les acteurs du drame et leurs rôles respectifs dans les différents scénarios déjà connus.

Le 16 octobre 1984, à 21 h 15, selon les montres gendarmesques, a été retrouvé, à hauteur de Docelles (Vosges), accroché à une branche d'arbre, dans un bras de la Vologne (rivière vosgienne), le cadavre d'un enfant de quatre ans et demi appelé Grégory Villemin. Le lendemain, une lettre anonyme a revendiqué le crime en signe de vengeance à l'égard du père de l'enfant : « *Voilà, ma vengeance. Pauvre con. C'est pas ton fric qui te rendra ton gosse. Tu mourras de chagrin, le chef.* » Deux semaines plus tard, un premier suspect, Bernard Laroche, cousin du père, est arrêté, placé en garde à vue, puis inculpé d'assassinat par le juge Lambert (Jean-Michel).

Trois mois plus tard, le juge, sous l'emprise du doute, décide de relâcher l'inculpé. Mal lui en prend, car le père de l'enfant (Jean-Marie Villemin) ne le supporte pas.

Le 29 mars 1985, il abat Bernard Laroche à bout portant devant le garage de sa maison. Il est en prison depuis. Trois mois après, la propre mère de l'enfant, et épouse de l'assassin (Christine Villemin), est inculpée d'assassinat et incarcérée. Onze jours et une grève de la faim plus tard, le 16 juillet 1985, elle sort de prison… Mais reste toujours inculpée.

Les médias en font une star. Le juge et les policiers de Nancy, qui ont remplacé les gendarmes d'Épinal, veulent l'envoyer aux assises. La cour d'appel nancéienne, le 9 décembre 1986, également. Mais, dans un souci d'apaisement, la Cour de cassation, le

17 mars 1987, renvoie la mère devant la cour d'appel de Dijon qui ordonne alors un complément d'enquête. Maurice Simon, président de la cour d'appel de Dijon, est chargé du dossier.

Gommant les errements de l'instruction du juge Lambert, ce magistrat discret, qui a retardé sa date de mise en retraite pour l'occasion, décide de reprendre l'affaire à son point de départ. Le magistrat lit attentivement les douze mille feuillets du dossier et en fait une synthèse dans laquelle il n'écarte aucune piste. Après avoir longuement entendu et questionné les protagonistes de la saga, en particulier Christine Villemin et son mari, après s'être rendu sur place, le président Simon a commencé hier une reconstitution du crime, prévue sur quatre journées. Juste trois ans après le drame, il veut savoir si, compte tenu des différents témoignages et des repères horaires connus, Christine Villemin avait matériellement le temps d'assassiner son enfant. Une nouvelle

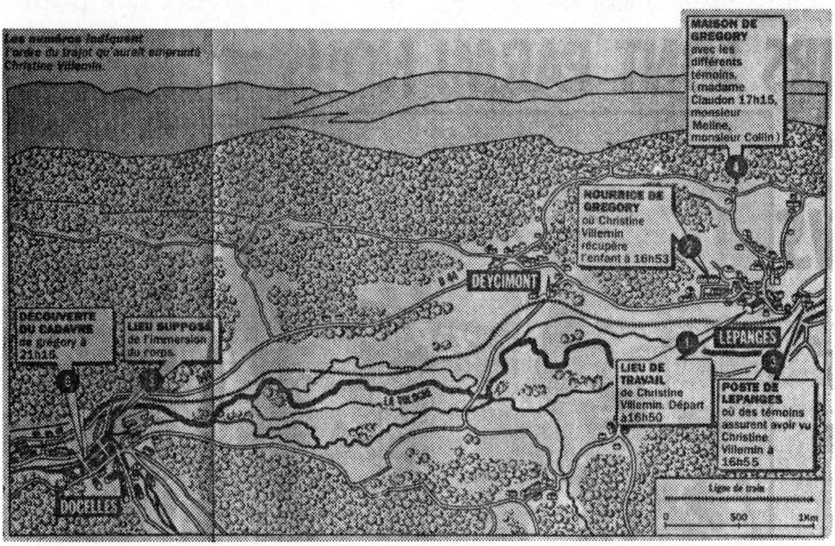

• Reconstitution du parcours de Christine Villemin le jour de la disparition de Grégory.

fois, Christine Villemin jouera son innocence sur un chronomètre et sur les souvenirs de plus en plus flous de quelques témoins fatigués de répéter les mêmes gestes. Depuis le 16 octobre 1984 et la découverte du corps du petit Grégory dans la Vologne, de nombreux scénarios ont été imaginés par les proches, la famille, les juges et les journalistes. Voici le passage en revue des stars de la saga Villemin.

Christine Villemin, quarante-neuf couvertures de magazines à elle seule, mieux que Stef et Caroline de Monac'. Elle va bien, son livre, bien qu'interdit, a dépassé les cent mille exemplaires. Et même si son éditeur a dû se fendre d'un chèque de huit cent mille francs pour la veuve de Bernard Laroche, le message est passé dans l'opinion. Après une tentative ratée de suicide au Temesta, Christine Villemin récupère entre deux séjours à Petitmont, chez sa grand-mère, et chez sa sœur, à Néting, en Moselle. Elle va toujours rendre visite, trois fois par semaine, à son époux incarcéré à Savernes, mais n'est plus autorisée à aller se recueillir sur la tombe de Grégory, à Lépanges. La cour d'appel le lui a formellement interdit. Elle sera encore une fois la star de ces trois journées de reconstitution. Elle accorde, dit-on, beaucoup plus de confiance au président Simon qu'à son prédécesseur…

Meryl Streep. Elle est contente. La Warner doit, en principe, produire un film, inspiré de la saga volognaise, qui se déroulera dans les Rocheuses. Merryl y jouera le rôle d'une jeune paysanne soupçonnée d'avoir tué son enfant.

Étienne Sesmat. C'était le capitaine de gendarmerie responsable de l'enquête à ses débuts. Il a été promu depuis capitaine à Berlin. Il est toujours convaincu de l'innocence de la mère et de la culpabilité de Bernard Laroche. Il pense qu'un jour l'histoire lui donnera raison.

Marie-Ange Laroche. Épou-se de feu Bernard Laroche. Elle a déménagé de sa maison d'Autmonzey pour un appartement, près du Mammouth d'Épinal. Là, elle élève, dans le souvenir de son mari, ses deux enfants. Elle a été furieuse d'entendre dire, les mois derniers, que le président de la cour d'appel de Dijon voulait « *réouvrir la piste Laroche* ».

Muriel Bolle. Rappelons aux non-initiés qu'elle a été la principale accusatrice de son beau-frère, Bernard Laroche, qu'elle s'est rétractée depuis. Elle n'est pas retournée à l'école. Elle vit, cachée entre Laveline-devant-Bruyères (Vosges) et les maisons de ses oncles et tantes. Elle a eu récemment un accident de mobylette. Malgré les tentatives répétées des journalistes en mal de scoop (l'un d'eux avait même caché des micros dans sa chambre), elle reste silencieuse quant à son rôle dans l'histoire. Mineure au moment des faits, elle est majeure aujourd'hui. À Laveline, on dit quelle n'a pour seule amie, depuis son dramatique témoignage, qu'une chèvre blanche dont je ne connais pas le prénom.

Le procureur Lecomte. Représentant bavard du parquet au début de l'affaire, il a été subitement muté fin 1985 aux îles Mayotte. On est sans nouvelles de lui depuis.

Maître Garaud, avocat de Christine Villemin. Mis sur le coup de la Vologne par l'entremise d'un journaliste d'*Europe 1*, l'avocat de Légitime Défense s'y refait une santé judiciaire et financière, et son cabinet déborde de demandes. Il croit dur comme fer à l'innocence de sa cliente.

Jean-Michel Lambert. Sa vie a changé depuis l'ouragan Christine. Il ne bandait plus, il rebande (voir les révélations de son livre). Il était boulimique, il mange moins. Il a écrit un livre (*Le petit juge*) qui se vend bien (cinquante mille à ce jour), qu'il a même dédicacé à Marie-Ange Laroche (« *Croyez en ma volonté inébranlable de* *recherche la vérité.* »). Il continue à faire de la marche à pied. Il s'est marié à une ravissante institutrice prénommée Nicole. Il reprendra le boulot en janvier 1988, mais plus à l'instruction. Il est vacciné.

LE JUGE REVIENT À L'HEURE SUR LA VOLOGNE

Au deuxième jour de la reconstitution de la mort de Grégory, le président Simon a d'ores et déjà exclu l'hypothèse selon laquelle Christine Villemin est la seule coupable. L'enfant, selon lui, pourrait avoir été jeté dans la Vologne au centre du village. Ce qui mettrait à mal l'hypothèse retenue jusqu'à présent sur l'heure du crime.

Les gendarmes partout, des photographes dans les arbres, des voitures qui démarrent en trombe, des avocats flambeurs, des magistrats besogneux, des villageois blasés et la Vologne qui n'arrête pas de couler… Trois ans déjà, et nous voilà repartis pour un tour de circuit : Lépanges-Docelles et vice et versa. Le président Simon, le monsieur aux cheveux blancs et au « *sourire énigmatique* », comme l'ont unanimement décrit mes confrères, a décidé de jouer son rôle d'instructeur à fond. Nous sommes au second jour de sa reconstitution. Il y en aura quatre cette semaine.

Tout se déroule comme prévu. Christine et Jean-Marie Villemin ne se lâchent pas la main et refusent toujours d'adresser la parole aux grands-parents de Grégory, partie civile dans l'affaire. Ce qui a valu hier une sérieuse engueulade entre la mère de Christine et celle de Jean-Marie : « *Quel cinéma !* » a commenté la première devant la peine manifestée par la seconde… « *Espèce de salope, on sait ce que tu vaux !* » a rétorqué l'autre. Les gendarmes, heureusement, sont un peu plus polis avec les journalistes : « *On exécute les consignes, tous à cent cinquante mètres* », s'excuse, ennuyé, l'un d'eux.

Le président Simon est comme ça : bien que suivant

assidûment tout ce qui peut se dire et s'écrire sur lui dans les médias, il a décidé de bétonner son dossier. « *Pas un mot aux pestiférés* » : c'est ainsi qu'en aparté, il nous appelle.

L'épithète est peu aimable, mais néanmoins réaliste. Comme aux plus grands jours de la saga, une soixantaine de « reporters » étaient là hier. Certains avaient acheté des cuissardes pour « planquer » dans la Vologne, d'autres soudoyaient des villageois pour photographier d'une fenêtre la reine Christine. *La Cinq* avait même loué un hélicoptère. Le grand jeu quoi. Tout près de ce tumulte, le président Simon essaie de reconstituer un crime, mais il cherche aussi à questionner, in situ, tous les témoins du drame.

Hier matin par exemple, il a réentendu les quatre pompiers qui, le 16 octobre 1984, à 21 h 15, ont récupéré le corps de l'enfant. Ni le juge Lambert ni les policiers ne leur avaient accordé jusque-là une réelle importance. Et pourtant…

Le président Simon leur à fait répéter encore une fois leurs déclarations : « *Comment était le corps ? – Mou, les jambes et les bras pendaient… – Et sa température ? Chaude* ? – *Il n'était pas froid comme un cadavre.* » Cette double affirmation, recoupée par d'autres témoignages, n'a l'air de rien, mais elle bouleverse pourtant le scénario sur lequel s'était fondée jusqu'à présent l'affaire Grégory.

Si le corps était chaud et mou quand on l'a découvert, il n'a pu être mis à l'eau entre 17 h et 17 h 30 comme l'avaient précédemment déclaré Lambert & Co, mais bien plus tard. Un médecin légiste parisien, le docteur Marin, était d'ailleurs là pour vérifier et expliquer cela. Il aurait même fait remarquer, pour accréditer sa thèse, que l'enfant avait encore de l'écume aux lèvres quand on l'a découvert. Un signe incompatible avec une mort remontant à plus de quatre heures. Un corps jeté vivant dans une eau à 12° met environ trente minutes pour atteindre une rigidité cadavérique. Ce temps est discutable, certains experts disent une heure, mais pas plus.

Ce « détail » était hier omniprésent dans les débats et les

différents déplacements organisés par le président Simon et ses assesseurs. Il exclut l'hypothèse Lambert rendant Christine Villemin seule coupable de la noyade de son fils vers 17 h 30. Le président Simon pense au contraire que l'immersion s'est produite autour de 20 h 30, à quelque cinquante mètres de l'endroit où a été retrouvé le corps.

À 19 h, Christine Villemin était entourée de toute sa famille, et Bernard Laroche avait les mains dans le cambouis à la manufacture d'Autmonzey. Deux alibis en béton qui plongent tous les acteurs du drame dans un abîme de perplexité.

BRUMES ÉPAISSES SUR LA VOLOGNE

La reconstitution de l'affaire Grégory n'apporte guère de précision sur l'emploi du temps de la mère, Christine Villemin. Tous les témoignages sont maintenus malgré leurs contradictions.

La tempête soufflait hier en fin de soirée sur les Hauts de Lépanges, quand l'étrange cortège emmené par le président Simon a répété les faits et gestes de Christine Villemin le soir du crime, entre 17 h et 17 h 30. Rien de nouveau sur cette tranche horaire. Christine Villemin maintient sa déposition : ce soir-là, elle s'est enfermée chez elle pour repasser quand, dehors, « on » kidnappait Grégory. Les témoins, eux, ont redonné, trois ans après, les mêmes indications. La reconstitution organisée précédemment par Lambert ayant été annulée pour vices de forme, les acteurs de la saga de la Vologne se sont à nouveau cognés sur les repères horaires fixés par Mme Claudon, qui rentrait ses vaches vers 17 h 20 et qui a vu Christine ce jour-là quitter la maison, et par le fils de Mme Claudon qui rentrait son bus à 17 h 36 et qui a vu Christine remonter chez elle au volant de sa R5.

Mais le débat sur l'étroitesse du créneau horaire, dans l'hypothèse du meurtre perpétré par la mère, a été éludé hier par la vive polémique concernant l'heure et le lieu d'immersion du corps de l'enfant. Le président Simon a été fort mécontent des informations parues dans la presse. Aucun rapport du médecin légiste auprès de la Cour de cassation, M. Marin, n'ayant été officiellement déposé, rien en effet n'aurait dû officieusement filtrer des débats entre le président Simon, ses assesseurs, l'expert et les différentes parties impliquées dans le dossier.

Vérifiée ou non, la fuite

concernant le changement d'horaire et de lieu de la noyade a pourtant suscité un nouveau malaise au bord de la Vologne. Ceux qui, hier, accusaient violemment Christine Villemin ont pâli. Les quelques autres (plus rares) qui l'ont défendue ont souri. Mais personne ici n'a perdu de vue que, même noyé à 20 h 30, Grégory Villemin a été kidnappé entre 17 h et 17 h 30, qu'une lettre annonçant sa mort a été postée à 17 h 15, qu'un coup de téléphone morbide a été transmis à Michel Villemin, son oncle, à 17 h 32, que quatre collègues de Christine Villemin affirment toujours avec force l'avoir vue à la poste de Lépanges le jour du meurtre… Bref, plus on avance, moins on comprend. Comme au premier jour de la saga. Et ce n'est pas les lancements de mannequin dans la Vologne, prévus aujourd'hui, qui risquent d'apporter un éclairage nouveau à l'affaire.

Trois ans après, la minutieuse reconstitution orchestrée par le président Simon renvoie à plus de questions que de réponses. Le doute devant toujours, en principe, profiter à l'accusée, on voit mal aujourd'hui comment Christine Villemin pourrait échapper à son non-lieu.

AFFAIRE GRÉGORY : DANS QUINZE JOURS, L'ULTIME RENDEZ-VOUS

Après l'audition des quatre témoins, on attend la reconstitution avec jet de mannequin dans la Vologne.

Changement de décor hier. La bande à Simon (le président) avait trouvé refuge à la mairie de Gerardmer gardée comme pour une visite de chef d'État. Les trois heures d'audition et les signatures de procès-verbaux des quatre témoins ayant vu Christine Villemin autour de sa maison le jour du drame (Mme Claudon, alibi de Christine Villemin, portait pour l'occasion de nouvelles tennis flambant neuves) n'ont évidemment rien apporté de nouveau. C'est d'ailleurs ce qu'a déclaré maître Lagrange, l'avocat des grands-parents de Grégory : « *Nous attendons maintenant l'ultime reconstitution de jet de mannequin au bord de la Vologne pour savoir exactement où a été noyé l'enfant* » a susurré le représentant de la partie civile pendant que son client, Albert Villemin, brisait son cinquième appareil photo (un Leica). Dans les salons de l'hôtel Bragard, maître Garaud et ses amis avocats – « *nous sommes quatre, unis comme les cinq doigts de la main* » (sic) – avaient un air jovial : « *La construction intellectuelle qui a conduit à l'inculpation de Christine Villemin se détruit sûrement et doucement* », a clamé l'avocat de Légitime Défense sous l'œil attendri de maître Chastang, sa belle-fille, et loin du regard de dame Christine qui, cachée derrière son parapluie, cherchait à se rendre trois ans après sur la tombe de Grégory en échappant aux chasseurs de « *scoopinette* ». Rendez-vous est pris pour « *dans quinze jours* » : jet de mannequin le matin, reconstitution du parcours qu'aurait emprunté Bernard Laroche selon les premières déclarations de Muriel Bolle l'après-midi. Il restera ensuite deux ou trois mois au président Simon pour prendre sa décision.

LE MANNEQUIN DE GRÉGORY COULE À PIC

Gag. Docelles aurait très bien pu servir hier de décor à un film de Mel Brooks. Pour les deux jours de l'ultime reconstruction de la noyade de Grégory Villemin, on devait assister à différents jets d'un mannequin, réplique exacte du corps de l'enfant, dans la Vologne, histoire de déterminer le lieu d'immersion : à mille mètres en amont de la découverte du corps (hypothèse du juge Lambert à charge pour Christine Villemin)... ou à cinquante mètres (hypothèse des pêcheurs de Docelles et de la défense, innocentant presque à coup sûr la jeune mère).

Le président Simon avait tout prévu : des chronomètres, des bottes en caoutchouc, des plongeurs de la gendarmerie nationale... et surtout un mannequin très méticuleusement fabriqué : même poids, même densité, même anorak, même bonnet que Grégory Villemin. Mais le mannequin, dès sa mise à l'eau, a coulé à pic, le naufrage se répétant à cinq ou six reprises. Chaque fois qu'un gendarme balançait le corps, plouf ! le président Simon et sa suite l'observaient barboter sur cinq ou six mètres et puis plus rien.

Un flotteur, attaché par un gendarme subtil sur le ventre du mannequin, lui a permis enfin de tenir quelques dizaines de mètres supplémentaires. Et puis même catastrophe... Alors, le président Simon a demandé à l'adjudant Lamirand d'aller quérir le mannequin servant aux secouristes de la piscine de Bruyères. Beaucoup plus étanche que l'autre (qui de dix-huit kilos, poids de Grégory, était passé, mouillé, à trente kilos), il a, lui, flotté et permis en fin de journée de sauver les meubles et de montrer que l'hypothèse, à charge pour Christine Villemin, du corps jeté à plus de mille mètres était crédible.

« *Il y a de grandes difficultés à estimer analogue le corps d'un être humain et une substance inerte si bien reconstituée soit-elle* », a, sans rire, commenté le très réputé professeur Léauté.

25.12.1987

JEAN-MARIE VILLEMIN, LA LIBERTÉ EN CADEAU

Une libération assortie d'un strict contrôle judiciaire : c'est la décision de la cour d'appel de Dijon, motivée par le « comportement exemplaire » du père de Grégory en prison. Un joli cadeau de Noël et un nouveau tournant dans l'instruction reprise par le juge Simon.

Maurice Simon, président de la cour d'appel de Dijon et nouvel instructeur, depuis le retrait de Jean-Michel Lambert, du dossier Villemin, est comme le Père Noël. Il aime faire des cadeaux. Et celui qu'il a fait hier, le 24 décembre (aucun hasard dans le choix de cette date), à Jean-Marie Villemin et à son épouse Christine est un cadeau de taille… La liberté !

Après trente-trois mois de prison, celui qu'on peut présenter, au choix, comme le père désespéré de Grégory Villemin ou l'impassible assassin de Bernard Laroche est donc sorti presque libre, hier en milieu d'après-midi, de sa prison de Savernes. Les magistrats de Dijon ont néanmoins assorti sa mise en liberté, qui court jusqu'à son procès, d'un contrôle judiciaire serré (pointage hebdomadaire chez les gendarmes), de l'interdiction d'accorder des interviews et d'une assignation à résidence jusqu'au 5 janvier, à Paris, puis dans l'Essonne.

Villemin sera donc loin des Vosges, de la famille de sa victime et des tumultes que ne manquera pas de susciter cette libération. Car les braises sont encore incandescentes du côté d'Autmonzey, où la mort western de Bernard Laroche, abattu à bout portant devant la porte de son garage le 29 mars 1985, est encore présente dans les esprits. Les premières déclarations de maître Prompt, avocat de la famille Laroche, n'ont pas été dans le sens de l'apaisement : « *On se croirait à Nouméa quand les Caldoches tuent les Kanaks* ». Et d'annoncer un pourvoi en cassation. Et de fustiger les magistrats dijonnais, coupables à ses yeux « *de partialité et d'une argumentation méprisable* ».

Marie-Ange Laroche s'est contentée, elle, de dénoncer « *l'hyper médiatisation de l'affaire, orchestrée par le président Simon* » et de souhaiter la « *comparution immédiate de Jean-Marie Villemin devant une cour d'assises* ». Maître Garaud a eu, lui, le triomphe modeste : « *Cette libération pourra permettre de poursuivre l'instruction du dossier dans le calme et sans précipitation* », a soufflé l'avocat de Légitime Défense .

Pour donner leur accord à cette cinquième demande de mise en liberté, les magistrats dijonnais n'ont plus retenu, comme ils l'avaient fait précédemment, la dangerosité du prévenu, la probabilité de renouvellement de l'infraction ou le trouble de l'ordre public. Ils ont, au contraire, mis en avant le fait que Jean-Marie Villemin avait en prison un « *comportement exemplaire à tous égards* », qu'il était depuis le 30 septembre 1985 le père d'un enfant qu'il n'avait vu qu'en prison, que son crime était « *passionnel et non crapuleux* » et que le dénouement de l'information ouverte contre Christine Villemin pouvait « *ne pas être sans influence sur le procès de son époux* ».

Le procès de Jean-Marie Villemin ne pouvant avoir lieu avant la décision de la cour d'appel sur la procédure judiciaire engagée dans l'assassinat de Grégory, le président Simon et ses assesseurs n'ont pas jugé bon de prolonger inutilement la détention provisoire...

Ce jugement est motivé par une vingtaine de pages d'attendus. Le président Simon y règle surtout ses comptes avec la partie civile et se montre très compréhensif avec la défense, ce qui n'a pas surpris outre mesure les observateurs patentés de l'affaire Grégory.

Plus qu'un cadeau au père de Grégory, ce verdict officialise ce que beaucoup pressentaient depuis la reprise en main de l'instruction par le président de la cour d'appel de Dijon : l'hypothèse du crime commis par Bernard Laroche est à nouveau au goût du jour. Ce qui ne plaît pas à tout le monde. On pourrait se croire revenu au premier jour de l'affaire, quand les gendarmes fiers et sûrs d'eux présentaient au juge Lambert le suspect Laroche… Depuis, de coups de théâtre en coups de bluff, les certitudes ont beaucoup valsé du côté de la Vologne.

Par cette libération qui se veut surprenante, le juge Simon tente en même temps un coup psychologique. Il mène en effet depuis quelques semaines, à un rythme soutenu, plusieurs interrogatoires de front dans la famille Villemin : grands-parents, cousins, oncles, tantes, tout le monde y passe… Comme Lambert précédemment, le juge reste persuadé qu'on ne lui dit pas tout et que la mort de l'enfant reste rationnellement explicable. La libération, savamment décidée, de Jean-Marie Villemin s'inscrit dans ce cadre.

À sa sortie de prison, Jean-Marie Villemin toujours aussi amaigri, n'a fait aucune déclaration et n'a posé pour aucune photo. Dans sa cellule, où il passait son temps au début à sculpter dans le bois des portraits de son fils puis à lire la presse, toute la presse, le jeune homme, âgé de trente et un ans aujourd'hui, n'a jamais varié dans ses convictions. Pour lui, ça ne fait aucun doute, l'assassin de son fils a été assassiné le 29 mars 85. Seule peut-être sa haine de la famille Laroche, mais aussi des policiers accusant sa femme, ou des journalistes l'ayant chauffé à blanc au moment du meurtre de Laroche, a grimpé de quelques crans.

La saga Villemin continue donc, avec ce drôle de Noël à

inscrire sur l'éphéméride de l'affaire. Un Noël presque gai chez Christine Villemin et son fils Julien, qui découvrira un père pour Noël. Et un réveillon un peu plus triste que prévu chez les Laroche.

30-12-1987

AFFAIRE VILLEMIN : LA NOUVELLE DONNE DU PRÉSIDENT SIMON

La libération de Jean-Marie Villemin crée des remous dans la famille Laroche, dont les avocats ont annoncé une riposte judiciaire, mais arrive à point nommé pour le président Simon qui en profitera pour réinterroger de nombreux témoins.

« *Nous sommes scandalisés. Le juge Simon est contre nous. Deux personnes accusées d'assassinat sont en liberté. C'est une honte !* » : l'homme qui, légitimement indigné par la libération de Jean-Marie Villemin, bafouille ces quelques phrases devant micros et caméras, s'appelle Guy Aubertin, le beau-frère de Bernard Laroche. Malgré les apparences, ce n'est pas lui qui a convoqué la presse, lundi, mais bien l'inverse. Ces propos ont largement été repris hier dans les gazettes, les flashes radio et les journaux télévisés. Autour de lui, un semblant de clan semble se reformer. Énervés, les cousins, frères et sœurs de feu Bernard Laroche veulent, selon leurs termes, « *marquer le coup* » et riposter à la libération de Villemin. Mais, malgré les questions perfides des intervieweurs : « *Et si Jean-Marie revenait dans les Vosges, qu'est-ce que vous feriez ?* », pas vraiment de haine dans les réponses un brin menaçantes : « *Rien, mais il a pas intérêt à toucher un cheveu de*

Marie-Ange, sinon ! » On notait toutefois l'absence de Marie-Ange Laroche, de Muriel Bolle et de leurs avocats qui ont promis, eux, une relance judiciaire dans les jours qui viennent... Sans doute l'annonce d'un pourvoi en cassation, initiative que n'a pas prise le parquet général de Dijon.

Quelques rares journalistes, naïfs ou téméraires, se sont également essayés aux périlleux exercices du micro-trottoir dans les rues de Lépanges ou d'Autmonzey, histoire de sentir la pression monter... Mais, rien. La libération de Jean-Marie Villemin n'a surpris personne ici. Tout juste a-t-on pu saisir ça et là quelques remarques plutôt désagréables à l'égard du système judiciaire du style : « *En France, on libère les assassins et on laisse courir les terroristes.* »

Si l'opinion semble s'émousser, la libération de Jean-Marie Villemin – à qui il est interdit d'approcher le moindre protagoniste de l'affaire, excepté sa co-inculpée d'épouse – arrive à point nommé pour le président Simon. Pendant deux semaines, dès le début du mois de janvier, le magistrat dijonnais squattera à nouveau la mairie de Gerardmer et reprendra la ronde infernale de ses auditions. On lui prête l'intention de vouloir réentendre les premiers suspects de l'affaire, et également la jeune Muriel Bolle qui avait dans un premier temps déclaré avoir aidé Bernard Laroche à enlever Grégory Villemin puis s'était rétractée. Le fait que Christine Villemin, toujours inculpée de l'assassinat de son fils, soit en liberté et reprenne la vie de famille en compagnie de l'assassin de Bernard Laroche (Jean-Marie Villemin a trouvé du travail, grâce à son ancien employeur, dans une usine à matelas de l'Essonne) change tout à coup les données du problème judiciaire. L'hypothèse de la culpabilité unique de la mère, sur laquelle reposait l'enquête depuis deux ans maintenant, ne semble plus être de mise aujourd'hui. Aux yeux du juge, l'assassinat de Grégory reste inexpliqué. Les différents témoins que le président Simon doit maintenant réinterroger l'ont compris, et le magistrat cherchera sans doute à déstabiliser les plus fragiles d'entre eux qui, jusqu'alors, auraient pu se sentir protégés. C'est peut-être le pari des plus hasardeux, tenté par le président Simon, excellent joueur d'échecs, paraît-il.

04-01-1988

BOUSCULADE AU CIMETIÈRE DE LAVELINE

La mère de Marie-Ange Laroche a été enterrée dans un climat tendu : la présence des journalistes n'a pas été appréciée par la famille Laroche qui leur a interdit, manu militari, l'entrée du cimetière.

Le père Baderot, paisible curé de Laveline-devant-Bruyères, n'avait sans doute jamais vu tant de haine dans sa petite église. On enterrait Jeanine Bolle, samedi après-midi, et une dizaine de cameramen, journalistes et photographes étaient présents et pressants. Madame Bolle,cette Vosgienne de cinquante-sept ans, mère de dix enfants, n'aurait sans doute jamais eu droit aux honneurs des gazettes et des journaux télévisés si elle n'avait été la belle-mère de Bernard Laroche. Diabétique, déjà victime d'un infarctus, elle n'a pas supporté mercredi dernier une ultime attaque cardiaque. Marie-Ange Laroche, sa fille, a immédiatement fait le lien entre son décès et la libération de Jean-Marie Villemin : *« Depuis Noël, elle n'arrêtait pas de pleurer, l'idée de voir l'assassin de Ber-*

nard libre l'a tuée. » Son avocat, maître Prompt, a ajouté : « *Elle n'a pas supporté le chagrin et les tracasseries de ces trois dernières années.* » Ses déclarations ont entraîné la venue des journalistes. Une équipe d'*Antenne 2*, arrivée la veille, n'a pas pu franchir les limites des portes du cimetière le jour de l'enterrement. À coups de poing et de menaces, la douzaine de fils et gendres de Jeanine Bolle, les fusils dans les coffres des voitures, se sont chargés de faire fuir les reporters. « *J'arrive d'Haïti, j'ai eu moins peur là-bas des macoutes* », a glissé l'un d'eux. Même bousculade l'après-midi, où les avocats ont dû faire sortir les photographes et les journalistes de l'église. Murielle Bolle, principale dénonciatrice de Bernard Laroche au début de l'affaire, a eu un malaise en pleine oraison funèbre. « *Salopards, pourris, c'est vous qui l'avez tuée* » : en quittant l'église, la famille Bolle, repliée autour de Marie-Ange Laroche, n'a eu que des mots de haine envers les journalistes et Christine Villemin, surnommée « Peau de chien ». Le juge Simon, qui devait interroger Madame Bolle et sa fille Muriel dès la semaine prochaine à Gerardmer, va peut-être devoir revoir son programme. Et se méfier des réactions épidermiques du clan Laroche, chauffé à blanc par ce nouveau décès.

LE DOSSIER VILLEMIN S'EMMÊLE DANS LES CORDELETTES

Inculpés de diffamation pour avoir accusé les policiers du SRPJ de Nancy d'avoir fabriqué des preuves accablant Christine Villemin, les trois journalistes qui avaient sorti le « scoop des cordelettes » n'ont pu aborder le fond de l'affaire pour des questions de forme. Au bout du compte, des débats « surréalistes et merdiques », résume un magistrat.

Faux procès. Personne hier n'était content en quittant le blockhaus qui fait office de tribunal à Nancy. Les journalistes inculpés de diffamation parce qu'ils n'avaient pu faire parler leurs témoins. Les témoins parce qu'ils avaient l'impression qu'on se moquait d'eux et qu'ils n'avaient pas pu dire tout le mal qu'ils pensaient des policiers. Et les policiers parce que, même gagnants probables du procès, ils n'avaient pas pu laver leur honneur bafoué. « *Surréaliste et merdique* » : voilà en deux mots subrepticement lâchés par un magistrat, spectateur barbu de ces débats barbants, le sentiment général de tous les acteurs de cette triste farce. Le programme était pourtant alléchant. On jugeait hier à Nancy Michel Serre, Catherine Levitan et Jean-Claude Hauck, les journalistes du *Figaro Magazine* et du *Républicain Lorrain* qui, en février dernier, avaient balancé à la uune de leurs journaux, « le scoop des cordelettes ». L'affaire Villemin refaisait parler d'elle, mais cette fois, la mère de l'enfant était présentée non plus comme une coupable, mais comme la principale victime d'une incroyable cabale policière. « *Oui, Christine Villemin innocente, voici pourquoi* », avait titré *Le Figaro.* Mais c'est surtout Hauck, dans *Le Républicain Lorrain*, qui avait fait très fort : « *En manipulant des témoins, en trafiquant des scellés, en imitant des signatures, le commissaire Corrazzi et les inspecteurs Pesson, Kummel et Bartolozzi ont fabriqué des fausses preuves matérielles dans le seul but de faire craquer Christine Villemin* », avait écrit le journaliste, s'appuyant en cela sur six témoignages, « *bétons* », avait-il assuré. Hier, les six témoins de Hauck étaient là, prêts à confirmer ses dires. Mais la présidente Delorme, suivant à la lettre la loi sur la diffamation, n'a pu les entendre sur le fond du dossier pour des questions de forme. L'avocat du *Républicain Lorrain* avait omis d'inscrire les professions de ses témoins sur l'offre de preuve. Celui du *Figaro* avait, lui, mal rédigé la sienne en ne citant pas in extenso tous les passages de l'article incriminé. Ce sont deux cas de nullité qui interdisent aux inculpés de tenter de démontrer aux juges la véracité de leurs allégations.

Les avocats des deux parties se sont donc contentés hier de surfer sur le dossier sans jamais aborder le fond. « *En vingt ans de carrière, je n'ai jamais vu des accusations aussi graves portées contre des policiers. On ne peut aller plus loin dans la diffamation* », a plaidé maître Binet, réclamant au passage deux fois cinq cent mille francs de dommages et intérêts pour chacun des policiers, suivi en cela comme son ombre par le procureur adjoint Aldiger qui, lui, a parlé d'« *assassinat moral contre des officiers de police judiciaire* ». Maître Pelletier, avocat des journalistes, n'a pu ensuite que fustiger « *cette justice qui se refuse à chercher la vérité pour donner un blanc-seing aux policiers* », en réclamant un sursis à statuer. En d'autres termes, en demandant au tribunal d'attendre la fin de l'instruction du président Simon dans le dossier Villemin pour rendre sa décision. Le tribunal s'est donné trois semaines pour délibérer. Les débats d'hier n'avaient donc pas grand intérêt, ce qui ne veut pourtant pas dire que la journée n'a pas été instructive. Il suffisait de s'asseoir dans le hall du tribunal aux côtés des témoins frustrés et de laisser filer la discussion. La thèse de Hauck, Levitan et Serre est la suivante : pressés d'en finir avec Christine Villemin, les quatre policiers, chapeautés par le juge Lambert, auraient retrouvé une pelote de cordelette identique à celle ayant entravé les membres de Grégory chez un oncle de l'enfant, Léon Jacob. Ils auraient volontairement omis de faire figurer cette découverte dans leurs procès-verbaux. Passant par le toit de la maison de Christine Villemin, ils auraient ensuite « parsemé » l'intérieur de ces cordelettes. Ouvrant des scellés, ils en auraient également mis autour d'un tuyau d'arrosage et à la place de lacets sur des chaussures de travail appartenant à Jean-Marie Villemin. Ils se seraient ensuite précipités chez un expert chimiste lyonnais pour que celui-ci accrédite leur thèse en déclarant les cordelettes retrouvées identiques à celles ayant entravé les membres de l'enfant. Nous étions alors le 4 juillet 1985. Le lendemain, Christine Villemin était inculpée d'assassinat par Lambert. Hier, craquant d'ennui sur sa banquette, Gérard Dittinger, beau-frère de Christine Villemin, a maintenu avoir vu des tuiles déplacées sur le toit de la maison de sa belle-sœur. Bernard Noël, autre beau-frère, a assuré « *que les chaussures de travail étaient pleines de ciment et que celles présentées par les policiers étaient propres.* » Il ne se souvenait par contre plus de la nature des lacets. Pas plus que Léon Jacob ne se souvenait de la visite des policiers. L'expert Rochas maintenait, lui, ses dires concernant la précipitation du juge Lambert début juillet. Marie-José Billiet, autre témoin citée par la défense, assure, elle, aujourd'hui encore avec force, n'avoir signé aucun scellé et avoir découvert « *une cordelette supplémentaire autour du tuyau d'arrosage qu'elle entreposait chez elle* », le scellé de cette pièce à conviction étant signé de son nom. Ce témoignage, si le procès avait pu se dérouler normalement, aurait assurément nécessité des explications détaillées de la part des policiers.

Corazzi, Pesson, Kimmel et Bartolozzi, soutenus par leur syndicat, ont, eux, un argument massue : l'absence de mobile plausible. Il apparaît difficilement imaginable en effet que des policiers équilibrés et bien notés (c'est leur cas) aient pu risquer si gros dans un montage qui, tôt ou tard, aurait pu être découvert. La thèse des policiers qui crient à l'infamie est que les journalistes, appâtés par le gain, ont été manipulés par les avocats de Christine Villemin et les membres de sa famille. La mère de Grégory, citée comme témoin, était hier bizarrement absente des débats. Toujours inculpée d'assassinat, et ne pouvant à ce titre prêter serment, elle aurait hier pourtant permis aux trois journalistes d'obtenir leur sursis à statuer. « *Et si ce que les journalistes balancent était vrai, pourquoi ne porterait-elle pas plainte contre nous pour forfaiture ?* » s'interrogeait également un policier. Bonne question. Parallèlement à cet épisode marginal, l'instruction de l'affaire Grégory se poursuit au tribunal de Dijon où le président de la cour d'appel, Maurice Simon, devra inévitablement, s'il veut, comme cela est prévu, boucler son dossier avant l'été, apporter une suite judiciaire aux questions esquivées aujourd'hui.

FAUX REBOND

LE DOSSIER VILLEMIN S'EMMELE DANS LES CORDELETTES

Inculpés de diffamation pour avoir accusé les policiers du SRPJ de Nancy d'avoir fabriqué des preuves accablant Christine Villemin, les trois journalistes qui avaient sorti le «scoop des cordelettes» n'ont pu aborder le fond de l'affaire pour des questions de forme. Au bout du compte, des débats «surréalistes et merdiques», résume un magistrat.

Corazzi, Pesson, Kimmel et Bartolozzi, les policiers visés ont un argument massue : l'absence de mobile plausible.

Nancy, envoyé spécial

Faux procès. Personne hier n'était content en quittant le blockhaus qui fait office de tribunal à Nancy. Les journalistes inculpés de diffamation parce qu'ils n'avaient pu faire parler leurs témoins. Les témoins parce qu'ils avaient l'impression qu'on se moquait d'eux et qu'ils n'avaient pas pu dire tout le mal qu'ils pensaient des policiers. Et les policiers parce que, même gagnants probables du procès, ils n'avaient pas pu laver leur honneur bafoué. «Surréalistes et merdiques», tous en deux mots [illegible] lâchés par un magistrat, spectateur barbu de ces débats barbants, le sentiment général de tous les acteurs de cette triste farce. Le programme était pourtant alléchant. On jugeait hier à Nancy Michel Serre, Catherine Levitan et Jean-Claude Hauck, les journalistes du «Figaro Magazine» et du «Républicain Lorrain» qui, en février dernier, avaient balancé à la une de leurs journaux «le scoop des cordelettes». L'affaire Villemin refaisait parler d'elle, mais cette fois, la mère de l'enfant était présentée, non plus comme une coupable, mais comme la principale victime d'une incroyable cabale policière. «Oui, Christine Villemin innocente voici pourquoi», avait titré «le Figaro». Mais c'est surtout Hauck, dans «le Républicain Lorrain», qui avait fait très fort : «En manipulant des témoins, en trafiquant des scellés, en imitant des signatures, le commissaire Corazzi et les inspecteurs Pesson, Kimmel et Bartolozzi ont fabriqué des fausses preuves matérielles dans le seul but de faire craquer Christine Villemin», avait écrit le journaliste, s'appuyant en cela sur six témoignages «béton», avait-il assuré. Hier, les six témoins de Hauck étaient là, prêts à confirmer ses dires. Mais la présidente Delorme, suivant à la lettre la loi sur la diffamation, n'a pu les entendre sur le fond du dossier pour des questions de forme. L'avocat du «Républicain Lorrain» avait omis d'inscrire les professions de ses témoins sur l'offre de preuve. Celui du «Figaro» avait, lui, mal rédigé la sienne en ne citant pas in extenso tous les passages de l'article incriminé. Ce sont deux cas de nullité qui interdisent aux inculpés de tenter de démontrer aux juges la véracité de leurs allégations.

Les avocats des deux parties se sont donc contentées hier de surfer sur le dossier sans jamais aborder le fond. «En vingt ans de carrière, je n'ai jamais vu des accusations aussi graves portées contre des policiers. On ne peut aller plus loin dans la diffamation», a plaidé Mᵉ Binet, réclamant au passage deux fois 300 000 francs de dommages et intérêts pour chacun des policiers, suivi en cela comme son ombre par le procureur adjoint Aldiger qui, lui, a parlé d'«assassinat moral contre des O.P.J.». Mᵉ Pelletier, avocat des journalistes, n'a pu ensuite que fustiger «cette justice qui se refuse à chercher la vérité pour donner un blanc-seing aux policiers» en réclamant un sursis à statuer. En d'autres termes, en demandant au tribunal d'attendre la fin de l'instruction du président Simon dans le dossier Villemin pour rendre sa décision. Le tribunal s'est donné trois semaines pour délibérer. Les débats d'hier n'avaient donc pas grand intérêt, ce qui ne veut pourtant pas dire que la journée n'a pas été instructive. Il suffisait de s'asseoir dans le hall du tribunal aux côtés des témoins frustrés et de laisser filer la discussion. La thèse de Hauck, Levitan et Serre est la suivante : pressés d'en finir avec Christine Villemin, les quatre policiers, chapeautés par le juge Lambert, auraient retrouvé une pelote de cordelette identique à celle ayant entravé les membres de Grégory chez un oncle de l'enfant, Léon Jacob. Ils auraient volontairement omis de faire figurer cette découverte dans leurs procès-verbaux. Passant par le toit de la maison de Christine Villemin, ils auraient ensuite «parsemé» l'intérieur de ces cordelettes. Ouvrant des scellés, ils en auraient également mis autour d'un tuyau d'arrosage et à la place de lacets sur des chaussures de travail appartenant à Jean-Marie Villemin. Ils se seraient ensuite précipités chez un expert-chimiste lyonnais pour que celui-ci accrédite leur thèse en déclarant les cordelettes retrouvées identiques à celles ayant entravé les membres de l'enfant. Nous étions alors le 4 juillet 1985. Le lendemain, Christine Villemin était inculpée d'assassinat par Lambert. Hier, craquant d'ennui sur sa banquette, Gérard Dittinger, beau-frère de Christine Villemin, a maintenu avoir vu des tuiles déplacées sur le toit de la maison de sa belle-sœur. Bernard Noël, autre beau-frère, a assuré «que les chaussures de travail étaient pleines de [illegible] et que celles présentées par les policiers étaient propres». Il ne se souvenait pas non plus de la nature des lacets. Pas plus que Léon Jacob ne se souvenait de la visite des policiers. L'expert Roches maintenant, lui, ses dires concernant la précipitation du juge Lambert début juillet. Marie-José Billet, autre témoin cité par la défense, assure, elle, aujourd'hui encore avec force, n'avoir signé aucun scellé et avoir découvert «une cordelette supplémentaire autour du tuyau d'arrosage qu'elle entreposait chez elle», le scellé de cette pièce à conviction étant signé de son nom. Ce témoignage, si le procès avait pu se dérouler normalement, aurait sûrement nécessité des explications détaillées de la part des policiers.

Corazzi, Pesson, Kimmel et Bartolozzi, soutenus par leur syndicat, ont, eux, un argument massue : l'absence de mobile plausible. Il apparaît difficilement imaginable en effet que des policiers équilibrés et bien notés (c'est leur cas) aient pu risquer si gros dans un montage qui, tôt ou tard, aurait pu être découvert. La thèse des policiers qui crient à l'infâmie est que les journalistes, appâtés par le gain ont été manipulés par les avocats de Christine Villemin, et les membres de sa famille. La mère de Grégory, citée comme témoin, était hier bizarrement absente des débats. Toujours inculpée d'assassinat, et ne pouvant à ce titre prêter serment, elle aurait hier pourtant permis aux trois journalistes d'obtenir leur sursis à statuer. «Et si ce que les journalistes balancent était vrai, pourquoi ne porte-t-elle pas plainte contre nous pour forfaiture ?», s'interrogeait également un policier. Bonne question. Parallèlement à cet épisode marginal, l'instruction de l'affaire Grégory se poursuit au tribunal de Dijon où le président de la cour d'appel, Maurice Simon, devra inévitablement s'il veut, comme cela est prévu, boucler son dossier avant l'été, apporter une suite judiciaire aux questions esquivées aujourd'hui.

Denis ROBERT

26.10.1989

AFFAIRE GRÉGORY : LE JUGE SIMON JOUE AU DÉTECTIVE

L'interview accordée par le magistrat au « Nouveau Détective » risque de remettre en cause sa conduite de l'enquête. Le juge Simon, qui expose ses hypothèses de travail, est accusé par certains protagonistes de l'affaire d'avoir violé le secret de l'instruction.

Joli coup. Rarement *Le Nouveau Détective* n'avait été autant à la fête. L'interview « exclusive » du président Simon à propos de l'affaire Villemin, où le magistrat redit – entre autres – sa conviction d'innocence concernant Christine Villemin et de culpabilité pour feu Bernard Laroche, a eu hier l'effet d'une secousse sismique, dépassant largement la vallée de la Vologne. « *Oui, je pense qu'ils étaient plusieurs à commettre le crime* », explique Simon qui poursuit : « *Bemard Laroche a peut-être enlevé Grégory. Mais de là à être l'assassin, il y a un pas que pour le moment je ne peux franchir.* » Simon, dont les petits-enfants sont menacés de mort par courrier anonyme mais très explicite, s'en prend également indirectement aux grands-parents de Grégory quand il lâche : « *Ce qui me trouble, c'est que seuls Albert et Monique Villemin connaissaient l'existence de ma famille.* » Tous les médias français, à défaut de l'interviewé, s'arrachaient hier Jean-Paul Pradier, l'interviewer de l'hebdo du groupe Amaury, qui a réussi à se faire confier par le président de la cour d'appel de Dijon quelques-unes de ses impressions sur le dossier qui occupe tout son temps depuis le 25 juin 87, date du début de son enquête. Un tour de force d'autant plus surprenant que Maurice Simon est peu soupçonnable d'avoir accepté de violer le secret de l'instruction sans se rendre compte des conséquences de son attitude. Lorsqu'à l'âge de la retraite, le magistrat avait obtenu de la Chancellerie une rallonge exceptionnelle, c'était pour reprendre – à zéro et dans le calme – l'instruction chaotique menée jusqu'alors par le jeune et virevoltant Jean-Michel Lambert.

Jusqu'en septembre dernier, Maurice Simon avait fait honneur à sa réputation de discrétion et tenu son principal pari : à savoir, faire retomber la pression et maintenir la presse à l'écart de son dossier. Et puis, le 11 septembre dernier, première glissade. Simon balance, sans entrer dans le détail du dossier, ses états d'âme à Paul Lefèvre sur *La Cinq*. « *Je ne pense pas que l'affaire se termine sans rebondissement* » explique-t-il alors, avant d'avouer avoir dans le collimateur non pas « *un mais des personnages* » et de confier avoir « *un compte à rendre à quelqu'un* ». Il veut alors parler de Grégory Villemin lui-même. Curieux mélo. Plus tard, suite aux tumultes provoqués par l'interview, Simon expliquera s'être fait « *un peu piéger* » par Paul Lefèvre. Vraie ou fausse naïveté, en tout cas, l'excuse passe comme une lettre à la poste. Et le déferlement médiatique qui suit ici n'étonne personne. De Dijon à Gérardmer, Maurice Simon et sa bande de détectives (greffière, procureur, gendarmes) ne peuvent plus entendre un témoin sans qu'une caméra tourne ou qu'un appareil photo cliquette. La pression remonte alors brusquement de dix crans et les news rivalisent alors d'imagination pour mettre en scène les « nouvelles révélations » du dossier (la palme revenant à *Paris Match* de la semaine passée qui capitalise ainsi les photos de l'enfant assassiné saisies dans l'album de famille et ressort, en le tronquant, le témoignage d'une vieille tante analphabète et arriérée mentale.) Bref, on repart allégrement sur la piste Laroche. On braque le projecteur sur la veuve du moustachu d'Autmonzey, sur sa sœur Muriel, toujours aussi rouge et fuyante, sur les grands-parents largués, sur Michel Villemin, cogneur, sur de nouveaux cousins ahuris par les flashes. Les héros de la Vologne ont vieilli de deux ans et retrouvent ainsi leur place à la une. Et l'opinion s'émoustille : « *Alors finalement, ça ne serait pas la mère qui aurait fait le coup*... »

Simon, lui, sourit devant les caméras mais ne laisse rien transparaître. En vingt-huit mois d'instruction, il a déjà entendu, et réentendu, cent quatre-vingts témoins. Sa petite idée sur le crime se fait de plus en plus précise. Résumons-la simplement : Simon pense que Christine Villemin est innocente, que Grégory Villemin a été enlevé par Bernard Laroche et sa jeune belle-sœur Muriel, mais il ne pense pas que Laroche soit l'assassin. À cause d'une incompatibilité d'emploi du temps. Laroche aurait refilé l'enfant (endormi par une dose d'insuline subtilisée chez madame Bolle, mère de Marie-Ange Laroche) à un cousin qui lui, mais bien plus tard que dans le créneau horaire de l'instruction Lambert, aurait fait le sale boulot. Pourquoi ce crime ? Là aussi, Simon a une idée. Il pense que le crime est lié à une vengeance ancestrale qui remonte à Albert Villemin, le grand-père de Grégory, mais également au-delà. Une haine des familles incompréhensible pour un esprit rationnel et – c'est dur à dire mais c'est comme ça – non vosgien. Une haine transmise d'une génération à l'autre, du père d'Albert Villemin à Grégory.

Pour étayer cette thèse, Simon est devenu « *Villeminologue* ».Il a plongé avec calme dans les poubelles de la gigantesque famille Villemin-Jacob-Laroche. Entre eux, les mariages consanguins sont légion. Les coucheries entre les uns et les autres, les histoires de terrains promis à l'un et donnés à l'autre, les jalousies, les histoires incestueuses, les grossesses cachées, les engueulades pendant les repas de famille, les cris éthyliques, tout ce qui fait la vie et la mort de la généalogie Villemin-Jacob n'a presque plus de secret pour lui. Simon a donc essayé de comprendre la psychologie des corbeaux qui hantent son dossier. Il semble y être parvenu.

Reste maintenant à coincer ceux qui peuvent l'être. Et là, Simon semble avoir déjà épuisé un certain nombre de ses cartouches. Ses attaques de front n'ont pas donné grand-chose. Albert et Monique Villemin, les grands-parents que Simon soupçonne d'en savoir plus qu'ils n'en disent, se cantonnent dans le rôle de victimes. « *Le corbeau dit que vous savez qui il est, mais que vous n'osez pas l'avouer* » insiste Simon. « *N'importe quoi* », répond Monique. « *Pourquoi votre beau-père vous accuse-t-il d'avoir couché avec sa fille, alors que c'était lui qui faisait ça ?* » questionne Simon. « *Je ne sais pas* », répond Albert.

Muriel Bolle, vingt ans aujourd'hui, qui a été la principale accusatrice de Bernard Laroche, a été soumise à rude épreuve en juin dernier : six heures d'interrogatoire où la jeune fille a répété comme une leçon apprise par cœur qu'elle avait menti lors de ses premières accusations, poussée par les gendarmes. « *Pouvez-vous sortir d'ici la tête haute ?* » a questionné pour finir Simon. La jeune fille n'a rien répondu et s'est sauvée, lançant sa chaise à sa sœur Marie-Ange qui a été également soumise aux questions vachardes du magistrat. Sans rien lui concéder.

« *Maintenant, c'est fini, je n'irai plus chez lui* » prévient Marie-Ange, visiblement satisfaite aujourd'hui des errances médiatiques du magistrat. « *Comment faire confiance à un juge pareil ?* » questionne-t-elle sous les bravos de ses avocats.

Estimant que l'interview du juge Simon violait le secret de l'instruction, les quatre avocats de la famille Laroche ont d'ailleurs adressé hier une demande au garde des Sceaux afin que le parquet général dessaisisse le juge de l'affaire. L'un d'entre eux, maître Prompt, a même indiqué que si une telle décision n'était pas prise, une requête en suspicion légitime pourrait être déposée devant la Cour de cassation.

Si le président Simon a encore quelques jokers dans son dossier – en particulier une contrôleuse en confection à la retraite qui assure avoir vu à trois reprises la semaine précédant l'assassinat de Grégory, Bernard Laroche « *traîner dans sa voiture aux environs de la maison des Villemin* » – il bute toujours sur les témoignages des cinq collègues de travail de Christine Villemin qui n'en démordent pas. Elles auraient vu la mère de Grégory le jour du meurtre près de la poste. Bref, sacré pastis, que l'interview publiée hier par *Détective* ne vient pas vraiment éclaircir.

Le journaliste Jean-Paul Pradier avait pris rendez-vous avec Maurice Simon samedi dernier à 10 h. L'entretien, consigné mot à mot dans un carnet sous le contrôle du magistrat, a duré plus de deux heures. Hier, le parquet général de Dijon s'est contenté d'un timide démenti : « *L'interprétation donnée par le rédacteur aux propos prêtés au président Simon ne correspond pas à l'état de l'information.* » Pradier, lui, maintient la véracité des propos établis mais ajoute : « *Si j'avais su que ça ferait tant de foin et que ça nuirait au président Simon, je n'aurais rien publié.* » Maître Lagrange, au nom des avocats des grands-parents, a, lui, fait savoir qu'en l'absence de démentis formels et clairs du président Simon, il réclamerait son dessaisissement du dossier. À trop vouloir jouer avec la presse pour faire monter la pression et ainsi communiquer avec les corbeaux de son dossier, Maurice Simon vient peut-être, après le juge Lambert, le procureur Lecomte, les gendarmes d'Épinal ou les flics de Nancy, de se griller et d'être ainsi bousculé par « *les forces du mal* » qui hantent d'après lui l'affaire.

Hier soir en tout cas, à la sortie de son cabinet du palais de Justice de Dijon, il a simplement déclaré : « *Il y a une plainte contre moi. Je répondrai devant le juge qui m'interrogera.* »

GRÉGORY : LE JUGE DÉMENT, « DÉTECTIVE » MAINTIENT

« L'affaire », puisqu'il faut aujourd'hui l'appeler ainsi, de l'interview du juge Simon que publie l'hebdomadaire *Détective* ennuie beaucoup de monde. À commencer par le juge Simon. Le magistrat chargé du dossier Villemin s'est empressé hier de répondre aux accusations de violation du secret de l'instruction lancée avec virulence contre lui par les avocats de feu Bernard Laroche et des grands-parents Villemin, par une nouvelle interview justificatrice, accordée au *Bien Public*, le journal local dijonnais.

Le président reconnaît avoir reçu le journaliste mais dément « *formellement* » avoir livré des informations sur « *le fond de l'affaire. Si l'on peut me faire un grief, c'est d'avoir fait confiance en parlant simplement à un monsieur, qui, auparavant, ne m'avait jamais posé de questions… Le pire de mes défauts, c'est d'être courtois* », explique le président qui poursuit : « *Comprenez bien que si ce monsieur m'avait dit qu'il venait pour une interview, j'aurais dit non…* »

De son côté, le rédacteur en chef de *Détective*, Michel Alves, maintient « *l'intégralité du propos* » de Jean-Paul Pradier et assure que « *le président Simon avait bien rendez-vous avec le journaliste : l'interview s'est déroulée un samedi matin et a duré deux heures et demie. Elle ne s'est donc pas faite à la sauvette. Nous avons même, à la demande du juge, eu certaines confidences d'ordre privé.* » Jean-Paul Pradier, l'auteur de l'interview, explique quant à lui : « *J'ai beaucoup de respect et d'admiration pour le juge Simon, mais je ne veux pas passer pour un menteur ou un truqueur. Mon travail est d'écrire la vérité. C'est ce que j'ai fait ici, sans trahir personne.* » À la Chancellerie, à qui les avocats de Bernard Laroche ont demandé un arbitrage, hier soir, on ne souhaitait qu'une chose : que les choses se tassent.

Ça ressemble à un gros calembour. Ça n'en est pas un.

GRÉGORY : LA DERNIÈRE DU CORBEAU

Une lettre envoyée le 25 juillet 85 aux grands-parents a été trouvée. Une première expertise l'attribue au corbeau.

Maurice Simon, le président de la cour d'appel de Dijon chargé du dossier Villemin, avait l'air très abattu en annonçant la nouvelle mercredi aux grands-parents de Grégory Villemin. Le magistrat dijonnais a, voici environ un mois, retrouvé une lettre apparemment anodine dans des scellés oubliés.

Cette lettre anonyme, adressée aux grands-parents de Grégory, Albert et Monique Villemin, avait été remise parmi une dizaine d'autres, en août 1985, aux policiers nancéiens alors chargés de l'enquête. Les policiers, sans l'exploiter, l'avaient remise au juge Lambert qui, pensant sans doute à une mauvaise plaisanterie, l'avait classée. Maurice Simon, lui, a rapidement remarqué une similitude d'écriture et de contenu entre cette lettre-ci et celles envoyées à Christine et Jean-Marie Villemin, dont la très macabre missive revendiquant la mort de l'enfant.

Sur du papier blanc, quelques mots à l'écriture bâton hésitante : « *Je vous ferai à nouveau la peau à la famille Villemin. Prochaine victime. Monique.* »

Maurice Simon a aussitôt commis un expert en écriture, le gendarme Klein. C'est ce même expert qui a retrouvé en foulage les initiales de Bernard Laroche sur la lettre du corbeau revendiquant le crime. Maurice Simon vient de recevoir une partie de son étude graphologique. Cinquante pages. Les conclusions de l'expert sont formelles. Le « scripteur » de cette mystérieuse lettre, un droitier écrivant de la main gauche, est le corbeau de la Vologne. La lettre en question a été postée de Darnieulles, un petit village proche d'Épinal, le 24 juillet 1985. Or, à cette date, Bernard Laroche était déjà mort depuis six mois. Et Christine Villemin vivait sous haute surveillance en Meurthe-et-Moselle, à Petitmont. Elle venait, depuis douze jours, de sortir de prison. Les avocats des deux camps ne vont pas manquer maintenant de demander des contre-expertises de cet étrange courrier, qui relance une nouvelle fois l'enquête.

02.03.1990

AFFAIRE GRÉGORY : L'HYPOTHÈSE DE LA PIQÛRE D'INSULINE

Dans une interview à *Paris Match*, l'infirmière attitrée de la famille Bolle met en cause Muriel. Elle affirme reconnaître la seringue retrouvée sur les bords de la Vologne. Cet instrument aurait pu servir à endormir Grégory.

Dans la série « Il se passe toujours quelque chose du côté de Lépanges-sur-Vologne », l'hebdomadaire *Paris Match* vient de faire surgir un surprenant témoignage accréditant une nouvelle fois la thèse de la culpabilité de feu Bernard Laroche et de sa belle-sœur Muriel Bolle dans la mort de Grégory Villemin. Les journalistes de *Match*, qui continuent inlassablement à arpenter les berges de la Vologne près de six ans après le drame, ont cette fois-ci déniché une infirmière, Jacqueline Golbain, qui nous livre, sans fard et sans nuance, sur trois pages, son « *sentiment* » sur l'affaire et sur ses relations avec le président Simon qui l'aurait déjà entendue à cinq reprises dans le cadre de sa procédure.

Les policiers du SRPJ l'avaient entendue dans le cadre de l'instruction menée par le juge Lambert, mais n'avaient pas pris en compte les dires de ce témoin, persuadés qu'ils étaient de la culpabilité de Christine Villemin.

Jacqueline Golbain était l'infirmière attitrée de Jeanine Bolle, la mère de Muriel et de Marie-Ange Laroche, décédée l'an passé, qui souffrait déjà de diabète au moment de l'assassinat de Grégory Villemin. Une semaine après la découverte du corps de l'enfant, un employé communal de Docelles avait retrouvé sur les berges de la Vologne une seringue que le juge Lambert avait soigneusement classée parmi les pièces a conviction mais sans y prêter plus d'attention. Le président Simon allait, lui, s'intéresser de très près à cette seringue, l'enfant ayant pu être endormi grâce à l'injection d'insuline après son kidnapping.

Dans son témoignage publié hier, Jacqueline Golbain va beaucoup plus loin et se montre beaucoup plus affirmative que lors de ses interrogatoires avec le juge Simon. Elle nous apprend par exemple que seule Muriel Bolle était capable de faire des piqûres à sa mère diabétique. À la question : « *Pensez-vous que la seringue découverte ait pu vous appartenir ?* », l'infirmière répond : « *Oui* » et elle s'explique : « *Tout d'abord parce qu'il y a une différence essentielle entre les seringues que j'utilise et celles qui sont couramment vendues en pharmacie aux malades diabétiques. Cette dernière est monobloc, c'est-à-dire que l'étui inamovible est fixé au réservoir de la seringue et ne peut s'ôter, alors que les miennes, achetées dans un laboratoire qui fournit les infirmières libérales, ont des aiguilles indépendantes du réservoir de la seringue. Et puis parce que le président Simon m'a également présenté le sachet de protection qui accompagnait cette seringue et que la façon de l'ouvrir, qui est très particulière, est la mienne. Quand on n'est pas entraîné à ce geste précis, on n'ouvre pas le sachet de cette façon. Enfin et surtout, j'ai employé cette insuline-là en particulier.* »

Dans cette hypothèse, Muriel Bolle aurait tout simplement, grâce à la piqûre d'insuline, endormi Grégory Villemin, l'enfant ayant été kidnappé par son beau-frère Bernard Laroche. Cette théorie avait déjà amené ce dernier derrière les barreaux de la prison d'Épinal.

Dans le reste de l'interview, la jeune infirmière livre surtout ses états d'âme sur le dossier. On apprend cependant, au détour d'une question, que le juge Simon lui aurait confié vouloir réincarcérer prochainement Muriel Bolle. Le magistrat dijonnais, sorti de l'hôpital depuis peu, suite à un infarctus, et aujourd'hui toujours convalescent, devrait moyennement apprécier les révélations de l'hebdomadaire. Il est probable également que les avocats de Marie-Ange Laroche et de Muriel Bolle réagissent rapidement par une énième plainte en diffamation. Cette interview est exclusive, et l'infirmière, qui refusait hier de répondre à d'autres journalistes, peut être accusée aussi de violation du secret médical.

NON-LIEU REQUIS POUR CHRISTINE VILLEMIN, MÈRE DE GRÉGORY

Le réquisitoire définitif du procureur général de Dijon retraçant l'affaire de l'assassinat du petit Grégory Villemin, retrouvé noyé dans la Vologne le 16 octobre 1984, conclut à l'innocence de sa mère Christine, inculpée en 1985. La chambre d'accusation devrait se prononcer le 21 septembre sur un dossier qui apporte encore quelques révélations.

Trois lignes de conclusion, extraites du réquisitoire du procureur général Jean Stéfani, signent l'épilogue judiciaire du plus incroyable feuilleton médiatico-criminel de ces dernières années : « *Force est de constater que l'information n'a pas permis de découvrir l'auteur, ou les auteurs de l'assassinat de Grégory Villemin.* » C'est bref, décevant. En s'appuyant sur ce réquisitoire, signé le 22 juin dernier, et dont l'hebdomadaire *Le Point* publie aujourd'hui de larges extraits, la chambre d'accusation de la cour d'appel de Dijon doit rendre sa décision le 21 septembre prochain. Compte tenu de la particularité de ce dossier, ce réquisitoire qui réclame un non-lieu pour Christine Villemin, toujours inculpée de l'assassinat de son fils, a toutes les chances de servir de base aux attendus du futur jugement, mettant ainsi un terme définitif à l'enquête.

La lecture attentive du document éclaire l'affaire d'une lumière nouvelle. D'abord par la simple mise à plat, en quatre-vingt-dix-neuf pages, de quatre-vingt-douze mois d'une instruction chaotique. Ensuite, par les quelques révélations et les déductions prudentes mais fermes des derniers magistrats ayant eu à se pencher sur le mystère de la mort de Grégory. Le président Maurice Simon, arrêté en cours d'enquête pour cause d'infarctus, puis son successeur Jean Martin ont, en effet, retrouvé de nouveaux témoignages. Les plus étonnants – le réquisitoire leur consacre une dizaine de pages – concernent un couple de témoins (longtemps amnésiques) Mme Claudon et M. Colin.

Jean Stéfani débute son réquisitoire par la description de l'emploi du temps de Christine Villemin dans les minutes ayant suivi la découverte de la disparition de Grégory, alors âgé de quatre ans. Nous sommes le 16 octobre 1984 à 17 h 30 sur la colline surplombant Lépanges-sur-Vologne. La mère demande à une paysanne sur le point d'aller chercher ses vaches, Mme Claudon, si elle a vu l'enfant. Elle pose la même question à son voisin, M. Méline. Devant leurs réponses négatives, elle descend à Lépanges à bord de sa R 5 noire jusque chez la nourrice de Grégory.

À 17 h 32 – l'heure a pu être déterminée grâce à une émission « Le téléphone sonne » à Autmonzey chez Michel Villemin, frère de Jean-Marie Villemin, le père de Grégory. Le corbeau qui persécute la famille depuis trois ans apprend à son interlocuteur que l'enfant a disparu : « *Je me suis vengé du chef et j'ai kidnappé son fils. Je l'ai étranglé et j'ai jeté son corps dans la Vologne. Sa mère est en train de le chercher, mais elle ne le retrouvera pas. Ma vengeance est faite.* »

Le corps de l'enfant sera retrouvé dans la Vologne à environ six kilomètres de Lépanges, à Docelles, presque au cœur du village. Ses poignets et ses chevilles sont liés à l'aide d'une cordelette. Une autre cordelette est nouée autour de son cou. « *Les vêtements sont intacts, le visage serein* », note le réquisitoire. Le légiste appelé sur les lieux situe alors la mort vers 18 h. « *En réalité, elle se situe à 17 h 15.* » La vallée est en émoi. Le lendemain, une lettre anonyme postée à Lépanges le jour du crime avant 17 h 15 et adressée à Jean-Marie Villemin « *lance* » l'affaire, et la chasse au corbeau : « *J'espère que tu mourras de chagrin, le chef. Ce n'est pas ton argent qui pourra te redonner ton fils. Voilà ma vengeance, pauvre con* », écrit l'assassin.

Les premiers journalistes arrivent. Les gendarmes démarrent leur enquête dans le tumulte et l'excitation. Ils trouvent une trace de pneu et de talon féminin au bord de la Vologne. Les premières dictées sont organisées dans la famille afin de déterminer l'auteur de la lettre revendicatrice. Christine Villemin est entendue. Elle indique qu'elle a laissé l'enfant jouer sur le tas de sable devant la maison pendant qu'elle repassait des vêtements et a fermé ses volets à cause du soleil. Bernard Laroche, cousin germain de Jean-Marie, est également entendu. Il explique que, le jour du crime, il se serait rendu chez Michel Villemin puis chez sa tante Louisette, une handicapée mentale légère chez qui il aurait attendu un ami, Jean-Pierre Zonca, pour aller acheter du vin. Vers 17 h 15, il serait allé, au volant de sa Peugeot 305 verte, chez ce dernier, accompagné de son fils. Ne trouvant personne, il serait revenu chez sa tante, où sa jeune belle-sœur Muriel venait d'arriver. Il serait finalement allé acheter son vin puis aurait touché un tiercé dans un café vers 18 h 10.

« *Il est constaté que Bernard Laroche s'est effectivement rendu au supermarché Champion et au café de la Renaissance, mais il n'est pas établi qu'il se soit réellement transporté chez Zonca* », glisse Jean Stéfani. Muriel Bolle est entendue peu après son beau-frère par les gendarmes puis par le juge Lambert. Son double témoignage, aujourd'hui encore, est la pièce la plus troublante du dossier. Elle accuse formellement Laroche d'avoir enlevé Grégory, d'avoir posté une lettre, puis de s'être rendu en sa compagnie et celle de son fils à Docelles pour le jeter à la Vologne. Le chauffeur du bus scolaire ramenant d'habitude Muriel chez elle et quatre de ses amies assurent alors aux enquêteurs que Muriel ne se trouvait pas dans le bus ce jour-là. Certains expliquent avoir vu la jeune fille monter, à sa sortie de cours, dans une voiture. Le réquisitoire réhabilite et insiste lourdement sur la force de ces témoignages aujourd'hui.

Laroche est inculpé d'assassinat le 5 novembre 1984. Le lendemain, Muriel revient sur ses accusations et explique qu'elle a été victime de menaces des gendarmes qui lui auraient dicté ses déclarations. Le 4 février 1985, arguant de la fragilité des témoignages du chauffeur et des élèves, le juge Lambert libère Laroche.

« *Un mobile était possible. Éconduit par Christine Villemin, [...] Bernard Laroche pouvait être envieux de la réussite de son cousin, jaloux peut-être du bel enfant qu'était Grégory alors que son fils Sébastien avait de graves problèmes de santé et ne pouvait rester seul. L'état de son fils pouvait expliquer pourquoi Bernard Laroche avait cru bon de se faire accompagner par sa jeune belle-sœur* [...] *Enfin Bernard Laroche pouvait connaître tous les détails de la vie des Villemin puisqu'il était le confident et l'ami intime de Michel Villemin et pouvait être à l'origine des coups de téléphone et des lettres anonymes...* », écrit pourtant Jean Stéfani.

Chauffé à blanc par les titres des journaux et les confidences de gendarmes aux journalistes amers, Jean-Marie Villemin tue Bernard Laroche le 29 mars. Il sera incarcéré deux ans et neuf mois. Libéré le 24 décembre 1987 par le président Simon, depuis Jean-Marie Villemin attend son procès qui pourrait avoir lieu en janvier 1993. L'action publique contre Laroche est donc éteinte. Les gendarmes d'Épinal sont dessaisis au profit des policiers du SRPJ de Nancy qui entreprennent alors d'ouvrir la piste de la culpabilité possible de la mère.

À charge contre elle, d'abord. Les témoignages de quatre collègues de travail qui assurent l'avoir vue poster une lettre le jour du crime vers 17 h à la poste de Lépanges. Ce que nie Christine Villemin en indiquant qu'elle a pu se rendre à la poste la veille. Le réquisitoire ne tranche pas sur ce point.

« *L'enfant ayant été jeté à l'eau vers 17 h 15, il paraissait acquis que le ravisseur avait, par écrit, revendiqué son crime avant de l'avoir commis. Il fallait donc qu'il fût sûr de disposer de l'enfant et de parvenir à ses fins sans être inquiété. Seule une personne pro-*

che de Grégory pouvait avoir cette certitude. De même, seule une personne proche de Grégory pouvait facilement l'emmener. En effet, il résulte de plusieurs témoignages que Grégory se méfiait des adultes et ne les suivait pas. Mais, à l'inverse, ne pouvait-on pas penser que le ravisseur était accompagné d'un enfant pour "attirer" *le petit Grégory ?* » questionne le procureur qui s'interroge également longuement sur la possibilité pour la mère de tuer puis de faire disparaître Grégory dans le laps de temps donné par le chronométrage policier (29 minutes 57 secondes). Sa réponse est négative. Il reprend à la seconde près les tests effectués par le président Simon et s'appuie sur une certitude horaire : l'heure où Christine Villemin, son forfait accompli, serait remontée chez elle en voiture et aurait été bloquée par le bus du fils de Mme Claudon, sa voisine. Le disque de contrôle du bus indiquant 17 heures 32 minutes et 41 secondes fait foi. « *Il apparaît acquis que son départ de chez elle se situe vers 17 h 22. Cet horaire rend impossible l'accomplissement du crime par la mère* », insiste Jean Stéfani.

Le réquisitoire cherche en vain à répondre à la question : Christine Villemin a-t-elle pu être le corbeau ? Remarquablement bien informé des faits et gestes de la famille Villemin, le corbeau maquillait sa voix, la rendant rauque et masculine pour appeler la famille, mais avait une voix de femme pour faire des farces macabres en appelant des tiers extérieurs aux Villemin. Les experts concluent, étude fréquentielle à l'appui, à une voix « *indubitablement féminine* ». Les policiers vont réaliser un tableau de concordance des différents appels anonymes répertoriés, en partie grâce à un cahier dans lequel la grand-mère de Grégory notait les horaires et le contenu des messages du corbeau (87 au total). Les policiers assurent alors que Christine Villemin était la seule (de la famille) à « *ne pas présenter d'incompatibilité résultant de la présence au travail ou d'un tiers au moment de la communication téléphonique* ». Le procureur Stéfani relève également que les périodes de forte facturation téléphonique chez Christine Villemin « *correspondent à d'intenses activités téléphoniques* » mais ne tranche pas la question reprenant implicitement la thèse selon laquelle plusieurs membres de la famille ont pu « jouer » au corbeau.

Il fait le point sur les lettres anonymes. Les trois premiers collèges d'experts sont tous très accusateurs pour la mère de Grégory : « *Seule l'écriture de Christine Villemin présente des signes de concordance... particularité signalétique d'une force exceptionnelle... aucune hésitation n'est permise.* » L'histoire des cordelettes de même nature que celles retrouvées sur Grégory saisies par les policiers chez les Villemin en avril 1985 (utilisées pour maintenir une gouttière ou servant de lacets) n'est pas non plus éludée. Le réquisitoire énonce sobrement les charges ayant prévalu à l'inculpation puis à l'incarcération pendant onze jours de Christine Villemin le 5 juillet 1985. Le 9 décembre 1986, elle sera même renvoyée devant les assises des Vosges. Arrêt cassé un an plus tard. Le 25 juin 1987, Maurice Simon, alors président de la chambre d'accusation de la cour d'appel de Dijon, est chargé d'un supplément d'information qui durera donc près de cinq ans. Malgré ce remplacement par Jean Martin en septembre 1990, le président Simon apparaît comme le principal artisan de la réhabilitation de Christine Villemin et du réquisitoire signé aujourd'hui par le procureur général. « *L'endroit précis ou l'enfant à été jeté à l'eau reste ignoré. Le problème de l'heure de l'immersion qui apparaît très risquée de jour et plus aisée de nuit innocenterait Christine Villemin à moins d'imaginer un relais avec un tiers [...] Grégory pouvait être mort avant la pose des liens ou inconscient lorsqu'il a été jeté vivant à l'eau* », prévient ce dernier avant de reprendre et de démolir la thèse policière, en particulier l'histoire des cordelettes qui auraient été volées à un oncle lointain de l'enfant et posées après coup dans la maison. La présence avérée de tuiles enlevées sur le toit et le fait que les gendarmes n'aient pas remarqué de cordes lors de leur perquisition font écrire à Jean Stéfani que « *l'assassin ou son entourage a pu pénétrer clandestinement dans la maison devenue vide pour y déposer une cordelette accusatrice.* » Le procureur pense aussi qu'un « *individu anormal parmi ceux dont le délire justicier gravite autour du crime médiatisé à l'excès* » a pu commettre le subterfuge.

Il met en avant le témoignage, inconnu jusqu'alors, de Louisette, la tante légèrement handicapée de Laroche, qui en avril 1989 a assuré au président Simon que le lendemain de l'assassinat de Grégory, Muriel lui aurait confié « *avoir été dans la voiture de Laroche chercher Grégory* ». Il oppose aux expertises en voix et graphologiques de nouvelles expertises qui innocentent cette fois Christine Villemin mais accusent « *un individu de sexe masculin de quarante-cinq, cinquante ans* » pour le message téléphonique annonçant le crime, et directement Bernard Laroche pour la lettre postée à Lépanges le jour du meurtre.

Un des éléments les plus nouveaux rapportés par le réquisitoire concerne le témoignage de Mme Claudon, la fermière habitant en dessous de la maison des Villemin qui, d'après le réquisitoire, aurait menti au cours de l'instruction. L'affaire dans l'affaire est surprenante et épineuse. « *À la fin de 1985, les époux Villemin ont vendu leur maison aux époux Conreaux [...] qui s'y installent en mars 1987 et nouent des relations avec le voisinage, notamment les Claudon* », relate Jean Stéfani. Les Conreaux sont Alsaciens et pour une affaire privée prennent contact en 1990 avec un avocat de Mulhouse, maître Moser, par ailleurs avocat de Christine Villemin. Maître Conreaux explique alors à maître Moser que Mme Claudon lui aurait fait « *des confidences* » : le jour du crime, elle se serait trouvée à proximité de la maison des Villemin en compagnie d'un certain Claude Colin et aurait reconnu Bernard Laroche au volant de sa 305. Les enquêteurs vont passer de longs mois à vérifier ce propos. Dans le quartier des Hauts de Lépanges, les langues vont se délier. D'autres voisins à qui Mme Claudon a fait la même confidence, un gendarme, son mari et son fils, confirment la véracité du propos. Claude Colin, contrôleur de bus (qui a permis l'embauche du fils de Mme Claudon) va être retrouvé. Il avoue (« *ses déclarations sont nettes et précises* ») avoir vu Laroche le jour du crime « *accompagné d'une jeune fille aux cheveux roux* ». Son silence s'expliquerait par le battage médiatique et la crainte « *d'être inquiété par son employeur* ». Il n'aurait pas dû se trouver à Lépanges ce jour-là. « *Il n'est pas utile de noter que Christian Claudon apparaît comme étant peut-être celui qui a imposé le silence à sa mère...* », relate le réquisitoire qui, face aux dénégations répétées de Marcelle Claudon niant avoir été sur place ce jour-là avec Claude Colin, ajoute : « *Il n'en reste pas moins que les déclarations de Claude Colin paraissent singulièrement proches de la réalité et fort importantes.* » C'est le dernier coup de théâtre de l'affaire.

« *Les conclusions des expertises à elles seules permettraient de mettre Christine Villemin hors de cause. Mais, de surcroît, on cherche vainement dans cette affaire le moindre élément sérieux pouvant permettre de penser que la mère de la jeune victime aurait pu agir sous l'effet d'une impulsion d'on ne sait quelle nature ayant pu la conduire à assassiner son enfant, à moins d'admettre, ce qui serait un non-sens, qu'il s'agisse d'une femme atteinte d'un déséquilibre mental profond. Aucun mobile n'a été découvert pouvant permettre d'imputer le crime à Christine Villemin* », conclut le procureur avant de requérir un non-lieu.

Alors ? Perdu à jamais l'espoir de faire la lumière sur ce dossier, de répondre aux nombreuses questions que le réquisitoire n'aborde pas ? Peut-être pas. Si un procès sur l'affaire de l'assassinat est aujourd'hui quasiment exclu, le procès imminent de Jean-Marie Villemin pour le meurtre de Laroche devrait faire venir devant une cours d'assises les protagonistes de ce drame. Madame Claudon, Monsieur Colin, les experts en écriture, certains policiers, le juge Lambert, Muriel Bolle ont encore quelques soucis à se faire.

LE PROÇÈS DE JEAN-MARIE VILLEMIN

Jean-Marie Villemin est jugé pour l'assassinat de son cousin Bernard Laroche. Les audiences se déroulent à la cour d'assises de Dijon du 3 novembre au 16 décembre 1993. Ces chroniques ont été, en grande partie, publiées par *Libération*.

• Arrestation de Jean-Marie Villemin après l'assassinat de Bernard Laroche, avril 1985.

02.11.1993

UN PROCÈS PEUT EN CACHER UN AUTRE

Le procès qui s'ouvre aujourd'hui au palais de Justice de Dijon n'est pas directement celui de « l'affaire Grégory » ni celui de Christine Villemin. La mère de l'enfant retrouvé mort noyé dans la Vologne, longtemps inculpée de l'assassinat de son fils, a obtenu, le 3 février dernier, un non-lieu très argumenté et définitif. Ce procès n'est pas non plus – a priori – celui de Bernard Laroche. Ce dernier, après avoir été accusé d'avoir tué l'enfant, est mort et enterré depuis mars 1985. Toute action publique est donc virtuellement éteinte le concernant. Dans le box des accusés, pendant au minimum cinq semaines, prendra place un homme de trente-cinq ans au visage connu : Jean-Marie Villemin. Les faits sont établis depuis le 22 juillet 1986, date de la publication de l'arrêt de la chambre d'accusation de la cour d'appel de Nancy. Jean-Marie Villemin comparaît aujourd'hui pour l'assassinat de son cousin Bernard Laroche.

Après trois tentatives infructueuses, le 29 mars 1985, soit cinq mois et demi après la mort de Grégory, Jean-Marie Villemin décidait de tuer celui qu'il suspectait d'avoir assassiné son fils. Vers 13 h, Bernard Laroche, alors inculpé de l'assassinat de l'enfant mais libéré après trois mois de prison par le juge Lambert, sortant de son usine, était mis en joue devant sa maison et abattu à bout portant. Jean-Marie Villemin regagnait ensuite la clinique où séjournait sa femme alors enceinte. « *Chérie, j'ai fait une connerie* », soufflait Jean-Marie à Christine, avant de se constituer prisonnier. « *Comme les policiers lui demandaient les raisons qui l'avaient poussé à passer brusquement à l'acte, il répondait :* “Le fait que les journalistes s'acharnaient sur mon épouse et le fait que je ne faisais plus confiance à la justice. De plus, je me suis retrouvé seul cette semaine et je passais de mauvaises nuits », précise l'arrêt de renvoi. Après deux ans et demi d'incarcération, à la veille de Noël 1987, Jean-Marie Villemin était libéré par Maurice Simon, le second magistrat chargé du dossier.

Il aura fallu six nouvelles années pour que ce procès à l'intrigue apparemment ténue puisse enfin s'ouvrir. Depuis, les charges retenues contre le père de Grégory n'ont pas évolué. Le contexte, par contre, a changé. Au moment de l'assassinat de Laroche, Christine Villemin était fortement soupçonnée par les policiers de Nancy et par le juge Lambert d'être le corbeau de la Vologne. La presse multipliait les unes accusatrices à son égard. Laroche, lui, semblait blanchi. Aujourd'hui, la situation s'est inversée. « *Il existe contre Bernard Laroche des charges très sérieuses d'avoir enlevé Grégory Villemin... Aucun indice ne le désigne, mais, d'une part, il a pu enlever l'enfant sans être l'assassin, d'autre part, n'ayant pas été immédiatement soupçonné, il a eu le temps de faire disparaître des preuves* » relevait, entre autres, l'arrêt de non-lieu innocentant Christine Villemin, ultime document judiciaire faisant le point sur le dossier.

À la question qui sera forcément posée, en fin d'audience, aux neuf jurés bourguignons de la culpabilité de Jean-Marie Villemin, la réponse sera évidemment positive. Par contre, ni la question des circonstances atténuantes ni celle de la peine n'est tranchée. Les défenseurs de Jean-Marie Villemin vont plaider l'acquittement. Les parties civiles, l'épouse, le fils et la famille de Laroche, vont réclamer une lourde peine.

Pour juger de cela, les jurés et la cour d'assises de Dijon se doivent de faire le plus de clarté possible sur l'affaire « incidente » à celle de l'assassinat de Bernard Laroche. Ici, les choses se compliquent puisque cette affaire « incidente » est tout simplement le plus médiatique, le plus mystérieux et le plus tumultueux fait-divers des années quatre-vingt. Une affaire à faire noircir et vendre des tonnes de papier, à faire flasher des centaines de photographes, à épuiser une armée de cameramen, à faire s'arracher les cheveux à un peloton de gendarmerie, à faire déprimer un service de police, à rendre fous un juge d'instruction, quelques magistrats et une douzaine de gratte-papier. Une affaire à donner des visions à Marguerite Duras, à transformer un bataillon d'avocats en danseuses des Folies Bergère, à mettre une vallée à feu et à sang. Une affaire de corbeau tueur, d'enfant noyé, de haine ancestrale et de crime revendiqué. Jean-Marie Villemin a tué son cousin parce qu'il était persuadé que ce dernier était le machiavélique corbeau de la Vologne. Pourquoi était-il persuadé de cela ? Qui a pu l'influencer ainsi ? Quel rôle a joué la presse ? Son épouse ? Les gendarmes ? Les avocats ? Le juge d'instruction ? Quel était le climat de l'époque ?

Pour répondre à ces questions, nous allons, dans la minuscule salle de la cour d'assises de Dijon, replonger dans l'atmosphère étrange de la vallée de la Vologne. Les magistrats dijonnais ayant en charge la préparation du procès, avaient le choix entre deux attitudes : baisser les bras en se contentant de survoler l'intrigue et en mitonnant un honnête petit procès bouclé en une semaine (peu de gens leur en auraient tenu rigueur), ou relever le défi et tenter de résoudre, à la barre, l'énigme. À la lecture de leur « programmation des débats », force est de constater qu'ils ont choisi la seconde solution. Les jurés bourguignons, pour réussir à juger le père, vont essayer de savoir qui a tué l'enfant.

Du 3 novembre au 7 décembre (il est plus probable, compte tenu des derniers témoins cités par les parties civiles, que le procès se poursuive jusqu'au 10), plus de cent quarante témoins, enquêteurs et experts vont se succéder à la barre, suivant un ordonnancement très étudié qui donne déjà quelques indications sur la conduite des débats. Le président Olivier Ruyssen qui dirigera l'audience semble s'être inspiré de l'arrêt de non-lieu innocentant Christine Villemin. Après une semaine consacrée à la personnalité de l'accusé et aux circonstances entourant la mort de Laroche, la cour a prévu de réserver le reste du procès au déroulement de « l'information Grégory ». Une journée destinée aux mystérieuses cordelettes retrouvées au domicile des Villemin (les policiers de Nancy, un moment suspectés d'avoir « fabriqué » ces preuves contre la mère, vont devoir à nouveau s'expliquer à la barre), une journée à revenir en détails sur l'emploi du temps de Bernard Laroche le jour du crime, plus d'une semaine consacrée aux déclarations successives de sa belle-soeur et première accusatrice, Muriel Bolle (qui doit être entendue à dix reprises) : même si les magistrats dijonnais ont prévu d'entendre longuement les explications de Christine Villemin, le procès de l'accusé Jean-Marie Villemin ressemble, à s'y méprendre, à celui de sa victime, Bernard Laroche.

Neuf années d'instructions

•1984

16 octobre : Découverte à Docelles, à environ six kilomètres de chez lui, dans la Vologne, du cadavre de Grégory Villemin, quatre ans. L'enfant porte un bonnet sur ses yeux et une corde autour du cou.

17 octobre : Les parents reçoivent une lettre anonyme postée avant le crime et le revendiquant : « *J'espère que tu mourras de chagrin, le chef. Ce n'est pas ton argent qui pourra te redonner ton fils. Voilà ma vengeance, pauvre con.* »

5 novembre : Inculpation et incarcération de Bernard Laroche, cousin germain de Jean-Marie Villemin, suite au témoignage de sa jeune belle sœur, Muriel Bolle, alors âgée de quinze ans et assurant avoir accompagné Laroche pendant l'enlèvement et la noyade de l'enfant.

7 novembre : Rétractation de Muriel Bolle mettant en cause les gendarmes qui lui auraient dicté son témoignage.

•1985

4 février : Libération de Bernard Laroche par le juge Lambert.

25 mars : Premiers rapports des experts graphologues accusant Christine Villemin d'être l'auteur de la lettre revendiquant le crime.

29 mars : Assassinat de Bernard Laroche, toujours inculpé d'assassinat, par Jean-Marie Villemin. Inculpation et incarcération de ce dernier. Les gendarmes d'Épinal sont dessaisis de l'enquête au profit des policiers de Nancy.

24 avril : Découverte par les policiers d'une cordelette du même type que celle liant l'enfant, au domicile des Villemin.

5 juillet : Inculpation d'assassinat et incarcération de Christine Villemin alors enceinte.

16 juillet : Libération de Christine Villemin qui reste inculpée.

•1986

23 avril : Le juge Lambert boucle son instruction et demande à être mis en disponibilité.

22 juillet : Clôture de l'instruction renvoyant Jean-Marie Villemin devant les assises.

9 décembre : La chambre d'accusation de la cour d'appel de Nancy ordonne le renvoi de Christine Villemin devant la cour d'assises contre l'avis du parquet général qui voulait un complément d'information.

16 décembre : Tentative de suicide de Christine Villemin.

•1987

17 mars : La Cour de cassation casse l'arrêt de Nancy et renvoie le dossier à Dijon.

6 avril : Sortie du livre de Jean Michel Lambert (*Le petit juge*) évoquant de loin l'affaire.

25 juin : La chambre d'accusation de la cour d'appel de Dijon ordonne un supplément d'enquête, et son président, Maurice Simon, s'auto-désigne responsable de cette enquête confiée à la gendarmerie.

24 décembre : Sur décision de Maurice Simon, Jean-Marie Villemin est remis en liberté.

•1988-1989-1990

Le président Simon multiplie les déplacements dans la vallée de la Vologne : il réentend les protagonistes du dossier, fait procéder à plusieurs reconstitutions, trouve de nouveaux témoins. Des informa-

tions nouvelles sur l'heure, le timing du crime, les causes de la mort de l'enfant sont révélées (l'hypothèse d'une piqûre d'insuline administrée à l'enfant avant sa noyade semble privilégiée). Dans une interview publiée par *Détective*, le magistrat évoque, à mots couverts, la réouverture de la piste Laroche et innocente la mère de Grégory. À la charge de l'hypothèse Laroche, la redécouverte sur la lettre de revendication du crime, d'un mystérieux foulage « LB », initiales de Bernard Laroche, et le témoignage tardif d'une voisine ayant vu Laroche le soir du crime à proximité de la maison des Villemin.
Le 19 septembre 1990, suite à de graves problèmes cardiaques, le juge Simon est remplacé par Jean-Paul Martin, alors président de la chambre d'accusation de la cour d'appel de Dijon.

•1991

Le président Martin reprend l'enquête et les thèses de son prédécesseur.

•1992

22 juin : Le procureur général Jean Stéfani, dans son réquisitoire définitif, requiert le non-lieu pour Christine Villemin et la clôture du dossier : « *Force est de constater que l'information n'a pas permis de découvrir le ou les auteurs de l'assassinat de Grégory Villemin* », conclut le magistrat.

•1993

3 février : Dans un arrêt de quatre-vingt-treize pages, le président Martin innocente totalement la mère de Grégory et accable Bernard Laroche et sa belle-sœur Muriel Bolle : « *Toutes les investigations menées en direction de Christine Villemin étant demeurées infructueuses et tendant au contraire à rendre à la fois invraisemblable et impossible sa participation à l'assassinat litigieux, la cour doit examiner les charges pesant sur des tiers.* »

• Audition de Muriel Bolle en tant que témoin au procès de Dijon, octobre 1993.

• Les grands-parents de Grégory en visite chez le juge Lambert, le 5 novembre 1985.

Le Who's who du procès :
Ils vont passer par Dijon. Neuf ans plus tard, on risque de les trouver changés. Ce sont les stars, les guest-stars et les seconds rôles de la saga Villemin, avec, par ordre d'entrée en salle :

•Les stars :
Jean-Marie Villemin, l'accusé. Pendant au minimum cinq semaines, il va devoir faire face. Depuis sa sortie de prison, il a quitté les Vosges pour l'Essonne où il a trouvé une petite maison entourée d'un jardin, et un emploi de technicien dans une usine de mousse. Il connaît les trente mille cotes du dossier sur le bout des doigts. Ceux qui l'ont approché disent qu'il s'est assagi. Il s'est mis à l'informatique et à la guitare sèche. Il en veut à la presse, aux policiers et au juge Lambert. Il s'est rabiboché avec ses parents.
Bernard Laroche, le mort. Sur le point d'expier, il aurait dit trois choses : « *Fais pas le con, Jean-Marie... Rentre, on va discuter* et *Vite, le fusil dans le buffet* ». Après avoir été « l'assassin ambigu », la « victime ambiguë », il est aujourd'hui le « mort ambigu ».
Christine Villemin, la mère
Épouse de Jean-Marie, mère de Grégory. La justice l'a innocentée, mais l'opinion se pose encore la question. Elle espère que ce procès lèvera les derniers doutes sur l'affaire. Elle a fait deux enfants (un garçon et une fille) depuis la mort de Grégory. Elle vit tranquille avec Jean-Marie dans sa petite maison avec jardin (et chien) et gagne tous ses procès contre les (rares) photographes qui continuent de l'embêter.
Marie-Ange Laroche, la veuve. S'est remariée, a ouvert un restaurant qui a flambé, vit toujours dans les Vosges. L'arrêt de non-lieu innocentant Christine Villemin l'égratigne. Bien que partie civile, elle craint ce procès qui risque de la mettre en difficulté. Elle en veut à ses cousins Christine et Jean-Marie, aux gendarmes, à la presse et au juge Simon qui a rouvert la piste concernant son mari.
Muriel Bolle, la clé de l'énigme. Sœur de Marie-Ange, elle est au cœur de tou-

tes les interrogations. Quinze ans et lycéenne au moment des faits, elle revient chômeuse et mère de deux enfants. Après avoir été interrogée longuement depuis ses premières déclarations accusant son beau-frère, elle n'a fait que répéter ses rétractations. Oui, elle a menti en accusant « Bernard ». Non, elle n'a rien à voir dans le crime… Les magistrats dijonnais et les avocats de Jean-Marie Villemin espèrent que l'émotion suscitée par le procès la fera craquer. Elle le sait et s'est préparée en conséquence.

•Les seconds rôles :

Les grands parents Villemin. Parties civiles dans le dossier concernant l'assassinat de Grégory, ils se retrouvent aujourd'hui simples témoins. Longtemps opposés à leur fils Jean-Marie, ils se sont rapprochés de lui. Ils ont pourtant toujours « *du mal* » à croire en la culpabilité de Laroche.

La famille Bolle. La mère de Marie-Ange et de Muriel est décédée. Ses enfants seront tous réunis pour défendre la mémoire de « Nounours », leur beauf. Ils en veulent à tout le monde, sans distinction.

Michel Villemin. Frère de Jean-Marie. Homme pivot du dossier, car ami de Bernard Laroche. A reçu le coup de téléphone annonçant la mort de l'enfant à 17 h 32, le 16 octobre 84. Devra en particulier se ré-expliquer sur cet horaire.

Marcelle Claudon et Claude Colin. Voisine de Christine et Jean-Marie à Lépanges, Mme Claudon est devenue une pièce essentielle pour la défense de Jean-Marie. En effet, les nouveaux propriétaires de la maison des Villemin assurent avoir obtenu les confidences de cette dernière. Elle aurait vu, le soir du crime, en compagnie d'un ami M. Colin, la voiture de Laroche avec Bernard Laroche et Muriel à son bord. L'ami le concède, elle nie. Leur témoignage, prévu le 2 décembre, sera un des temps forts du procès.

•Les enquêteurs :

Étienne Sesmat (et les gendarmes). Après un séjour à Berlin, après avoir failli ouvrir un terrain de golf en Afrique, revient de Nouméa, où il commande une compagnie de gendarmerie, pour les cinq semaines du procès. Saint-cyrien au regard bleu piscine, le commandant Sesmat, initiateur de la première partie de l'enquête, rêve toujours de la Vologne et espère que ce procès lui donnera enfin raison. En veut beaucoup au juge Lambert et aux policiers de Nancy. Auteur de la célèbre diatribe, en début d'enquête (devant les micros des reporters pantois) : « *Nous sommes dans une jungle où il y a un loup qui hurle. Tant qu'il continuera à hurler nous le suivrons à la trace.* »

Le commissaire Corrazzi (et les policiers). Aujourd'hui en poste à Rennes. Toujours persuadé de la culpabilité de la mère, le commissaire moustachu revient en courbant le dos. La nouvelle instruction lui donne tort sur toute la ligne, et on va forcément l'interroger sur la découverte de ces foutues cordelettes au domicile des Villemin.

Le procureur Lecomte. A su se faire oublier. Après un séjour à Mayotte, est aujourd'hui en poste dans le sud de la France. Il était le seul, au début de l'affaire, à être habilité à communiquer avec la presse. A beaucoup communiqué, effectivement.

Le juge Lambert. Les magistrats dijonnais ont prévu de l'entendre le 15 novembre. Ce sera un autre moment fort du procès. Après avoir cru Bernard Laroche « *forcément* » coupable, puis Christine Villemin « *forcément* » coupable, après avoir confessé avoir versé une larme et écouté Léo Ferré avant de prendre sa décision « *d'inculper la mère* », après avoir écrit un livre, puis encore un autre, il revient de Bourg-en-Bresse où il coule une carrière paisible, pour dire ce qu'il pense. Et en plus, il pense.

•Les avocats :

Paul Prompt et Gérard Welzer. Les avocats de la partie civile font surtout figure de défenseurs de (la mémoire de) Laroche et de sa famille. Contre une cour apparemment acquise au non-lieu de

Christine Villemin et une défense remontée à bloc, le vieux cégétiste et l'ex-jeune député socialiste ont intérêt à connaître leur dossier et à se préparer à répéter cent fois : « *On n'est pas là pour incriminer un mort mais pour juger un vivant...* »

Maîtres Garaud, Robinet, Moser et Chastant. Pour les quatre défenseurs de Jean-Marie Villemin, qui étaient également ceux de Christine, le problème est simple : tout tenter pour démontrer la culpabilité de Laroche dans l'assassinat de Grégory, et ainsi trouver des excuses à son père. Fort du non-lieu obtenu par Christine Villemin, ils veulent faire éclater, de ces débats, La Vérité et obtenir un acquittement salvateur. Difficile mais jouable.

•Les experts :

En graphologie, en audiométrie, en psychiatrie, en médecine légale, en trace de pneu dans la boue de la Vologne, en voix de corbeau, en eau de la Vologne dans les poumons d'un enfant, en insuline... Ils risquent de se faire tout petits dans ce dossier où les indices ne manquaient pas. Pas un ne sort exempt de reproches. Voire plus.

03.11.1993

PROCÈS VILLEMIN : PREMIER JOUR, PREMIÈRES SALVES

Quand les procès d'assises sont prévus sur de longues périodes, la première journée, dite journée d'ouverture, est généralement fatigante, fastidieuse, compliquée à suivre pour le néophyte et pour le juré débarquant, remplie d'incidents de procédure. C'est un vrai casse-tête pour le chroniqueur judiciaire. Les premières journées d'assises permettent aussi aux adversaires de se jauger, de se regarder, de s'envoyer quelques banderilles, de préparer le terrain de l'affrontement. Celle d'hier n'a pas failli à la règle.

Le décor : une cour d'assises minuscule, presque intime, le président Ruyssen siège sous une titanesque tapisserie grise où un homme, peut-être un roi ivre, peut-être un juge, semble réfléchir au milieu d'un groupe d'hommes et de femmes, dont certaines sont entièrement nues. C'est érotique et assez anachronique. La salle des pas perdus est immense. Les policiers, nombreux, y ont mis des barrières métalliques, les soixante-quatre journalistes accrédités, constituant l'essentiel du public, se soumettent de bonne grâce à la fouille. Le matin, pendant que la cour, toutes portes closes, essayait de résoudre un problème de pénurie de jurés (sept jurés, sans doute perturbés par la longueur des débats, s'étaient désistés), les journalistes se sont interviewés entre eux. C'est une activité nouvelle pour la profession. Les « anciens de la Vologne » racontent aux plus jeunes leurs histoires de corbeau, sous les caméras de la télévision qui sont, elles-mêmes, filmées par les caméras de « Télé-Dimanche », l'émission de *Canal+* qui prépare un sujet sur le rôle des journalistes dans l'affaire. Des journalistes interviewés par des journalistes, eux-mêmes filmés par d'autres… Quand la presse s'ennuie, elle trouve toujours un moyen de s'en sortir. Une matinée creuse, donc, à se regarder le nombril, à traquer le (rarissime) badaud :

– Pardon madame, c'est quoi pour vous, l'affaire Villemin ?

– C'est l'histoire de LA Christine, moi je suis venue pour la voir en vrai.

– Vous pourriez répéter ? C'est pour mon confrère de la radio…

Sur le coup de midi, après la constitution du jury (cinq hommes, quatre femmes, moyenne d'âge : quarante ans), les avocats tentent une sortie sous les micros. Les partitions sont hyperrodées et sans surprise. Maître Garaud, pour la défense et au nom de ses trois collègues : « *Nous sommes quatre et unis comme les cinq doigts de la main… Vous êtes contents, vous avez votre déclaration ?* » La partie civile se veut plus discrète et ne commente qu'en aparté. Maître Welzer, à l'unisson de ses trois partenaires : « *On ne va pas se laisser embarquer dans un faux procès. C'est Villemin qu'on juge, pas Laroche…* » Ensuite, les troupes se dispersent, dans un ordre étrange mais très étudié, vers les petits restaurants du centre de Dijon. La famille Bolle déjeune ensemble et en silence. Les avocats des deux camps s'évitent soigneusement. Une animosité certaine règne entre eux. Jean-Marie Villemin retourne en prison. (Notons qu'aucune demande n'a été encore faite pour le remettre en liberté pendant le procès.)

Les choses un peu plus sérieuses ont commencé vers 14 h 30 : une bataille de procédure entre les deux parties, passée loin au-dessus de la tête des jurés (dont certains bâillaient). Objet principal de la bataille : la constitution de partie civile de Muriel Bolle, la belle-sœur de Bernard Laroche, témoin-clé du procès. À la suite de ses premières déclarations, Bernard Laroche a été inculpé, et Jean-Marie Villemin s'est forgé son intime conviction qui allait le pousser à se venger. Le fait de se constituer partie civile permet d'assister aux débats, d'intervenir par le biais d'un avocat et de ne pas prêter serment. Cela permet surtout de ne plus être un témoin comme les autres. Muriel Bolle, comme son frère Lucien et son père Lucien (eh oui, ils s'appellent tous deux Lucien) voulait donc se constituer partie civile à l'audience. Cette proposition a provoqué la réprobation de la défense qui voit là une manœuvre permettant « *une fois de plus* » à la jeune Muriel de fuir sa responsabilité. « *Muriel Bolle, épicentre d'un séisme familial, doit être soustraite à l'influence de sa famille* » plaide maître Chastant, suivi par Maître Garaud qui sort l'artillerie lourde : « *Dans ce dossier, nous savons que les deux derniers à avoir vu l'enfant vivant sont Bernard Laroche, qui avait dans sa grosse main la petite main du petit Grégory, et Muriel Bolle. Reparlera-t-elle un jour ? Tout est là.* »

Réplique sévère de maître Prompt pour la partie civile : « *On touche là le fond du dossier. La stratégie de Jean-Marie Villemin, c'est* "je tue et ensuite on jugera ma victime." *Cela est intolérable !* » Dernière salve pour maître Welzer : « *Nous sommes devant deux vérités. N'oublions pas que Christine Villemin avait été, en son temps, renvoyée aux assises par trois magistrats de la cour d'appel de Nancy. On veut maintenant faire le procès d'un mort, nous ne laisserons pas faire cela.* » Deux heures de palabres et de disputes laissant présager ce que sera la suite.

Au final, le président demande à Jean-Marie Villemin s'il a quelque chose à dire. Le jeune homme se lève. On l'avait presque oublié tant il est discret. Pas effacé ni absent. Depuis le matin, Jean-Marie Villemin observe, sans ciller, ceux qui lui font face, le banc de la partie civile : les quatre avocats et leurs clients, Marie-Ange Laroche l'épouse, son père, son frère, sa sœur. Le regard du jeune homme n'est pas arrogant ni apparemment haineux. Il est perçant et un peu las. Jean-Marie Villemin a physiquement changé. Il porte un complet gris, une cravate, il est amaigri. Il apparaît moins expansif et agressif qu'en début d'affaire. On a construit pour lui, à l'occasion de ce procès, une cage en verre pare-balles afin d'éviter toute catastrophe. Jean-Marie Villemin n'a eu que deux occasions de parler. En début d'audience, quand il a, avec difficulté, décliné son identité, et en milieu d'après-midi quand il a dit au président, d'une voix plus assurée : « *Je n'attends qu'une chose, que Muriel dise la vérité sur la mort de mon enfant.* » En parlant, il a regardé dans la direction du banc. La jeune fille rousse qui, elle aussi, s'est métamorphosée (les cheveux sont plus longs et plus bouclés, le visage plus rond et renfrogné), n'a pas physiquement répondu à l'allusion de Jean-Marie Villemin. Pas plus d'ailleurs qu'elle n'avait esquissé la moindre expression de colère ou de désapprobation quand, à tour de rôle, les avocats l'avaient décrite participant à l'enlèvement de l'enfant.

Le président, après une heure de délibéré, l'a autorisée à rester dans la salle et à se constituer partie civile : « *Quel que soit le rôle qu'elle ait pu jouer dans la mort de l'enfant, elle a personnellement souffert du crime de son beau-frère* » a justifié M. Ruyssen. La constitution de son frère Lucien pour les mêmes raisons a été acceptée. Par contre, celle de son père a été refusée. Ni Muriel ni Jean-Marie Villemin n'ont bronché à l'annonce de la décision. On en est resté là, juste un peu plus de lourdeur dans les yeux. Une première journée, quelques salves, des regards fixes, des esquives. Un round d'observation avant un combat qui promet d'être violent.

LA DOULEUR D'UN PÈRE

La deuxième journée du procès de Jean-Marie Villemin s'annonçait tranquille. Sur le programme était écrit « *interrogatoire de l'accusé* ». La presse, le public écoutaient distraitement le président Ruyssen expliquer à Jean-Marie Villemin qu'il allait l'interroger sur sa vie et sur les faits. Jean-Marie Villemin s'est levé, a parlé dans le micro. Au début, il était bien droit. Avec l'amplificateur, la voix, même faible, portait. La salle a écouté. Et puis, la salle a vacillé. Prenez un homme de vingt-six ans, enlevez-lui son unique enfant, noyez-le, accusez sa femme de l'avoir noyé, inventez des tas d'histoires sur leur compte, dites même que l'enfant n'était pas de lui, ajoutez que l'enfant a beaucoup souffert en mourant, faites tourner l'homme en rond, conditionnez-le avec des lettres de corbeau, faites circuler des rumeurs, vite et partout, surtout dans la presse, laissez-le tuer celui qu'il croit être l'assassin, emprisonnez-le, laissez-le marner sept ou huit ans. Un jour, offrez-lui une cour d'assises. Dites-lui de s'expliquer.

Jean-Marie Villemin a commencé doucement, en racontant ses parents, ses relations avec ses cinq frères et sœur, sa rencontre avec Christine : « *Je l'ai connue en avril 76, c'était le coup de foudre* », la construction du chalet sur le plateau de Lépanges, « *la maison du bonheur* »... Le président interrompt le récit et demande d'une voix neutre : « *La mort de Grégory, qu'est-ce que ça a changé ?* » L'homme est debout. Il ne s'attendait pas à la question. Il hésite : « *Nous avons vécu chez... On vivait... On ne vivait pas.* » La salle est attentive. Jean-Marie Villemin part dans un long pleur retenu, s'accroche : « *J'étais à vif. Au début, mes avocats et les gendarmes ne nous disaient rien. On suivait l'enquête dans les médias. Sesmat* (le capitaine de gendarmerie responsable de l'enquête) *nous avait demandé de ne pas parler à la presse. Il y a eu un reportage sur* TF1 *qui nous faisait passer pour des gitans. J'ai voulu répondre pour démentir. Après, ça a été l'engrenage.* » Il décrit l'isolement de son couple : « *La journée, c'était l'enquête et la nuit, on pleurait avec Christine. On se raccrochait l'un à l'autre. On disait* "il a froid mon Titi" *en pensant à Grégory.* » Il insiste : « *Le maximum d'informations que je pouvais avoir, c'était par les journalistes. Je voulais savoir qui m'avait fait tout ce mal. On nous a exploités. On nous a fait faire des choses pas possibles. Certains journalistes m'ont fait plus de mal que le juge Lambert.* » Il raconte comment un photographe du *Parisien*, quelques jours avant Noël, prétextant le financement d'un voyage aux USA pour l'aider à ramener un sérum de vérité, a voulu faire une photo des Villemin devant la tombe de l'enfant : « *Il nous avait dit que notre avocat était d'accord. Quand on est arrivés, ils avaient mis des jouets sur la tombe. C'est ça qu'on a vécu...* »

« *Le corbeau m'avait dit :* "Tu mourras de chagrin." *Peut-être, mais je voulais l'avoir avant* » hurle Jean-Marie avant de se radoucir pour raconter Grégory. Il parle abondamment d'un « *enfant merveilleux* », multiplie les anecdotes : « *Il était ballotté de câlins. Il adorait boire du thé au lait. Quand je l'amenais à l'école, il disait :* Nounours encore un coco." *Il était espiègle, doux, malin...* »

Le père de Grégory reprend son souffle pour raconter la journée du 16 octobre 1984 : « *J'ai emmené Grégory à l'école. Je suis allé à la musculation. À midi, on a mangé ensemble. On a joué au ballon dans le couloir. On a tiré sur les pots de fleurs. Pour pas que Christine se fâche, on a scotché les feuilles. En partant, je lui ai mis sur la tête son chapeau de cow-boy. Je le regardais dans le rétroviseur, sur la terrasse, me faire un signe de la main. Je ne pensais pas à tout ce qui allait arriver. C'est la dernière image que j'ai de lui.* » Effondré, se retenant à la rambarde de sa cage protectrice, Jean-Marie Villemin poursuit avec le coup de téléphone à son usine lui annonçant la disparition de l'enfant, les recherches « *la peur au ventre* » : « *Un pompier est venu vers moi, m'a demandé* : "Votre fils, il avait un bonnet ?" *J'ai dit oui, je pensais qu'ils avaient retrouvé le bonnet. Il m'a dit :* "Il est mort. » J'ai tapé du poing de toutes mes forces contre un volet. Christine n'avait pas compris. Je lui ai crié : « *Il est mort.* » On se cognait la tête tous les deux contre le crépi de la maison. Dans la salle, les premières larmes coulent timidement. Les avocats de la partie civile pâlissent, Muriel Bolle et son frère ne bronchent pas, seule Marie-Ange Laroche sort un mouchoir. Jean-Marie Villemin continue, la découverte du corps, avec Christine dans un hangar : « *Un gendarme soulève la couverture. Grégory était beau, il donnait l'impression de dormir. J'arrive pas me décoller de lui. J'ai juré là que je tuerais celui qui a fait ça.* » Le président se sent obligé d'interrompre les débats. Trop de tension.

Plus tard, maître Prompt demandera à sa cliente de dire quelques mots : « *Aujourd'hui seulement, je comprends la douleur de Jean-Marie Villemin. Quand Bernard a été tué, mon fils Sébastien a ressenti la même douleur* », sanglote Marie-Ange Laroche. L'après-midi démarre sur la mort de son mari. Jean-Marie Villemin a tout retenu : les PV d'audition de Muriel, accablants pour Laroche, que lui fait écouter sur cassette un journaliste de *Match*, les revirements incessants du juge Lambert, le défaitisme des gendarmes énumérant, à la libération de Laroche, les charges contre ce dernier, les questions des policiers sur les amants imaginaires de sa femme, le flash radio de *RTL* annonçant que Christine était le corbeau, sa femme alors enceinte perdant son sang dans la voiture à l'écoute du flash, son hospitalisation.

Le 29 mars 1985, il la quitte sur son lit d'hôpital, fonce seul vers Lépanges, se recueille sur la tombe de Grégory : « *Je lui parlais. J'avais l'impression qu'il me disait* "Vas-y papa. Vas-y… » L'arrivée par les bois devant la maison de Laroche. L'embuscade. Marie-Ange et son frère Lucien sont présents. Le court dialogue avec Laroche :

– Ne fais pas ça. C'est pas moi qui ai tué le petit…

– Pourquoi que t'as dit à *RTL* que c'était la mère qui avait fait le coup !

– Pose ton fusil, j'ai jamais dit ça, on va parler…

Le tir. La fuite. L'explication : « *J'ai paniqué, je savais qu'il avait une carabine à la maison.* »

Question du président :

– Vous n'avez jamais eu le moindre doute sur la culpabilité de Laroche ?

– Non, jamais.

– Et aujourd'hui ?

– Absolument pas.

Jean-Marie Villemin, en fin d'audience, parlera encore de Grégory et des sales rumeurs. « *On nous a reproché d'avoir fait Julien après Grégory. Julien a été fait dans les pleurs, mais il ne s'en ressent pas.* » C'est dit dans un souffle, sans impudeur, pour rattraper un peu de vie. Il parle des ragots sur la vente de la maison de Lépanges qui les aurait enrichis : « *C'était devenu la maison de la douleur, on l'a vendue à perte. Avec l'argent qui nous restait, on a acheté le plus beau cercueil du magasin pour Grégory.* » Le souvenir du cadavre de l'enfant revient obsessionnellement : « *Il est arrivé à la maison avec le cercueil ouvert. J'avais la main sur son front parce que je ne voulais pas que Christine voie la plaie. Elle lui avait mis plein d'habits, elle disait qu'il allait avoir froid. Elle lui a mis son kiki avec.* » Il raconte le préposé aux Pompes funèbres : « *Il tire la housse, ferme le cercueil. Christine hurlait.* » Il reparle de l'enterrement, la douleur. Toujours la douleur, et les journalistes qui « *piétinent les tombes* » : « *Arrive le moment où ils mettent Grégory dans la tombe. Christine s'est jetée sur le cercueil. Elle ne bougeait plus. Elle était comme morte. J'ai dû l'emmener chez le médecin pour faire des piqûres. J'ai pas pu voir Grégory partir dans son caveau.* » L'homme pleure sur cet ultime regret. Le président interrompt.

05.11.1993

IL N'Y A PAS DE MOTS ASSEZ FORTS DANS LE DICTIONNAIRE

Son témoignage était très attendu. Depuis deux jours, elle était au centre des questions. Christine Villemin était attendue par la foule qui était venue plus nombreuse, par la presse, la plupart des journalistes n'ayant pas couvert l'affaire en son temps en faisaient la star du procès, les autres étaient intrigués de savoir ce qu'elle était « *devenue* » après ces années de silence. Elle était attendue par la cour et par les avocats des deux camps. Elle n'était pas attendue par Marie-Ange Laroche et sa famille qui, pour des raisons annoncées comme financières, avaient choisi de déserter Dijon pour retrouver la Vologne. Pour les défenseurs de Jean-Marie Villemin, son témoignage devait renforcer celui de son mari. Pour la partie civile, cette première « confrontation » était une possibilité importante de passer à l'offensive. La stratégie de la partie civile passe, inévitablement, par la déstabilisation de Christine Villemin. Malgré le non-lieu l'innocentant de l'assassinat de son fils, elle reste, pour une partie de l'opinion et pour les amis de feu Bernard Laroche, un être double, une sorte de monstre au visage angélique. Un lapsus d'expert psychiatre en milieu d'après-midi a défini le corbeau comme une « *personnalité inaffective et hystérique* ». Qui peut être hystérique sinon une femme ? Sinon Christine Villemin ? L'idée lancinante des avocats de la thèse selon laquelle Laroche n'aurait pas enlevé l'enfant, véhiculée en coulisse incessamment depuis le début de ce procès, est que Christine Villemin serait « *malgré tout coupable* ». Ainsi, vers 16 h 30, quand le président Ruyssen l'a appelée à la barre, elle était attendue par tous comme une énigme.

Elle est arrivée sans un regard pour la salle, en jeans et manteau vert. Le président lui demande de faire sa déposition. La voix est hésitante : « *J'ai connu Jean-Marie en... Quand il est sorti du service militaire, nous nous sommes mis en ménage... Nous avons fait... Nous avons eu Grégory. Il est venu au monde... J'ai du mal à parler, je m'excuse...* » Le président lui demande de prendre son temps. « *Grégory est venu au monde le 24 août 80... C'est très douloureux de parler des moments heureux que nous avons vécus.* » Elle s'arrête, pleure un peu : « *Je ne suis pas assez forte.* » Le président l'interroge sur ses flirts d'adolescente, une dispute avec Jean-Marie, l'achat de la maison, ses relations avec les Laroche : « *C'était de la courtoisie, rien de plus. On allait rarement chez eux, et eux pareil. Eux ne pensaient qu'à boire pour faire la fête, je m'excuse de dire cela.* » Elle répond posément, remonte le temps. Arrivée à la période de la mort de Grégory, elle revient en arrière : « *Je vais essayer... Depuis ce matin, je sais que je dois parler de ça... C'est très difficile de dire quand il était vivant... Il demandait de l'amour tout le temps. Quand il se réveillait, il venait dans notre lit et prenait nos bras, un à chacun, pour les mettre sous sa tête...* » La tension de la veille, la même, monte. Le président pose de courtes questions sur l'enfant, puis sur le harcèlement du corbeau : « *La première fois, c'était en août 81... Allô... Avec sa voix rauque... Pute, salope... Pute, salope... Qu'est-ce que je vous ai fait ? C'est pas à toi que j'en veux, c'est à ton vieux.* » Christine Villemin met en cause Laroche et un frère de Jean-Marie Villemin, Michel, et son épouse Ginette, « *très jalouse* », ils auraient pu renseigner les Laroche sur des détails de leur vie. Elle décrit la rupture familiale : « *La mère de Jean-Marie, après la mort de Laroche, ne supportait pas qu'on s'en prenne à Michel.* » Le président donne la parole à la partie civile. Maître Prompt attaque, relit des PV, sort des histoires de flirt vieux de dix-sept ans, revient sur des avortements anciens que lui aurait imposés son mari : « *C'est faux, on a décidé ensemble, il ne m'a jamais bridée.* » Prompt revient sur l'assassinat de Laroche : « *Est-ce que vous n'avez pas demandé, à sa mort, par l'annulation de la procédure, que les policiers arrêtent l'enquête ?* » Christine répond : « *La procé-*

dure, je n'y comprenais rien. Je n'ai jamais demandé d'arrêter. Il y a Muriel, on veut toujours savoir » Maîtres Teyssonière et De Montile enchaînent, expertises psychiatriques à l'appui : « *N'avez-vous pas une personnalité à deux étages, celui d'une femme juvénile et farouche au langage peu châtié ?* » Réponse : « *Avec mon mari, je suis comme vous dites en premier, par contre avec la psychiatre qui est venue me voir en prison et qui a écrit ça, qui disait que j'étais folle et malade, je me suis défendue.* » Mouchés, les avocats sortent des témoignages de début de procédure : « *Les policiers ont manipulé ces témoins qui ont dit l'inverse après.* » Dernière cartouche : « *N'avez-vous pas traité Michel Villemin de bâtard et de rat d'égout ?* » – « *Vous sortez deux mots du contexte. J'ai dit que ces mots étaient ceux de Michel...* »

Christine Villemin est stoïque. Les avocats, un brin défaits. Maître Chastant, pour la défense, revient sur le terrain de l'émotion, interroge Christine sur sa vie après la mort de Grégory. Aussitôt, la douleur remonte : « *Les mots sont durs à trouver, je voudrais un mot juste pour que vous compreniez, mais y en a pas d'assez fort dans le dictionnaire. On a vécu l'enfer. La journée, c'était les questions, la nuit, les pleurs. On n'avait plus de goût à rien... On voyait Grégory partout. C'est le cœur. C'est dedans. On est descendus tellement bas. Plus on pensait à lui, plus on s'écroulait...* » Elle revient sur la naissance de son fils Julien : « *Y a qu'un enfant qui pouvait nous sauver... Faire l'acte d'amour, c'était plus que dur... On ne l'a jamais fait pour me protéger, comme ça a été dit. J'ai jamais refusé de répondre aux questions, même enceinte... Les journalistes, quoi qu'on fasse, nous critiquaient... C'était Jean-Marie, derrière les barreaux, qui me remontait...* "Faut que tu sois forte. Fais-le pour l'enfant que tu portes, pour nous." *Plus on nous enfonçait, plus ça renforçait notre amour.* » Christine jette un regard, en larmes, vers son mari effondré. C'est vendredi, il est tard. L'énigme tant attendue disparaît sous l'œil noir des avocats de feu Bernard Laroche.

ALBERT ET MONIQUE, CONVERSATION AUTOUR DU DÉMON

Tendue. L'ambiance de la cour d'assises de Dijon pour le quatrième jour du procès de Jean-Marie Villemin était nerveusement difficile à supporter. Pour les témoins surtout. Ceux du jour étaient Albert et Monique Villemin, les grands-parents de Grégory. L'obsession du président Ruyssen est que la famille Villemin cache un secret. C'était déjà vrai en 84, c'est toujours vrai aujourd'hui. La certitude est que l'assassin de Grégory est la même personne que le corbeau ayant martyrisé les Villemin de 1981 jusqu'à la mort de l'enfant, en octobre 84. L'espoir est que dans l'ambiance particulièrement oppressante de cette cour d'assises de Dijon, quelqu'un finira par lâcher « un bout de vérité ». Le président Ruyssen a emmené hier, et pour deux jours, la cour à une chasse au corbeau. Cet « animal humain », capable de prendre une voix de femme ou d'homme, de téléphoner huit cents fois aux Villemin en trois ans, d'écrire des dizaines de lettres anonymes où il assure que personne, jamais, ne le démasquera, de noyer un enfant dans le seul but de se venger de son père, apparaît difficile à capturer. L'expert-psychiatre Defer, à l'audience de vendredi, avait déjà brossé son portrait : « *Le corbeau, c'est le diable, le pire. Il connaît parfaitement la psychologie des uns et des autres. Il va s'efforcer de démolir Jean-Marie, il va y parvenir en partie. Il vit dans l'ombre. C'est un proche qui surveille et intervient quand il faut.* »

Costume gris un peu étriqué, voix chevrotante, Albert Villemin est revenu sur le passé heureux de la famille. « *Avant le corbeau, tout se passait bien* », répète Albert qui décrit les relations entre ses enfants comme joyeuses et normales. Ni le vieil homme, pourtant principale cible des appels et des lettres anonymes, ni sa femme Monique ne sont capables de mettre un nom sur l'animal.

« *Le corbeau s'est acharné sur moi, beaucoup. Je pense souvent que Grégory est mort à cause des adultes, peut-être de ma faute, je me sens un peu responsable… Je suis très bileux. Quand il s'est arrêté de nous appeler, je souffrais énormément. Quinze jours avant la mort du petit, je suis resté pétrifié. On aurait dit que je savais ce qui allait se passer* », sanglote le vieil homme au collier de barbe aujourd'hui blanc : « *J'ai un physique sévère, mais c'est pas un caillou que j'ai là, c'est un cœur* ! » Et Albert de replonger, sans plaisir, dans ses conversations avec « le démon » qui traitait sa femme de « *putain, de salope* » et l'appelait « *le cocu* » : « *Tu feras comme ton père, tu te pendras* », lui glisse un jour le corbeau. « *Ça t'arrivera jamais à toi, t'es parent avec le diable* », répond Albert. De la tapisserie du fils Michel au buffet du « *bâtard* » Jacky, en passant par l'achat de rétroviseurs à installer sur la façade de la maison, les disputes et réconciliations dans la famille, le corbeau était très vite au courant de ce qui se passait dans la maison d'Albert et de Monique. « *Toutes les paroles qu'on disait chez nous, ils les savaient. Il était près de nous, c'est sûr* », souffle Albert qui reconnaît des tensions et de la jalousie entre son fils Michel, ami de Bernard Laroche, et Jean-Marie Villemin. Ce dernier va se charger d'interroger son père en lui remémorant des souvenirs précis : « *Souviens-toi, papa, le jour où le corbeau t'a téléphoné pour dire que maman était dans le jardin. Qui pouvait le savoir* ? » Et Albert de concéder qu'à part sa belle-fille Ginette, l'épouse de Michel habitant la maison voisine, il ne voyait en effet « *pas bien qui…* » La thèse de la défense, épousant directement celle de la procédure ayant innocenté Christine Villemin, repose sur l'idée que le corbeau était Bernard Laroche. Ce dernier s'informerait des faits et gestes de la famille Villemin grâce à la complicité de Michel Villemin, le frère jaloux. Ni Albert ni Monique, accusée à plusieurs reprises hier par Jean-Marie de cacher la vérité pour protéger Michel, ne veulent être entraînés sur ce terrain. « *Avec Michel, on ne parlait pas beaucoup mais on s'entendait bien* » expliquera benoîtement Albert. « *Je ne protège personne et Michel n'était pas mon préféré* » soufflera Monique. Tous deux, au contraire, avouent avoir cru en la culpabilité de leur belle-fille Christine, thèse que soutient toujours implicitement la partie civile : « *Je l'ai accusée dans mon cœur, mais jamais en public. C'est de la faute au juge Lambert qui me disait* : "C'est Christine, c'est Christine", dira Albert.

– Pourquoi avoir dit sur procès-verbal que Christine n'aimait pas Grégory ? demande maître Chastant pour la défense.

– La PJ me disait que c'était elle le corbeau. Eux, ils en étaient persuadés, répond Monique.

– Et aujourd'hui, que pensez vous ? appuie le président.

– Je pense que Christine n'a pas fait de mal à Grégory, je suis sûre qu'elle est innocente.

Monique Villemin, soixante-deux ans, parle avec plus d'assurance, et moins d'émotion dans la voix que son mari. Elle répond plus difficilement aux questions qui lui sont posées et d'une manière plus brève : « *Jean-Marie ? C'était un bon gamin, il avait beaucoup d'avenir jusqu'à la mort de Grégory.* » Le président lit une lettre du corbeau où ce dernier jure à Monique : « *Tu me connais, j'ai déjà bouffé dans tes gamelles* », puis demande : « *Il n'y a pas cinquante personnes qui peuvent dire ça et savoir par exemple que votre mari se lave à l'eau de Cologne.* » Monique hoche la tête sans répondre. « *Et Jean-Marie, qui pouvait le haïr au point de dire* "Je te hais tellement que j'irai cracher sur ta tombe ? » Monique apparaît de plus en plus dépitée : « *Ça fait cinquante-cinq ans que j'habite Autmonzey, je n'ai jamais eu de dispute avec personne. J'ai cherché mille fois qui... Je n'ai jamais trouvé.* » Comme il l'avait fait en fin de matinée avec Albert Villemin, le président Ruyssen, devant la persistance de Monique à jurer ne « *rien savoir* », sort son ultime argument : « *Cette affaire s'est déjà traduite par deux morts et une somme de malheur, il n'y a que la vérité qui pourra amener la paix à tous ces malheurs.* » Monique acquiesce. Maître Garaud, défenseur de Jean-Marie Villemin, aussitôt embraie : « *Il faudrait que vous soyez moins réticente. De temps en temps, je vous sens comme une anguille.* » Autant dans la matinée, Jean-Marie semblait s'apitoyer sur son père en larmes, autant il fixe sa mère durement. Elle se tourne vers lui : «*Je te jure, Jean-Marie, je n'ai rien caché. Je serais honteuse d'aller tous les dimanches sur la tombe de Grégory si j'avais menti...*» La voix se fait moins assurée, les larmes coulent : « *Si vous croyez que je mens, faites ce que vous voulez.* »

– Il ne s'agit pas de pleurer, vous nous prenez pour des imbéciles, insiste Garaud.

– Je n'ai rien à me reprocher, je n'ai jamais fait cocu mon mari, j'ai toujours travaillé, j'ai élevé mes enfants. J'ai tout fait pour mes enfants. Je les aime tous.

Dans son box d'accusé, les mâchoires serrées, son fils semble ne pas la croire.

09.11.1993

LE MYSTÈRE EST TOUJOURS LÀ, ON VIT AVEC

Cinquième jour d'audience à Dijon. Toujours le même sentiment oppressant. Du matin 9 h au soir 20 h, pas une seconde de répit ni un moment de détente. Toujours plus de tension. La cour d'assises semble travailler sur de la haine en fusion. Hier, le président Ruyssen a entendu les frères de l'accusé, sa sœur et leurs conjoints respectifs. Le corbeau est encore au cœur des questions. Chacune des prédictions qu'il avait faites, voici neuf ans, se trouve étrangement réalisée aujourd'hui : la famille Villemin est en morceaux, les jalousies et les rumeurs ont fait leur travail, et personne ne l'a encore démasqué. Gilbert Villemin, le jeune frère de Jean-Marie, un ouvrier textile de trente et un ans, grand et apparemment solide, a bien résumé la situation, quand, harcelé de questions sur ses soupçons à propos de son frère Michel, il a lâché, les nerfs à vif : « *C'est un climat qui est dingue. Parler dans un tel contexte est dingue. Ça ne sert plus à rien d'accuser tel ou tel, qu'à faire du mal... Qui a pu faire ça ? Jusqu'à notre mort, on y pensera. Le mystère est toujours là. On vit avec. Des fois, je suis dans la rue, j'arrive pas à regarder les gens en face... Je sens qu'un jour, il va arriver un malheur. On dit toujours "jamais deux sans trois"... Le corbeau nous a bien dit* : Je vous ferai la peau, aux Villemin." *Moi, ça me fait peur...* » Après lui, sa femme Marie-Christine, avant lui sa sœur Jacqueline et son ex-beau-frère Bernard Noël, sa belle-sœur Liliane, tous ont dit leurs doutes et leur incompréhension devant la folie meurtrière du corbeau. Entre les certitudes de Jean-Marie concernant le meurtre de Grégory et accusant son frère Michel et sa femme Ginette d'avoir informé le corbeau, et les dénégations farouches de ces derniers, aucun des membres de la famille n'a vraiment tranché hier. Les avocats de la défense, combatifs, bien aidés par leur client qui connaît son dossier sur le bout des doigts, ont quand même extirpé un assentiment général à propos de Michel Villemin. Aucun ne nie, y compris le principal intéressé, qu'il ait pu informer Bernard Laroche à son insu : « *Je suis sûre que Michel est sincère quand il dit qu'il n'a rien à voir avec la mort de Grégory. Mais, compte tenu de son handicap* (il est illettré et un brin déficient mental), *on peut lui faire dire et signer n'importe quoi* » a expliqué, très émue, écartelée entre ses frères, Jacqueline Villemin.

Le cheveu noir et court, le jeans cigarette rentré dans de petites bottes pointues, vive et en colère, Ginette Villemin a fait face avec véhémence, une grande partie de la matinée, aux accusations lancées contre elle et son mari. Le président Ruyssen a insisté lourdement pour savoir si elle connaissait l'identité du corbeau :

– J'ai une idée, mais je la garde pour moi. C'est à la justice de faire son travail. Qu'est-ce que vous voulez que je vous dise ?

– La vérité !

– Quand on voit qu'on nous accuse, qu'on nous salit, on finit par réfléchir.

– Qui vous accuse ?

– Christine et Jean-Marie.

– Si je suis votre raisonnement, le corbeau, c'est Christine et Jean-Marie…

– Oui, ils accusent tout le monde dans la famille, ils salissent.

– Sur quoi reposent vos soupçons ?

– Ils disent qu'on était jaloux d'eux. C'est pas vrai. Quand Grégory est mort, ils ont dit que sur la cassette du corbeau on entendait la voix de notre fils Daniel. C'est faux.

Pendant l'échange, la salle retient son souffle. Le président revient à la charge :

– Le jour de la mort, comment étaient les parents de Grégory ?

– Jean-Marie était dans le chagrin.

– Et Christine ?

– Elle ne disait pas grand-chose.

– Comment était Grégory avec ses parents ?

– Il était beaucoup avec son père.

– Et sa mère ?

– Je suppose qu'il l'aimait aussi.

– Si vos soupçons portent sur Jean-Marie et Christine, ça veut dire qu'ils sont responsables de la mort de Grégory ?

– …

– Peut-on le dire ?

– Non.

– Peut-on dire que le corbeau n'est pas responsable de la mort de Grégory ?

– Non.

– Donc, dans votre raisonnement, quelque chose ne va pas…

– …

– Alors ?

– Quand je vois toutes les charges contre Christine, je ne vois pas pourquoi on nous accuse nous.

Directement, pour la première fois, hier, les deux thèses se sont affrontées. Dans son box, calme et incisif, l'accusé. Au milieu, perdue, la famille Villemin. Derrière la barre, Ginette et Michel arc-boutés sur leur vérité. « *Jean-Marie, crois-moi, je ne mens pas. Si je pouvais vous aider, je le ferais… Bernard Laroche n'est plus là pour se défendre, alors on essaie de tout me mettre sur le dos. C'était pas lui, le corbeau… C'est pas du travail* », a hurlé Michel Villemin en fin d'audience. Le président a clos les débats sur ce cri et donné rendez-vous à tous à 9 h aujourd'hui. Au programme, l'écoute collective des cassettes du corbeau. La sono est prête.

P. S. : hier, le président Ruyssen a relu la dernière lettre du corbeau expédiée le 17 mai 1983 aux grands-parents de Grégory. Ce courrier est au cœur de toutes les questions. Après cette lettre, aucun membre de la famille Villemin ne sera plus ennuyé par le curieux volatile jusqu'à l'assassinat de l'enfant, le 16 octobre 1984.

10.11.1993

LA VOIX DU DÉMON ÉLECTRISE LE SIXIÈME JOUR D'AUDIENCE

Une voix. Une putain de voix a hanté la salle d'audience de la cour d'assises de Dijon hier matin. La voix du corbeau. La voix de l'assassin. C'est une première dans les annales judiciaires et criminelles. Celui que par facilité nous avons appelé le « corbeau de la Vologne » mais que ses victimes nommaient « l'autre », harcelait la famille Villemin depuis 1980. Histoires de coucheries, de pendaisons, injures, rires sataniques : ce corbeau, hyperinformé, a su jouer sur un très morbide registre pour, progressivement, rendre un petit groupe d'hommes et de femmes, les Villemin, fous de suspicion, puis de douleur. Jusqu'à présent, le corbeau n'était qu'un animal de verbe ou de papier, une « voix rauque » comme nous l'avaient décrite à tour de rôle ses victimes, puis les enquêteurs. Des cassettes enregistrant ses appels ont été saisies, chez tous les membres de la famille Villemin, par les gendarmes au début de l'enquête, grossièrement étudiées, puis placées sous scellés. En neuf années d'instruction, elles ont beaucoup été manipulées. Elles n'avaient jamais été écoutées publiquement.

À 9 h, le président Ruyssen a demandé à l'huissier de faire entrer les témoins, tous victimes du corbeau. Christine Villemin est arrivée la première, tendue, suivie de sa belle-sœur Jacqueline et de son ex-mari, de Michel Villemin, suspecté d'être le principal informateur du corbeau, de son ex-femme Ginette qui a quitté voici deux ans la vallée de la Vologne pour Dijon où elle est agent hospitalier. Jacky, le demi-frère, celui que le corbeau n'a cessé de défendre et qu'il avait baptisé « le bâtard », démarche chaloupée de vieux boxeur, s'est assis le premier sur une chaise à l'écart. Lundi soir, à une question du président lui demandant si sa vie privée n'avait pas été trop perturbée par l'affaire, Jacky avait fait rire la salle en expliquant que « *perturbée* » était un mot « *faible* » puisque Liliane, sa femme, l'avait quitté pour un avocat rencontré dans le cadre de l'affaire. Liliane semblait perdue sur son banc à coté de Monique et d'Albert, les grands-parents de Grégory. Avec Gilbert et sa femme Marie-Christine, ils étaient onze à se faire face derrière la barre. Douze, si l'on joint au groupe Jean-Marie Villemin, l'œil aux aguets dans son box de verre. Tous se sont assis dans un ordre précis prenant en compte les animosités de chacun. Christine et Ginette – la première accuse la seconde d'être la complice du corbeau, la seconde accuse la première d'être le corbeau – se faisaient face et ne se quittaient pas des yeux. Chaque ex se tenait le plus loin possible de son ex.

Monique et Albert, tassés sur leur banc, avaient le regard le plus inquiet.

Dans un lourd silence, le président a décacheté le scellé 19, et sorti de l'enveloppe kraft une cassette enregistrée par Jean-Marie Villemin le 21 mars 1983 dans la matinée. Le corbeau ne le rappellera plus après cette date. Un technicien s'est emparé de l'objet. On a entendu un souffle, un craquement, puis une voix grave. Elle n'était pas rauque et difficilement intelligible à la première écoute. Des mots, soufflés avec lenteur, arrivaient jusqu'à nos oreilles, portés par des râles : « *Mère... Vérité... Bâtard* ». Les Villemin, tous, étaient comme des statues de pierre. Les jurés tendaient le cou, visiblement impressionnés. Le président a lu la retranscription écrite de la conversation. Puis la bande est repassée dans la salle insonorisée pour l'occasion. L'assassin, après nous avoir longtemps nargués avec ses lettres anonymes, nous parlait pour la première fois. La voix du corbeau de la Vologne a quelque chose de fluet, de léger, de fou, de malsain, d'effrayant. Elle fait penser aux voix que peuvent prendre certains conteurs quand ils veulent faire peur aux enfants en imitant une méchante sorcière. Sauf qu'ici, les enfants sont un peu vieux, l'angoisse va crescendo, l'histoire dure longtemps et finit très mal. Les douze Villemin l'ont assuré : la voix entendue hier était la même pour tous, parfaitement identique à celle ayant annoncé le crime à Michel Villemin le 16 octobre 1984 (« *J'ai pris le fils du chef et je l'ai jeté dans la Vologne* »), ou glacé le sang de Jacky, quelques semaines avant de tuer en prévenant : « *Je ferai du mal au chef. J'irai à l'enterrement et c'est toi qu'on accusera.* » Jean-Marie Villemin, le « chef », a raconté hier à la cour comment, à chaque appel, il maintenait le doigt sur la touche « *enregistrement* » du petit magnétophone de son fils, en espérant que « *l'autre* » ne remarque rien. Dix ans plus tard, la voix revient et électrise l'air :

– Ta mère, elle a peur de la vérité... le bâtard, y en a un autre, des bâtards. J'suis le seul à savoir qui c'est... Ta mère, elle le sait aussi. Tant qu'elle a peur de la vérité, ta mère…

– Dis-moi qui c'est…

– Non, j'ai peur de dire qui c'est. Le tout fou d'à côté (Michel), il est aussi fou que ton père…

– C'est moi ?

– Ce sera à toi de chercher… Tu n'auras qu'à en parler à ta mère. Elle va croire que tu racontes des conneries et tu seras mis de côté, toi aussi.

– Je ne vais pas lui en parler.

– Pourquoi ? Si le grand (Jacky), c'est un bâtard. L'autre aussi, c'est du même Thiébaut (le nom du père naturel de Jacky Villemin). C'est la dernière fois pour tout le monde que je téléphone. Et voici pourquoi je vous ai fait chier pendant deux ans. Y a pas de raison que le grand prenne toujours. On le met toujours de côté.

Et le corbeau a raccroché, laissant la cour d'assises de Dijon devant un gouffre de perplexité. Monique, la mère, est en larmes : « *C'est pas vrai, j'ai jamais fait mon mari cocu. Je demande des expertises.* » Le président précise que Bernard Laroche et Christine Villemin étaient « *à leur travail le jour de cet enregistrement* ». Poussé par ses frères, Jacky s'énerve : « *Monsieur le président, c'est pas possible, il faut qu'on nous dise qui c'est avec certitude.* » Aidé de Jacqueline, il réclame l'audition d'une cassette enregistrée par ses soins où la voix n'était pas « *aussi maquillée* ». Le président confesse la perte de cette cassette, fait entendre et interroge chacun sur l'enregistrement d'un appel muet où on entend distinctement un enfant crier « *maman* ». Christine assure reconnaître Daniel, le fils de Michel et de Ginette. Cette dernière croit plutôt reconnaître Grégory. La famille se divise, palabre. Un avocat réclame une nouvelle expertise numérique de comparaison de voix, à partir d'une technique « *nouvelle* » mise au point par un laboratoire bisontin. Débat. Le président décide d'entendre le responsable de ce laboratoire avant de lui confier la mission d'analyser « *une dernière fois* » les bandes. En début d'audience d'après-midi, suite aux fouilles de sa greffière, il annonce la découverte de cassettes « *oubliées dans une caisse* », dont celles de Jacky Villemin. Il promet une nouvelle séance d'écoute collective. Auto-flagellation ? « *Vous pourrez chercher, vous ne trouverez jamais qui je suis* », riait le corbeau.

P.S. : le reste de la journée a été consacré à la question de la responsabilité de la presse et des gendarmes dans la mort de Bernard Laroche. Nous y reviendrons demain.

11.11.1993

DEUX RATS TENDANCE VOLOGNE À LA BARRE

Jean Ker et Gilles Ouaki sont titulaires d'une carte de presse. Le premier a cinquante-neuf ans et travaille depuis dix-sept ans à *Paris Match*, le second, quarante-neuf ans, vient d'être licencié, après vingt ans de labeur, du *Parisien*. Tous deux ont été longuement interrogés mercredi après-midi par la cour d'assises de Dijon. Ouaki, carrure de lutteur de foire, le verbe facile, a eu une assez juste définition de ce qu'était la vallée de la Vologne après la mort de l'enfant : « *Un vrai chaudron, les journalistes étaient devenus des policiers et les magistrats des journalistes.* » Dans les semaines à venir, il va falloir s'habituer à voir défiler derrière la barre des témoins autant de journalistes que de policiers, de gendarmes ou de magistrats. Il semblerait que Gilles Ouaki ait été convoqué à Dijon, à la demande de la partie civile, pour que les jurés voient de près un spécimen de journalistes « tendance Vologne ». Jean-Marie Villemin accuse Ouaki d'avoir volé la photo de Grégory sur sa tombe, pour la lui rendre et ainsi gagner sa sympathie. Ouaki nie. Personne n'insiste. L'ex-photographe du *Parisien* a eu plus de difficultés pour expliquer la photo parue à la une de son journal au moment de Noël, après le décès de l'enfant. On y voyait Christine et Jean-Marie Villemin posant devant la tombe sur laquelle des jouets avaient été déposés par Ouaki à leur insu. « *Je m'excuse pour cette photo. Aujourd'hui, j'en ai honte* », a humblement confessé le témoin avant de se trouver quelques circonstances atténuantes : « *Je suis grand reporter photographe. Au-dessus de moi, il y a des généraux, un journaliste m'accompagnait sur place. Le soldat est devant vous. Eux sont derrière leur bureau.* » Il a fixé l'accusé : « *Jean-Marie, à l'époque, était dans une tourmente monstrueuse. On courait tous après Christine. La presse était vorace et, à travers elle, les lecteurs encore plus.* » Jean-Marie est resté impassible.

Le témoignage de Jean Ker concernait plus directement le dossier. Christine Villemin, en fin de matinée, avait expliqué que Ker, peu de temps après la libération de Laroche, leur avait fait entendre sur son petit magnétophone le procès-verbal où Muriel Bolle expliquait comment l'enfant avait été enlevé. « *Ker avait l'habitude de ne pas prendre de notes mais d'enregistrer. En entendant ça, j'ai eu la sensation de voir Grégory partir...* » La nuit suivant l'audition de cette bande, Jean-Marie et Christine vont tenter pour la troisième fois de tuer Laroche à sa sortie du travail. Ker rentré à son hôtel, se rendant soudainement compte de l'état de tension des parents, retournera à Autmonzey cette nuit-là et sauvera in extremis la vie de Bernard Laroche. « *Je lui ai dit* : "Tu nous remontes à bloc et, ensuite, tu viens nous empêcher." *Il avait même proposé de nous donner son petit magnéto pour enregistrer... Je l'ai traité de tous les noms* », avait expliqué Christine. Jean Ker, cheveux gris, catogan, fébrile, est venu à la barre dire d'une voix forte sa version de l'affaire. Dès son arrivée à Bruyères le 18 octobre 1984, Ker déserte les conférences de presse des gendarmes pour mener sa propre enquête. Il rencontre ainsi les protagonistes du drame, en particulier une vieille tante de

Bernard Laroche, Louisette, décrite alors par tous comme handicapée mentale. « *C'est faux, Louisette m'a énormément aidé* » assure Ker qui raconte, avec un grand talent de narrateur, sa visite chez Louisette le 23 octobre 1984, soit six jours après la mort de l'enfant, personne n'avait encore entendu parler de Bernard Laroche : « *C'est extraordinaire. Je suis rentré chez Louisette avec un portrait-robot que m'avaient remis les gendarmes. Je lui ai montré. Il y avait une porte derrière moi. Au même moment, j'ai vu une personne sortir en maillot de corps, remonter son pantalon, il était mal réveillé. Il s'est servi un café, ne m'a rien dit, a tourné le portrait dans tous les sens, a fait comme si je n'existais pas. Soudain, quand j'ai prononcé le nom des Villemin, il est devenu pâle. Il a tapé un grand coup sur la table. J'ai cru qu'il allait me taper dessus, et il s'est mis à parler. Il disait* : " Les Villemin ont payé pour le mal qu'ils ont fait. Moi, j'suis le pauvre con. Pour les corvées, j'suis bon. Pour le reste, je suis mis de côté." *Il s'est rassis, il m'a parlé de son père, de sa mère. Il m'a dit :* "C'est malheureux pour le gosse, mais ils méritent ce qui leur arrive »… Quand je suis sorti de là, Louisette m'a fait : « *Il a peur… depuis la mort du gosse.* » Ker ménage ses effets et lâche enfin le nom du personnage : « *Le neveu de Louisette, Bernard Laroche.* » Moment de flottement dans la salle. Les avocats de la partie civile font grise mine. Ker ajoute que, d'après lui, Laroche dormait chez sa tante parce qu'il savait que Jean-Marie Villemin voulait tuer l'assassin de son fils. Pendant une heure, le journaliste va détailler la nuit où il a sauvé Bernard Laroche, son enquête, les confidences que lui auraient faites le juge Lambert ou certains gendarmes, ses démarches auprès du juge pour éviter la vendetta. « *Si c'est vrai, c'est d'une gravité exceptionnelle qui demande des sanctions* » tonne maître Garaud. « *Je ne veux enfoncer personne, mais ça fait neuf ans que je retiens ça, j'aurais d'autres petites révélations à faire* » insiste Ker qui assure que *Match* n'a rien publié par peur des procès en diffamation. Le président promet de le réentendre. Ker quitte la salle, épuisé. Dehors, les flashes et les caméras l'attendent. Il répète son histoire, donne de nouveaux détails : « *Laroche a craché son venin, il a dit* : “Les Villemin, ils peuvent crever. » Il pose avec *Match* sous le bras. À l'intérieur, et en exclusivité, le scoop de l'hebdo : « *La nuit où Jean Ker a empêché Jean-Marie de tuer Laroche* ». Le papier relate, en exclusivité, les révélations que Ker vient de faire à la barre.

12.11.1993

L'ÉPICENTRE DE TOUTES LES HAINES

Quand, excédée, les yeux et le nez rouge, un mouchoir en boule à la main, Marie-Ange Laroche est revenue vers son banc en marmonnant, hier en début d'après-midi, son avocat maître Welzer lui a gentiment tapoté le dessus du crâne. Il lui a glissé quelques mots de réconfort. Mais Marie-Ange continuait à marmonner son courroux contre les avocats de la défense, la cour, la justice : « *C'est pas possible…* »De 9 h 30 à 13 h, un record depuis le début du procès, l'épouse de Bernard Laroche a fait front à la cour, aux avocats et à leurs insidieuses questions. Le président Ruyssen lui a demandé d'évoquer l'assassinat de son mari. « *Je préfère vous parler de Bernard d'abord* » a répondu Marie-Ange : « *Je l'ai connu en 74. Petit à petit, on a senti que c'était autre chose que de la camaraderie, c'était de l'amour. On vivait heureux, on vivait bien. On était des ouvriers, et Bernard était gentil.* » La suite ressemble bizarrement, sans que personne ne lui demande rien, à un compte-rendu médical. Marie-Ange raconte l'infection génitale « *par rapport à l'armée* » de son mari, le cancer de son beau-père, son accouchement aux forceps, le kyste rachidien « *à la tempe droite* » de son fils, ses problèmes intestinaux. La vie des Laroche, entre les soirées chez Michel Villemin, les apéritifs du samedi chez les voisins et les coupes de bois dans la forêt, semble rythmée par les accidents de santé.

Arrive le moment d'évoquer le meurtre, Marie Ange revit la scène à la barre : « *Je me suis retourné, j'ai vu Villemin avec un fusil* : "Faut que tu me dises quelque chose sur Michel. Pourquoi que Muriel a dit ça ? C'est de ta faute s'ils sont sur Christine. » Bernard disait : « *J'te comprends mais c'est pas moi qui ai tué ton gosse.* » Mon frère a essayé de se mettre entre eux. Bernard lui a dit de remonter avec mon fils. J'ai même pas entendu le coup de feu. Sa tête est tombée sur le béton et a résonné. Le gamin s'est mis à crier : « *Papa, papa* ». Y avait du sang qui bouillonnait sur son pull. Dans un long pleur, elle conclut : « *Et c'est ce soir-là que j'ai appris que j'étais enceinte.* » Au hit parade de la douleur, les larmes de Marie-Ange arrivent tard à Dijon. Celles de Jean-Marie Villemin, puis de son épouse, semblent avoir asséché les yeux du public et des jurés. Quelques toux gênées, des regards fuyants.

Le président Ruyssen laisse la veuve aux lunettes embuées souffler et la questionne sur son attitude le soir du crime : « *J'ai veillé le petit Grégory, c'était de bon cœur. Je ne suis pas allée chez eux pour espionner.* » Muriel ? « *Je ne l'ai jamais battue. C'est elle qui a dit que les gendarmes l'avaient influencée.* » Le témoignage du journaliste de *Match*, entendu mercredi, accablant Laroche ? « *Des mensonges. Je ne pensais pas qu'il irait jusque là.* » Son surprenant congé maladie le lendemain du crime ? « *J'ai été sincèrement choquée par la mort du petit Grégory.* » Jean-Marie Villemin hoche la tête de désapprobation. Ses avocats prennent le relais. Maître Chastant : « *L'année 81* (premières importantes manifestations du corbeau) *n'était pas drôle pour votre mari, il avait perdu son père, son travail et son fils était malade…* »

– C'est vrai, mais c'est pas une raison pour en vouloir à une autre famille.

– Aviez-vous la certitude que votre mari était innocent ?

– Oui, l'autre certitude que j'ai, c'est que Bernard est mort et qu'on veut le salir ici.

Juste avant le déjeuner, maître Garaud tente de porter une assez douteuse estocade. Il tonne, un PV à la main : « *Au gendarme Burton, lors de sa garde à vue, en aparté Monsieur Laroche a déclaré, en parlant de vous, qu'il ne pouvait pas sauter* "la grosse" *parce qu'elle avait des problèmes de* "boyaux". *D'autre part, il déclare que vous auriez des relations sexuelles avec un chauffeur de bus…* » Marie-Ange chancelle. Ses avocats fulminent. Rideau.

Le reste de la journée a été consacré aux circonstances de la mort de Laroche. Moment poignant et un brin ésotérique : l'audition de Gilberte Chatel, la mère de Christine Villemin, chez qui le couple vivait après la mort de l'enfant. Pétrifiée, elle raconte la veillée de l'enfant mort et la proposition de Marie-Ange Laroche de la raccompagner dans la voiture de son mari, au petit matin : « *Aussitôt dans la voiture, je me suis mise à trembler. Je voyais la tête de l'assassin de Grégory qui me regardait dans le rétroviseur. J'étais assise à la place du petit. Je me suis mise à chercher partout un indice dans la voiture. Je sentais l'odeur de Grégory. Ses vêtements sentaient très fort la lavande. L'odeur était restée.* » Elle poursuivra ensuite, avec le même visage torturé et illuminé, sur sa vision de l'enterrement : « *Je ne voyais que la tête de Bernard Laroche. Il était au-dessus de la tombe. Une voix me disait* : "Crie donc que c'est lui l'assassin ! » Maître Prompt cherche à utiliser le désarroi de la grand-mère de l'enfant. Il la pousse sur le registre mystique, évoque les magnétiseurs, les barjots ayant eu à traîner dans la Vologne. Le président Ruyssen en profite pour expliquer que le corbeau a fait des petits : « *Depuis le début de ce procès, je suis abreuvé de lettres d'injures.* » Christine Villemin entre, répète en détails sa version des jours précédant la mort de Bernard Laroche. Les avocats des deux camps se lancent dans une énervante guerre de tranchée. Poussée par Prompt, Christine explique : « *Ce qui a décidé Jean-Marie* (à tuer Laroche), *c'est les médias. C'est la radio* RTL *qui annonce que j'étais le corbeau la veille, ou maître Prompt qui remercie à la télé la presse d'avoir libéré l'assassin de Grégory.* » L'avocat parisien mis en cause se lève et crie : « *On cherche à faire retomber le sang de Laroche sur les épaules de ses avocats et de sa veuve. Je ne sais pas si vous êtes coupable ou innocente, ce n'est pas à moi d'en juger, mais ce n'est pas nous qui avons orchestré les fuites... Vous avez voulu faire tuer Laroche. Vous avez réussi à éviter une inculpation pour complicité. Assumez-en les conséquences.* » L'avocat pointe l'index vers Christine Villemin, tremblante : « *Elle a trempé dans l'affaire. Elle manie le sang et la boue.* » C'en est trop pour l'autre avocat aux cheveux blancs qui s'arrache du banc de la défense. Maître Garaud hurle : « *Vous avez l'audace d'accuser une innocente. C'est scandaleux. C'est bien Laroche qui a enlevé l'enfant, nous le démontrerons. Et trois heures après, l'enfant était mort.* » Plus besoin de sono. Jean-Marie Villemin se mord les lèvres, cherche ses mots pour défendre l'honneur de sa femme, ne les trouve pas. On est au cœur du drame, à l'épicentre des haines. Le président impose une suspension de séance. Lundi, le juge Lambert, très attendu, devrait essuyer les plâtres.

LE SOURIRE DE JEAN-MICHEL LAMBERT

Jean-Michel Lambert est-il un cas ? À cette question posée au huitième jour du procès de Jean-Marie Villemin, le chroniqueur judiciaire a quelques difficultés à répondre clairement. Neuf années se sont écoulées depuis la mort de Grégory. Avant le 16 octobre 84, le jeune Lambert n'était qu'un magistrat de trente-deux ans découvrant les Vosges et l'instruction. Célibataire, il pratiquait la marche, le jogging et rêvait de devenir écrivain, il habitait un petit appartement à un jet de pierre du palais. Un appartement coquet, avec des livres et un sofa au-dessus duquel trônait une peinture à l'huile représentant un individu souriant en nœud papillon. De la rue, l'œil exercé du badaud pouvait reconnaître le portrait de Jean-Michel Lambert.

« *De septembre 84 à janvier 85, j'étais seul à l'instruction pour deux cent vingt-neuf ouvertures d'informations, le dossier Grégory était le numéro cent-quatre-vingts...* » a répété le juge hier pour s'excuser de ses vingt-trois mois d'instruction. Un juge de quarante et un ans marié, père de trois enfants, en poste au tribunal de Bourg-en-Bresse où il s'occupe des problèmes de construction, conscient de « *ses lacunes* », assumant « *ses responsabilités* », mais ne souhaitant pas « *porter le chapeau* ».

Jean-Michel Lambert, de sa démarche assurée de randonneur, est entré dans la salle en souriant. Il en est ressorti en souriant. Entre-temps, il a un peu souffert. Dés le début pourtant, le cheveu devenu presque aussi gris que le costume, il a attaqué : « *Je poserai une question essentielle : est-ce que Bernard Laroche savait que, le 16 octobre 84, Christine Villemin mettrait Grégory à jouer devant la maison ?* » Il a aussitôt donné sa réponse : « *Pour moi, il ne pouvait pas savoir. La veille du 16, il faisait mauvais. Et si l'idée lui était venue d'enlever l'enfant en passant devant la maison, comment pouvait-il poster (préalablement) la lettre du corbeau ? C'est une invraisemblance qui innocente totalement Laroche.* » Fier de cette (apparente) évidence, Jean-Michel Lambert est ensuite redescendu de son nuage de certitudes pour répondre de son instruction. Là, cela a été plus délicat. « *Honnêtement, je ne sais plus... Sincèrement, je ne me souviens pas... Je n'ai pas à me justifier devant vous.* » À chaque question embarrassante, le juge avait ou des trous de mémoire ou des principes déontologiques qui le faisaient « *dégager en touche* », selon les mots d'un avocat déçu. Ses erreurs de procédure ayant occasionné une multitude d'annulations ? « *Tout n'est pas de mon fait.* » Le témoignage de Muriel Bolle assurant devant les gendarmes avoir accompagné Laroche pendant l'enlèvement de Grégory, corroboré par celui de cinq collègues de classe et du chauffeur ne l'ayant pas vue ce jour-là dans le bus scolaire ? « *Les gendarmes manquaient d'objectivité... Très rapidement, je me suis senti piégé.* » Dans ce cas, pourquoi n'avoir pas libéré Laroche plus vite ? « *Pour être sincère, j'aurais été soulagé si la chambre d'accusation de Nancy avait ordonné sa libération.* » Cette réponse est à l'image de son instruction. On a le sentiment, après cette journée, qu'il ne la maîtrisait pas. Ce qu'il reconnaît d'ailleurs : « *Il est vrai que je ne la dirigeais peut-être pas avec autant de soin qu'il aurait fallu.* »

Pour ce qui est de Christine Villemin, Jean-Michel Lambert croit toujours à sa culpabilité : il a ressorti hier les « *accablantes* » expertises en écriture, le témoignage des ouvrières ayant vu la mère poster la lettre de revendication du crime, les cordelettes découvertes à son domicile... Jean-Michel Lambert connaît l'arrêt de non-lieu balayant la plupart de ces charges, il n'en tient pas compte, pas plus qu'il ne tient compte des éléments nouveaux changeant l'horaire de la mort, le lieu d'immersion du corps, donc du timing du crime : « *Je ne veux pas faire ici le procès de Madame Villemin, mais ces experts, ces témoignages, je ne suis pas allé les chercher, ils existent.* » Sur le mobile d'un crime maternel, le juge est assez dur à suivre : « *Je n'ai pas fait d'études criminologiques, mais je suis certain qu'il y a des crimes qui obéissent à l'irrationnel.* » On n'en saura pas plus. Quand les avocats de la défense le titillent sur ses compétences, il se rebiffe, sort une feuille de sa serviette et lit les notes de ses pairs : « *Magistrat intelligent, réfléchi, de contact agréable… Monsieur Lambert est sur la bonne voie pour devenir un magistrat brillant malgré une affaire hors du commun qu'il n'a pu maîtriser.* » Il insiste sur le « *pu* ». « *Je ne vais pas tout vous lire* » s'interrompt, presque jovial, Lambert, devant l'air moins jovial du président Ruyssen. Les avocats essaieront, longuement, de le déstabiliser. En vain. Ce juge-là a l'air profondément satisfait de ce qu'il est, de ce qu'il fait ou a fait. La publication de son livre (*Le petit juge*) où l'affaire est évoquée, édité et vendu alors que Christine Villemin était inculpée, ne lui pose aucun problème de conscience : « *L'écriture est un besoin vital. Ce livre ne regarde que moi.* » Depuis, il en a écrit deux autres. Jean Ker, journaliste à *Match*, convoqué en fin d'audience, répète, en sa présence, qu'il a déjeuné « *pendant trois heures* » avec lui deux semaines avant la mort de Laroche, pour évoquer le dossier, le prévenir de l'imminence d'un règlement de compte et lui faire part de sa rencontre avec un Laroche fou de colère contre les Villemin : « *Je ne veux pas vous enfoncer, Monsieur Lambert mais vous m'avez même dit* : “Monsieur Ker, vous êtes un sacré confesseur » balance froidement le journaliste. Le juge ne se démonte pas, concède le repas mais nie son contenu : « *Je n'ai aucun souvenir de ces faits.* »

Le seul, hier, à avoir fait redescendre le juge Lambert de son nuage a été Jean-Marie Villemin. Sans s'énerver, méthodique, l'accusé a donné une leçon de droit au magistrat. Morceaux choisis :

– Et les pneus de l'Ami 8 de Bernard Laroche, les avez-vous fait expertiser ?

– Non, ils avaient brûlé.

– Avez-vous fait un PV de constatation ?

– Euh… non.

– Le 4 décembre 84, après la reconstitution, vous nous avez dit : « *Madame Villemin, vous n'avez plus rien à craindre.* » Vrai ou faux ?

– Vrai.

– Pourquoi avoir changé d'avis après ? À cause des expertises ?

– Il y avait les cordelettes aussi…

– Y a-t-il eu une expertise de ces cordelettes ?

– Euh… non.

Lambert tente une contre-attaque, tout miel :

– Monsieur Villemin, vous souvenez-vous m'avoir écrit en avril 85 que vous regrettiez de ne pas m'avoir fait suffisamment confiance ?

– Oui, je me suis forcé. Vous avez ensuite mis ma femme, enceinte de six mois, en prison. Je me suis bien trompé.

Lambert encaisse, sourit. Il continuera de sourire quand les gendarmes, à tour de rôle, l'accuseront d'avoir fait capoter l'enquête. Ce gars sourit toujours. En cela, il est certainement un cas.

16.11.1993

L'HONNEUR RETROUVÉ DU CAPITAINE SESMAT

Un commandant, un major, deux généraux, un directeur de gendarmerie, un ex-procureur général, deux présidents de chambre, un directeur honoraire à l'Institut de criminologie : la barre de la cour d'assises de Dijon, pour le neuvième jour du procès de Jean-Marie Villemin, a vu hier défiler des képis, des galons, des rosettes et des gants blancs. Tout ce beau monde s'était déplacé pour répondre de la première partie de l'enquête, celle ayant mené à l'inculpation de Bernard Laroche. Fidèles à leurs habitudes, ses avocats avaient prévu de « *manger du gendarme* ». Leur argumentation était succinte : passionnés, inexpérimentés, partiaux, écrasés par la pression médiatique, les gendarmes, avec à leur tête le capitaine Etienne Sesmat alors responsable de l'enquête, auraient accablé un innocent. Débarqué de Nouméa où il est aujourd'hui commandant, l'ex-capitaine, soutenu par toute sa hiérarchie, a répondu, sans faiblir, aux accusations. On l'avait quitté jeune saint-cyrien au regard bleu piscine, tentant de faire face, devant la gendarmerie de Bruyères, aux questions de la horde de journalistes acharnés. On l'avait laissé blessé, déshonoré, usé. On le retrouve plus pondéré, avec visiblement l'envie d'en découdre. Le regard s'est assombri. Le souvenir de ces jours lointains, où les routes de Lépanges ressemblaient à des pistes de safari pour chasseurs de corbeau, reste intact. L'ex-capitaine raconte son enquête « *logique et cohérente* » : « *Nous avons commencé dès la découverte du corps. La lettre de revendication du crime nous a prouvé que la mort de Grégory n'était que le final d'une malfaisance qui durait depuis trois ans.* » Les gendarmes s'intéressent au corbeau qu'ils localisent, du fait des détails de ses lettres, à Autmonzey. Ils entreprennent, dès les premiers jours des dictées, qu'ils souhaitent faire passer à tous les villageois. Parallèlement, ils donnent les lettres à analyser à un expert en écriture. Laroche est entendu une première fois, sans éveiller l'attention, le 25 octobre 84. Cinq jours plus tard, son nom est suggéré par un expert qui révèle également la présence d'une empreinte portant les initiales « *LB* » sur la lettre de revendication du crime. Du fait d'erreurs de procédure imputables au juge Lambert, ces expertises ont, depuis, été annulées. « *Il y a très vite eu des fuites dans la presse et nous avons placé Laroche en garde à vue. Son alibi au moment du crime était qu'il se trouvait chez sa tante Louisette avec sa jeune belle-sœur Muriel,* explique Sesmat. *Une contradic-*

tion est apparue. Laroche nous avait dit que Muriel se trouvait déjà chez sa tante quand il est arrivé. Muriel soutenait l'inverse. Nous avons vérifié l'emploi du temps de la jeune fille.» Les gendarmes entendront cinq camarades de classe et un chauffeur de bus contredisant son alibi. Face à ces contradictions, la jeune fille aurait avoué « *spontanément* », le 2 novembre, sa participation à l'enlèvement. Trois jours plus tard, Laroche est écroué. « *Il aurait fallu organiser une confrontation tout de suite, le juge ne l'a pas fait, il a préféré partir en week-end* », regrette le capitaine qui assure qu'après l'inculpation, lui et ses hommes ont été mis en « *chômage technique* » par le juge Lambert : « *À plusieurs reprises, nous avons cherché à le contacter. Il était bizarre, il ne s'investissait plus, alors qu'il aurait fallu crever l'abcès. C'était quelqu'un sous influence, embarqué par son attrait médiatique. Peut-être que la piste Laroche était moins médiatique que la piste de la mère...* » Le président l'interrompt, promet une confrontation avec le juge. Interrogé sur un mobile au crime de Laroche, Sesmat propose la jalousie et « *l'irrationalité* ». « *Le crime a été fait de manière impulsive. Il fallait le faire absolument... Je me suis toujours demandé pourquoi le 16 ? Le seul élément est que Christine et Jean-Marie avait invité l'avant-veille Michel et Ginette Villemin à prendre l'apéritif. À l'époque, Jean-Marie vivait sur un nuage, sa réussite brillait. Le 15, puis le 16, Michel a rencontré longuement Bernard Laroche. Quand on lui a demandé ce qu'ils avaient fait ensemble, il nous a indiqué qu'ils avaient feuilleté un catalogue. Ce n'est pas possible ! Ils ont forcément parlé de la visite chez Jean-Marie...* » opine l'ex-capitaine avant de décrire Laroche dans le fourgon de gendarmerie après sa garde à vue : « *On roulait vite pour fuir les journalistes. Il rigolait. Il était hilare. À aucun moment, il n'a hurlé son innocence.* » Étienne Sesmat a été imperturbable, bavard, précis. En quittant la salle, on l'a senti soulagé.

LA GUERRE DES POOLS ET LE PRIX DES PHOTOS À LA ONZIÈME AUDIENCE

Les journalistes ont-ils été les corbeaux de la Vologne ? La question a été posée, et reposée hier, à la barre de la cour d'assises de Dijon où, après des gendarmes et des experts en audiométrie, trois journalistes ont été longuement entendus. La première, Laurence Lacour, ancienne correspondante d'*Europe 1* dans l'Est, après avoir suivi l'affaire depuis le début, a démissionné de sa station en partie à cause du dégoût que lui a inspiré la furia ayant amené à la dénonciation de Christine Villemin. Son témoignage, dépassionné, précis, a surtout démontré la mécanique du piège médiatique ayant conduit à la mort de Laroche et à l'hypothèse « folle » du crime maternel. Dans le procès déballage de Dijon, si les jurés veulent comprendre l'assassinat de Bernard Laroche, ils doivent se replacer dans le contexte très particulier de l'affaire à ses débuts. « *On était soixante journalistes contre cinquante gendarmes. On voyait les témoins avant eux. C'était un geyser d'informations. Cela a duré trois semaines jusqu'à l'inculpation de Laroche. Ensuite est venue une période de faux calme* » raconte Laurence Lacour. Elle détaille, devant des jurés médusés, le fonctionnement des « *pools* » journalistiques. Pour être schématique, elle explique qu'il s'est formé deux camps : les « *pro-Laroche* » et les « *pro-Villemin* ». Entre eux, une sorte de guerre de l'intox. Elle met en cause un « *triangle* » composé d'un avocat présent au procès, maître Welzer qui ne pipera mot, du commissaire Corrazzi, responsable du SRPJ de Nancy, qui sera chargé de l'enquête après les gendarmes et d'un journaliste, Jean-Michel Bezzina. Ce dernier présente la particularité, avec son épouse, sous des pseudonymes différents, d'être correspondant dans l'Est d'une dizaine d'organes de presse : *RTL*, *France Soir*, *Le Figaro*, *Associated Press*, *Le Parisien*, *Le JDD*, *l'ACP*, *Le Quotidien de*

Paris... Laurence Lacour qui, depuis cinq ans, a enquêté sur le fonctionnement de la presse pendant l'affaire en vue d'un livre à paraître, relate ensuite, citations à l'appui, comment ce « *triangle* » a distillé des informations visant d'abord une femme, puis une mère, puis Christine Villemin. « *Le triangle a tourné autour du juge Lambert. Maître Welzer avait besoin de faire libérer son client. À partir de la libération, tous les jours, de plus en plus, c'était la mère, la mère*... France Soir *était devenu l'agenda officieux du SRPJ. Toute cette mécanique tapait sur le cerveau de Jean-Marie Villemin qui ne savait plus dans quel monde il vivait et disait ouvertement qu'il allait tuer Laroche* » jette la jeune femme qui explique comment les rencontres avec Laroche ou les policiers étaient orchestrées par le « *triangle* » : « *Il y avait, d'un côté, les bons journalistes qui avaient accès aux infos s'ils enfonçaient Christine, de l'autre les mauvais. Le jour où Jean-Marie a tué Bernard,* Match *titrait :* "Et maintenant, le juge n'attend plus que des aveux." *Dans le texte, on lisait :* "Allons Lambert, pas de faiblesse. » Elle énumère enfin ses démarches auprès du juge pour éviter le pire : « *Et puis est arrivé le 29 mars* (mort de Laroche), *la chose la moins étonnante de ce dossier.* »

La seconde journaliste à témoigner, Isabelle Baechler de *France 2*, confirmera les propos de la première : « *Les journalistes ont eu à choisir leur camp. La thèse de la mère fait vendre... C'était avant la privatisation de* TF1, *dans le service public nous n'avions pas à vendre de la télé comme d'autres vendent du papier* », rappelle Isabelle Baechler qui a souvent rencontré les Villemin et leur a fait part de ses doutes quant à l'enquête des policiers. Elle aussi fera des démarches auprès du juge et des policiers pour empêcher la mort de Laroche : « *Mes inquiétudes ont été reçues par de l'indifférence.* » Elle sera vertement attaquée par Paul Prompt, l'avocat de la partie civile :

– Ne croyez-vous pas que vous êtes une véritable langue de vipère ?

– Non, les questions de déontologie ne me sont pas étrangères. Vous feriez mieux d'interroger les journalistes des torchons...

– Quels torchons ?

– Ceux que vous informiez

en priorité.

Ambiance. Ensuite est venu Patrick Mahé, le rédacteur en chef de *Match*, qui a tenté d'expliquer la « *philosophie* » de son journal dans l'histoire. En gros, deux reporters étaient sur le terrain. L'un « *travaillait* » sur la piste de la mère, l'autre sur celle de Laroche : « *Au départ, nous n'avions pas d'idées préconçues, nous croyons à l'aristocratie du journalisme de terrain* » argue Patrick Mahé. Maître Prompt veut parler des accords financiers entre *Match* et la famille Villemin. Sans donner de chiffres, Mahé concède : « *Une bonne transaction est préférable à un mauvais procès* » et rappelle que son journal a déjà payé un million cent soixante et un mille francs de dommages et intérêts à la famille de Bernard Laroche. Les avocats de la défense boivent du petit lait. Pas pour longtemps. En fin d'audience, l'accusé rappelle au rédacteur en chef de *Match* une « *anecdote* » à propos d'une photo parue dans *Match* six mois plutôt, en illustration d'un papier signé de Maître Garaud, son avocat : « *On a été photographiés à notre insu. J'étais très en colère surtout parce que mes enfants étaient sur la photo. Je vous ai dit au téléphone :* "Si maître Garaud est d'accord avec vous, je le vire… » Sur son banc, pour la première fois, Maître Garaud se fait tout petit.

UNE ABSENCE DE DIATOMÉE DANS LES POUMONS DE GRÉGORY

De quoi est mort Grégory Villemin ? On ne sait plus. Dans un cas comme dans l'autre, assassinat de l'enfant par sa mère (thèse toujours défendue par la partie civile) ou par Bernard Laroche (thèse de la défense), les choses semblaient claires : l'enfant a été kidnappé devant la maison de ses parents vers 17 h 15, puis noyé une dizaine de minutes plus tard à Docelles où son cadavre sera repêché à 21 h 15. Pendant des années, cette version était la version officielle. Hier, la cour d'assises de Dijon a longuement entendu trois experts en médecine légale. En fin de journée, on ne sait toujours pas de quoi est mort l'enfant. Ni quand. Ni comment. Ni où. On sait par contre que l'autopsie a été bâclée, que les prélèvements qui devaient être faits en vue des examens toxicologiques ne l'ont pas été. Les premiers constats des légistes, deux échantillons de sang et quelques alvéoles pulmonaires servent aujourd'hui de fragiles bases aux diverses hypothèses échafaudées à la barre.

Le docteur Elisabeth Pagel, co-responsable de la première autopsie, s'est énergiquement défendue : « *Un légiste est un technicien, il obéit aux ordres d'un juge. Nous avons insisté pour faire des prélèvements au moins de l'estomac, mais Monsieur Lambert qui était présent à l'autopsie, nous a interdit d'en faire.* » Au onzième jour d'audience, le travail du juge d'instruction apparaît de plus en plus désespérant. Rageant.

Le cadavre de Grégory Villemin a été autopsié à l'institut médico-légal de Nancy. Un « *champignon de mousse* », typique d'une mort par noyade, sur le visage, des poignets sans ecchymoses malgré des cordelettes lâches, « *un peu* » d'eau dans les poumons, le docteur Pagel a répété ses conclusions : « *Incontestablement, la victime est morte d'un arrêt cardiaque suite à une immersion prolongée dans un milieu aqueux.* » Un second légiste, commis dans l'instruction du président Simon, a sensiblement contredit cette thèse, privilégiant une mort par asphyxie : « *L'enfant n'est pas mort immédiatement et a respiré de l'eau* », a fermement expliqué le docteur André Marin. Concernant l'heure de la mort, le légiste a admis une fourchette allant de 17 h à 20 h 15. Les experts sont tombés d'accord sur l'absence « *de lésions de charriage et de signes de lutte et de défense* ». « *L'enfant a forcément été mis dans la Vologne déjà mort ou inconscient* », a insisté le docteur Marin. Cette immersion se serait faite près de l'endroit où le corps a été trouvé. Et pas plusieurs centaines de mètres en amont, comme le croyaient le juge Lambert et les gendarmes en début d'enquête.

Un mot nouveau a fait son apparition hier. Un mot suffisamment important pour occuper la cour plusieurs heures : « *diatomée* ». Les diatomées sont des algues microscopiques qu'on trouve dans toutes les rivières, mais pas dans l'eau du robinet. Dans les maigres prélèvements pulmonaires réalisés sur le corps, aucune diatomée n'a été trouvée. Toxicologue reconnu, précis et érudit, le docteur Lebreton a affirmé : « *Du moment où il n'y a pas de corps étrangers dans les poumons de Grégory, il n'est pas mort dans la Vologne. Ce n'est pas possible.* » La vigueur du propos a surpris. Les deux autres légistes ont été moins formels, mais ont admis que cette thèse était la plus « *vraisemblable* ».

Les experts ont également longuement débattu de la possibilité que l'enfant ait été préalablement endormi avec de l'insuline. Un flacon vide d'insuline et une seringue ont en effet été découverts par un pompier le 5 novembre 84, dans un buisson, près de l'endroit où le corps a été retrouvé. Une infirmière, Jacqueline Golbin, est venue dire que le flacon et la seringue étaient du « *même genre* » que ceux utilisés par Jeanine Bolle, la mère diabétique de Marie-Ange et de Muriel Bolle, décédée depuis. Seul problème, le flacon retrouvé contenait de l'insuline dite « lente », agissant au moins une heure après avoir été administrée. L'infirmière a toutefois admis que Jeanine Bolle avait l'habitude d'ajouter de l'insuline dite « rapide » à son insuline « lente » et que sa fille Muriel lui faisait de temps à autres ses piqûres. Les avocats de la partie civile ont hurlé à la manipulation de témoin. La fin d'audience a été cafouilleuse. Muriel Bolle, présente pour la première fois depuis dix jours, a manifesté à plusieurs reprises son agacement. Elle a dû très vite comprendre où les avocats de Jean-Marie Villemin voulaient amener la cour. Après avoir enlevé l'enfant avec son beau-frère, Muriel l'aurait endormi avec de l'insuline, jouant ainsi un rôle plus actif que prévu. En face, s'appuyant sur les propos du docteur Lebreton, les avocats de la partie civile poussent l'hypothèse d'une noyade préalable dans une baignoire. Ce scénario, en contredisant la première déposition de Muriel accusant son beau-frère d'avoir livré l'enfant vivant à la Vologne, innocenterait Laroche, accablant à nouveau Christine Villemin. Les légistes n'ont pu les départager. Le président a prévu de poursuivre ce débat aujourd'hui. La journée a été éprouvante pour Jean-Marie Villemin. Dés 9 h 30, à une question de maître Prompt qui lui demandait si l'image du cadavre de Bernard Laroche ne le hantait pas, il avait dit : « *Je vous avoue sincèrement que je n'ai jamais cauchemardé. Je ne vois que l'image de Grégory.* »

LES CORDELETTES ET LES MÂCHOIRES DU COMMISSAIRE CORRAZI

Georges Jacob est un peu dur de la feuille. La sono est pourtant branchée. Le président crie dans le micro, mais Georges Jacob, un des témoins clé, hier, à la cour d'assises de Dijon, du procès de Jean-Marie Villemin, n'entend pas. Il faut que l'huissier vienne lui répéter les questions à l'oreille. Là, Georges Jacob, l'oncle de Jean-Marie Villemin et de Bernard Laroche, entend :

– Le président vous demande votre âge…

– Je ne sais plus… 73 ans.

Georges Jacob a des problèmes de mémoire, mais quand il parle, on l'écoute attentivement. Trois personnes l'écoutent peut-être plus attentivement que les autres : deux journalistes et un policier. Les journalistes, Jean-Claude Hauck du *Républicain Lorrain* et Catherine Lévitan, au moment des faits pigiste au *Figaro Magazine*, sont ceux qui ont « sorti » l'affaire dite « des cordelettes ». Le policier est le commissaire Jacques Corrazi, responsable de l'enquête ayant provoqué l'inculpation de Christine Villemin. Les journalistes, en février 88, ont écrit que les policiers de Nancy, dans le but de « *faire craquer* » Christine Villemin, auraient déposé dans la maison de cette dernière des cordelettes identiques à celles retrouvées sur le cadavre de Grégory. Ils ont été condamnés en diffamation pour cela. Un sérieux doute demeure cependant sur l'origine des cordelettes retrouvées chez les Villemin. Dans l'arrêt de non-lieu innocentant la mère de Grégory, le président Martin laisse entendre qu'une machination pourrait être à l'origine de la découverte de ces « *fausses preuves* ».

– Ne nous payons pas de mots, si vous êtes ici aujourd'hui, c'est parce qu'on vous a accusé d'avoir trouvé de fausses cordelettes chez les époux Villemin. C'est une accusation gravissime qu'il nous faut éclairer, attaque le président Ruyssen.

– Je n'ai rien à dire là-dessus, puisque nous avons gagné notre procès contre les journalistes, répond, nonchalamment, le commissaire avant de se rasseoir pour écouter les témoins du jour.

– J'ai acheté de la ficelle en 82. Je m'en suis servi pour délimiter un terrain et attacher des rames de haricots, démarre Georges Jacob. Il raconte ensuite que les gendarmes sont venus en chercher chez lui.

– Et ce qui restait ? demande le président.

– Ben, des journalistes sont venus en prendre…

– Mais avant les journalistes, personne d'autre ?

– Si, des policiers de la PJ de Nancy.

– Quand sont-ils venus ?

– Au début du printemps 85

– Combien de fois sont-ils venus ?

– Deux fois…

Les mâchoires du commissaire Corrazi se tendent. Elles se sont beaucoup tendues hier. Cette « prise » de cordelettes chez l'oncle Jacob ne figure sur aucun procès-verbal. Dans un rapport annulé suite à une erreur du juge, des experts, au début de l'enquête, avaient attesté que les cordelettes de l'oncle Jacob étaient du même type que celles ayant entravé les membres de Grégory. L'idée, reprise hier par l'accusé, est donc que ces cordelettes clandestinement saisies auraient été déposées chez les Villemin. Par qui ? Difficile d'être très affirmatif.

Revenons en avril 85. Jean-Marie Villemin est en prison, sa femme est dans la ligne de mire des policiers qui manquent alors d'éléments objectifs pour l'accuser. La maison de Lépanges vient d'être déménagée. Le 15, une première perquisition est organisée à l'extérieur de la maison. Les policiers saisissent de la cordelette sur des chaussures et sur une gouttière. Le 23, une autre perquisition au domicile d'une voisine des Villemin, chez qui du matériel appartenant à Jean-Marie Villemin a été déposé, permet de découvrir de la cordelette autour d'un tuyau d'arrosage appartenant aux Villemin. Le 25, de nouvelles cordelettes sont trouvées dans la cave de la maison des Villemin. L'affaire se complique puisqu'après analyse, les experts entendus hier attestent que seules les cordelettes trouvées dans cette cave et autour du tuyau sont « *rigoureusement identiques* » à celles ayant entravé Grégory. La thèse des journalistes et de la défense est que de « *fausses* » cordelettes ont peut-être été mélangées à de « *vraies* » cordelettes afin de rendre la découverte plus crédible. Une thèse violemment décriée par la partie civile.

Hier, quatre autres témoins ont jeté le trouble. Marie-José Billiet, la voisine, est venu dire avec vigueur qu'on avait imité sa signature sur l'étiquette des scellés du tuyau d'arrosage. La pose des scellés est une opération particulière qui oblige l'enquêteur à apposer un cachet de cire, puis à faire signer le témoin sur tout objet saisi. C'est une règle permettant qu'aucun scellé ne soit ouvert à l'insu d'un témoin ou trafiqué.

David Martial, un ami ayant aidé les Villemin à déménager, a répété, lui, qu'il avait « *signé une étiquette* », mais qu'il n'avait pas assisté à la pose de scellés sur le tuyau d'arrosage. « *On avait nettoyé toute la maison et il n'y avait pas de cordelettes dans la cave* », a-t-il ajouté avec aplomb.

Régine Thellier, une autre voisine, a raconté avoir vu « *quelqu'un* » sur le toit des Villemin, quelques jours avant la perquisition policière. Gérard Dittinger, beau-frère de Christine Villemin, a assuré qu'il avait remarqué des tuiles empilées sur le toit de la maison lors de la perquisition : « *Quand je l'ai fait remarquer aux policiers et que j'ai voulu qu'ils le notent sur leur PV, ils m'ont dit que c'était à cause du vent. C'est la première fois que du vent réussit à empiler des tuiles.* » Des cordelettes seront retrouvées dans la soupente de la maison inaccessible autrement que par le toit…

Le commissaire Corrazi, aujourd'hui directeur des Renseignements généraux à Nancy, a réfuté ces témoignages avec un seul argument : mensonge et manipulation de témoins. « *Je pense que l'opération médiatique a été télécommandée et que les journalistes avaient en main un mémoire des avocats de Christine Villemin... Si nos PV étaient irréguliers, il fallait les faire annuler et pas venir en discuter ici* », a soufflé le policier, excédé par les questions d'un des avocats de Jean-Marie Villemin. Maître Robinet n'a pas lâché prise :

– Comment expliquez-vous que, chez l'expert, on trouve deux cordelettes autour du tuyau d'arrosage alors que tous les témoins n'en ont vu qu'une ?

– Ce n'est pas moi qui ai fait le PV du tuyau, finit par lâcher le flic en citant un de ses inspecteurs.

L'inspecteur en question devait être entendu hier. Il s'est excusé, prétextant une lombalgie. De cette longue journée, on ressort mal à l'aise. Les scellés suspects ont tous été expédiés chez des experts en cordelettes lyonnais. L'un d'eux, le professeur Rochas, a expliqué hier à la barre : « *Le juge Lambert nous téléphonait souvent. Nous avions demandé une rallonge qui a été refusée.* » Leur rapport arrivera sur le bureau du juge le 4 juillet 84. Le 5, Christine Villemin sera inculpée et écrouée.

UNE AUDIENCE À CHERCHER DES AMANTS POUR CHRISTINE

Christine Villemin est entrée après un jeune homme aux cheveux mi-longs en jean informe et chaussures de jogging. Le jeune homme s'est installé derrière la barre des témoins en souriant. Dans son box d'accusé où il entame sa quatrième semaine de procès, Jean-Marie Villemin n'avait d'yeux que pour Christine, assise au premier banc, les mains en pelote, le regard fixe et perdu. À la première question du président, le jeune homme, Magron Bruno, trente-deux ans, profession sans, a déclaré : « *C'est au sujet de Christine ? Parce que, étant jeune, je suis sorti avec elle ?* » Devant l'absence de réaction, il a poursuivi : « *Ben, j'ai couché avec elle.* » Il avait l'air gêné mais fier de cette confidence. Elle a paru excédée, ne l'a pas trop montré. Le jeune homme a poursuivi : « *C'était en 74, 75* ». Ils avaient quinze ans quand il l'a quittée. Elle a pris des cachets, une tentative de suicide qui nécessitera un lavement d'estomac. Ensuite, ils se sont revus à une boum en 76, à l'époque où les Laroche, Bolle et Villemin n'étaient que des adolescents noceurs. Quelques bises concédées pour rendre, dit-il, « *jaloux* » Jean-Marie, alors à l'armée. De vieilles histoires, des gamineries. L'épouse du jeune homme, puis la mère de l'épouse, toutes deux anciennes ouvrières textile ayant travaillé avec Christine Villemin, sont venues apporter leur pierre à l'édifice. Quel édifice ? Celui qu'essaie péniblement de monter la partie civile. La famille Magron a une particularité : la mère et la fille ont été victimes du corbeau et elles ont soupçonné un temps Christine Villemin, agissant par jalousie. Les appels ont commencé en 78 et se sont poursuivis jusqu'en 83. Le registre est toujours le même : histoires de fesses (« *Cocu… ménage à trois…* »), lettres anonymes et blagues macabres (« *Allô, faut que vous alliez à l'hôpital, votre fille a les deux jambes cassées* »). Ces « *jambes cassées* » vont resurgir.

Christine Villemin, d'une voix chevrotante, a expliqué qu'elle n'avait rien à voir avec le corbeau des Magron : « *Depuis que j'ai connu Jean-Marie (début 76), je ne me suis intéressée à personne d'autre.* » Maître Welzer, avocat de feu Bernard Laroche, lui a fait répéter. Puis, il a fait revenir Bruno Magron derrière le micro : « *Pendant que Jean-Marie Villemin était à l'armée, j'ai eu des relations sexuelles avec elle* » a soufflé, un vague sourire aux lèvres, Bruno Magron. Cette petite contradiction va provoquer le plus spectaculaire incident depuis le début du procès. Les faits apparaissent anodins. Pourtant… « *Je dis que c'est pas vrai. Il ment. J'ai eu une IVG puis une phlébite. Ça m'a laissé des traces sur le corps. Je demande, s'il a couché avec moi, qu'il dise où. Sinon qu'on fasse venir un expert* », a hurlé Christine Villemin. Maître Welzer a tenté d'enchaîner sur les appels du corbeau où les histoires de « *jambes cassées* » reviennent souvent. Il a fait dire à Christine Villemin qu'elle souffrait d'une maladie de la circulation sanguine, du même type que celle ayant nécessité une amputation des jambes de son père : « *Mon papa avait une maladie, ses artères se bouchaient. Moi, c'est les veines. Je ne vois pas ce que ça a à voir.* » Relayée par son mari, elle a poursuivi d'une voix forte : « *Depuis 84, on me cherche un amant, on m'a salie. D'abord la PJ :* "Si vous aimez Jean-Marie, dites que vous avez un amant, que c'est Bernard Laroche." *Après, ça a été Bernard Noël. Ça continue ici. Jean-Marie n'est pas seulement mon mari et le père de mes enfants, c'est aussi mon confident et mon amant. En France, il y a encore des couples fidèles. On en fait partie. Faut arrêter de me traîner dans la boue…* » Maître De Montile, qui perd rarement une occasion de mettre les pieds dans le plat, s'énerve : « *S'il y a de la boue, ce n'est pas nous qui l'avons mise.* » Réponse de Garaud : « *Celle d'aujourd'hui n'est pas de la génération spontanée.* » Welzer contre-attaque : « *Très sereinement, il n'y a pas de boue. C'est parce que Madame Villemin vient affirmer qu'elle n'a pas d'amant que je l'interroge. Je fais mon travail. Je veux savoir qui des deux ment. Nous sommes obligés de poser ces questions...* » En face, blafard, Maître Robinet explose : « *Les témoins que vous citez sont tous des amis de Laroche. La boue est remuée par vous, Welzer. Vos sentiments de compassion semblent éminemment hypocrites. Je vous le dis, personnellement, je trouve scandaleux devant cette femme qui a tant souffert... C'est scandaleux !* » Welzer veut répondre. Jean-Marie Villemin râle, gesticule. Le président interrompt dans la pagaille. Les jurés se retirent, interloqués. Les avocats s'empoignent. Christine Villemin se tord les mains. À ses côtés, son ex-petit copain de boum rigole niaisement. Il ne se doutait certainement pas que ses histoires d'adolescent feraient un jour autant de foin.

À part ça, les jurés de Dijon ont vu défiler hier l'ex-procureur d'Épinal, Lecomte, aujourd'hui président de chambre en Guadeloupe, qui est venu dire que sa fonction lui interdisait de s'épancher sur l'instruction du juge Lambert, ce qui arrangeait bien ses trous de mémoire, et une première série d'experts en voix et en écriture. Les premiers accusent une femme d'être le corbeau. Les seconds, un homme dont les initiales sont « LB ». Qui peut correspondre à ce portrait ? La cour d'assises s'est donné la journée pour affiner la question. Et tenter d'y répondre.

INITIALES LB

Cour d'assises de Dijon. Quatorzième jour d'audience du procès de Jean-Marie Villemin. Le président Ruyssen est un magistrat calme, discret et méthodique, il laisse librement s'exprimer toutes les parties. Hier, journée agitée consacrée aux lettres du corbeau, il a donné deux indications. Suite à une bataille de procédure lancée par la défense, il a dit : « *Les débats continueront jusqu'au bout. Il n'y a que comme ça que la vérité sera approchée. Je ne crois pas que l'on puisse arrêter cette marche.* » Plus tard, maître Garaud donnait de la voix contre les erreurs du juge Lambert : « *À toute catastrophe, il y a des explications. On découvre au fil des débats des dysfonctionnements très inquiétants. Je prie Dieu de ne jamais avoir à faire à la justice.* » Le président Ruyssen l'a interrompu. On s'attendait à ce qu'il le sermonne, à ce qu'il défende l'institution mise en cause. Il n'en a rien été. En pesant ses mots, il a lâché : « *Certaines de ces découvertes sont effectivement atterrantes.* » Un blanc a suivi.

C'est l'histoire d'une lettre arrivée chez les Villemin le lendemain de la mort de Grégory, postée à Lépanges le jour du crime avant 17 h 15. Son contenu est aujourd'hui célèbre : « *J'espère que tu mourras de chagrin, le chef. Ce n'est pas ton argent qui pourra te redonner ton fils. Voilà ma vengeance, pauvre con.* » Cette lettre est au cœur de la tempête. Deux certitudes ont été renforcées hier. L'auteur de ce courrier est le même que celui qui persécute la famille Villemin depuis trois ans. Au bas de la lettre, un foulage, un « B » marquant le papier, est une des rares traces oubliées par le corbeau.

Nous avons suivi hier, avec effroi, l'itinéraire chaotique de cette missive. Elle quitte le 17 octobre vers midi le domicile des Villemin pour atterrir dans les mains d'un gendarme d'Épinal. La montre-t-il au colonel Argoud, ancien chef de l'OAS, aujourd'hui recyclé « *grapholo-*

gue » à Darney (Vosges) ? Personne ne sait. Y compris le principal intéressé. On la retrouve le lendemain dans les mains d'un autre gendarme qui rentre d'un stage de « *police scientifique* ». À la recherche d'empreintes, le gendarme arrose la lettre de poudre « *d'aluminium ou de zinc* ». Aucune empreinte n'apparaîtra, par contre, la poudre rendra la lettre « *quasi inutilisable* ». Elle est néanmoins expédiée à un premier collège d'experts, Mesdames Jacquin-Keller et Berrychon-Sedeyn. La première est décédée, la seconde a expliqué qu'il lui avait semblé remarquer un foulage au bas de la lettre. Elle étudie rapidement le contenu du message, le compare à l'écriture de différents suspects, conclut que Bernard Laroche, alors inconnu, est le seul dont l'écriture correspond. Elle téléphone cette information au juge et réclame un complément d'expertise. Le juge lui demande d'attendre et confie la lettre à un nouvel expert, le gendarme Denis Klein, qui la photographie en « *lumière rasante* » et découvre un « *L un centimètre et demi au-dessus d'un B* ». Faute de crédit suffisant pour « *acheter des pellicules couleurs* », Denis Klein photographie le foulage en noir et blanc et amène le tout au juge Lambert qui montre l'épreuve au procureur Lecomte. « *Je revois M. Lambert assis dans mon bureau, avançant sa chaise pour me montrer le L et le B* », raconte l'ex-procureur d'Épinal. L'air de plus en plus planant, le juge bafouille : « *Nous avions vu un B à peine visible. Par déduction, nous avons pensé que c'était un L à côté. On a interprété le foulage, mais ça ne faisait que confirmer nos doutes.* » Son témoignage contredit celui de la semaine dernière où il avait expliqué que la découverte du gendarme Klein lui avait produit sur lui « *un choc* » déterminant. Sur PV, il a reconnu avoir indiqué au capitaine Sesmat, responsable de l'enquête, « *voir la boucle caractéristique du L de Laroche* ». Maître Chastant, pour la défense, demande une vérité. Réponse de l'intéressé : « *Effectivement, Maître, il y a contradiction dans ce que je dis. C'est évident.* »

La lettre ressurgit à une réunion au sommet, le 30 octobre à Nancy, entre gendarmes, juge et experts en écriture. Là est décidée la garde à vue de

Laroche. La lettre va alors faire un stage dans un laboratoire allemand où un expert verra le « *LB* », mais compte tenu de la poudre « *obstruant les sillons du papier* », ne pourra l'attester à 100 %. Ce n'est pas très grave puisque l'itinéraire de cette lettre, qui voyage sans scellés, est parfaitement clandestin. Aucune règle de procédure, dans les désignations d'experts, n'a été respectée. Tout va être annulé. De plus, le rapport remis par l'expert Klein au juge Lambert ne sera jamais retrouvé. Pour sa défense, le juge met en cause les gendarmes : « *Ils se sont occupés de tout, je n'ai aucun souvenir de cette lettre.* » Petit miracle, parce qu'il est méticuleux, le gendarme Klein a conservé un double des photos du foulage. Cinq ans plus tard, il remettra ses clichés, pièces à conviction aujourd'hui, au juge Simon. « *Vous avez failli réussir, grâce à votre instruction, une catastrophe judiciaire. Ce qui me heurte, c'est qu'au fond de vous-même, ça ne vous heurte pas* », a lancé maître Garaud. « *Je ne souhaite pas engager de polémique* », a répondu Lambert.

La lettre continue son voyage et arrive « *dans des conditions inimaginables* » chez le graphologue nommé en février 85, Alain Buquet : « *La gendarmerie de Saint-Denis me l'a apportée, serrée dans une chemise de notaire, manipulée, piétinée, presque illisible. L'expertise a été réalisée dans des conditions épouvantables. Le juge Lambert et les gendarmes n'arrêtaient pas de me harceler pour que je rende mes conclusions.* » Hier, l'expert Buquet est longuement venu expliciter son travail fait de comparaisons entre accents circonflexes, virgules, lettres. Pour lui, pas de doute, Laroche est écarté : « *Christine Villemin est sans aucun doute le scripteur le plus proche des pièces en question.* » « *Quand on s'est aperçu que c'était elle, ça nous a rendus malades pendant trois jours* », a conclu l'expert. Aujourd'hui, la suite du voyage de la lettre du corbeau. Atterrant, non ?

LES EXPERTS EN ÉCRITURE SONT UN PEU COMME DES ARTISTES

Les experts en écriture sont de drôles d'oiseaux. Leur vocabulaire est très particulier. Ils parlent de leur art comme d'autres parlent de vin, ou de jambes de femme. Leur tâche, dans une cour d'assises, consiste à trouver les mots justes pour parler des mots qu'ils lisent sur le papier qu'un juge leur a donné. Ils disent d'un « M » que ses courbes sont « *harmonieuses* », d'un « S » qu'il est « *bien galbé* », d'une virgule qu'elle est « *élancée* », d'un « T » que sa « *hampe glisse légèrement vers la gauche* ». Les experts en écriture n'aiment pas qu'on dise d'eux qu'ils sont un peu artistes, que leur travail est aléatoire. Quand on demande leur niveau d'étude, ils dégainent une carte de visite aussi impressionnante qu'un menu gastronomique : docteur ès sciences ou ès psychologie, diplômé de l'université de Genève, directeur au CNRS, agréé auprès de la Cour de cassation. Certains sont modestes, d'autres moins. Ils souffrent beaucoup depuis l'affaire Dreyfus, même si l'un d'eux est venu rappeler hier à la barre que, si un expert en écriture avait envoyé Dreyfus en prison, un autre l'en avait sorti. Les experts en écriture sont des gens qui se veulent précis, scientifiques, raisonnables, objectifs. Le sont-ils ? Christine Villemin pense que non.

Il s'agissait, pour cette quinzième journée du procès de Jean-Marie Villemin, de poursuivre l'étude de la dernière lettre du corbeau, celle que l'assassin de Grégory, ou un complice, avait postée à Lépanges le jour du crime. Nous avions laissé, mardi soir, la lettre entre les mains d'Alain Buquet, un expert également spécialiste en graphologie. Le graphologue cherche le caractère du scripteur derrière son écriture. Alain Buquet avait expliqué que le seul scripteur possible des lettres du corbeau était Christine Villemin. La révélation avait jeté un froid dans la cour d'assises. Le thermomètre a encore baissé hier avec le témoignage des autres experts. Ils ont défilé derrière un écran blanc, tiré au centre du prétoire, où des extraits de lettres étaient projetés. Si les jurés étaient idéalement placés, le public et la presse, au prix de mille contorsions, ne pouvaient que déceler l'ombre de mots lus à l'envers.

Les experts possédaient, comme principale pièce, la dernière lettre du corbeau et son enveloppe, qu'il devait comparer aux lettres de différents scripteurs. De Bernard Laroche à Christine Villemin en passant par les membres des familles Bolle, Jacob ou Villemin, tous ont eu droit aux dictées. Les experts ont ensuite sélectionné les scripteurs les plus proches de l'écriture du corbeau et les ont fait retravailler en leur présence. Christine Villemin et Bernard Laroche ont ainsi griffonné une centaine de documents, répétant les mêmes mots : « *J'espère... mourras... chagrin... chef... vengeance... pauvre con... 88600 Lépanges-sur-Vologne* »

La matinée a été consacrée à l'audition de Jean Glénisson, un expert en écriture de soixante-douze ans, le seul à ne pas se dire graphologue. Il a commencé par énoncer ses conclusions : « *Il n'est pas possible de considérer Bernard Laroche comme l'auteur des écrits anonymes. En revanche, et notre conviction a été renforcée par le fait que nous pensions qu'il s'agissait d'une autre personne, nous avons pu déterminer l'identité du scripteur le plus proche de l'auteur de la lettre du corbeau. Puis-je prononcer le nom de cette personne ?*

– Allez-y.

– C'est Christine Villemin.

L'expert a ensuite énoncé les « *très nombreuses* » concordances : « *Les mots Lépanges-sur-Vologne sont superposables... dans le code postal, les "00" sont entrelacés et ouverts à droite de la même manière... Par deux fois, Madame Villemin a corrigé, comme le corbeau un "J" en "I"... Elle a déguisé son écriture cursive en allongeant les lettres, en tassant certains mots... Ceci apparaît particulièrement caractéristique.* » Maître De Montile, pour la partie civile, a profité de l'émoi provoqué par ces explications pour demander à ce que le président Ruyssen fasse venir Christine Villemin, alors assise sur le banc des témoins, face à l'écran. La jeune femme, les yeux brillants, a murmuré qu'elle préférait aller dans le box des accusés rejoindre son époux. Hier, véritablement, malgré le non-lieu, c'était à nouveau le procès de la mère. Christine Villemin s'est finalement assise au côté de ses avocats. L'expert Glénisson a poursuivi : « *L'affaire était trop grave et nous étions bouleversés par ce que nous étions obligés de constater. Nous avons écrit avec certitude, en toute conscience, que c'était elle qui l'avait écrite* (la lettre de revendication). *Il est très très rare qu'on trouve un tel faisceau de concordances.* » Les avocats de la défense essaieront bien de déstabiliser le vieil homme. En vain. « *Si je parle comme je le fais, je le regrette. J'avais pensé que le non-lieu avait achevé l'affaire* », a conclu Jean Glénisson pour qui ce dossier reste « *un cauchemar* ».

Eliane Petit de Mirbeck, représentante du troisième collège d'experts nommé par le juge Lambert, l'a suivi, reprenant des arguments apparemment techniques (« *Le "ch" de chagrin a la même finale régressive* ») pour conclure : « *Nous sommes arrivés à la conviction absolue que Bernard Laroche ne pouvait pas être l'auteur des lettres. Il ne restait que Christine Villemin. Nous avons retrouvé toutes les caractéristiques du corbeau dans son écriture. Nous avons conclu cela avec énormément d'ennui. C'était une expertise affreuse.* » En fin de journée, le dernier expert officiel nommé par le juge Simon, le gendarme Denis Klein, a tenté de dédouaner la mère de Grégory en donnant formellement à Bernard Laroche la responsabilité des deux dernières lettres du corbeau. Moins expérimenté que ses pairs, orateur hésitant, son argumentation technique est apparue fragile. En soirée, après une confrontation entre experts où chacun est resté sur ses positions, Christine et Jean-Marie Villemin, en larmes, ont dit leur désespoir : « *Aujourd'hui, j'étais l'accusée comme en 85. Je n'ai écrit aucune lettre. Quand j'entends les experts dire que leur travail les a rendus malades pendant trois jours, moi, ça fait neuf ans que je suis malade. Et dans vingt ans, je serai encore montrée du doigt* », a soufflé Christine. « *J'aurais aimé entendre les experts dire au moins une fois* "l'erreur est humaine" a conclu Jean-Marie.

La question de fond reste évidemment posée : des hommes

de sciences, capables de trouver un « S » galbé ou d'affirmer, comme l'a fait l'expert Buquet, qu'un « L » trop « *coudé* » implique chez le scripteur des « *problèmes de vertèbre* » sont-ils crédibles ?

25.11.1993

Y COMPRIS LA VÉRITÉ

Une menace plane sur le procès de Jean-Marie Villemin. On l'a encore sentie hier. À chaque audience, depuis seize jours, la menace est là, s'approche, grandit, recule, revient. Comment définir cette sourde tension ? Le rituel est bien en place. Les jurés sont plus détendus, le président Ruyssen prend ses aises, ne crie plus pour reprendre les choses en main. C'est un magistrat non-violent. Les avocats des deux camps ont rôdé leurs stratégies, elles ne varieront plus. Ils jouent au plus fin avec les témoins, cognent parfois. Le programme sera suivi à la lettre. Il reste neuf jours de débats. De combat. La cour d'assises de Dijon est une arène où tout peut arriver. Y compris la vérité. C'est de cette menace qu'il s'agit.

Pour l'instant, on ne sait toujours pas ce qui s'est passé le 16 octobre 84. On sait que des témoins mentent. Hier, les époux Claudon étaient les deux premiers menteurs apparus publiquement à la barre. Leur mensonge peut apparaître bénin. Les Claudon sont un couple d'agriculteurs habitant une ferme en dessous du chalet des Villemin. Mme Claudon a des vaches. Chaque jour, elle va chercher ses vaches dans un champ situé au-dessus de la maison des Villemin vers 17 h 15. Le jour du crime, elle était légèrement en retard. Elle a engueulé son mari parce qu'il n'était pas allé chercher les vaches. Il s'est proposé de l'accompagner avec sa Méhari. Madame Claudon a des habitudes. Avant d'arriver à son champ de vaches, elle tire de longues ficelles sur son chemin à tous les endroits où les vaches pourraient se sauver. Les Claudon ont menti aux gendarmes, au juge Lambert, puis au président Simon. Ils avaient toujours expliqué être allés au champ de vaches ensemble. Ensuite, elle était descendue seule. C'était faux. Un autre homme était avec Marcelle Claudon ce jour-là. Il s'agissait de Claude Colin, un contrôleur de bus venu rendre visite au fils de Mme Claudon. Le mari est donc resté à la ferme ce jour-là. Les Claudon, père, mère et fils étaient hier à la barre, avec Gilbert Meline, un autre voisin, Sylviane Parisse, la propriétaire du café de Lépanges et Christine Jacquot, la nourrice de Grégory. Au programme : l'emploi du temps de Christine Villemin.

La jeune femme, les traits tirés après la rude journée des experts en écriture, est venue raconter sa journée du 16. Sortie d'usine à 16 h 53. Passage chez nourrice récupérer enfant. Retour maison à 17 h 03. Repassage en écoutant la radio. Grégory joue dehors sur le tas de sable. « *J'ai repassé tout le blanc et je suis sortie pour appeler Grégory. J'ai fait le tour de la maison. Pas de réponse.* » Elle raconte son affolement, son angoisse grandissante, sa course chez ses voisins du haut, du bas. Son départ pour Lépanges au volant de sa R5 noire, qu'elle situe vers 17 h 23. Son retour dix minutes plus tard. Elle s'effondre : « *Un monsieur a demandé comment était son bonnet. Jean-Marie a dit la couleur. On l'a retrouvé. Il est mort. J'avais pas bien compris. Il a tapé sur le volet. Il m'a dit* "il est mort". *On l'a retrouvé dans la Vologne. Après, je ne me rappelle plus. J'étais dans le canapé. Un médecin est venu près de moi, et c'est tout.* »

La cafetière et la nourrice sont venues répéter que Grégory était un bel enfant aimé de ses parents. La nourrice a expliqué que Christine était venue chercher son fils à la sortie de son travail vers 17 h, qu'il ne portait pas de bonnet car il faisait beau, qu'ensuite elle était repassée « *affolée* » pour dire que Grégory avait disparu. Christine Jacquot a ajouté un détail intéressant que maître Garaud s'est empressé d'exploiter : « *Christine m'a demandé de l'accompagner pour chercher Grégory. Je ne pouvais pas parce que mon mari n'était pas là et que j'avais deux enfants à garder, sinon je l'aurais fait bien volontiers.* » Quelle heure était-il à cet instant ? Entre 17 h 20 et 17 h 30. « *Ah, madame, si vous l'aviez accompagnée, il n'y aurait pas eu d'affaire Grégory parce que jamais, en votre présence, on n'aurait accusé Mme Villemin d'avoir noyé son fils !* » La cafetière et la nourrice ont également insisté lourdement sur les méthodes des policiers : « *Ils cherchaient à nous faire dire que Christine avait des amants, ils ne parlaient que de fesses. Ils voulaient à tout prix qu'on dise qu'elle n'aimait pas son fils* », a expliqué Sylviane Parisse, la cafetière. Idem pour Christine Jacquot qui ajoute : « *Les policiers voulaient à tout prix que je dise que Grégory avait son bonnet alors qu'il n'en avait pas.* » Dans le scénario imaginé par les policiers et que la partie civile défend toujours apparemment aujourd'hui, le bonnet de Grégory pose un problème puisque personne ne l'a vu le jour du crime sur la tête de l'enfant, avant qu'on ne le retrouve sur son cadavre. L'hypothèse policière implique un « timing » très serré, excluant un retour de la mère à la maison pour récupérer le bonnet : en quittant son travail, Christine Villemin fonce à la poste de Lépanges poster la lettre de revendication du crime, récupère son fils chez la nourrice et se catapulte à Docelles, huit kilomètres plus bas, le noie, remonte chez elle, puis redescend chez la nourrice. Ce scénario est le seul plausible, compte tenu des différents témoins se trouvant autour de la maison le jour du crime. Hier, ce scénario est apparu rocambolesque. Gilbert Méline, le voisin habitant audessus de la maison des Villemin, lavait son tracteur le jour du crime. Il a ensuite balayé. Il a vu Christine Villemin quelques minutes après que Mme Claudon soit montée poser ses ficelles à vaches. Un promeneur, Bernard Colin, promenait son chien. Les Claudon ont rentré leurs vaches et le fils a coupé le moteur de son bus à 17 h 32, le disque de contrôle l'atteste. À cet instant, Christine Villemin rentrait chez elle après être allée chercher Grégory au village. «*Je l'avais déjà depuis au moins deux minutes dans mon rétroviseur*», a expliqué Christian Claudon, le fils. Les avocats de la défense ont gentiment cuisiné les Claudon sur leurs témoignages à géométrie variable : « *M. Colin ne voulait pas qu'on dise la vérité parce qu'il était dans une voiture de travail. Il ne voulait pas que ça se sache. Peut-être aussi pour sa dame…* » a convenu Marcelle Claudon, fermière énergique. Personne hier ne l'a vraiment crue. Mais les avocats avaient l'interdiction de poser plus de questions. Le 8 décembre prochain, dernier jour d'audience, la journée sera consacrée aux Claudon et à Claude Colin. Ce dernier, pris de remords, a en effet affirmé avoir vu Bernard Laroche et Muriel Bolle dans une voiture à proximité de la maison des Villemin le jour du crime. Madame Claudon nie. La journée d'hier n'était qu'une prise de contact et un avertissement : « *Madame, réfléchissez bien, il vous reste quelques jours…* » a glissé le président. La menace, toujours.

PROCÈS VILLEMIN : LES FILLES DE LA POSTE À LA BARRE

On les appelle « les filles de la poste ». Ça sonne un peu comme une amicale de vieilles majorettes. Il s'agit de la poste de Lépanges-sur-Vologne et des filles qui s'y trouvaient le 16 octobre 84, à la sortie de l'usine. Elles ont la trentaine aujourd'hui. Elles avaient la vingtaine alors. Elles sont Vosgiennes, habitent Lépanges, Laveline ou Bruyères. Elles travaillaient toutes, en octobre 84, à la MCV, Manufacture Vosgienne de Confection, avec Christine Villemin. Elles sont ouvrières textiles, couturières, mères de famille. Elles sont quatre, toutes navrées de dire ce qu'elles ont à dire. Hier, dix-septième journée du procès de Jean-Marie Villemin, elles occupaient la barre. Après les experts en écriture, les « filles de la poste » sont des témoins clé pour l'accusation de Christine Villemin. À Dijon, depuis trois jours, c'est elle qu'on juge.

La poste de Lépanges est un étroit bâtiment entre la MCV et la petite gare où certaines ouvrières avaient l'habitude de prendre un train. Jacques Pernot, l'ancien responsable du bureau, est venu expliquer que la lettre du corbeau, celle revendiquant le crime de Grégory, avait été postée le 16 « *entre 16 h 30 et 17 h 20* ». Les ouvrières de la MCV sortent de l'usine à 16 h 53.

Christine Villemin a été la première à raconter sa sortie d'usine : « *Le 16, je ne suis pas allée à la poste avant 17 h 30. J'y ai fait demi-tour quand je cherchais Grégory. Je n'ai rien posté. C'est la veille, le 15, que j'y ai posté une commande et un chèque pour VertBaudet.* » Le président acquiesce, le chèque et la lettre ont été retrouvés. La journée démarre calmement sans effusion. Elle finira dans les cris et dans les larmes.

Maria Leité entre la première. Elle parle sans se troubler : « *Le mardi 16 octobre, en prenant mon train, j'ai vu Mme Villemin aller en voiture vers Bruyères* », la direction opposée à celle indiquée par Christine Villemin. Elle n'en démordra pas, malgré les mises en garde du président :

– Vous rendez-vous compte de l'importance de ce que vous dites ?

– Oui, je suis sûre de moi, car le lendemain matin en achetant des croissants, la boulangère m'a appris la mort de Grégory.

– Vous êtes sûre à 100 % de ce que vous dites ?

– Peut-être pas à 100 %, mais je suis sûre.

– Il vous arrive pourtant de vous tromper ?

– Neuf ans plus tard peut-être, pas au moment des faits.

Sur son banc, Christine Villemin hoche la tête, dépitée. Le calvaire commence. Les trois scénarios suivants seront presque identiques. Anne-Lise Pereira explique qu'en sortant de l'usine, le 16, elle voit « *Christine* » dans sa R5 noire faire demi-tour à hauteur de la poste. « *Le lendemain en écoutant la radio, j'ai repensé à elle. Ça me mettait très mal à l'aise. Au début, je n'osais pas en parler.* » Plus les avocats essaient de la secouer, plus la jeune femme (enceinte) se rebiffe.

Maître Moser :

– Avouez que vous vous êtes monté la tête en en parlant à l'usine ?

– Vous dites n'importe quoi. Faire un témoignage pareil, c'est pas facile, j'avais l'impression d'être un monstre de faire la relation entre ce que j'avais vu et ce qui s'est passé.

Anne-Marie Texeira assure, elle, avoir vu « *Christine* » poster des lettres. Toujours le 16, vers 17 heures, alors qu'elle était passagère d'une voiture :

– Dire cela, c'est tout simplement dire que Christine Villemin a tué Grégory, souffle le président.

– Écoutez, je sais ce que j'ai vu, c'était le mardi.

– Madame, réfléchissez bien, le 15 ou le 16 ?

– C'est le 16.

La quatrième à se présenter est Sandrine Loups. Posée, solide, concédant ne pas s'entendre très bien avec Christine Villemin, elle détaille : « *En sortant de mon travail, j'allais chez ma sœur qui habite à côté de la poste. J'ai vu Christine remonter dans son véhicule stationné juste devant la poste. Il n'y a que le mardi soir que je vais chez ma sœur. C'est ce soir-là qu'on a appris la mort de Grégory, j'en ai parlé à mon ami, à ma mère et à ma sœur.* » Tous trois avec la même conviction viendront confirmer les propos de la jeune femme. Les premiers soupçons sur la mère de Grégory viendront de Sandrine Loups. Le soir du drame, elle confie être allée avec son ami faire un tour à Lépanges « *pour voir* ». Deux jours plus tard, apprenant par la presse qu'une lettre de revendication du crime a été postée par le corbeau et que Christine Villemin ne fait pas mention de son hypothétique passage par la poste, l'ami de Sandrine téléphone à la gendarmerie anonymement et conseille aux gendarmes d'interroger la mère à ce propos. Trois jours plus tard, « *pour rendre service* » dit-elle, la jeune femme explique pour la première fois aux gendarmes ses doutes quant à la version de Christine Villemin. À la suite de cette déposition, les gendarmes entendront d'autres ouvrières de la MCV. Certaines ne sont plus très sûres du jour où elles ont vu Christine. Restent ces quatre-là qu'une longue journée d'affrontements n'a pas ébranlées.

En fin de journée, Maître De Montile fait revenir les « filles de la poste » à la barre. Elles entourent Christine Villemin. Entre les cinq, pas un regard. La mère de Grégory redonne, sans faiblir, sa version : « *Quand j'ai dit aux gendarmes que j'y étais allée le 15, après avoir pris Grégory, je connaissais déjà la déposition des filles. Si j'avais voulu mentir c'était facile...* »

– Ce n'est pas le moment des pleurs, lâche l'avocat.

– Je ne pleure pas, se défend Christine, je suis en colère d'être accusée depuis des années. Je ne suis pas témoin, je suis accusée.

Cette fois, elle pleure, mais les mots viennent quand même, par vagues : « *Je voudrais qu'on me dise pourquoi j'aurais fait ça ? Pourquoi j'aurais tué mon fils ? Notre enfant, c'était tout pour nous... Pour défendre Laroche et Muriel, vous...* » Se tournant vers le banc de la partie civile, entourée de ses ex-collègues impressionnées, elle hurle : « *Je n'ai pas tué mon enfant. Je n'ai pas écrit de lettre !* » Le président Ruyssen la fait s'asseoir. Jean-Marie enchaîne, s'en prenant toujours aux avocats : « *Faut crever l'abcès. Si Laroche est mort, c'est aussi parce que c'est honteux, ce que vous avez fait. Je voudrais calmement redire à maître Welzer qu'avec son copain Corrazi* (le commissaire de police) *et Bezzina* (un journaliste), *ils sont...* » L'avocat mis en cause lève les bras au ciel. Garaud tonne. Brouhaha. Le président rétablit mal le calme, réinterroge une à une « les filles de la poste » qui répètent qu'elles « *ont vu ce qu'elles ont vu* ». Il semble impossible, en fin de journée, qu'il y ait pu y avoir confusion de jours.

– Donc si vous dites que Christine ment, ça veut dire qu'elle a tué son enfant ? insiste une ultime fois le président.

Les quatre filles se regardent. Leur silence pèse comme une approbation. L'une d'elles, la plus jeune, Anne-Marie Texeira, se tourne vers Christine Villemin, assise :

– Je sais que c'est pas toi qui as tué ton gosse, mais dis-leur que t'as posté une lettre ce jour-là, dis que tu t'es trompée de jour.

Christine secoue la tête négativement.

On aurait pu en rester là si Monique Villemin, la mère de Jean-Marie, n'avait été le dernier témoin du jour. Elle ne supportera pas les attaques de son fils qui lui reproche « *d'enfoncer Christine* » au profit de son autre belle-fille, Ginette Villemin. La grand-mère s'en défend, jure : « *Ce que je désire le plus, c'est que Muriel parle.* » Son fils accuse : « *Ce sont tes avocats qui ont mis Christine en prison.* » Monique Villemin s'effondre : « *J'ai subi la mort de Lionel (son fils, mort récemment dans un accident de voiture), deux tentatives de suicide de mes fils, trois divorces dans la famille. Je n'en peux plus. La mort sera ma délivrance.* » Au programme, la semaine prochaine : la piste Laroche.

L'EMPLOI DU TEMPS

Les énigmes criminelles les plus tordues tiennent à peu de chose. Au temps qu'il fait. À l'âge d'une caisse enregistreuse. À l'arrivée du tiercé du dimanche 14 octobre 1984. La dix-huitième audience du procès de Jean-Marie Villemin a démarré par une matinée parasitée d'incidents de procédure. Ensuite ont été abordées les questions de la personnalité et de l'emploi du temps de Bernard Laroche.

Ce procès est celui des paradoxes. Le premier est que la cour d'assises, dans les faits, ne juge pas Jean-Marie Villemin, mais semble s'être donné une mission rédemptrice : tenter de réparer les erreurs de l'instruction du juge Lambert, et ainsi montrer que justice sera, malgré tout, rendue. Pour cela, le challenge du président Ruyssen consiste à refaire, en six semaines et en public, un condensé de l'instruction de l'affaire. L'institution judiciaire travaille ici – c'est peut être un signe avant-coureur – à l'américaine. Cela présente des avantages : transparence et ainsi rétablissement d'une « vérité médiatique ». Cela présente aussi des risques de dérapage.

Le second paradoxe de ce procès tient au contournement particulièrement acrobatique des règles de droit. Laroche mort, toute action publique est éteinte à son endroit. Christine Villemin, elle, a bénéficié d'un non-lieu. Des magistrats, après quatre-vingt-treize pages explicatives, ont décidé que plus aucune charge n'existait contre elle. Un non-lieu, sauf fait nouveau, ne peut être remis en cause. Pourtant, on fait ici le double procès d'un mort et d'une femme innocentée. À lire le programme des débats qui s'inspire de l'arrêt de non-lieu, les trois jours consacrés à Christine Villemin précédaient huit jours consacrés au couple Bolle-Laroche. Ces trois jours pouvaient, sur le papier, apparaître comme une formalité. Il n'en a rien été. Les affirmations de trois experts en écriture et des quatre témoins assurant avoir vu Christine Villemin poster une lettre le jour du crime, ont laissé la cour devant une question judiciairement tranchée : Christine Villemin est-elle le corbeau de la Vologne ? Les experts et « les filles de la poste » ont, indirectement mais fermement, répondu « *oui* ». D'où le malaise qu'ont tenté d'exploiter hier matin les avocats de la partie civile.

Maître De Montile a demandé de reprendre les poursuites contre Christine Villemin : « *La vérité ne peut avoir qu'un visage. On ne peut gommer tout ce qui accable Christine Villemin pour donner l'impression que Laroche est l'assassin* », a plaidé l'avocat. Ses collègues, Prompt, Welzer et Teyssonière, ont embrayé le pas en s'attaquant à l'arrêt de non-lieu. Celui-ci ferait référence à des expertises annulées. Les avocats ont demandé à ce que la cour ordonne la comparution du président Martin, signataire de l'arrêt, pour « *crime de forfaiture* ». L'avocat général Kohn a jugé ses demandes « *insolites* ». Maître Garaud, pour la défense, a argué : « *Il faut que ce non-lieu vous gêne terriblement pour demander ça. Il faut bien vous mettre en tête que, malgré vos gesticulations, c'est bel et bien terminé en ce qui concerne Christine Villemin !* » La cour a rejeté les demandes de la partie civile qui a promis de déposer plainte contre le président Martin devant le doyen des juges de Dijon. La guérilla juridique n'est pourtant pas close. À intervalles réguliers, les passions vont se réveiller comme hier en fin de matinée. Prompt (à Jean-Marie Villemin) : « *On tue d'abord et on salit ensuite.* » Garaud (à Prompt) : « *Un assassin est un assassin, même quand il est mort. Et un assassin d'enfant est un monstre.* » Le président Ruyssen (à tous) : « *Messieurs, il faut conserver notre sang-froid, ou il n'y aura plus de débats possibles.* »

Heureusement, hier, quelques copains sont venus à la barre raconter Popov, le surnom de Bernard Laroche. Ils sont tous ouvriers textiles. Leurs mots se confondent : « *travailleur, calme, consciencieux, bon camarade, un garçon qui était bien, il jouait à la belote…* » Entre le tiercé, le vin acheté en gros chez Champion et les coupes de bois dans la forêt, la vie du « *mort-victime-présumé-innocent-mais-néanmoins-suspect* » Laroche ressemble à une caricature de Cabu. Le président a lu ses PV. Le jour du crime, après une nuit de travail à l'entreprise, Laroche se serait levé à 13 h. Il aurait, en compagnie de sa tante Louisette, rentré son bois. Toute la journée, il était accompagné de son fils Sébastien, dispensé de piscine le mardi. Vers 16 h, il serait allé rendre visite à son ami Michel Villemin, le frère de Jean-Marie. Ensemble, ils auraient consulté le catalogue des Trois Suisses. Laroche, ensuite, se serait rendu chez Jean-Pierre Zonca avec qui il « *devait* » acheter du vin en promotion. Son copain absent, il serait retourné chez sa tante Louisette où Muriel Bolle, sa belle-sœur, regardait des clips. Il serait allé acheter son vin au supermarché de Laval-sur-Vologne à 18 h 10, puis serait allé à l'hôtel-PMU de Bruyères pour toucher son tiercé du dimanche (cent soixante-quatre francs). Il aurait dîné avec sa tante Louisette, couché son fils pour reprendre le boulot à 20 h 45. Un premier témoin, chauffeur routier, est venu confirmer sa présence chez Zonca vers 15 h 50, soit au moins une heure avant l'heure indiquée par Laroche. Le disque de contrôle du camion du témoin est un repère horaire précis. L'ami Zonca est venu confirmer le projet d'achat de vin à deux, mais pas le rendez-vous : « *Il faisait beau ce jour-là, nous n'avions rien convenu de précis, j'ai préféré aller travailler dans une ferme plutôt qu'aller acheter du vin.* » Au supermarché, en l'absence de caisse enregistreuse indiquant l'horaire sur les tickets, la fourchette de l'achat réellement effectué oscille entre 17 h 30 et 18 h 20. Dixit les caissières entendues hier. Le PV de la tenancière du PMU, lu à l'audience, a confirmé la présence de Laroche dans ses murs autour de 18 h 15.

Grégory a disparu entre 17 h 03 et 17 h 20. Dans ce laps de temps, à défaut de caisse enregistreuse moderne, ou d'un ami disponible pour acheter du vin, feu Bernard Laroche n'avait donc pas d'alibi solide.

MURIEL ET LE BUS

La cour d'assises de Dijon s'est transportée hier à la sortie du collège de Bruyères, neuf ans plutôt. Le cri des élèves, le parking des profs, les bus qui se garent et attendent la marmaille pour la déposer dans les villages de la vallée. Parmi tous ces élèves, la cour s'est plus spécialement intéressée aux passagères du bus pour Autmonzey et aux filles de la troisième SES. Ce sigle signifie Section d'Étude Spécialisée. En gros, les élèves de ces classes ne sont pas des foudres. On leur enseigne les travaux pratiques, la cuisine, l'éveil, on tente de les remettre à niveau. Muriel Bolle, Nelly Demenge, Sonia Pierson, Claude Richard avaient quinze ou seize ans ce 16 octobre 84, jour de la mort de Grégory Villemin. Elles étaient dans la même troisième SES et sortaient de leur cours vers 17 h. Comme Sandrine Perrin et Véronique Didierlaurent, à la barre hier aussi. Était-ce un jour normal où le bus embarque tout le monde et fait sa tournée ? Ou était-ce un jour particulier où une 305 gris vert, conduite par un gros moustachu, attendait la jeune Muriel sur le parking des profs ? La dix-neuvième journée du procès de Jean-Marie Villemin était consacrée à cette épineuse question.

Deux versions s'affrontaient jusqu'ici. Celle des gendarmes reprend les premières déclarations de Muriel Bolle. La belle-sœur de Bernard Laroche signait, début novembre 84, des aveux circonstanciés : « *À la sortie de l'école, mon beau-frère Bernard Laroche est venu me prendre…* » La suite est connue, ils montent jusqu'à Lépanges, attrapent Grégory qui joue devant sa maison et se dirigent vers la Vologne pour le noyer. Le lendemain de ces aveux réitérés devant le juge Lambert, Muriel Bolle s'est rétractée et a assuré que les gendarmes l'avaient forcée à mentir. Depuis, la jeune fille a toujours soutenu cette seconde version.

La foule des grands jours s'était déplacée hier à Dijon pour voir et surtout entendre Muriel. Même Helmut Newton, le photographe des tops, était là, envoyé par *Match* pour portraitiser les héros de la Vologne. Cela a été trop souvent répété depuis le début du procès pour que cela ne laisse pas de trace : Muriel Bolle est un des verrous de l'énigme. L'arrêt de non-lieu innocentant Christine Villemin est très accusateur à son égard. Cette semaine lui est entièrement consacrée. Pour sa première journée, Muriel retrouvait donc ses copines de SES. Les retrouvailles n'ont pas été chaleureuses. Neuf ans se sont écoulés. Les écolières sont aujourd'hui chômeuses ou « *mères au foyer* ». Muriel a deux fils de quatre ans et dix-neuf mois : « *Chaque fois que je cherche du travail, on me dit* "quand l'affaire sera finie. » Le président Ruyssen a entamé la journée en priant solennellement les avocats de se calmer : « *Nous entrons dans la dernière phase d'un procès éprouvant. La passion ne doit pas l'emporter sur la raison ni sur le respect dû aux autres. Des excès ont eu lieu, notamment vendredi soir*[11]. *Rien d'injurieux ou d'inutilement blessant ne doit se reproduire.* »

Muriel a été la première à traîner ses bottines de cowboy et son accent des plaines vosgiennes jusqu'à la barre. La chevelure est toujours aussi rousse, les joues sont plus rondes, le corps s'est empâté, la moue s'est renfrognée, Muriel parle. Entre deux tirades, elle pleure, renifle. Ses petits yeux ronds ne cherchent aucun appui. Muriel répète, répète encore. Quand on la contredit, elle écoute sagement et répète ce qu'elle a répété juste avant. Elle dit qu'elle était dans le bus ce jour-là. Pour le reste, elle ne comprend pas. Le président l'interroge d'une voix plus douce que de coutume, Muriel répond : « *Ben le 16, je suis sortie du SES à 17 h. Enfin, à cinq heures moins cinq. Je me suis dirigée vers le car d'Autmonzey. Dés que je suis sortie du car, je suis allée*

(11) L'audition tumultueuse des « filles de la poste ».

à la maison de Louisette[12]*. J'ai vu que Bernard était là avec son gosse. Y avait la télévision, j'ai fait mes devoirs.* » Muriel dit être arrivée à Autmonzey à « *17 h 20, 25* », décrit son beau-frère avec son fils Sébastien sur les genoux en train de regarder la télé : « *Il attendait son copain Zonca pour aller acheter du vin.* » La jeune fille s'emmêle dans les horaires. Elle dit « *20 heures et demi* » pour situer le départ de son beau-frère, puis se rattrape : « *Non... 8 heures trente* ». Elle a visiblement des problèmes pour mémoriser les horaires des procès-verbaux. Sa déposition correspond à celle de Bernard Laroche, à un détail prés qu'elle n'explique pas. Laroche avait indiqué que Muriel était déjà chez la tante Louisette quand il est entré : « *Moi, je suis formelle, Bernard était déjà là quand je suis revenue* », répète Muriel. La jeune fille insiste pour parler des gendarmes : « *Ben, voilà... Quand je suis arrivée à la gendarmerie pour faire ma déposition, y a un gendarme qui m'a crié* : " Menteuse ! " *Je disais que c'était pas vrai. Ils ne voulaient rien entendre. Ils m'ont dicté comme quoi c'était mon beau-frère qui était venu me chercher. Y en a même un qui a dit* : "Toi, t'as couché avec Laroche". *Là, ça m'a fait mal, j'ai pleuré.* » Elle recommence à la barre : « *Ils m'ont fait dessiner un plan et m'ont dit que si je ne disais pas comme eux, j'irais en maison de correction et en prison à dix-huit ans.* » Elle raconte son retour à la maison après sa déposition : « *Quand le gendarme a dit à mon père* : "Ça y est, on sait qui c'est, c'est Laroche", *j'ai compris que j'avais signé un truc qui n'était pas la vérité et j'ai voulu faire la fin de moi.* » Dans le langage imagé de la jeune fille, la « *fin de moi* » évoque une tentative de suicide sur laquelle ses avocats insistent. Avant le défilé de ses ex-camarades de classe, le président Ruyssen demande :

– En sortant de classe, preniez-vous toujours le car ?

– Oui.

– Jamais Bernard Laroche ne venait vous chercher ?

– Jamais.

– Donc, si des témoins vous ont vue monter dans sa voi-

(12) Sa tante handicapée mentale.

ture, ça n'a pas pu exister ?

– Non.

Sur les six témoins de la journée, cinq ont donc vu des choses qui « *n'ont pas existé* ». Le chauffeur du bus, Jean-Marie Galmiche, est « *rigoureusement sûr* » de n'avoir pas vu Muriel dans le bus le 16 : « *Je ne travaille sur cette ligne que les mardis, elle était là le 9 et le 23, pas le 16. Je la reconnaissais à sa chevelure rousse et parce qu'ils n'étaient que quelques-uns à descendre à Autmonzey.* » Il donne sa « *tête à couper* ». Les avocats de la partie civile essayent de lui prendre, sans succès. Même conviction chez les anciennes copines d'école, Sonia et Claude. Chacune assure avoir vu la voiture « *verte* » de Bernard Laroche garée sur le parking des profs, Muriel y monter. Les deux jeunes filles auraient ensuite vu le véhicule se diriger vers Lépanges. « *C'est la première fois que je la voyais monter dans une voiture et cela m'a choqué. Quand j'ai su que c'était dans la voiture du criminel supposé, je l'ai dit à mes parents* », explique Sonia. « *Je n'ai pas l'habitude de mentir. Je ne mens jamais* », insiste, entre deux pleurs, Claude. Nelly, jeune fille fragile et émotive, accompagnée de son père, contredit cette thèse et insiste sur sa peur des gendarmes : « *Ils ont crié et m'ont fait pleurer très fort. Elle était bien dans le car le 16. C'est tout ce que j'ai à dire.* » Elle n'en dira effectivement pas plus.

Les deux derniers témoins de la journée étaient passagères du bus d'Autmonzey. Sandrine, aujourd'hui assistante commerciale, assure : « *J'ai dit la vérité quand j'ai dit que Muriel n'était pas dans le bus. J'étais sincère et honnête, je le suis toujours. Je m'en souviens, c'était une journée spéciale. Cela faisait juste deux ans que je sortais avec mon petit ami de l'époque.* » Véronique, une esthéticienne de Bruyères, est sur le même registre : « *Je m'en souviens car le lendemain, il y avait marché à Bruyères.* » Elle s'énerve contre les avocats de la partie civile : « *Vous m'accusez de faux témoignage ?* » Les avocats s'écrasent. La confrontation finale, malgré les suppliques du président Ruyssen, ne fera changer personne de position. Surtout pas Muriel : « *J'vous dis que le 16, j'étais dans le car. Je n'ai plus rien à dire. J'ai dit ce que j'avais à dire. Je dis la vérité et j'ai pas d'explications.* »

MURIEL ET LES GENDARMES

Muriel Bolle a de la mémoire. Elle se souvient que le 2 novembre 1984 dans la soirée, pendant sa garde à vue, les gendarmes de Bruyères lui ont offert un sandwich au saucisson sec, qu'elle a dormi sur un lit de camp, qu'on lui avait apporté une petite télé. Elle se souvient que le gendarme qui lui avait dit qu'elle avait « *couché avec Laroche* » s'appelait Lamirand. Elle se souvient de son père qui était venu la voir pour lui glisser que « *les gendarmes étaient des copains* ». Elle se souvient d'avoir répété cette phrase au docteur Rousseau venu l'examiner à la fin de sa garde à vue. Elle se souvient de tout ce qu'on lui a fait dire pendant ces vingt-six heures : Laroche qui la prend à la sortie du SES, qui l'emmène à Lépanges, la tête du petit Grégory qui joue avec le petit Sébastien, le fils de Laroche, à l'arrière de la 305, l'arrêt à la poste de Lépanges, puis la descente vers Docelles, Laroche qui part avec le petit Grégory, elle qui attend dans la voiture. Elle se souvient que quand Laroche est revenu vers la voiture, seul, elle l'a regardé. Plus exactement, elle se souvient qu'on lui a fait dire qu'elle l'avait regardé. Laroche était parti avec le petit Grégory en le tenant par la main. Il était revenu seul. Elle ne se souvient pas qu'on lui ait fait décrire ce regard. C'était un regard comme ça. Le regard d'une fille de quinze ans que son beau-frère a embarquée pour une destination inconnue. Une fille dont le surnom est « Bouboule ». Elle se souvient que les gendarmes lui ont fait dire que quand Laroche l'a appelée à la sortie du SES ce 16 octobre-là, il l'avait appelée ainsi : « Bouboule ». Elle est sûre que ce sont eux qui ont inventé ça. Idem pour « Bibiche ». Les gendarmes connaissaient le surnom du fils de Laroche. Elles se souvient très bien qu'ils lui ont fait dire : « *Lors-*

que Bernard a arrêté la voiture, il est descendu seul. Il m'a dit : "Fais attention à Bibiche. » Elle se souvient que ce n'est pas elle qui leur a soufflé ça. Non. « *C'est tout eux* ». Les gendarmes de Bruyères. Tout. Sauf la signature à la fin des PV. Elle se souvient qu'elle a signé parce qu'elle était pressée de rentrer, qu'elle a eu très peur. Elle avait si peur des gendarmes qu'elle les a laissés inventer tout. « *Peur de quoi* ? » insiste le président. Elle ne se souvient plus. Peur, c'est tout.

– Ou les gendarmes ont enregistré ce que vous leur avez dit, ou les gendarmes sont des faussaires de la pire espèce capables d'inventer en deux jours cinq auditions ? demande le président Ruyssen en fin d'interrogatoire.

– Oui, c'est ça !

– Donc, vous accusez les gendarmes d'avoir inventé de toute pièce une déclaration qui ne correspond en rien à ce que vous avez dit ?

– Oui.

– Vous vous rendez compte de la gravité de ce que vous dites ?

– Oui.

– Les déclarations des procès-verbaux sont entièrement imaginaires ?

– Oui.

– Donc, il n'y a pas un mot de vrai dans votre déposition ?

– Oui, les gendarmes ont tout inventé, Monsieur le président.

C'était hier à la cour d'assises de Dijon, le vingtième jour du procès de Jean-Marie Villemin. Un tournant. Muriel Bolle, imper crème, le verbe lent, les nerfs à vif, était interrogée sur ses premiers aveux devant les gendarmes, les 2 et 3 novembre 84. La veille, Bernard Laroche avait été placé en garde à vue. Son principal alibi était sa jeune belle-sœur. Les gendarmes avaient emmené Muriel à la gendarmerie de Bruyères. Du vendredi 9 h 30 au samedi 11 h 30, elle va être entendue à cinq reprises. Chaque fois, la version de l'enlèvement de Grégory sera affinée. Après, Laroche sera inculpé d'assassinat. La jeune fille sera renvoyée dans sa famille. Elle reviendra alors sur ses aveux.

Hier, pour la première fois seule, elle était interrogée sur les conditions de sa garde à vue. Muriel a redit que « *tout* » lui avait été dicté : « *Quand je disais que c'était pas vrai, ils disaient que j'étais une menteuse et le gendarme tapait quand même. Moi, je disais toujours non.* » Le président Ruyssen a été très habile. Il a d'abord lourdement insisté pour que les avocats des deux camps n'interviennent pas pendant l'audition de la jeune femme. Il a lu lentement les PV, s'arrêtant à chaque phrase, demandant à Muriel son point de vue. Des dizaines de fois, la jeune fille, d'un ton assuré, a expliqué que les gendarmes avaient tout imaginé. Exemple de dialogue. Le président lit : « *Au cours du trajet, il me semble que Grégory a parlé avec Sébastien. J'ai pensé que Bernard l'emmenait chez un ami de Jean-Marie. À Docelles, Bernard a garé sa voiture sur une place, il a ouvert la porte et a demandé au petit qu'il a appelé par son prénom, Grégory, de le suivre. Puis, ils sont partis. Je les ai regardés partir. Je ne peux pas vous dire où ils sont allés…* »

– Ça aussi, c'est inventé ?

– Oui.

– Pourquoi avoir accepté de signer, vous vous rendiez compte de l'importance de ça ?

– Non, j'avais pas tout compris et j'avais beaucoup peur.

Le samedi, les gendarmes insistent pour que le juge entende Muriel. Mais le juge part en week-end. Le capitaine Sesmat la ramène chez elle et met son père dans la confidence. Le secret sera gardé. Le lundi, elle répète tout devant le juge Lambert, hors la présence des gendarmes.

– Là, Monsieur Lambert a tout inventé ?

– Non, les gendarmes m'avaient dit que si je ne répétais pas tout, j'irais en prison. Alors j'ai répété…

– Donc, vous compreniez ce qu'ils disaient ?

– Euh… Quand ils dictaient, ils parlaient à haute voix…

La jeune fille est ennuyée. Les yeux du président s'allument. Silence. Soudain, elle jette :

– Et puis, M. Lambert m'avait lu ma déposition avant.

Le regard du président s'éteint. Il réattaque :

– Depuis le début de l'après-midi, vous nous dites que les gendarmes ont tout inventé. Or, le 6 novembre 84[13], vous dites que vous avez fait ces déclarations parce que Laroche avait avoué être le corbeau et vous sa complice ?

Le regard de Muriel s'égare. Elle se tait. Elle dit qu'elle ne sait plus. L'ex-capitaine Sesmat et l'ex-commandant Chaillan, responsables de l'enquête alors, se relaient à la barre, pour détailler leur version de la garde à vue. « *Nous ne l'avons jamais forcée. Elle était soulagée de parler. À l'époque, nous pensions que Laroche avait agi en solitaire, nous n'avions jamais pensé à Muriel. Je suis persuadée qu'elle était ignorante de ce qu'allait faire Laroche. Lui non plus ne savait pas qu'il allait enlever Grégory. Il ne pouvait pas savoir que l'enfant serait devant chez lui à 17 h. Il avait simplement besoin de quelqu'un pour garder son fils et acheter du vin. Il est arrivé là-bas et Grégory était dehors. C'est la folie qui passe. Il est dans un état second. On le voit à la lettre écrite très vite. Cette folie est le fruit d'une haine qui a macéré pendant tant d'années* », explique Étienne Sesmat avant de se tourner vers le banc de Muriel : « *Ça pèse sur elle, elle est au centre d'un terrible secret.* » La jeune fille hoche la tête négativement. Ses yeux roulent, vides.

(13) Jour de ses rétractations. (ndlr)

QUESTIONS ET MENSONGES

C'est un sport assez curieux. Ça pourrait s'appeler « comment coincer Muriel Bolle ». Il se pratique depuis deux jours au palais de Justice de Dijon, où se termine la cinquième semaine du procès de Jean-Marie Villemin. Bien sûr, ce n'est pas un exercice rigolo, puisqu'il y a eu mort d'enfant. C'est même assez éprouvant pour les nerfs. Surtout ceux de Muriel Bolle. C'est une sorte de jeu tragique, dramatique, avec un arbitre, un public, deux camps. Et une proie. Muriel Bolle. La jeune fille est assise sur le banc de la partie civile, coincée entre son frère Lucien et l'épouse de maître Prompt, son avocat. Madame Prompt ne quitte pas Muriel d'une semelle. À chaque interruption de séance, elle la suit, la couve. Devant Muriel, ses quatre avocats font barrage ou diversion. Le président Ruyssen est un arbitre un peu spécial puisque lui aussi participe au jeu. C'est un redoutable contradicteur pour Muriel Bolle, un homme à la voix douce qui laisse beaucoup parler et qui a une très bonne mémoire. En face de Muriel, les avocats de Jean-Marie Villemin, qui se fait oublier dans son box, multiplient les questions. Maître Garaud, celui aux cheveux blancs, a une grosse voix. Pour l'instant, il n'a pas attaqué de front. Il laisse venir, comme l'avocat général, M. Kohn, très discret avec sa barbichette. Pareil pour maître Moser, le grand maigre. Les deux seuls à avoir tenté des coups sont maître Chastant, la seule femme en robe noire, et maître Robinet qui parle tout doucement. Celui-là est le plus vicieux. Il fait des compliments, parle d'une voix basse, engage la conversation. Il faut rester très vigilant car, au détour d'une question anodine, il y en a toujours une autre. Par exemple :

– Vous êtes en difficulté, vous êtes la belle-sœur de Bernard Laroche. Je vous le dis franchement, je comprends vos sentiments. Vous connaissiez Grégory Villemin ?

– Je l'avais vu une fois faire de la moto avec son père…

– Mais son nom, vous le connaissiez ? Qu'est-ce qui a fait que vous vous êtes souvenu de ce nom, Grégory ?

– C'était à ce moment-là que ça m'est revenu, quand il faisait de la moto.

– Et quand Laroche a appelé Grégory devant la maison, vous avez reconnu le nom ?

Flottement. Muriel Bolle se raidit, hésite, jette : « *Puisque je vous ai dit que je n'étais pas avec Bernard* ! » La conversation se poursuit. Dangereuse. Hier, la journée était consacrée aux gendarmes et aux conditions de garde à vue de Muriel Bolle. La jeune fille persiste à dire que « *tout* » dans le PV, où elle explique comment Laroche a enlevé l'enfant, a été inventé. Hier, du commandant aux enquêteurs de base, six gendarmes ont défilé pour donner une version diamétralement opposée. « *Muriel était réticente au début, mais nous avons réussi à la détendre, je l'ai même fait rire en lui disant que son croquis de l'itinéraire ressemblait à un serpent* », s'est souvenu l'ex-adjudant Lamirand. « *Nous avons commencé son interrogatoire en lui redemandant son emploi du temps le jour du crime. Elle s'est trompée dans la description du chauffeur du bus scolaire. Ce détail a tout déclenché* », a indiqué le gendarme Lachaussée. Un médecin est aussi venu à la barre, le docteur Rousseau qui a ausculté Muriel à la fin de sa garde à vue : « *Elle était soulagée. Je lui ai demandé si les gendarmes ne l'avaient pas torturée. Avec un grand sourire, elle m'a dit* : "Non, ils sont vachement sympas, ce sont mes copains. » Le président en a profité pour le confronter à Muriel.

– J'ai dit ça parce que j'avais peur, les gendarmes étaient à côté, comme quoi le docteur aurait pu leur dire quelque chose.

– Mais quelqu'un qui a peur ne sourit pas, n'est pas détendue ? s'est inquiété le président. Pourquoi dire « *les gendarmes sont sympas* » s'ils vous font peur ?

– Comme quoi j'avais peur que le médecin le redise aux gendarmes…

Ce bout de dialogue est symptomatique du niveau d'échanges entre Muriel et ses contradicteurs. Quand la jeune femme se sent piégée, elle répète ce qu'elle a dit précédemment. Quand la situation devient trop tendue, elle jette un regard vers ses avocats. Maîtres Prompt, le grand qui crie à tort et à travers, De Montile, le chauve qui parle lentement et pose souvent des questions que les autres ont déjà posées, Teyssonière, le plus poli et le plus calme, et Welzer, le plus rapide. Comme hier en fin de matinée, quand maître Robinet a glissé : « *Vous êtes sacrément hypocrite. Vous dites au médecin que les gendarmes étaient vachement sympas. Vous arrivez, à quinze ans, à travestir à ce point ce que vous pensez ?* », Muriel ne savait plus quoi répondre. Heureusement, maître Welzer a crié : « *Muriel Bolle est partie civile, nous n'allons pas vous laisser faire votre numéro tous les jours.* » Numéro ? Le mot ne fait pas plaisir à la défense. Incident. Effets de manche. Muriel peut respirer, pas pour longtemps. En fin de journée, quand le gendarme Hazotte est venu raconter les cris et les pleurs chez les Bolle, après l'arrestation de Laroche, et comment Muriel avait été contrainte de dormir dans une grange, personne n'a su quoi répondre. Le président a interrompu là. Aujourd'hui, la confrontation avec les gendarmes et le juge Lambert risque d'être encore stressante pour Muriel Bolle.

JE NE MENS PAS, BERNARD EST INNOCENT

Les salles des témoins offrent l'occasion de rencontres insolites. Hier, vingt-deuxième audience du procès de Jean-Marie Villemin, un papy rocker a croisé un patron de presse qui a croisé le juge Lambert qui a retrouvé son greffier. La journée était encore consacrée aux « aveux » de Muriel Bolle. Son père, Lucien, un ouvrier en retraite de soixante-quatre ans au blouson de cuir noir façon Elvis, est venu raconter : « *On n'a jamais eu de mal avec Muriel, elle a toujours été propre et gentille, pas menteuse, je peux le certifier sur mon honneur.* » Un avis que ne partage pas tout à fait Martial, un apprenti boulanger d'une vingtaine d'années, actuel petit ami de la jeune fille, dont le PV est lu à la barre : « *C'est une fille qui a du caractère, elle sait ce qu'elle veut. J'avoue qu'il lui arrive de mentir de temps en temps.* » Lucien « Perfecto » Bolle s'est peu occupé de sa fille. Sa femme, par contre, morte quatre jours après la libération de Jean-Marie Villemin, « *de chagrin* » a indiqué l'avocat Prompt, a été très présente : « *Quand Muriel a été relâchée, la maman qui est devant Dieu aujourd'hui a dit :* "J'la prends au lit avec moi." *Pendant dix jours, elles ont dormi dans le même lit. Chaque nuit, elle la questionnait. Le matin, elle me jurait sur le Christ que jamais Muriel aurait fait quelque chose comme ça.* » Le président essaie de savoir comment Muriel a été accueillie suite à ses aveux. Lucien ne se souvient plus très bien, il nie les coups qu'aurait dénoncés un voisin, répond « *oui* » à chaque question posée : « *Vous êtes tellement gentil que vous voulez faire plaisir à tout le monde* », souffle, fatigué, le président. Lucien acquiesce : « *On a une croix à porter, c'est lourd. Depuis le début du procès, on ne dort pas, on ne mange pas. Ce gosse, c'était un petit ange, je comprends Jean-Marie.* » Daniel Filipacchi a le même âge que Lucien Bolle. Il débarque des États-Unis. Lettres, fax, convocations multiples, maître Prompt a beaucoup insisté pour que le patron de *Match* témoigne. L'avocat se lance dans une inquiétante et interminable diatribe où il est question de « *l'honneur de la France* », de « *manipulation d'opinion* », de « *Berlusconi* », des « *émigrés du XVIII*e *arrondissement* ». Personne ne semble comprendre. Le président Ruyssen, grippé, ouvre des yeux ronds comme des soucoupes, maîtres Welzer et Teyssonière, voisins de Prompt, se tassent sur leur banc, montrent qu'ils n'y sont pour rien. Les jurés bâillent. Daniel Filipacchi se gratte le menton. Prompt finit par accoucher d'une question :

– De combien cette affaire a fait monter votre tirage ?

– Au hit-parade des ventes, l'affaire Villemin est battue par Caroline de Monaco et Vanessa Paradis ; en 86 par exemple, nos ventes moyennes étaient de huit cent quatre-vingt mille. L'affaire Grégory était en dessous de 4,5 %, lit Daniel Filipacchi.

L'avocat le remercie, le félicite pour la réussite de son entreprise. Filipacchi repart, secoué. On s'attendait à un questionnaire en règle sur les nombreuses exclusivités négociées par *Match*, par exemple, auprès des avocats de Christine Villemin. Rien, pas un mot. Il est vrai que le cadavre de Bernard Laroche a également fait la une du magazine de M. Filipacchi.

Jean-Michel Lambert, ex-vedette de *Match*, a enchaîné. Pour lui, malgré une « *confession spontanée* » à son cabinet, deux jours après sa garde à vue, Muriel aurait subi la « *pression psychologique* » des gendarmes. Quand maître Chastant l'invite à expliciter, il s'enfonce : « *Je ne saurais trop rentrer dans les détails d'autant plus que je ne m'en souviens plus.* » Son greffier, M. Bertrand, a également des trous de mémoire. Il se souvient seulement que la jeune fille semblait perdue sur les routes entre Lépanges et Docelles et que les gendarmes l'ont beaucoup aidée à s'y retrouver. On en restera là. Une audience engourdie donc, où la rousse de Laveline est restée ancrée dans ses dénégations, malgré le défilé de gendarmes en début de matinée et le bombardement des avocats de la défense qui ne savent plus trop quoi lui demander. Seul Jean-Marie Villemin a réussi à la faire réagir un peu : « *Muriel tu as deux enfants. Il est reconnu que tu les aimes. Tu en as un de quatre ans comme Grégory. Il en aurait treize aujourd'hui. Il faut plus tard que tu puisses les regarder en face. Si tu peux vivre avec un secret aussi monstrueux, je te plains.* » « *Je ne mens pas, Bernard est innocent* », a répété Muriel, les deux mains calées sur la barre, les jambes légèrement arquées. Solide. Prête à en découdre pour une sixième et dernière semaine.

06.12.1993

LA VÉRITÉ...

Fatigue. Lassitude. Agacement. Répétition. Bégaiement. Que fait-on depuis vingt-trois jours à Dijon ? « *Nous recherchons la vérité* », explique imperturbablement le président Ruyssen. La vérité. Cette espèce de chose informe, indéfinie, improbable. Un bricolage magique qui viendrait expliquer le crime. Maître Prompt, avocat de la partie civile, a eu une première parole de renoncement, hier en fin de matinée. En parlant de l'énigme, il a dit : « *J'ai le sentiment personnel qu'elle va rester et que ce procès n'y changera plus rien.* » Personne ne l'a repris. Il semblerait qu'il y ait accord sur le sujet. La vérité est pourtant présente à la cour d'assises de Côte-d'Or, cachée. On la sent parfois proche, au détour d'une question. Dans la voix de Muriel Bolle. En planque entre deux soupirs.

Les gendarmes et le juge Lambert son revenus hier matin parler du transport sur les lieux en compagnie de la jeune fille. Depuis quatre jours, nous ne parlons que de ça. Leur vérité est tenace, polyphonique et répétitive. Ils sont sept, huit, et même douze ou treize si l'on prend en compte les collégiennes du CES amies de Muriel Bolle, à assurer que la jeune fille était dans la voiture de Bernard Laroche, le jour du crime. Ils donnent des détails d'itinéraires qui se complètent : « *Arrivés au carrefour de Bruyères, nous nous attendions à tourner à droite, elle nous a fait aller à gauche* », expliquent les gendarmes et le juge Lambert. « *C'est pas vrai, c'est le commandant Chaillan qui m'a dit de tourner* », répond sans se démonter Muriel qui, hier, avait tiré ses cheveux en chignon. « *Arrivés à la maison des Villemin, elle nous a fait arrêter pile à l'endroit où Laroche avait garé sa voiture* », ajoute le gendarme Le Métayer. « *C'est à cause du croquis qu'on m'avait forcé à faire. Comme quoi je l'ai suivi, c'est tout* », répond Muriel. « *Sur un PV, vous indiquez que de l'endroit où vous étiez, vous aperceviez le bout de la toiture des Villemin. Ce détail ne s'invente pas* », fait remarquer le président. « *C'est le gendarme Bardot qui m'a montré une photo où on voit le toit* », rétorque Muriel. L'intéressé n'est pas là pour contrer. Que la photo existe ou pas importe peu. Les vérités ainsi énoncées sont celles de l'audience. Sacro-saint principe de l'oralité des débats. Muriel l'a compris. Les témoins témoignent. Ensuite, elle rabâche sa vérité contre celle de tous les autres. Encore trois jours à tenir. François Robinet, l'avocat de Jean-Marie Villemin, est sans doute celui qui énerve le plus Muriel Bolle. Avec ses questions vicieuses. Hier encore, il l'a cherchée :

– Lorsque vous étiez dans la voiture, vous n'avez pas senti la moindre agression de la part du juge ?

– Non.

– Un gendarme a dit que vous étiez décontractée, exact ou faux ?

– J'me souviens plus.

– Ça s'est bien passé avec le juge ?

– J'étais impressionnée quand

même.

– Ah ! quand même… Quand il vous a prise à part, ce juge protecteur, et vous a dit : « *Muriel, tu dis bien la vérité* », pourquoi avoir dit oui ?

– À cause des gendarmes, j'avais peur…

– Mais le lendemain, vous n'aviez plus peur puisque vous avez changé d'avis…

Silence. Muriel se tourne vers maître Welzer qui râle. Le président fait de gros yeux. Robinet réattaque :

– Qu'est-ce qui s'est passé quand vous avez dit : « *Bernard prend Grégory* » ?

– J'ai jamais dit ça. C'est le commandant Chaillan…

L'avocat enchaîne :

– Ce que la cour ne comprend pas, c'est que vous ayez fait arrêter la voiture des gendarmes à cet endroit précis…

– Vous me posez toujours la même question, j'en ai marre.

– Ça vous énerve ?

– Oui, je vois pas pourquoi c'est toujours, toujours les mêmes questions.

– Parce qu'on trouve chez vous une force d'inertie incroyable…

Muriel tremble, se bloque, refuse de répondre. Le président interrompt.

L'après-midi a été consacré à la famille Bolle. Muriel n'était plus là. « *Elle s'est levée à quatre heures du matin pour venir et elle a deux enfants* », s'est excusé maître Welzer. On a donc fait sans elle. Dommage, puisqu'il n'était question que d'elle. La cour est intriguée par ce qui a pu se passer dans la famille après la garde à vue de la jeune fille. Le samedi 3 novembre 84, les gendarmes la ramènent chez elle. Ils confient la teneur du PV à Lucien Bolle, son père, en lui demandant de garder le secret. Le lundi matin, le juge l'entend. Elle réitère ses accusations contre Bernard Laroche et accepte un transport sur les lieux où elle donne de nouveaux détails. L'après-midi, elle est ramenée chez elle. Entre-temps, Laroche a été arrêté. Le mardi, Muriel se rétracte.

« *Le lundi soir, quand je suis arrivée chez mes parents, j'ai appris que Muriel avait fait une tentative de suicide. Et y avait du grabuge entre elle et Marie-Ange, alors on l'a prise chez nous. Le mardi matin, au déjeuner, je lui ai lu le journal à haute voix. Elle a fait trisser le café au lait. Elle pleurait. C'est là que j'ai appris que les gendarmes l'avaient forcée à accuser Bernard* », a expliqué hier Marie-Thérèse Lambolley, une sœur de Muriel. Version confirmée par son mari Jean-Claude et Marie-Ange Laroche. Selon eux, il n'y aurait eu aucune pression. « *Je l'ai simplement attrapée par le pull et je lui ai fait deux petites secousses* », a dit Marie Ange. Muriel aurait tenté de se mettre sous un train le samedi soir sans que personne ne lui demande pourquoi. Tout le week-end et toute la journée du lundi, aucune question quant à son audition par les gendarmes ne lui aurait été posée. Ce n'est que le mardi matin donc, en voyant le journal, qu'un déclic se serait produit... Telle est la vérité énoncée hier, à trois voix, par la famille Bolle. En face, le président, les avocats ont eu beau poser des dizaines de questions, manifester de l'étonnement, de l'agacement, puis de la colère, rien n'a fait plier la famille. Il est apparu à cet instant que la vérité n'apparaîtrait jamais, ici, sous la forme d'un aveu, ou d'un renoncement, mais qu'à force de répéter, de bégayer autour des mêmes questions, une vérité apparaît. Comment dire ? Par défaut.

L'ARGENT…

La cour d'assises de Côte-d'Or a tiré hier ses derniers fils. Pour démêler la pelote qui immanquablement, depuis une semaine, mène à Muriel Bolle, le président Ruyssen avait prévu une journée fourre-tout où on a vu défiler des Vosgiennes en bottines fourrées et manteaux de cuir et une infirmière amie des Bolle. Thérèse Bonato et Françoise Masson sont des collègues de travail d'Isabelle Bolle, la sœur de Muriel. Le 6 novembre, jour de l'arrestation de Laroche, Isabelle aurait confié un propos entendu chez elle la veille au soir : « *Elle nous a dit que Bernard Laroche avait pris Muriel à la sortie du CES et était allé à Docelles Là, il a pris quelque chose dans son coffre et l'a jeté à l'eau* », explique la première. La seconde confirme. Isabelle Bolle, sosie de sa sœur Marie-Ange, concède du bout des lèvres : « *J'ai répété ce que mon père avait dit le soir chez nous.* » La lecture de ses PV permet de se faire une idée plus précise de la soirée du 6 chez les Bolle : « *On était tous dans la cuisine, sauf Muriel qui était dehors. Quand elle entrait, nous nous taisions.* » Cette version contredit les déclarations de la famille qui assurait que rien de particulier ne s'était passé le soir précédant les rétractations de Muriel.

« *Après l'arrestation de Bernard Laroche, Muriel était exposée à la haine de Marie-Ange. Le climat était passionnel. Elle est prise dans un réseau trop puissant venant de son entourage* ». Ainsi parle Jacqueline Golbain. La jeune femme, contrainte depuis l'affaire de quitter les Vosges, était l'infirmière de Jeanine Bolle, la mère diabétique de Muriel décédée en 87 d'un infarctus. « *Elle passait son temps à protéger Muriel, surtout de Marie-Ange. Elle avait peur. Elle est morte à petit feu au fur et à mesure des certitudes qui devenaient les siennes* », est venue souffler d'une voix douce et hésitante l'infirmière qui, matin et soir, piquait à l'insuline la vieille dame. Elle ajoute : « *Le lendemain*[14]*, Jeanine Bolle m'a dit que ça avait bardé pour Muriel.* » Jacqueline Golbain a recueilli les dernières paroles de sa malade : « *C'était quelques heures avant son départ à l'hôpital. On était dans le salon, seules sur le canapé, Jeanine regardait la photo de Bernard. Elle m'a dit qu'elle était sûre que Muriel avait dit vrai aux gendarmes, que Bernard était venu la chercher à la sortie du CES, qu'ils s'étaient laissés entraîner mais elle ne croyait pas qu'il ait pu faire le crime.* » La confidence jette un froid sur le banc de la partie civile. Muriel, victime d'une entorse, est absente. Marie-Ange s'énerve : « *Maintenant que Bernard est mort, on veut me salir. J'ai l'impression que Mme Golbain sait mieux que moi ce que ma mère disait.* » L'infirmière apporte encore une information originale sur la famille Bolle : « *Ce qui a surtout changé pour eux, c'est l'argent. Avant l'affaire, ils n'en avaient pas. Ils n'avaient même pas de voiture. Maintenant, ils en ont tous. Ça a changé leur façon de vivre et d'être.* » L'argent provient des procès en diffamation gagnés par Marie-Ange. À la barre, la partie civile a concédé un gain minimum de deux millions de francs. Grâce, entre autres, aux procès gagnés contre *Match* et contre l'éditeur du livre écrit par Christine Villemin. Ces questions d'argent reviennent souvent dans les débats. Hier, au cours d'un assez long incident, maître Prompt a reproché à son contradicteur Garaud de s'être servi d'exclusivités vendues à *Match* pour s'enrichir, et pour « *manipuler l'opinion* ». Juste avant, son collègue De Montille avait demandé à ce que la cour fasse venir à la barre, « *si son état physique le permet* », le président Simon, responsable de l'instruction ayant mené au non-lieu de Christine Villemin : « *C'est un arrêt rendu en famille. Nos débats sont faussés* », a fustigé l'avocat. « *Le président Simon s'est sacrifié pour résoudre l'énigme de ce crime innommable. Je n'ai jamais connu de plus grand magistrat que lui* », a plaidé Garaud, rouge de colère. Il reste deux journées d'audience avant les premières plaidoiries. L'animosité et la tension montent entre chaque camp.

(14) du jour de l'arrestation de Laroche. (ndlr)

Hier, enfin, à la barre, la nouvelle propriétaire de la maison des Villemin et une voisine sont venues rapporter les confidences que leur aurait faites Mme Claudon, la fermière habitant à quelques centaines de mètres des Villemin. Elle aurait vu Laroche, le jour du crime, à 17 h, près de la maison. C'est le dernier fil de la pelote du président Ruyssen. Nous y reviendrons aujourd'hui et demain.

08.12.1993

AUTOUR DE LA MAISON DE LÉPANGES, CE 16 OCTOBRE-LÀ

Depuis le début de la semaine, Christine Villemin est assise sur le banc des témoins, à gauche de son mari. Elle ne dit rien, ne manifeste aucune émotion. Même quand les avocats de la partie civile reviennent à la charge contre elle. Ses traits sont plus détendus, elle est pâle. Elle patiente. À chaque interruption, elle rejoint son mari, lui sourit. L'audience file. Les témoins défilent. Ça sent la fin, la fatigue. Muriel, boiteuse – elle s'est fait une entorse en glissant sur le tapis de son hôtel – est repartie chez elle à Gérardmer, Marie-Ange a rejoint Autmonzey. Le président Ruyssen a achevé son avant-dernière audience, la vingt-cinquième, avec un peu d'avance sur l'horaire, pour la première fois.

Depuis deux jours, nous sommes repartis à Lépanges autour de la maison des Villemin, le 16 octobre 1984, vers

17 h. C'est un endroit très fréquenté. En haut, M. Méline nettoie son tracteur et balaie. En bas, un promeneur grimpe la côte avec son dalmatien et une fermière, Mme Claudon, monte en voiture, passant devant la maison des Villemin, va chercher les vaches et redescend à pied. Tout ce monde bouge, entend, regarde, vaque. Au milieu, la maison des Villemin, son tas de sable, la mère, l'enfant.

Si Charlotte Conreaux n'avait pas existé, on en serait resté à ce qui s'est dit pendant sept années : personne n'a rien vu, rien entendu. Le kidnappeur était donc un fantôme. Un jour pourtant, Charlotte Conreaux, une aubergiste alsacienne, a dit à son mari : « *Chéri, si nous allions faire un tour à Lépanges voir la tombe du petit Grégory ?* » Charlotte, cinquante-neuf ans, accent de Munster, manteau de fourrure et foulard chatoyant, est venue à la barre raconter la suite : « *C'était de la curiosité, on a vu la maison des Villemin à vendre. Mon mari est tombé amoureux du coin. Question vue, elle est vraiment bien située.* » Six mois plus tard, contre trois cent cinquante mille francs, ils achètent, s'y installent début 86. Monsieur aménage un salon de musique dans la chambre de Grégory, il y apprend la trompette. Madame plante des sapins et discute avec ses voisines. La vie est belle, « *c'est comme si on était tout le temps en vacances, là haut !* », même si les curieux sont nombreux et si Charlotte a un « *pincement au cœur* » en pensant au « *petit Grégory qui était heureux là-dedans* ».

En été 86, les Conreaux invitent les Claudon à prendre le digestif. Marcelle Claudon est une paysanne dynamique et bavarde. Elle a déjà été entendue une dizaine de fois, on l'a surnommée « *la mémé aux vaches* ». Elle était aux premières loges au moment du drame. Charlotte le sait et ils évoquent l'affaire. « *Mme Claudon m'a dit :* "J'ai vu Laroche, le jour du crime, il avait la voiture verte. Il a même fait un écart pour passer quand je l'ai croisé". *Elle m'a expliqué qu'elle ne pouvait rien dire parce que le monsieur qui était avec elle dans sa voiture de service, quand elle a croisé Laroche, risquait de perdre son emploi si elle parlait* », raconte aujourd'hui Charlotte qui ajoute : « *Je sais aussi qu'on a menacé de brûler la ferme des Claudon.* » Pendant quatre ans et demi, elle se taira. Lors d'une reconstitution, elle fera la connaissance de Thierry Moser, l'avocat mulhousien de Christine Villemin. Si les locataires des Conreaux, en Alsace, avaient été de bons payeurs, l'affaire en serait restée là. Ce n'était pas le cas. Elle a eu besoin d'un avocat et est allée trouver maître Moser. « *Là, en sortant de chez lui, quand je lui ai donné la main, il m'a dit qu'il allait bientôt me rendre visite avec le président Simon pour une nouvelle reconstitution. Je lui ai dit* : "Ah ! ça veut dire que Mme Claudon a parlé" *Maître Moser ne m'a plus laissée partir, et je lui ai avoué ce que je savais…* » La suite est connue. Claude Colin, le mystérieux conducteur ayant transporté Mme Claudon, confirmera l'histoire en ajoutant la présence « *d'une fille rousse* » dans la voiture. Marcelle Claudon, qui avait toujours dit que son mari l'avait transportée ce jour-là, niera.

La cour s'est donné trois jours pour tirer sur ce dernier fil. Une voisine des Conreaux, Marie-Noëlle Rollot, a confirmé la confidence de Mme Claudon. Idem pour Alfred Goffenay, à la barre hier matin : « *Mme Claudon aurait même dit au conducteur de la voiture* : "Allez, dégage de là !" *Elle nous a dit qu'il y avait une fille rousse avec lui. Je pense que si elle en a parlé à nous, simples connaissances, elle en a parlé à d'autres.* » Les Méline, voisins directs des Villemin, étaient là hier aussi pour éclaircir cette histoire. Le couple a fait un témoignage identique : « *C'était il y a deux ou trois ans, nous avons amené Mme Claudon chez le docteur. Au retour, elle nous a dit qu'elle avait vu le jour du crime un bonhomme dans une voiture, avec une moustache et un pull Jacquard.* » Quand le président Ruyssen ou les avocats de la défense s'étonnent qu'ils aient mis tant de temps pour avouer cela, la réponse fuse : « *Mme Claudon disait tellement de choses. On ne l'a pas prise au sérieux. Y a que quand Mme Conreaux s'est mise à en parler qu'on a pris conscience…* » Tout cela semble lisse, simple, un brin cancaneur, ennuyeux pour la partie civile.

Deux témoins sont pourtant venus jeter le trouble hier : un gendarme et un journaliste. Le gendarme Lachaussée est, au fil des événements, devenu ami des Claudon, surtout du fils. C'est lui qui a entendu Muriel Bolle. Il est convaincu de la culpabilité de Bernard Laroche. Sa version est pourtant différente de celle du voisinage des Claudon : « *Fin 84, Mme Claudon m'a informé qu'un ami de la famille, M. Colin, avait vu quelque chose de très important le 16 octobre 84. J'ai vu ce monsieur qui a refusé de me parler parce qu'il risquait de perdre son travail. Je suis retourné le voir de nombreuses fois avant qu'il accepte de me dire qu'il était arrivé dans la famille Claudon ce jour-là vers 16 h 30. En chemin, alors qu'il était devant la ferme Capel, un peu plus bas, il s'était trouvé face à un véhicule foncé. Il a refusé de me mettre ça par écrit. J'en ai informé mes supérieurs. Mais ça ne servait pas à grand-chose parce qu'à l'époque, le juge Lambert ne s'intéressait plus à Laroche.* » Aucun PV ne sera fait de cette « *confidence* ». Ni les Claudon ni Claude Colin ne lui parleront d'une seconde rencontre avec une « *voiture verte* ». Le gendarme avance une hypothèse : « *Il n'y a eu qu'un seul passage que le bouche à oreille a transformé. Je pense que Laroche est tout simplement venu repérer les lieux une demi-heure avant le rapt. La route est très étroite, et il arrive souvent que du bois empêche tout passage devant la ferme Capel.* » La défense, visiblement ennuyée par l'assurance gendarmesque, reste sans voix.

Quand Jean Ker, le journaliste de *Match* déjà à la barre à deux reprises depuis le début du procès, cité par le président Ruyssen suite à sa promesse de révélations, raconte son enquête chez les Claudon, toute la salle reste muette. Ker parle cinquante minutes, sans interruption. Un long monologue passionné, un brin halluciné. Il insiste sur le fait que Claude Colin aurait admis « *deux croisements* » avec la voiture de « *Laroche et de Muriel* » : un vers 16 h 30, l'autre vers 17 h 10. « *Jamais Colin ne nous a parlé de Mme Claudon.* » Pour le reste, Ker meuble, s'envole, donne sa version du crime, enfonce Laroche. L'avocat général râle. Voici dix jours, les micros et les flashes étaient à ses pieds. Hier, en quittant la salle, Ker était seul.

LA FERMIÈRE, SON MARI, L'ANCIEN MILITAIRE POUR FINIR K.-O. DEBOUT

La dernière audience du procès de Jean-Marie Villemin a été mouvementée, incertaine, et pleine de rebondissements. La « vérité » tant recherchée par le président Ruyssen, celle que les témoins, la main levée vers le ciel, jurent de dire entièrement, a pris hier l'allure d'un bateau ivre.

Ultime plongeon le 16 octobre 84, vers 17 h 15, autour de la maison des Villemin, sur les hauteurs de Lépanges. Au moment où l'enfant a été enlevé. Une route goudronnée très peu fréquentée, entourée de fossés ou de clôtures. En bas, la ferme des Claudon, plus haut, à environ quatre cents mètres, la maison des Villemin, une centaine de mètres plus haut un carrefour où un homme, M. Méline, arrive, son balai à la main. La route est montante, étroite, par endroits deux voitures ne peuvent pas se croiser. Dans la salle des témoins, onze hommes et femmes patientent. Sept ont déjà été entendus et ont donné leur version de l'histoire. Ils mettent en cause la fermière, Mme Claudon, qui leur aurait, à des degrés divers, dit être passée en compagnie d'un ami devant la maison des Villemin, à quelques secondes de l'enlèvement de l'enfant.

Acte 1. 9 h 30, l'ami de Mme Claudon se présente : « *Colin Claude, soixante-sept ans* ». La voix est claire, le ton assuré, la main tremblante. Il dit : « *Le 16 octobre, j'ai croisé devant la maison des Villemin un véhicule avec deux personnes, un homme et une femme. L'homme était corpulent et engoncé. C'était l'automne, c'était normal qu'il soit couvert. La femme qui était avec lui avait les cheveux roux.* » Un ange moustachu passe avec la tête de Bernard Laroche, à son bras, Muriel Bolle. Au moment des faits, Claude Colin était contrôleur dans une société de bus. Ancien sous-officier, il passait ses journées sur les routes vosgiennes à surveiller ses chauffeurs. « *Mon travail était discret, je n'avais à rendre de compte qu'à ma direction* », dit-il avec fierté et assurance. M. Colin était lié aux Claudon. Il avait fait embaucher Christian, le fils, dans sa société. Le fils garait son bus dans la cour de la ferme. Il venait d'avoir un accident. Ce mardi-là, M. Colin avait rendez vous pour faire le constat. Il est arrivé, au volant de sa Golf blanche, légèrement en retard. Le fils a à peine eu le temps de le saluer et de sauter dans son bus pour son tour de ramassage scolaire. « *M. Colin m'a dit* : "J'suis en retard, j'ai été bloqué par une voiture devant la ferme Capel[15] » a expliqué hier le fils. Ce premier croisement avec une voiture prendra de plus en plus d'importance au cours des débats.

M. Colin entre dans la ferme boire un café avec la grand-mère Claudon. À cet instant, Marcelle Claudon, la mère, est dans son champ de carottes, son mari, Jean-Louis, bricole dans la cour. Vers 17 h 15, Marcelle arrive, râle parce que les vaches ne sont pas rentrées. Elles doivent impérativement être à l'étable pour ne pas gêner le retour du bus du fils vers 17 h 30. M. Colin se propose d'amener Marcelle Claudon jusqu'à son champ de vaches qui se trouve après le carrefour, au-dessus de la maison des Villemin. Jusque-là, tous les témoins sont d'accord. Claude Colin poursuit : « *J'étais au volant, Mme Claudon était à côté. En croisant le véhicule, je n'ai pas fait attention à sa couleur. On fait du 25 mètres/sec. J'ai pas fait de fixation. Je dis exactement ce que j'ai vu et pas ce que les gens voudraient que je dise. La couleur rousse, je l'ai vu de très loin, mais pas le faciès. Et ça je le jure et je suis conscient de ce que je dis.* »

– Au moment du croisement, quelle était l'attitude de Mme Claudon ? demande le président

– Elle n'a rien dit du tout.

Le témoignage de M. Colin est très tardif. Les gendarmes l'ont entendu pour la première fois le 22 novembre 90. Il confesse que c'est lui qui a demandé aux Claudon de

(15) Plus bas sur la route. (ndlr)

mentir aux enquêteurs jusqu'à cette date, en disant que le conducteur du véhicule amenant la fermière au champ de vaches était le mari de Mme Claudon.

– Vous aviez peur que votre employeur n'apprenne que vous transportiez quelqu'un dans une voiture de service ? Ou c'était pour ne pas mêler les Claudon à cette histoire ? insiste le président

– Les deux, répond l'ancien militaire, en baissant la tête.

– Mais comment expliquez-vous ces six ans de silence ?

Colin hésite, appuie son front contre le micro :

– Quand je voyais l'ampleur que prenait l'enquête, je n'avais pas envie de me trouver dedans. Même ma famille n'était au courant de rien. Je me voyais tout petit.

– Est-ce que votre conscience ne vous a pas travaillé, surtout quand Christine Villemin a été incarcérée ? s'inquiète maître Chastant.

– Ça fait neuf ans qu'elle me travaille !

– Vous êtes soulagé aujourd'hui ?

– D'un côté, oui, parce que j'ai mis ma conscience en rapport avec moi-même, et non, quand je vois tout ce qui me tombe sur le dos depuis.

Et le militaire, nerveux, de se lancer dans une longue plainte contre la justice et la presse. Christine Villemin, sur son banc, pleure. De soulagement ?

Acte 2. Sortie de Claude Colin. Entrée de Marcelle Claudon. La fermière énergique écoute à peine la question du président, et, les mains dans les poches de son imper, jette : « *J'étais bien dans la voiture de M. Colin, mais je n'ai croisé aucune voiture. Je le jure. M. Colin se trompe. Il nous a toujours dit qu'il avait croisé ce jour-là un véhicule en venant chez nous, pas après.* » Les avocats de la défense l'asticotent sur son mensonge de six ans pendant lesquels elle a dit que son mari l'avait emmenée aux vaches en Méhari. Elle jure qu'elle a dit ça pour rendre service, qu'on ne l'y reprendra plus. Elle nie toutes confidences à des voisines, crie : « *Je dis la vérité. Tous ces journalistes m'ont salie, m'ont traînée dans la boue. Je demande réparation.* » 15 h. Entrée du mari, un pense-bête à la main. Il confirme les déclarations de l'épouse, complète : « *C'est impossible que deux voitures se croisent là, et puis Méline aurait dû les voir. Je pensais terminer ma retraite tranquille et on me traite de cocu content. Les gendarmes sont allés dire que ma femme couchait avec Colin. Elle peut quand même pas aller chercher les vaches, baisouiller à droite à gauche et voir Laroche !* » L'ange moustachu s'éloigne. Entrée du fils, Christian, adjoint au maire de Lépanges : « *Ma mère n'a jamais dit qu'elle avait croisé une voiture. Par contre, Colin a toujours parlé de l'autre véhicule, celui de 16 h 30.* » Interruption.

17 h. Acte 3. Confrontation générale. Le président fait entrer tous les témoins entendus ces trois derniers jours. Scène 1. Jean Ker, le journaliste de *Match*, face aux Claudon qui lui auraient confié le doublement croisement de voitures. Les Claudon assurent ne pas connaître le journaliste. Ker s'énerve, décrit Mme Claudon en train de traire ses vaches, confiant avoir entendu Christine Villemin appeler Grégory, ou le fils l'invitant à monter dans son bus pour des chronométrages. Les Claudon tiennent tête.

Scène 2. Le gendarme Lachaussée contre Claude Colin. Le second, après avoir nié à la barre un premier croisement avec un véhicule, concède la possibilité d'avoir confié cela au gendarme en 85. On s'y perd. Scène 3. Les voisins des Claudon contre les Claudon. Les voisins, Mme Conreaux, nouvelle propriétaire de la maison des Villemin, Mme Rollot, M. Goffenay, les Meline, répètent à la barre les confidences que leur aurait faites, à des moments différents, Marcelle Claudon. Leitmotiv : « *Elle m'a dit qu'elle avait croisé une voiture verte avec un moustachu et une rousse.* » Réponse entêtée et répétitive de la fermière : « *La seule chose que j'ai pu dire, c'est que ce n'était pas moi qui avais vu cette voiture mais une certaine personne.* » « *L'une de nous deux ment* », insiste Mme Conreaux. « *Voyons Marcelle, souviens-toi* », incante Mme Méline. Les voisins maintiennent. Les Claudon se butent. Le président insiste sur les menaces d'incendie dont auraient été victimes les Claudon. Les paysans assurent : « *Les seuls qui nous ont menacés de ça sont les gendarmes.* » Les avocats tirent leurs dernières cartouches dans toutes les directions, sans succès. Au centre du prétoire, la température monte. Personne ne sait plus très bien quoi dire, quoi faire pour débloquer la situation. Trop de vérités se télescopent. Celle des Claudon apparaît alors la plus fragile. Acte 4. Maître Teyssonière, pour la partie civile, a une lumière. Il fait venir Christine Villemin à la barre. La jeune femme s'avance prudemment entre les Colin, Meline et Claudon. L'avocat lit la dernière déposition de la mère de Grégory :

« *Vous sortez de la maison à la recherche de votre fils. À ce moment-là, M. Meline arrive plus haut avec son balai. Vous faites le tour de votre maison en appelant Grégory. Vous appelez M. Meline. Et vous dites que c'est à ce moment-là que vous voyez arriver la Méhari des Claudon…* »

La jeune femme ne flaire pas le piège :

– J'ai dit que c'était une Méhari sans faire attention parce que les Claudon venaient toujours chercher leurs vaches avec une Méhari.

– Mais avez-vous vu un autre véhicule ? insiste l'avocat.

– Non, je n'ai rien vu.

– Au moment où Mme Claudon passe en voiture auprès de M. Meline, vous êtes pourtant là ?

– Oui.

M. Meline et Mme Claudon acquiescent. M. Colin semble perdu. La configuration des lieux, l'étroitesse de la route, le court temps nécessaire pour aller de la maison des Villemin jusqu'au carrefour rendent compliqué, voire impossible, le passage d'un second véhicule, dans ce laps de temps, sans que Christine Villemin ne le remarque. L'avocat exulte :

– On s'aperçoit qu'il y a là une impossibilité radicale.

Nouvelle vérité rendant fragile, cette fois, le témoignage de Claude Colin.

19 h 30. Acte 5. Jean-Marie, juste avant le début des plaidoiries, lance : « *Je regrette ce que j'ai fait. Au moment où je l'ai fait, j'étais ému par le chagrin, mais ne me demandez pas de demander pardon à Marie-Ange Laroche. Si Colin avait parlé avant, Laroche serait là à ma place* ». On quitte la salle K.-O., groggy.

LES PREMIÈRES PLAIDOIRIES

Le psychiatre, commis par la cour d'assises de Dijon pour expertiser Louisette Jacob, la tante de Bernard Laroche, a décrété que la vieille dame, débile moyenne, « *comprenait parfaitement les questions* » qui lui étaient posées, mais sa comparution est apparue « *dangereuse pour son équilibre mental* ». Hier, à la cour d'assises de Côte-d'Or, le président Ruyssen a tenu, avant que les plaidoiries de la partie civile ne commencent, à ce que sa greffière lise intégralement les PV de la vieille dame. On a surtout retenu ce passage d'un interrogatoire policier : « *Muriel Bolle s'entendait très bien avec Bernard. À la mort du petit Grégory, elle s'est confiée à moi et m'a dit qu'elle était dans la voiture et qu'il a jeté l'enfant. Elle m'a dit ça le jour de la mort du petit Grégory.* »

Ensuite, maître Hubert De Montille, ancien bâtonnier de Dijon, a ouvert le feu. Un petit feu. D'une voix monocorde, calmement, sans lyrisme, démarrant lentement sur une citation biblique – « *Tu ne tueras point* » –, il a survolé le procès : « *Pendant trois semaines, Villemin est devenu victime et nous, accusés. Trois semaines qu'on aurait pu éviter.* » Évitant de brosser le portrait de son client, l'avocat s'est concentré sur l'accusé : « *Jean-Marie Villemin a eu un rôle offensif. Il était sûr de son bon droit, il avait sa vérité et son orgueil, il a oublié sa place. Il voulait démontrer à tout prix qu'il avait raison. Il n'a pas eu un regard pour sa mère, sa vieille mère qui s'est effondrée ici sur une chaise… Cela montre la froideur du personnage !* » La supplique finale était un peu téléphonée : « *Je demande justice pour la mémoire d'un homme dont on a cherché à ternir l'image, pour sa veuve qui a tenté de refaire sa vie et a échoué, pour son fils qui a vu mourir son père sous ses yeux, pour le simple citoyen qui a droit au respect et à la sécurité et qui ne comprendrait pas qu'un crime de sang froidement exécuté, revendiqué, ne soit pas sanctionné* »

Paul Prompt, l'avocat parisien plus habitué aux affaires financières que criminelles, a enchaîné sur le même mode.

Sans violence mais sans passion, il s'est surtout évertué à critiquer l'arrêt de non-lieu de Christine Villemin : « *Arrêt provisoire qui ne sera définitif que dans dix ans. Qu'on ne vienne pas nous dire* "voilà la vérité" *et qu'on se mette à genoux ! Il faudra que Jean-Marie Villemin apprenne à vivre avec une énigme. La seule chose qui soit certaine, c'est que Laroche n'est pas l'auteur des lettres anonymes. C'est une victime. Point final.* » Au final, maître Prompt a sorti sa calculette et s'est adressé à Jean-Marie Villemin, impassible : « *Vous avez voulu faire porter à Laroche l'injuste responsabilité de cette affaire. Quel que soit le verdict, vous aurez à assurer les conséquences financières de votre geste. Jusqu'à présent, vous n'avez pas fait beaucoup d'efforts, excepté les saisies-arrêts sur vos salaires. Vous aimez les enfants, j'espère que ce n'est pas seulement les vôtres. Les enfants ont besoin de l'aide et de la présence de leurs parents. Vous avez privé Sébastien de son père. L'heure est venue de faire les comptes. Il va falloir payer.* » Lundi, suite des plaidoiries. Verdict attendu mercredi dans la soirée.

CHAOS JUDICIAIRE

Les avocats des parties civiles achèvent leurs plaidoiries. Ceux de la défense préparent les leurs. L'avocat général peaufine son réquisitoire. L'accusé réfléchit sans doute à ce qu'il va dire en dernier. Le procès de Jean-Marie Villemin s'achève. Encore trois jours, et ce sera fini. L'essentiel est dit. Après six semaines d'audiences intenses, tumultueuses, énervantes, nous ne sommes sûrs que d'une chose : on ne sait pas. On ne sait plus. Pire même, ceux qui avaient des certitudes en ont moins.

Ce fut un procès intéressant, mais un très étrange objet de justice. D'abord parce qu'il naît d'un extraordinaire malentendu. Pour la première fois dans les annales judiciaires, « on » a choisi de juger un leurre. L'homme dans le box, Villemin Jean-Marie, trente-cinq ans, assassin de Bernard Laroche, a servi d'alibi pour « traiter » d'autre chose. Cela s'est fait avec son consentement, le malentendu a été admis par tous : magistrats de la cour, avocat général, avocats de la défense, de la partie civile, Chancellerie. L'erreur est donc tolérée et collectivement légitimée. En trois ou quatre jours, le procès de Jean-Marie Villemin aurait pu être réglé. Car enfin, même après ces six semaines de débats, les questions fondamentales posées aux jurés restent identiques : l'accusé est-il coupable d'avoir volontairement, et avec préméditation, donné la mort à sa victime ? Peut-il bénéficier de circonstances atténuantes ?

En d'autres termes, il était important de savoir si, au moment de tuer, Jean-Marie Villemin avait de « bonnes » raisons de penser avoir au bout de son fusil l'assassin de son fils ? Voilà pour le problème judiciaire.

Or, par un étrange glissement sémantique et juridique, la cour d'assises de Côte-d'Or s'est donné une autre mission.

Celle de savoir si Jean-Marie Villemin avait de « justes » raisons de penser avoir l'assassin de son fils au bout de son fusil. Celle donc de (re)juger une affaire close. Laroche assassiné, Christine Villemin bénéficiant d'un non-lieu, la mort de Grégory Villemin était judiciairement réglée. Même si l'énigme ne l'était pas.

Les magistrats dijonnais ont tenté un procès qui ressemble à une longue partie de poker. Mission impossible, est-on tenté de dire aujourd'hui. Interrogé sur le fait de savoir qui avait décidé de cette forme de procès, un magistrat de la cour d'appel de Dijon ayant participé à son élaboration nous a assuré que ce choix n'avait « *en aucun cas été dicté par Paris* » : « *Une fois notre décision prise, nous n'avons fait que prendre contact avec la Chancellerie pour de strictes raisons financières. Six semaines d'audience coûtent plus chères qu'une seule.* » La Chancellerie a donné son accord. Sur la longueur du procès et son ordonnancement, ce magistrat a poursuivi : « *Après l'arrêt de non-lieu, quand nous avons commencé à faire la liste des témoins, nous nous sommes rendu compte qu'en raison de la difficulté de l'affaire, nous ne pouvions pas faire les choses à moitié. Choisir tel témoin plutôt que tel autre, en fonction de quels critères ? Nous avons choisi de faire le procès le plus complet possible.* »

Ce magistrat le reconnaît – et la simple lecture de la liste et de l'ordre des témoins le montre – les quatre-vingt-treize pages de l'arrêt ayant abouti le 3 février 1993 au non-lieu de Christine Villemin ont servi de trame au procès de Dijon. Cet arrêt revient en détails sur les vingt-cinq charges pesant contre Christine Villemin. Après les avoir éliminées, l'arrêt met en cause Bernard Laroche, Muriel Bolle et, dans une moindre mesure, Marie-Ange Laroche. En substance, cet arrêt nous dit d'abord que Christine Villemin est innocente, qu'il n'existe aucune charge pesant contre elle, ensuite qu'il existe de lourdes présomptions contre Bernard Laroche et sa jeune belle-sœur Muriel d'avoir, au moins, enlevé l'enfant.

Décider d'un acte juridique et médiatique, tel que le procès de Dijon, n'est pas neutre. Il y a ce qu'expliquent les magistrats dijonnais pour justifier de la forme de l'audience. Il y a aussi ce qu'ils confessent sur le fond. Le procès de Jean-Marie Villemin, directement inspiré de l'arrêt de non-lieu, s'il ne devait pas permettre de démasquer à l'audience le ou les assassin(s) de l'enfant, devait en tout cas aider, après les errances des neuf ans d'enquête, à blanchir totalement la mère de l'enfant. L'accusé le voulait comme tel. Le ministère public, dont les réquisitions iront dans ce sens demain, le souhaitait ainsi. Le président Ruyssen, par ses questions, sa méthode, par le simple choix de consacrer les trois dernières semaines d'audience à « la piste Laroche », semblait également acquis à cette idée. Sur ce point, et ce n'est pas grâce à une partie civile souvent très maladroite, le procès de Dijon a été un échec.

Il semble aujourd'hui, même si un verdict d'acquittement pour son mari venait amoindrir la chose et malgré le travail d'une défense cohérente et souvent habile, que Christine Villemin soit une des premières victimes de ce procès. Un non-lieu, pour absence de charges (d'habitude, les jugements précisent « *absence de charges suffisantes* ») n'était-il pas « médiatiquement » suffisant ? Fallait-il en rajouter ? Fallait-il, à tout prix, une démonstration publique ? Deux journées d'audience, sur les vingt sept programmées, auront eu un effet dévastateur pour la mère de Grégory : celle où trois collèges d'experts en écriture sont venus expliquer qu'elle était vraisemblablement le corbeau de cette histoire et qu'en tout cas Laroche ne l'était pas, celle où quatre ouvrières de Lépanges ont affirmé avec vigueur, malgré les mises en garde de la cour et la virulence de la défense, l'avoir vue s'arrêter à la poste de Lépanges le jour du crime. Au moment où la lettre de revendication était postée. L'arrêt de non-lieu apparaît, avec le recul, léger sur ces questions. La nomination en fin d'information de l'expert en écriture Klein, gendarme déjà impliqué dans l'enquête à ses débuts et acquis à la cause de la culpabilité de Laroche, qui, seul parmi sept experts encore en course, voit en Laroche le corbeau, renforce ce sentiment de malaise.

Force est de reconnaître aujourd'hui que sur les vingt-cinq charges pesant contre la mère, ces deux-là subsistent. En ce sens, l'arrêt de non-lieu, et ses deux principaux inspirateurs, le président Jean-Paul Martin, signataire de l'arrêt, et le président Maurice Simon, responsable de l'essentiel du travail d'enquête, pour n'avoir pas su être inattaquables, sont également d'ores et déjà victimes de ce procès et de l'oralité de ses débats.

Pour le reste, le procès de Jean-Marie Villemin restera celui de la passion, des mensonges, des manipulations et des incohérences. Trop souvent à la barre, des témoins sensibles, acteurs d'une même scène, après avoir fait le serment de la vérité, ont donné des témoignages diamétralement opposés. Madame Claudon, la fermière, et Claude Colin, l'inspecteur de bus, dans la même voiture à quelques secondes de l'enlèvement, ont offert, jeudi dernier, un spectacle dérangeant. L'un voit Laroche dans sa voiture. L'autre ne voit même pas de voiture. L'un d'eux était forcément de mauvaise foi. Difficile de dire qui.

La « vérité » énoncée par Muriel Bolle – résumable par « *J'étais dans le car ce jour-là, les gendarmes m'ont forcée à accuser Bernard* » – est apparue succincte, répétitive, fragile, contradictoire avec celle d'une trop grande quantité de témoins, y compris dans sa famille. Si ce procès condamne Christine Villemin au doute, il condamne Muriel Bolle au mensonge. Agressée dans la rue, vivant recluse, serrée par sa famille, la jeune fille, quel qu'ait été son rôle dans l'histoire du rapt de Grégory, est en ce sens une autre victime du procès de Dijon.

À réfléchir sur l'origine de ce gaspillage, on tombe forcément sur l'incompétence. Le juge Lambert est évidemment en première ligne. Ne maîtrisant à aucun moment son enquête, cet ado-magistrat de trente-quatre ans au moment des faits a multiplié les erreurs de procédure et de stratégie. Il s'est laissé embarquer par les gendarmes, par les policiers, et ce qui est plus inquiétant, par les avocats. Quelles qu'aient été ses lourdes fautes, il ne faudrait pourtant pas qu'il soit le baobab cachant la jungle d'experts ou de magistrats plus expérimentés, ayant fermé les yeux ou l'ayant encouragé. Son voisin de bureau, le procureur Lecomte, aurait pu, au moins, être vigilant dans la protection de Bernard Laroche dont il est apparu que sa vie était en danger depuis plusieurs semaines. Les magistrats de Nancy ayant oublié ses erreurs de procédure pour, de guerre lasse, expédier Christine Villemin aux assises ne sont pas indemnes de reproches. Un ultime verrou, la Cour de cassation, a fonctionné en renvoyant le dossier à Dijon. Il apparaît aujourd'hui, malgré le travail d'investigation du président Simon, que les fondations de l'enquête étaient trop pourries. Les six semaines de procès ont montré qu'on ne saurait jamais, avec certitude, où, de quoi, quand et comment était mort l'enfant. Partant de là, tout devient plus difficile. À commencer par le timing de l'enlèvement. L'audience n'a, là non plus, permis aucune certitude.

La miraculeuse découverte d'un foulage sur la lettre de revendication du crime faisant apparaître un « B » comme Bernard, et suggérant un « L » comme Laroche, n'aide pas vraiment à y voir clair. Détail révélateur, les photos de ce foulage ont été perdues. Comme les moulages faits par les gendarmes de traces de pneu et de chaussure retrouvées au bord de la Vologne. Que dire du cahier dans lequel Monique Villemin inscrivait les appels du corbeau, qui a perdu une cinquantaine de pages entre le bureau du juge Lambert et le commissariat de Nancy ? Et les fameuses cordelettes retrouvées, déposées, au domicile des Villemin ? Les imitations de signatures de témoins au bas de scellés ? Montage ? Manipulation ? À l'évidence, l'audience l'a montré, les policiers de Nancy n'ont pas respecté les règles élémentaires de droit.

Le procès de Dijon, c'est sans doute là son principal avantage, aura en définitive, après l'instruction de l'affaire, montré un fonctionnement réaliste de la machine judiciaire. Les médias, même très pressants, ne sont pour rien dans les débordements et les négligences de l'enquête. L'affaire Villemin, de par la nature de son énigme, rend fous ceux qui l'approchent de trop près. Cela a été dit à la barre par différents témoins et enquêteurs. Le procès de Dijon achevé, l'énigme restera. Après neuf ans d'enquête, et bientôt sept semaines de procès, le seul véritable gagnant est aujourd'hui ce corbeau nargueur, tueur, qui promettait que jamais, personne, ne le démasquerait.

POUR LAROCHE

Gérard Welzer, le troisième avocat de la partie civile à s'exprimer au procès de Jean-Marie Villemin, a été le seul à faire de Bernard Laroche un portrait émouvant. Peut-être une question de mots. Jusqu'à présent, les Bolle ou les collègues de travail d'Aumontzey n'avaient trouvé que des expressions usées pour décrire le cégétiste moustachu. Brave, serviable, gentil. Hier, Welzer a raconté Laroche en prison : « *À notre première rencontre, je l'ai interrogé comme un policier, à lire les journaux j'étais convaincu de sa culpabilité. J'ai trouvé quelqu'un tombant des nues, ne se rendant pas compte de la gravité de la situation. Il croyait sortir au bout de quelques jours. À ma troisième visite, alors que les détenus et les gardiens traitent mal les assassins d'enfants, il était devenu le chouchou de la prison. À son cinquième jour de détention, il m'annonce qu'il a quelque chose de très important à me dire. Je m'attends au pire et il me demande de dire à Marie-Ange de régler sa chaudière… À sa libération, il râlait parce qu'il trouvait qu'on ne l'avait pas sorti assez vite. On voulait qu'il se cache, lui nous disait :* "Je ne suis pas coupable, je veux travailler, avoir une vie normale." *Voilà Laroche !* » Jusque-là, l'avocat vosgien avait été très disert dans sa critique détaillée du non-lieu. « *Avait-on vraiment besoin de charger la barque de Laroche pour innocenter Christine Villemin ? On ne lui a pas rendu service avec cet arrêt* », argue Welzer. « *Cet arrêt devient un acte d'accusation pour Laroche. Quel fantastique détournement de procédure !* », tonnera plus tard Jean-Paul Teyssonière. Les deux avocats de la partie civile plaident sur le même registre, insistant sur le fait que Jean-Marie Villemin était aussi assassin « *parce qu'il voulait tuer ses doutes* ».

Et Muriel ? « *Ses aveux sont profondément incohérents. On lui a volé son langage* », scande Teyssonière qui appelle Barthes et la linguistique à la rescousse. « *Si ce que dit Muriel aux gendarmes est vrai, ça veut dire que Bernard*

Laroche ne fait aucune pression sur elle, qu'il la laisse aller devant le juge, sans intervenir. Ça veut dire que pour ce meurtre odieux, il emmène Muriel et Sébastien avec lui. Il ne manque que le gyrophare », renchérit Welzer qui conclut en fixant les jurés : « *Villemin est inaccessible au doute. Victime émouvante ? Oui. Circonstances atténuantes ? Oui. Assassin ? Oui… Trente-trois mois de prison, cela suffit-il ? C'est la seule question que vous vous poserez. La défense va vous demander un véritable permis de tuer. Vous êtes l'ultime rempart pour que cette affaire ne finisse pas en gâchis.* »

Juste après, Jean-Paul Teyssonière enfoncera le clou en s'interrogeant : « *Si Jean-Marie Villemin avait la conviction de tuer l'assassin de son fils, pourquoi attend-il le 29 mars ? Pourquoi quatre jours après les résultats d'expertise en écriture innocentant Laroche ?* » Au long de leurs deux plaidoiries, les avocats de la partie civile ont adroitement effleuré le problème posé par Christine Villemin. Jamais ils n'ont dit qu'innocenter Laroche revenait à accabler la mère de Grégory. Pourtant, tout dans leur démonstration, en particulier quand il s'est agi de proposer un corbeau possible, allait dans ce sens. « *La seule certitude de ce dossier est que celui qui poste la lettre est coupable. Je regrette les faits, mais ce n'est pas nous qui sommes allés chercher des témoins comme* "les filles de la poste », a lâché Welzer. La chute de Teyssonière, pour qui le corbeau a une voix de femme, sera tout aussi tendancieuse : « *Il n'y aura prescription du crime qu'en 2003. Il y aura peut-être bientôt des moyens d'investigation nouveaux, en particulier dans les techniques de reconnaissance de voix. Il ne faut pas désespérer de démasquer le corbeau et de parvenir enfin sur le chemin de la vérité.* »

LE RÉQUISITOIRE

Ce fut comme un îlot de rationalité dans un océan de passion. Une leçon de choses presque parfaite. Hier, au procès de Jean-Marie Villemin, la parole était au petit homme en manteau rouge et barbe grise, si discret depuis six semaines, silencieux et souriant. Jacques Kohn ferait un Père Noël acceptable s'il n'était avocat général. Hier, il a lu, d'une voix légère et assurée, un sévère réquisitoire, dont le mérite principal aura été de recadrer les enjeux du procès et d'offrir un repère aux jurés. Il a demandé à ce que la peine prononcée « *ne soit pas inférieure* » à dix ans de réclusion.

Avant d'en arriver à cette limite qui a décontenancé la défense, il a soigné son argumentation, a commencé par livrer son sentiment sur le procès : « *S'il est vrai qu'aucun progrès n'a été réalisé pour savoir qui a tué Grégory, nous nous sommes du moins habitués à l'idée que nous ne le saurons pas de sitôt. Après toutes les insuffisances de l'enquête, après la suspicion jetée sur l'institution judiciaire, il fallait que tout le dossier soit examiné au grand jour.* »

Jacques Kohn a décrit la Vologne qui « *prend sa source près de la ligne bleue des Vosges* » : « *Sa population, faite en partie de familles gitanes sédentarisées, vit calfeutrée, repliée sur elle-même.* » Il a ensuite donné sa perception du corbeau : « *C'est un proche d'Albert et Monique Villemin, ou un ami de leurs proches voisins. Il inspire une terreur telle que les membres de la famille en restent, dix ans après, tétanisés. Dans ce milieu clos, tout le monde se tient par la barbichette pour des raisons futiles et insignifiantes. C'est sur ce terreau de haine que le corbeau a distillé son venin.* » Il voit dans le « *repli social et géographique* » des Villemin sur les hauts de Lépanges, un premier élément ayant attisé la haine du corbeau : « *Christine et Jean-Marie Villemin toisent les leurs d'un regard dédaigneux, peut-être même méprisant.* »

Calme mais incisif, Jacques Kohn a expliqué : « *Les protago-*

nistes de ce drame ont été emportés par la passion de vouloir comprendre ce qui, peut-être, était de l'ordre de l'incompréhensible. Cette passion les aura emportés. » Il a énuméré les personnes ayant joué, selon lui, un rôle dans la montée de « *rage* » de l'accusé, puis dans son passage à l'acte. Les oreilles du juge Lambert, « *mémorable funambule de la pensée à l'indifférence euphorique et aux si nombreux trous de mémoire* », ont dû vrombir : « *Fort sans doute de ses notes élogieuses, qu'il a eu l'outrecuidance de présenter à cette barre, il a de plus accumulé des erreurs trop nombreuses pour qu'il me soit possible d'en dresser une liste. Jean-Marie Villemin n'a pas trouvé auprès de son juge d'instruction le soutien normal qu'il devait en attendre.* »

Les gendarmes en ont pris pour leur grade : « *Quand Laroche a été arrêté, ils ont commis une très grave erreur puisque c'est sous les caméras qu'il a été arrêté. Le caractère outrancier de cette arrestation n'a pu que rétroagir sur l'esprit de Jean-Marie Villemin.* » Ce fut alors le tour du SRPJ de Nancy qui a « *refusé* » de travailler avec les gendarmes et se serait « *obstiné à faire avouer* » à des témoins que « *le couple Villemin était dépravé* » : « *Jean-Marie Villemin savait cela en allant tuer Laroche. L'attitude de ce service me paraît inexcusable.* »

Le travail de Jean Ker, le journaliste de *Match*, « *racoleur de cancans et de ragots, plus soucieux de tapage que de vérité* », a été torpillé : « *La lecture du PV de Muriel Bolle par Ker chez les Villemin a joué sur Jean-Marie le rôle du chiffon rouge brandi devant le taureau. Jean Ker a une part énorme de responsabilité dans le drame.* » Sur les médias et leur « *mercantilisme* », l'avocat général a sorti le bazooka : « *Le produit des procès en diffamation ne représente que la partie apparente d'un gigantesque iceberg financier. Comment ne pas croire à l'existence d'un sponsoring mystérieux ?* » Il a poursuivi en lâchant : « *Le débarquement médiatique sur la Vologne ressemble à une prolifération mystérieuse, mais le paroxysme du délire et de la démence a été atteint par Marguerite Duras dans un grand quotidien parisien*(16). *Passe encore la liberté que Marguerite Duras prend avec la présomption d'innocence, mais cet écrit a d'abominable l'idée d'un meurtre commis*

(16) *Libération* du mercredi 17 juillet 1985.

dans la douceur. Dérisoire intelligentsia que celle qui se prosterne devant la prêtresse d'une telle perversité hystérique », a-t-il conclu, un brin énervé, après la lecture de quelques extraits de l'article.

Rasséréné, il s'est ensuite attaché à déminer ce qu'il a pu des charges pesant contre Christine Villemin, puis Bernard Laroche. Exit les cordelettes, le rapport d'autopsie, les expertises en voix, l'insuline trouvée au bord de la Vologne, le foulage « LB » sur la dernière lettre du corbeau. Trop de négligences, d'approximation et de contradictions.

Pour les expertises en écriture qui « excluent » Laroche et accablent la mère de Grégory, Jacques Kohn s'avoue « **troublé** » mais propose : « *Nous savons que le corbeau était fin psychologue. Même frustre, il a pu être un faussaire de génie en confectionnant des écrits parsemés de formes graphiques imitant l'écriture de Christine Villemin.* » Contre les témoignages des « filles de la poste », Kohn argue : « *Si Christine Villemin était le corbeau, elle n'aurait pas commis l'imprudence de risquer de se faire voir par tel ou tel. Nous savons, de plus, qu'elle est passée devant la poste au moment où elle cherchait Grégory, elle aurait très bien pu poster la lettre.* » Il utilisera le même argument pour réfuter les témoignages des passagères n'ayant pas vu Muriel Bolle dans le bus scolaire le jour du rapt : « *Le corbeau ne se serait pas aventuré sur le parking des profs du CES au risque de se faire voir, ni de prendre deux témoins pour aller kidnapper Grégory.* »

L'avocat général considère enfin que les chronométrages, « *à moins d'imaginer un crime commis par deux personnes* », innocentent Christine Villemin : « *Il faut vingt-neuf minutes vingt-sept secondes pour commettre le crime à Docelles et revenir à Lépanges, alors que le temps imparti à Christine Villemin est de vingt-huit minutes.* » Concernant Laroche, il se montre moins affirmatif. D'abord à cause de Muriel Bolle, « *encadrée, corsetée, maternée, débitant une leçon apprise* », que les gendarmes ont eu « *l'imprudence d'entendre hors de la présence d'un de ses parents : Muriel a pu monter dans la voiture d'un homme à des fins sentimentales.*

D'où son échafaudage travestissant l'escapade en un périple avec Bernard Laroche », suggère-t-il au finish pour sauver la jeune fille.

« *Je suis profondément convaincu de l'innocence de Christine Villemin, je n'ai été nullement convaincu de l'innocence ni de la culpabilité de Bernard Laroche. Je tire ma conviction d'un certain nombre d'éléments objectifs, dont les chronométrages. Pour Laroche, ils sont non incompatibles* », lance Kohn avant, toujours sur le même ton monocorde, de passer à son réquisitoire.

« *Il ne faut pas succomber à la tentation de tenir le meurtre de Laroche pour un appendice dérisoire du meurtre de Grégory. Il doit être puni sans faiblesse. Blanchir Villemin reviendrait à introduire une notion nouvelle dans notre droit, celle de* « légitime assassinat » ! *Ce serait accorder la bénédiction du peuple français à un homme qui, sur ses seules certitudes, décide de tuer.* » Dans la salle, le silence se fait pesant à mesure que l'homme au manteau rouge assène : « *Vous n'avez pas affaire à un crime passionnel. C'est un criminel dangereux, froid, méthodique. Il est plein d'orgueil et sans regret. Il ne fallait pas qu'il rate sa cible… Il représente un danger latent dans la mesure où il n'a épuisé ni la fureur ni l'agressivité encore enfouies en lui.* » Jacques Kohn pose alors une question : « *Et si une troisième personne sur laquelle aucun soupçon ne s'était encore posé était démasquée comme étant le corbeau ? N'y a-t-il pas lieu de craindre qu'il se fasse justice ?* » Imperturbable, il balance : « *Jean-Marie Villemin ne peut bénéficier de circonstances atténuantes exceptionnelles. Le verdict que vous allez prononcer devra tenir compte de la nature de cet assassinat le plus grave qui soit. Il est impossible de le rendre immédiatement à la liberté.* » Christine Villemin semble seulement comprendre la gravité de la situation. Elle s'approche du box où son mari semble sonné. Elle pleure. Il l'imite.

POUR JEAN-MARIE VILLEMIN

Les dix années minimum de réclusion demandées par l'avocat général Kohn ont eu l'effet d'un électrochoc sur la cour d'assises de Côte-d'Or. Comme si, tout à coup, ce long procès, après avoir tournoyé dans les eaux agitées des haines et des jalousies, après avoir traqué le corbeau et s'être enlisé dans le bourbier des enquêtes successives, retrouvait un peu de terre ferme. Le principe de réalité. Toutes les histoires judiciaires ont une fin. Celle de Jean-Marie Villemin approche. Trois de ses avocats se sont exprimés en deux jours, tentant de répondre au portrait d'un accusé froid et sans remords dressé par l'avocat général. Par un peu de chaleur et d'amour. Cherchant, avec des chapelets de mots tressés neuf ans après, à justifier la mortelle vengeance de leur client. Pas de demi-mesure ni de regrets, là. Les avocats de Jean-Marie Villemin demandent tous un verdict d'acquittement, essayant de justifier le crime d'un homme blessé, submergé, halluciné de chagrin.

Mardi soir, Thierry Moser, l'avocat mulhousien, avait dit son admiration pour le couple : « *Nous les avons aimés à cause de leurs blessures et de leur faiblesse. Depuis dix ans, ils sont suspendus dans le vide, rescapés d'un effroyable tourment. Toujours main dans la main. Je vous en supplie, la souffrance humaine a ses limites. Ne les séparez pas.* » Après avoir énuméré longuement « *les quinze charges* » contre Laroche, seul coupable possible aux yeux de la défense, il a posé la question, pour lui, ultime : « *Jean-Marie Villemin a eu son esprit enrayé, délabré. Moralement parlant, quelqu'un qui a tant souffert peut-il être encore puni ?* »

François Robinet, le Nancéien, a commencé par dire sa fierté d'être là : « *Quel bel œuvre pour la défense d'assister un homme dont l'amour insondable pour son fils ne dira jamais son dernier mot ! Pire malheur, il n'en existe pas. Au crime innommable d'un enfant est venu s'ajouter ce scandale assourdissant faisant de la mère de cet enfant la suspecte.* » L'avocat a cherché un premier responsable. Lambert. L'ex-petit juge d'Épinal, qui depuis le début du procès fait figure de punching-ball, a pris hier le coup de l'assommoir : « *Il est le responsable de cette catastrophe judiciaire. La pauvreté de son raisonnement, sa suffisance, son aspect partisan détestable, le nombre incalculable de ses erreurs, sa stupidité écrasante le font évoluer dans l'infiniment petit... La justice de Lambert, ce juge à la pensée oblique qui pousse au désespoir, c'est la justice médiatique où l'imagination gomme la réalité. Il se vautre dans les médias. Il n'est pas trop fort de parler de trahison pour Jean-Marie et sa femme. Et la trahison, ça se châtie.* »

François Robinet a insisté, une nouvelle fois sur les charges pesant contre Laroche. Absence d'alibi. Témoignage de Muriel Bolle : « *Sa déposition vient prendre racine dans ce dossier. Elle ne peut en disparaître. Muriel est dans cette affaire. Elle est l'affaire, car elle est la culpabilité de Laroche.* » L'avocat s'en est pris ensuite, directement, à la famille Villemin, la mère Monique « *qui sait mais est prise entre le marteau et l'enclume* ». Au parrain de Jean-Marie, Marcel Laroche, le père de Bernard, mort aujourd'hui, soupçonné d'avoir influencé son fils. Et à ceux qu'il considère comme les complices du corbeau : « *Ils habitent Aumontzey. À huit mètres de la maison d'Albert et Monique Villemin. Si vous lisez ce dossier objectivement, votre conviction sera qu'il y en a même qui sont venus témoigner à cette barre et sont repartis libres. Il faudrait peut être faire parler Michel et Ginette Villemin.* » Il a aussi lu les titres de dizaines d'articles parus avant l'assassinat de Laroche. Tous mettent en cause Christine Villemin. « *Vous en connaissez beaucoup qui auraient pu résister à ça ? Moi, j'aurais pas pu.* » Les expertises en écriture « *qui ne signifient rien* », et la découverte des cordelettes au domicile des Villemin, ont été efficacement critiquées. Moins les témoignages des « filles de la poste ».

« *Qui est Jean-Marie Villemin ? Un homme dangereux ou un homme abandonné qui ne peut compter sur personne ?* » s'est interrogé Robinet avant de lancer : « *Que serai-je devenu si on m'avait pris mon enfant pour le jeter dans les eaux froides de la Vologne, les mains liées ? Demandez-vous ça. Si vous ne savez pas quoi répondre. C'est ça le doute... Éloignez de Jean-Marie Villemin le sceptre hideux du malheur qui hante ses jours et ses nuits. Permettez-lui de regagner, tout de suite, en l'acquittant, les rives de la liberté.* »

« *Comment auriez-vous réagi à cette anti-justice ?* » : Marie-Christine Chastant a enchaîné sur la même idée, avec la même gravité, tentant de se mettre dans la peau de son client, « *un garçon qui a connu le désastre, qui a touché le fond et qui a mûri, un homme mutilé de Grégory, quelqu'un de fondamentalement humain, vivant au dessus de ses forces* ». Le registre était difficile puisque Jean-Marie Villemin avait déjà dit, avec émotion, au premier jour du procès, son infini désespoir. Marie-Christine Chastant, même troublante, n'a pu que répéter, un ton en dessous, ce que les jurés avaient déjà entendu. L'avocate a insisté sur la montée de l'idée du crime dans le cerveau « *malade* » de son client. Elle a montré aux jurés un poster de Grégory et les photos de journaux d'un Laroche souriant à sa libération, son fils dans les bras : « *Il sait que cet homme est le coupable. On lui a dit qu'il avait été remis en liberté pour des problèmes de forme. Jean-Marie pense au corbeau. Même muet, le corbeau sévit... Il voyait que la justice, en s'arc-boutant sur la piste de Christine, s'égarait, qu'on ne trouverait plus la vérité. Et Grégory a droit à la justice ! Ces ressorts l'ont guidé. C'était une force irrésistible, une contrainte morale.* » L'avocate revient, en détails, sur la matinée du crime : « *À ce moment-là, il va sur la tombe de l'enfant, il lui parle. Il a une hallucination auditive. Il n'est plus dans le réel. A-t-il tous ses esprits pour prendre sa soi-disant décision ? Il revoit Grégory dans la main de Popov partant confiant vers la mort, il revoit l'image de la couverture brune découvrant le visage à la morgue. Il ne voit plus clair. Il n'est plus libre. Il est torturé, il ne sait plus ce qu'il fait. À sa place aurions-nous fait mieux ?* » L'avocate laisse s'installer un court silence et souffle : « *Je vous demande de dire que Jean-Marie Villemin n'est pas moralement coupable de ce qu'il a fait.* » Elle avait entamé sa plaidoirie sur l'image d'un enfant de quatre ans enseveli dans une tombe, le final sera plus aérien : « *Ce que je vous demande, c'est de rendre à Julien et Emelyne, ses deux enfants, leur papa pour Noël. Tel qu'il est. Non coupable. Pour Grégory aussi, qui sait que son père est là parce qu'il l'a aimé comme l'ange qu'il est aujourd'hui devenu.* »

16.12.1993

LE VERDICT

Voilà, c'est la fin. La concierge du palais commence à ramasser les gobelets pleins de mégots qu'ont laissés les journalistes, la porte de la cour d'assises est close, les policiers font sortir les derniers badauds qui n'arrivent pas à se résoudre à cette idée : « *C'est dommage, ça nous faisait de l'occupation* », dit une dame au chapeau mou qui venait ici faire la queue tous les jours, depuis trente et un jours. « *On ne saura jamais la vérité* », se lamente une autre. Les uns disent que c'est Laroche. Les autres, Christine. Ça débat dans la rue. Ça va débattre encore longtemps. Aujourd'hui, encore une courte audience civile qui devra déterminer les dommages et intérêts dus à la famille Laroche, et puis Dijon refermera le dossier de l'assassinat du « petit Grégory ».

Jean-Marie Villemin est reparti vers sa prison, à la périphérie de la ville, poursuivi par la meute. Cinq ans d'emprisonnement dont un avec sursis. Il a pleuré beaucoup et embrassé Christine dans les larmes. Ces pleurs, c'était plutôt du soulagement, une redescente de pression. Christine s'en est allée avec sa sœur, ses avocats, son mouchoir en boule et ses yeux rouges. L'avocat général, Jacques Kohn, qui avait réclamé « *au moins dix ans* » confie que ce verdict d'apaisement devrait permettre au condamné d'être chez lui pour Noël.

Explications : Cinq ans moins un égalent quatre ans fermes. À la moitié de sa peine, un prisonnier peut demander sa libération conditionnelle. Or, Jean-Marie Villemin a déjà fait trente-quatre mois et trois semaines de prison. Pour demander cette libération, il doit attendre l'expiration du délai légal du pourvoi en cassation. Ce délai est de cinq jours plus deux jours ouvrables. Donc vendredi 24 décembre, Jean-Marie devrait être chez lui, dans son pavillon, à Saint-Chéron, dans l'Essonne. C'est un drôle de hasard, puisque, le 24 décembre 87, le président Simon l'avait déjà libéré.

C'est la fin. Devant les caméras, Marie-Ange Laroche dit : « *En mettant Jean-Marie en prison, ça démontre l'innocence de Bernard. La justice a été. Bon, c'est pas ça qui va rendre un père à mes enfants.* » Ses avocats ont préparé des communiqués. Le plus prompt est maître Prompt : « *Ni les juges ni les magistrats n'ont accepté de légitimer l'assassinat de Bernard Laroche et accepter de transfigurer ce crime en acte de justice. La condamnation de la vengeance privée, affirmée par ce verdict, sera ressentie par l'immense majorité comme conforme à sa conscience.* » Maître Welzer ajoute que ce jugement est « *digne* » et que « *crier victoire serait déplacé* ». Petite pique pour ses contradicteurs : « *La stratégie dangereuse de la défense a conduit au retour de Jean-Marie Villemin en prison.* » Muriel Bolle n'est pas là. Par contre, ses frères et sœurs sont venus. Ils sont calmes. S'il y avait eu un acquittement, ils l'auraient été beaucoup moins. Monique et Albert Villemin, les grands-parents de Grégory, ont également fait le déplacement, seuls. Monique n'arrive pas stopper le déluge lacrymal sur ses bonnes joues rouges. Albert est comme une statue de craie, il essaie de la consoler. Des journalistes, à tour de rôle, viennent expliquer à la mère de Jean-Marie qu'il n'y a aucune raison de pleurer puisque, dans une semaine, son fils sera dehors. Ça ne change rien, Monique pleure. Le stress, la fatigue et la folie de cette histoire, sûrement. Maître Garaud dit aux micros tendus qu'il n'est pas déçu par le verdict : « *Les juges ont su trouver une solution médiane tendant infiniment plus vers ce que proposait la défense que ce que demandait l'accusation. Je souhaite à Christine et Jean-Marie de retrouver la paix de l'âme. Cette décision le leur permet.* » Il ajoute que « *comme le calvaire a duré neuf ans, il ne se pourvoira pas en cassation.* » On le sent un tout petit peu déçu. On le comprend, il avait mis le paquet ce matin dans sa plaidoirie.

Une question de souffle. Quand, à 9 h 30, Henri-René Garaud s'est extirpé de son banc, il a inspiré très fort : « *Je me lève, le quatrième avocat de la défense, l'avocat de Jean-Marie, mais vous ne pourrez pas ne pas penser à Christine, celle avec qui il est lié pour le meilleur et pour le pire, et à Grégory.* » Dès le départ, il a mêlé le sort de son client à celui de sa femme, le procès de l'assassinat de Bernard Laroche à celui de Grégory, donnant ainsi une valeur symbolique au futur verdict : « *Donnez à cette femme un verdict de réhabilitation, sinon ce doute atroce continuera. C'est la pieuvre de l'erreur judiciaire* », dira même Garaud en fin de plaidoirie. Le pari était risqué. Il n'a pas été entièrement gagné.

Il s'était d'abord attaqué aux dix ans réclamés par l'avocat général : « *Quel intérêt, une telle sévérité ? Qu'est-ce que ça rapporte à la société ? Quand on arrête un Willoquet qui tire sur les flics, dix ans je comprends. Mais là, pourquoi ? Le crime le plus grave, ce serait de tuer l'assassin de son enfant. Wanted. Non, non. Jean-Marie n'est pas un cow-boy. Ce n'est pas Lucky Luke. C'est un homme brisé.* » Garaud, debout, face aux jurés, n'a pas lâché son fil : « *J'ai l'impression que, dans cette affaire, les dés sont pipés. Pourquoi ? Je n'en sais rien. Cet homme n'est pas dangereux.* » Il s'est souvent tourné vers Christine Villemin, déjà en larmes sur son banc : « *L'avocat général nous a dit qu'il était profondément convaincu de son innocence. Elle a été victime de la plus terrible erreur judiciaire qui soit. J'aurais aimé entendre autre chose de la part du représentant de la société. Quelque chose comme* "Au nom de la justice de notre pays qui vous a fait tant de mal, je vous demande pardon. » Il s'en est violemment pris à ceux qu'il a appelés les « *irréductibles* » : « *Y en a qui sont butés comme le granit des Vosges. On leur sortirait la bande vidéo montrant l'assassinat de Grégory, ils diraient encore que la cassette est truquée.* » Garaud a fixé un à un les jurés, de son regard perçant de « vieux renard argenté » : « *Jean-Marie n'est pas coupable. On l'a poussé comme dans un entonnoir d'où il ne pouvait pas sortir. On a voulu faire craquer la mère. On n'a pas réussi. Par contre, c'est le père qui a craqué.* » Il a dénoncé « *les apprentis sorciers* », ceux qui ont « *branché le survoltage et fait sauter les plombs de Jean-Marie* ». Il les a même désignés. Les avocats de la partie civile qui, pour faire sortir Laroche de prison, « *avaient besoin d'un produit de remplacement* ». Le SRPJ de Nancy accusé d'avoir « *truqué des scellés* ». Certains journalistes « *ignobles... Méphisto qui coulent maintenant des jours heureux* ». L'« *infiniment petit* » juge Lambert. « *L'intime conviction, voilà la voix qui doit vous guider. Ne faites pas de Jean-Marie un bouc émissaire. N'ajoutez pas le malheur au malheur, la boue et le sang* », avait supplié Garaud. À 11 h 30, il a enfin expiré : « *Et secrètement, sur votre honneur. Acquittez- le.* » Deux heures de plainte, de hargne, un seul souffle.

Juste après, Jean-Marie Villemin s'était levé pour ses dernières paroles d'accusé. Plus blanc et plus livide que jamais, les lèvres collées au micro : « *Monsieur le président, ce que je voudrais dire... Christine et moi... Ça fait neuf ans que nous vivons...* » La même émotion qu'au second jour du procès, quand il avait dit sa douleur devant le cadavre de son fils. Les mots arrachés du fond de la gorge : « ... *Julien et Emelyne ne remplaceront jamais Grégory... Et c'est pour Grégory que je suis ici... Nous l'aimions plus que tout au monde... Je vous en supplie...* » On a attendu une longue minute. Les mots ne sortaient plus. Un gros policier, à côté de Jean-Marie, était en larmes. « *Je vous en supplie. Ne me séparez plus de Christine... Assez de souffrance...* »

À 11 h 35, la cour s'est retirée pour délibérer. Quatre heures plus tard. Hypertension. Plus que le procès de l'assassinat de Laroche, on sentait bien qu'il se jouait autre chose liée à l'énigme de la Vologne. Dernier rituel. « *La cour ! Faites entrez l'accusé.* » Dix ans, acquittement : tout était possible. La salle n'avait jamais contenu autant de monde, et autant de passion rentrée. Dehors, la foule s'impatientait. Jean-Marie Villemin avait quelques difficultés à tenir debout. D'une voix caverneuse, le président Ruyssen a lu le verdict. Huit jurés au moins ont jugé l'accusé coupable d'homicide volontaire avec préméditation, lui ont accordé des circonstances atténuantes. Il y a eu un long flottement, avant les premiers sanglots et les premières questions. Difficile d'interpréter ce jugement. Disons que les jurés n'ont pas voulu légitimer le crime de Jean-Marie Villemin. Quant au reste, disons que les jurés ont indiqué qu'ils ne savaient toujours pas.

C'est la fin. Dans la salle d'audience sombre et désertée, on repense à la plaidoirie de maître Garaud quand il avait voulu expliquer le moment ultime où, sur la tombe de Grégory, Jean-Marie Villemin avait entendu la voix de son fils lui souffler : « *Vas-y papa, c'est Laroche. Vas-y.* » Les yeux pointés derrière les jurés, l'avocat a raconté son hallucination à lui : « *Un jour, dans une cour d'assises, j'ai vu mon père derrière les jurés, un beau vieillard avec une belle barbe blanche. Il me disait :* "Fais bien ton présent, l'avenir se fait tout seul." *Ça existe, ce genre de choses !* » On revoit Grégory sur la table d'autopsie. Garaud qui tonne : « *C'est pour lui que je plaide.* » Et la voix du corbeau entendue au début du procès : « *Voilà, ma vengeance est faite. Pauvre con... Vous ne saurez jamais qui je suis...* » Cette voix de vieille sorcière qui fait peur aux enfants. De plus en plus faible. Jusqu'à disparaître totalement. Le silence.

Dans leur pavillon de Saint-Chéron où des photos de l'enfant retrouvé noyé dans la Vologne le 16 octobre 84 décorent chaque pièce, comme ils l'avaient demandé, les Villemin passeront Noël en famille. Christine, innocentée. Jean-Marie, en liberté conditionnelle. Leurs deux enfants. Et Grégory.

ÉPILOGUE DU PROCÈS

Les gardiens de la maison d'arrêt de Dijon sont des petits malins. Ils ont utilisé une vieille ruse pour faire sortir hier, dans la matinée, le détenu Jean-Marie Villemin de prison. Depuis mardi, le juge d'application des peines Legrand, fort de l'avis favorable de la Commission d'application des peines, avait rendu sa décision : après trente-cinq mois de réclusion, compte tenu de son bon comportement, de ses « *gages sérieux de réinsertion* » et des réductions de peine, Jean-Marie Villemin, condamné à cinq ans de réclusion dont un avec sursis pour l'assassinat de son cousin Bernard Laroche, était libre. Le problème, depuis quarante-huit heures, était : Comment lui rendre cette liberté ? En le laissant sortir, seul et à pied, par la grande porte, comme au temps où Christine Villemin, sa femme, était obligée d'affronter la foule et les caméras pour quitter le palais de Justice d'Épinal ? En envoyant une fourgonnette de la gendarmerie et en lui enfilant à la sauvette un bleu de travail ou un gilet pare-balles, comme au temps de l'arrestation de Bernard Laroche ou d'une vulgaire reconstitution ? En creusant un souterrain, comme s'il s'agissait de Bernard Tapie ? Rien de cela.

Les policiers et les matons dijonnais, en réunion depuis quarante-huit heures, face à une maigre foule de journalistes, les télés, les régionaux, l'*AFP*, les agences photos, quelques paparazzi, quelques pigistes sans familles et sans idées, entre Noël et Nouvel An, ont eu l'idée qui sauve. Dès le début de la matinée, ils ont fait entrer et sortir des fourgonnettes des deux portes de la maison d'arrêt. L'une d'elles, la plus vieille, une bleue cabossée, est entrée à vide, puis est ressortie aussitôt, sans que les porteurs de flashes ne lui prêtent grande attention. Le jeu consistait donc à immortaliser, sur pellicule et si possible sur bande vidéo, la sortie de Jean-

Marie Villemin. Voire ses premiers mots d'homme en liberté conditionnelle. Raté. La vieille fourgonnette bleue est entrée une seconde fois. Dans le balai des entrants et des sortants, personne ne l'a trop remarquée. Elle est pourtant ressortie une seconde fois, avec à son plancher Jean-Marie Villemin. Les journalistes sur place, après deux jours de planque dans le froid et sous la neige, n'ont pas été trop malins sur ce coup-là. Ils n'avaient hier que leurs yeux rougis pour lire la dépêche *AFP* qui leur annonçait la nouvelle : « *Selon une bonne source, Jean-Marie Villemin est sorti dans la matinée de jeudi, dissimulé sous la banquette d'une fourgonnette de l'administration pénitentiaire.* » Voilà, cette fois, c'est vraiment la fin (judiciaire) de l'affaire Villemin : après sept semaines de procès, neuf ans d'enquête et de procédure, une sortie en douce d'une maison d'arrêt. Pour expliquer cette absence de publicité, les avocats de Jean-Marie Villemin ont expliqué que leur client avait besoin de calme, de repos et de discrétion. Attendu par des proches dans un hôtel dijonnais, le père de Grégory se serait rendu pour les fêtes rejoindre sa femme et ses deux enfants dans sa famille en Moselle.

POST SCRIPTUM

• Devant le tribunal d'Épinal, novembre 1984.

25.03.1994

RADIO VILLEMIN

Émission « Grand Angle » : autopsie d'un fait divers, l'affaire Grégory sur France Culture, samedi de 11 h à 12 h.

C'est un pur moment de suspense radiophonique. Vous vous êtes jusque-là un peu assoupi en écoutant pour la énième fois des journalistes, des Vosgiens, un historien et une ethnologue refaire l'histoire de la Vologne. Les journalistes s'autoflagellent, les Vosgiens flagellent les journalistes, l'historien fait son numéro, l'ethnologue aussi, quand soudain Anne Brunel et François Bréhinier, les auteurs de ce *Retour sur les traces de l'affaire Villemin* descendent à Docelles, au café près du pont, à deux pas de là où « *le gosse* » a été noyé. Histoire de nous mettre dans l'ambiance, quelqu'un prévient que dans le coin « *derrière les rideaux, même quand il n'y a personne, y a quelqu'un qui regarde.* » Une journaliste ajoute : « *Des gens savent mais, par peur de l'engrenage médiatique, ils se taisent.* »

On entre dans le café. Un thé. Une bière. Un Perrier.

L'intervieweuse de *France Culture* engage comme elle peut : « *C'est juste ici qu'on a retrouvé le petit garçon ?* »

La patronne : « *Ouais… on en a vu passer du monde.* »

Son mari qui s'immisce : « *Ça, des curieux, y en a eu et y en aura toujours.* »

La patronne : « *Remarquez, j'ai pas vendu plus pour autant, alors j'ai rien à dire.* »

Bruits de verre, de briquet. On se dit qu'on s'emmerde vraiment sur *France Culture.*

La patronne, conciliante, essaie de se souvenir du jour du crime : « *J'avais beaucoup de clients, ils jouaient aux cartes, sortaient faire pipi. Personne n'a rien vu ni remarqué quoi que ce soit.* »

La journaliste, insistante : « *Et le soir où ils ont trouvé le petit, vous étiez là ?* »

La patronne : « *Non, j'étais au lit.* »

Nous sommes, à cet instant, dans la chambre de la patronne du café-bar-tabac, près du pont à Docelles, le 16 octobre 1984, autour de 20 h. Elle ne dort pas et se souvient : « *Là, je peux dire, j'ai entendu… crier de l'autre côté. Ça, je peux vous le dire parce que je l'ai toujours dit.* » Dans le bar, les hommes acquiescent. « *Tiens, en v'là qui s'engueulent, je me suis dit. Et puis, ça ne me regardait pas. Malgré tout, j'ai ouvert les volets.* » Le suspense grandit. A-t-elle vu quelque chose dont elle n'aurait jamais parlé ? Va-t-elle nous livrer le nom de l'assassin, comme ça, un samedi sur *France Culture* ? Non, pas si vite : « *J'ai rien entendu, alors je me suis recouchée.* » On croit que c'est fini. Erreur. Cinq minutes plus tard. Elle entend à nouveau des cris. Elle ouvre ses volets. Elle entend distinctement un bout de conversation, en livre la teneur aux auditeurs de *France Culture*. On reste coi. Le mari conclut : « *Pour la vérité, on la saura jamais, on attend le film.* »

NOMBRIL OR NOT NOMBRIL

Le procès Villemin, entre toutes ses originalités, a tenté d'éclairer le public, et les jurés, sur le rôle « des journalistes » dans le meurtre d'un homme. La raison invoquée pour justifier cette montée à la barre de la presse était que les médias d'une manière globale, et plus particulièrement certains journalistes, par leurs contacts relationnels, leurs dires ou leurs écrits, avaient directement influencé l'accusé dans sa décision de tuer. En cela, ce procès est à rapprocher de celui fait à d'autres journalistes au moment du suicide de Pierre Bérégovoy. À savoir, que la presse par ses insinuations, ses accusations, avaient poussé un homme au suicide. Ce type de procès génère invariablement des réflexions auto-flagellantes chez les journalistes, qui se voient contraints de traiter de leur cas dans leurs colonnes. Périodiquement donc, et de plus en plus périodiquement serions-nous tenté de dire, la presse s'interroge donc sur la presse. Comme si les journalistes redécouvraient régulièrement que leurs écrits et leurs dires avaient des effets sur le réel, des effets visibles, tragiquement quantifiables.

24.04.1994

CHRISTINE ET JEAN-MARIE VILLEMIN : ULTIME RETOUR SUR LE 16 OCTOBRE

Sur le bandeau du livre, une photo. Elle et lui regardant l'horizon. Le photographe a, paraît-il, eu un mal de chien à la réaliser. Christine Villemin, craintive, avait un regard si difficile à capter. Jean-Marie semble plus sûr de lui. Une couverture bleue. Un titre, *Le seize octobre,* faisant référence à la date de la mort de leur fils Grégory, le 16 octobre 84. Et un avertissement : « *Nous aimerions être vus tels que nous sommes et pour ce que nous avons fait. C'est pourquoi nous avons décidé de mettre toutes les cartes sur la table… Chacun pourra juger si nous avions mérité, après l'assassinat de notre fils, d'être haïs à ce point-là.* »

Le livre de Christine et Jean-Marie Villemin, témoignage rude, émouvant et étonnamment lucide sur l'histoire la Vologne, arrive cette semaine en librairie. Et le couple est l'invité de l'émission de Jean-Marie Cavada sur *FR3*, ce soir. Depuis le procès de Dijon où Jean-Marie Villemin avait été condamné à cinq ans de prison, dont un avec sursis, pour le meurtre de son cousin Bernard Laroche, ils s'étaient tus, refusant toute interview, même grassement rémunérée. Cavada a réussi à les convaincre. C'est expliqué dans le livre, page 285 : « *Notre seule interview sera diffusée par* "*La Marche du siècle*" *sur le service public, là où on ne propose pas d'argent, avec un homme qui est venu chez nous, très simplement, qui voulait nous comprendre et nous respecter et non nous exploiter.* »

La lecture des trois cents pages de l'ouvrage rend d'ailleurs obsolète toute velléité d'entretien. On ne voit pas très bien quoi leur demander d'autre qui ne soit abordé dans ce récit dense, à deux voix, contant dix années d'une hallucinante histoire faite de larmes et de sang, décryptant le diabolique piège humain condamnant au doute à perpétuité une mère que la justice a pourtant entièrement innocentée.

A-t-il, à un quelconque moment, douté d'elle ? Jean-Marie répond, page 113 : « *Je jure que je n'ai jamais douté de toi, ne serait-ce qu'une seconde. J'avais vécu six ans tous les jours avec toi. Je savais combien tu aimais notre enfant, nos deux caractères emmêlés, nos projets, nos souvenirs, l'amour ensemble, ta peur du corbeau les jours où je le prenais à l'appareil et toi à l'écouteur... Il aurait fallu me crever les yeux, me couper les mains ou m'enlever la moitié du cerveau pour que je doute.* »

Un avis sur la justice et le juge d'Épinal ? Christine raconte, page 165 : « *Lambert est un homme banal. Il a été dépassé, gonflé par les médias. Penser que la justice est rendue par des hommes aussi légers, qui ne peuvent pas résister aux journalistes, cela fait froid dans le dos quand même !* » Rien à voir avec cet autre magistrat, Maurice Simon, principal artisan du non-lieu de Christine, à qui le livre est dédié : « *On a eu froid à cause du mal qu'on nous a fait, mais le président Simon nous a donné de la chaleur.* » Les journalistes en prennent évidemment pour leur grade, mais plutôt moins qu'on aurait pu l'imaginer. Page 214, Jean-Marie confie : « *Quand Émelyne s'est annoncée, j'avais prévenu le juge Simon. Pour l'audition suivante, il avait fait mettre en place un cordon de sécurité, afin que tu ne sois pas bousculée. Les journalistes ont écrit ensuite que nous étions menacés. Mais la menace, c'était eux.* »

Une des grandes qualités du livre tient en la volonté de mettre à plat les histoires d'argent. Christine explique, page 279 : « *Depuis les photos de Julien , le mythe des* « millions » *me colle à la peau. On me voit comme la femme qui a vendu son malheur. Mais personne ne connaît la vérité des comptes.* » Jean-Marie, précis et sans fard, énumère : 2 564 737, 41 F d'entrée (dont 1 300 000 F de dommages et intérêts après diffamation et 600 000 F de *Match*) pour près de 2 000 000 F de frais d'avocats, dont 1 825 164, 07 F pour le seul cabinet de l'avocat Garaud. Ce dernier, même s'il est remercié pour son rôle paternel, risque de moyennement apprécier les révélations de ses clients. Contrat avec *Match*, l'agence Jet Set, ou l'éditeur Michel Lafon, le récit montre que les Villemin, surtout elle, étaient très manipulables. « *Pour* Match, *une équipe a débarqué à Petitmont avec un maquilleur, une habilleuse... J'étais archimaquillée. Devant la glace, je disais à ma sœur :* «J'ai l'air d'une pouffiasse. Si Jean-Marie me voyait !" *Mais maître Garaud me disait :* "Allez-y ! C'est bon pour Jean-Marie... » relate-t-elle. Jean-Marie enfonce le clou *: « Les photos de* Match *te traitaient comme une vedette alors que tu étais la mère d'un enfant assassiné.* » Avant de tempérer : « *D'un côté, nous avions besoin de 16 900 F par mois de procédure. De l'autre, nous n'avions plus de salaire et, à partir de 88, seulement 5 500 F de revenus nets. Je suis conscient du mal que les reportages de photos avec Julien en 85, ou avec ton livre en 86, ont fait dans l'opinion. Mais sans cet argent rapporté par maître Garaud, nous aurions connu la misère. Nous n'aurions pas pu nous défendre contre l'accusation et contre la presse.* » Cercle terriblement vicieux.

Christine et Jean-Marie Villemin parlent, accusent parfois, se libèrent. « *Si j'assume le fait d'être un meurtrier, j'aurais bien aimé que chacun fasse comme moi et prenne ses responsabilités. J'avais vingt-six ans quand Grégory a été noyé pour me faire* "mourir de chagrin". *Il existait donc une ou plusieurs personnes qui me haïssaient au point de se venger sur un gamin de quatre ans. Et je n'avais aucune idée de ce qui avait pu provoquer cette haine. Quand on passe par cette épreuve, on devient fou de douleur. Dans mes veines, il coulait du chagrin* », écrit-il page 117. « *Les journalistes sont en colère contre moi, car je ne veux pas faire d'interview. Alors ils écrivent des choses inventées sur nous, c'est ignoble. Je n'ai plus d'appétit. Quand tu sortiras, avec le bébé nous partirons loin de ce monde horrible, même si nous devenons de pauvres clochards* », livre Christine dans une lettre envoyée en prison à Jean-Marie en avril 85, et citée page 128. Les extraits de lettres, toujours poignantes, servent de liant au récit.

Malgré la violence de certaines scènes de prison ou de tribunal, vécues pour la première fois de l'intérieur, *Le seize octobre* apparaît dépassionné, presque sage. On les avait quittés à la veille de Noël sur les marches encombrées du palais de Justice de Dijon, éreintés par six semaines de procès, les yeux rouges. On les retrouve, mus davantage par le besoin de s'expliquer que par un désir de vengeance. Même si on sent que sur l'énigme leur religion est faite, il est très peu fait mention de Laroche ou de ses proches, sauf, peut-être, page 292, pour énoncer les gains considérables de Marie-Ange Laroche et sa belle-sœur Muriel Bolle, suite aux procès en diffamation et à la condamnation de Jean-Marie: 4 530 784,41 F. Les 720 000 F d'à-valoir versés par Plon, pour *Le seize octobre*, viennent d'ailleurs d'être virés sur le compte des avocats de Marie-Ange Laroche. Et la future prime d'indemnisation aux victimes que Christine et Jean-Marie, visités récemment par un huissier, s'attendent à toucher pour la mort de leur fils, subira le même sort.

« *Ces neuf ans de calvaire me laissent le sentiment que la machine ne nous a jamais lâchés… Je voudrais maintenant que tout s'arrête, que l'on retrouve un peu l'anonymat qu'on avait avant le 16 octobre. On aimerait être regardés comme tout le monde, être tranquilles, vivre la vie des autres gens comme nous* », conclut Christine, vraisemblablement sans trop y croire. Même si son livre permet à la question posée sur la couverture « *Avions-nous mérité, après l'assassinat de notre fils, d'être haïs à ce point* ? », de répondre : à l'évidence, non.

Le seize octobre par Jean-Marie et Christine Villemin (Plon, 1994, 98 F, en vente à partir du 29 avril)

JEAN-MARIE VILLEMIN À LA COUR D'ASSISES DE DIJON POUR UNE AUDIENCE CIVILE.

La cour d'assises de Côte-d'Or a renvoyé au mois de février l'audience civile qui devait estimer le préjudice « patrimonial » subi par la veuve de Bernard Laroche et sa famille. Le 17 décembre 1993, suite à l'assassinat de son cousin Bernard Laroche, Jean-Marie Villemin avait été condamné à payer 908 000 F de dommages et intérêts pour préjudice moral à la famille et aux avocats du défunt. Hier, Jean-Marie Villemin a demandé à ce que « *le loto Grégory s'arrête* ». Son nouvel avocat, maître Arnaud Montebourg, a plaidé afin qu'une expertise soit faite sur ce que Marie-Ange Laroche et sa famille avait gagné grâce à « l'affaire ». Le tribunal a renvoyé l'audience en raison du changement récent d'avocat du père de Grégory. Jean-Marie Villemin a ainsi dû s'expliquer sur le remplacement de son précédent défenseur, Henri-René Garaud. Il a invoqué une première raison financière : « *Nous avons déjà dépensé 1 825 000 F en frais de procédure, n'avons plus les moyens de payer nos avocats.* » Une seconde raison vise les rapports confictuels entre l'avocat « *cégétiste* » de Marie-Ange Laroche, Paul Prompt, et Henri-René Garaud, fondateur de Légime Défense : « *Nous ne voulons plus continuer dans cet affrontement politique.* » Jean-Marie Villemin reproche enfin à son ancien avocat de ne pas avoir été présent lors de la première audience civile, au lendemain du procès de Dijon, qui, l'avait, à ses yeux, trop « *lourdement* » condamné. L'argent gagné par les Villemin grâce à leur livre, celui des divers procès ayant émaillé l'affaire, et l'indemnisation aux victimes suite à la mort de Grégory, ont été intégralement dépensés dans la procédure judiciaire.

AFFAIRE VILLEMIN : POUR SOLDE DE TOUT COMPTE

Les chiffres, dans leur sécheresse, prennent aujourd'hui tout leur sens. L'affaire est vieille de plus de dix années et a connu plus de rebondissements que n'importe quelle autre. Chacun se demandait comment tout cela était possible : un enfant noyé, sa mère accusée, son père en assassin vengeur de son cousin, l'idée de justice piétinée. Tout ce papier, ses images, ses commentaires. Jusqu'à l'overdose. C'était l'affaire Villemin. Une décennie de souvenirs épars : les larmes de Christine, la trogne de Nounours (feu Bernard Laroche), la reconstitution avec Jean-Marie, visage émacié, pointant son arme, le mutisme de Muriel Bolle, les déclarations d'avocats aux sorties des palais, le livre du juge Lambert, le juge Simon en juge de paix, les experts en voix, en écriture, en pneus de voiture. La voix de maître Henri-René Garaud affirmant qu'il allait défendre les Villemin comme « *ses propres enfants* ». Celle de Paul Prompt tonnant pour sauver ce qui pouvait l'être du souvenir de son client. Celle du corbeau disant que « *tout son pognon* » ne rendrait pas son fils à Jean-Marie. Le procès de Dijon, en fin d'année 1993, juste après l'annonce d'un non-lieu sans plus aucune charge pour Christine. La condamnation de Jean-Marie Villemin, pour l'assassinat de Bernard Laroche, à cinq années de prison dont quatre ans fermes. Le calme enfin. Un répit apparent d'une année. Jean-Marie et Christine reconstruisent, entre les visites incessantes d'huissiers, leur vie à Saint-Chéron dans l'Essonne. Jean-Marie est technicien en laboratoire. Christine, mère au foyer. Elle s'occupe du mieux qu'elle peut de ses deux enfants, Julien et Émelyne. Dans les Vosges, Marie-Ange, sa famille, ses enfants, sa belle-sœur en font de même. Si l'actualité revient faire un tour du côté de la

Vologne, ce n'est pas pour replonger dans le drame et ses mystères, mais pour dire que tout cela avait un prix. Et quel prix !

Le procès, pour préjudice patrimonial, intenté à Jean-Marie Villemin – 2 800 000 F lui sont réclamés par l'avocat de Marie-Ange Laroche – donne l'occasion de quantifier l'affaire. Ainsi de tordre le coup aux rumeurs et « vérités » véhiculées, ou amnésiées, d'abord par la presse.

L'affaire a généré une formidable activité économique, en dix années. En tête du hit parade des dépenses (et donc des gains) : *Paris Match.* L'hebdomadaire de Daniel Fillipacchi a viré, en transactions ou en amendes, sur le compte des avocats des Villemin, près de 2 000 000 F. Pour ce qui est des Bolle, l'hebdomadaire – selon les chiffres de Jean-Marie Villemin, non démentis par les intéressés – le total friserait 1 500 000 F. Arrivent ensuite *France Dimanche, Ici Paris, Détective*... Au total, ce qu'on pourrait appeler le chiffre d'affaires de l'affaire serait de 6 800 000 F (3,5 pour les Villemin, 3,3 pour les Bolle).

Pour arriver à ces additions – sans doute en dessous de la réalité puisque des procédures sont en cours – Jean-Marie Villemin s'est d'abord brouillé avec son avocat des débuts, Henri-René Garaud, puis il a répertorié toutes les procédures pour diffamation, atteinte à la vie privée ou au droit à l'image (environ 70), et a joué de la calculette. Sur les 3 400 000 F gagnés grâce à la presse, maître Garaud s'est indemnisé à hauteur de 1 200 000 F et s'est remboursé de 700 000 F de frais divers. Détail amusant qui a semé la zizanie chez les défenseurs des Villemin : maîtres Moser et Robinet, les deux autres avocats des Villemin, n'ont rien touché ou presque (60 000 F pour le premier, 50 000 pour le second). Idem pour les avocats des grands-parents de Grégory, maîtres Lagrange et Lombard.

La « *technique* » de maître Garaud et de sa belle-fille, maître Chastant, arrivée plus tard dans le dossier, a, dès le début de l'affaire, consisté à se faire indemniser grâce aux procès contre les journaux, principalement contre *Paris Match*. Ce que révèle Jean-Marie Villemin, aujourd'hui contraint par les procédures dirigées contre lui de montrer sa relative insolvabilité, est que son principal avocat a beaucoup joué à l'intermédiaire avec la presse – on est tenté d'écrire imprésario – incitant les Villemin, en particulier Christine, à se plier à des séances de photos ou d'exclusivités, pour se payer. Exemple type, la première transaction avec *Paris Match* en septembre 1985. Le journal est, dans un premier temps, assigné à verser 1 000 000 F pour un article jugé diffamatoire. Craignant la lenteur des procédures, conseillés par leurs avocats, les Villemin acceptent la transaction du journal : 500 000 F versés immédiatement avec, en supplément, les photos exclusives de la naissance de Julien, le frère de Grégory. Cette entrée d'argent servira en fait, pour plus de la moitié, à indemniser l'avocat.

La sécheresse des chiffres montre également que Christine et Jean-Marie Villemin ne se sont pas enrichis grâce à ce que Jean-Marie, avec lassitude, appelle « *le Grégoryloto* ». Pour leur dernier ouvrage *Le seize octobre*, l'éditeur Plon a par exemple versé un à-valoir de 610 000 F, viré intégralement à Marie-Ange Laroche. Aujourd'hui, Christine et Jean-Marie Villemin vivent, en pavillon HLM, avec environ 7 000 F par mois, le salaire de Jean-Marie moins la saisie, après sa condamnation à payer 900 000 F de dommages et intérêts à la partie adverse. Les 800 000 F qui, au final, devraient en principe leur échoir, ne couvrent pas le préjudice subi par la vente de leur maison et les pertes de salaire liées à l'affaire. Les 660 000 F versés par la commission d'indemnisation aux victimes, suite à la mort de Grégory, sont pour 4/5 bloqués, dans l'attente des futurs jugements.

Du côté de la famille Bolle, suite au préjudice subi par la mort de Bernard Laroche et aux procès intentés contre la presse, le bilan financier est plus positif. Marie-Ange et ses avocats (on ne connaît pas la part gagnée par les uns et les autres), ont perçu 2 200 000 F (auxquels s'ajoutent les 900 000 F de dommages et intérêts suite au procès de Dijon). Murielle Bolle, sa belle-sœur, a gagné 860 000 F, les autres membres de la famille environ 500 000 F.

Tout cela n'est pas fini, des procédures sont en cours. Au total, selon le calcul de Jean-Marie Villemin et de son nouvel avocat, maître Montebourg (qui n'est pas payé pour ces procédures), la famille Bolle-Laroche demanderait encore 8 500 000 F aux Villemin. Le « *Grégoryloto* » continue, sous les lambris des tribunaux.

14.02.1995

AFFAIRE VILLEMIN : LES DERNIÈRES SALVES DES AVOCATS DE BERNARD LAROCHE CONTRE LE PÈRE DE GRÉGORY

Les avocats de la partie civile réclament 2 800 000 F supplémentaires à Jean-Marie Villemin au titre du préjudice patrimonial, après l'assassinat de son cousin Bernard Laroche. Jean-Marie Villemin et son nouveau conseil demandent à ce que ces derniers soient déboutés. La cour d'assises de Côte-d'Or a mis sa décision en délibéré jusqu'au 24 février, dans une ambiance très tendue.

Le décor n'a pas changé : le lustre, les boiseries, la greffière, l'avocat général. La salle est presque vide, une dizaine de journalistes, un maigre public. Sur le banc de la partie civile ont pris place les mêmes avocats qu'il y a quinze mois, au moment du procès pour l'assassinat de Bernard Laroche : maîtres Paul Prompt, Jean-Paul Teyssonière, Hubert de Montile, Gérard Welzer. En face, Jean-Marie Villemin est descendu de la cage de verre de son box d'accusé, pour s'asseoir sur le banc à côté de son nouvel avocat, Arnaud Montebourg. L'ambiance est particulière, mélange de tension, de vieille complicité, d'inquiétude. La cour d'assises de Côte-d'Or doit juger du montant des intérêts patrimoniaux de la famille de feu Bernard Laroche. Ce qui pourrait apparaître banal, au lendemain de tout procès d'assises, prend ici une dimension très passionnelle. À plusieurs reprises, les avocats de la partie civile ont prévenu le nouvel arrivant, Arnaud Montebourg : « *Ne nous poussez pas trop, vous qui débarquez et qui ne connaissez rien. Ne nous donnez pas de leçon, personne n'en sortira indemme.* »

La matinée a glissé sur des problèmes d'hypothétique irrecevabilité de la procédure. L'après-midi a abordé plus directement le fond du dossier. D'un côté, les avocats de Marie-Ange Laroche et de sa famille, qui invoquent les pertes de salaire, la maladie d'un enfant de Marie-Ange, son impossibilité à revendre la maison d'Autmonzay où Jean-Marie Villemin avait abattu Bernard Laroche, le long enfermement de Muriel Bolle, pour réclammer 2 800 000 F de préjudice. De l'autre, Jean-Marie Villemin, qui, tableaux et chiffres à l'appui, invoque un enrichissement de Marie-Ange Laroche, de Muriel Bolle et de leurs proches, suite aux diverses procédures engagées surtout contre la presse, pour être dispensé de tout autre indemnisation que les 900 000 F de dommages et intérêts déjà obtenus après le procès d'assises.

Les échanges entre les deux camps ont été musclés : « *S'il avait le chagrin dans le sang, il a aujourd'hui un ordinateur dans la tête* » a plaidé maître Prompt à propos du travail de comptable de Jean-Marie Villemin. « *Marie-Ange Laroche n'aurait pas eu la notoriété qu'elle a acquise si son mari n'avait pas été tué* », a attaqué maître Montebourg. « *Scandaleux !* a rétorqué maître Welzer. *Marie-Ange Laroche est au chômage, elle a divorcé, élève seule trois enfants, n'a plus de maison. Oui, elle a touché de l'argent, les sommes peuvent paraître importantes, tant de millions, mais aujourd'hui elle est ruinée, elle a tout distribué. Elle a une famille où il y a dix ou onze frères et sœurs. Elle a prêté de l'argent, n'a pas été toujours remboursée...* » L'avocat est également revenu sur l'allusion faite aux honoraires perçus pendant le procès de Dijon : « *Quelle démagogie de venir brandir ces chiffres* ! *550 000 F pour quatre avocats pour un procès qui a duré sept semaines, avec 40 000 F de frais pour chacun au moins. Est-ce notre faute si le procès a pris cette tournure ?* » « *Nous avons choisi de rompre avec cette loi implicite du silence qui veut qu'on ne parle pas de la manière dont ont vécu les Villemin ou Marie-Ange Laroche et ses enfants. On ne peut continuer de dire que c'est une ouvrière en montrant ses feuilles d'impôt. Que sont devenus les 3 millions et quelques qui lui ont permis de se payer, comme le dit* Paris Match, *un mariage de star ?* » a demandé maître Montebourg. On a donc beaucoup parlé d'argent, hier à Dijon, le mot de la fin revenant à Jean-Marie Villemin, inquiet, la voix enroué : « *Dites, est-ce que je vais devoir payer jusqu'à la fin de mes jours ?* »

24.02.1995

JEAN-MARIE VILLEMIN CONDAMNÉ À VERSER 440 000 F D'INDEMNITÉS À MARIE-ANGE LAROCHE ET À SES ENFANTS

La cour d'assises de la Côte-d'Or a rendu hier matin son arrêt concernant le préjudice patrimonial subi par la famille de Bernard Laroche, suite à l'assassinat de ce dernier par Jean-Marie Villemin. Le père de Grégory a été condamné à verser 350 000 F à Marie-Ange Laroche, 50 000 F à Jean-Bernard et 40 000 F à Sébastien, les deux fils de Bernard Laroche. Muriel Bolle, sa belle-sœur, et les autres membres de la famille du défunt ont été déboutés de leurs demandes de dédommagement.

La mort a un prix. Celle de Bernard Laroche a été estimée par la justice de ce pays à 1 038 000 F pour solde de tout compte. Jean-Marie Villemin avait déjà été condamné, à la suite de son procès d'assises le 17 décembre 93, outre à cinq ans de prison ferme dont un avec sursis, à verser 908 000 F à la famille de Bernard Laroche. Cette somme avait servi à payer les avocats de la partie civile et à dédommager Marie-Ange Laroche. Hier, l'arrêt devait estimer le préjudice matériel subi par la veuve et l'entourage du cousin de Jean-Marie Villemin. En terme de salaire ou de biens immobiliers, qu'ont-ils perdu ? Leurs avocats avaient demandé au total 2 800 000 F à Jean-Marie Villemin. La cour a donc approximativement divisé par sept cette requête, évaluant le préjudice total à 440 000 F dont 350 000 pour Marie-Ange Laroche et 90 000 pour ses deux enfants. À noter que Muriel Bolle, un temps suspectée d'avoir été complice dans l'enlèvement de Grégory, et Lucien Bolle, belle-sœur et beau-frère de Bernard Laroche, ont été déboutés. Les magistrats ont ainsi décodé que la mort de Bernard Laroche ne leur avait causé aucun préjudice. La décision n'a, semble-t-il, pas complètement satisfait les avocats du défunt qui se réservaient hier la possibilité de se pourvoir en cassation. « *On regarde la situation, on réfléchit* », notait maître Paul Prombt pour qui les magistrats de Dijon n'ont « *absolument pas tenu compte du préjudice subi par la perte de la maison du crime qui ne peut plus être habitée, ni vendue.* »

Par contre, du côté de l'avocat de Jean-Marie Villemin, l'addition a été accueillie avec un certain soulagement. « *On craignait un peu plus* », confie Arnaud Montebourg qui souhaite maintenant, sans trop y croire, un apaisement. Son client, Jean-Marie Villemin, a fait ses comptes. Avec l'argent débloqué par la commission d'indemnisation des victimes, suite à la mort de Grégory, et quelques économies, il pourrait presque intégralement rembourser sa dette. Et retrouver une vie normale, sans saisie sur salaire. Du côté des avocats de Marie-Ange Laroche, on était hier moins optimiste. Maître Paul Prompt semble décidé à mener d'autres procès à leur terme, en particulier un contre Christine Villemin qu'il considère toujours comme co-responsable du crime de Bernard Laroche et voudrait voir condamnée à verser des fonds solidairement à son mari : « *Ce qui choque dans cette affaire, c'est que Christine et Jean-Marie Villemin peuvent payer sans que cela leur coûte un sou...* » relevait avec ironie l'avocat de feu Bernard Laroche. Un avis loin d'être partagé par le jeune couple qui se languit, depuis plus de dix ans, de voir un peu de calme revenir. Enfin.

• Denis Robert lors de la reconstition des faits par le juge Simon, octobre 1987.

ÉPILOGUE

Texte commandé à des écrivains par un quotidien anglais au moment du passage à l'an 2000. La consigne était de choisir un lieu marquant.

Docelles, le 17 octobre 1984

Je me suis revu cette nuit-là. C'était le lendemain de la découverte du corps. J'étais sur le pont. J'étais seul. J'avais longé la berge et mes chaussures étaient couvertes de boue. Il s'était arrêté de pleuvoir. Je regardais l'eau noire de la rivière. Je ne bougeais pas. Je fixais l'eau noire de la rivière. Je ne parvenais à faire aucun geste. Je me souviens de mon inanition, du froid qu'il faisait. Mes yeux se perdaient dans l'eau qui filait sous le pont, puis tournait plus loin, en un coude où se reflétaient les lumières blanches de deux grands lampadaires. Je relevais parfois la tête et refaisais mentalement le chemin de l'assassin, ses pas dans l'herbe, puis dans le chemin boueux, avec l'enfant endormi dans les bras. Il n'y avait personne, sur le pont. Aucune voiture ne l'a traversé.

Je me souviens du café qui était tenu par un dénommé Corneille. Des types qui buvaient des demis, en parlant à mi-voix. De leurs phrases et de leurs regards en coin, vers l'étranger à la veste en cuir, et à l'air mal réveillé. C'est ce qui me revient au moment précis où je pense à un lieu marquant. Ce pont. Cette eau qui file. Cette noirceur infinie. Je vous écris d'un avion qui survole le désert mauritanien. Un désert éclatant de soleil et de chaleur sèche. Tout à l'heure, je serai à Nouakchott. J'irai dans l'hôtel où ils servent des langoustes et où se retrouvent les Français qui descendent leurs gros 4X4 vers Douala. Je vais retrouver Pascal et on reparlera de l'humidité des nuits de Docelles, en buvant du thé, parce que le rosé de Provence sera vraiment trop cher. Pascal y était aussi, au moment du crime. On en reparlera comme on en a parlé l'an dernier quand nous étions à Bangalore pour le film sur le renouveau indien. Bangalore et la fille sublime de l'Intercontinental où seul un orchestre tamoul peut encore jouer *Sergent Pepper* avec autant de foi et de désinvolture. Comme j'y ai pensé en me traînant sur le Washington bridge pour le marathon de New York 1995. Suer comme un bœuf et avoir une pensée filante pour l'enfant mort de la rivière noire. Peut-être y ai-je même pensé sur le Mont-Blanc, quand mon copain Denis, le photographe de chez Reuter, a fait son infarctus ? Denis aussi y était. Aujourd'hui, quinze ans plus tard, nous formons une espèce de confrérie. Certains ont pété les plombs et en ont des maladies psychosomatiques, certains ont quitté la profession dégoûtés, certains continuent à chercher l'assassin. Je pense m'en être plutôt bien tiré (mentalement, je veux dire). Je pense que certains lieux vous poursuivent toute votre vie. Ils vous habitent.

Docelles (Vosges), juste en dessous de Lépanges-sur-Vologne.

Je ne sais pas vraiment pourquoi j'y reviens mentalement si souvent. Le souvenir d'une peur insondable, enfantine.

J'ai la certitude maintenant que je ne ferai jamais le deuil de cette histoire.

J'ai refait, avec les autres, en voiture, l'itinéraire de l'assassin. J'avais mis la cassette que m'avait prêtée la fille du *Parisien*. Elle l'avait obtenue des flics. J'ai entendu son rire sardonique sur la cassette de l'autoradio dans la voiture et ses mots :

« Vous ne me retrouverez jamais, pauvres cons. J'ai tué le fils du chef, j'l'ai balancé dans la Vologne… »

Et ce putain de rire après. On ne savait pas si c'était un homme ou une femme qui se réjouissait ainsi de la mort de cet enfant. Ce rire, pour moi, s'apparentait à la rivière. J'avais imaginé les gestes de l'assassin, la préméditation totale, les cordes qu'il avait fallu préparer, l'itinéraire très précis, le jet du corps dans l'eau. Son bruit. Je m'étais demandé s'il avait ensuite suivi le corps des yeux. Il paraît que l'enfant n'était pas encore mort quand on l'a mis à l'eau. C'est ce qu'a dit le légiste au procès.

Ensuite, l'assassin est remonté par le petit chemin. Ensuite, il a repris sa voiture. Ensuite, il a disparu dans la nuit. On ne l'a pas retrouvé. Quinze ans se sont écoulés.

Un rire à vous glacer le sang qui file, comme le courant d'une rivière. Et me poursuit les nuits où je dors mal. Il faut l'avoir entendu une fois pour comprendre ce que je veux dire. Plus tard, bien des années plus tard, j'ai réentendu le même rire, la même cassette au tribunal de Dijon. C'était pendant le procès de Jean-Marie Villemin. Le rire était une pièce à conviction. Les experts en voix, et en rire, se sont penchés sur lui, sans rien trouver. C'était impressionnant, cet assassin qui signait son crime jusque dans un tribunal. Et continuait à se foutre de la gueule de tout le monde ; magistrats, journalistes, flics, public. Père et mère de l'enfant mort. Ça me replongeait dans la noirceur humide de la Vologne. Je revoyais la tête des buveurs de chez Corneille.

Docelles (Vosges), cette nuit du 17 octobre du milieu des années quatre-vingt.

J'arrivais de Strasbourg avec la voiture du journal, une R11 break, avec le chien qui dormait derrière. Hugo (mon chien, un briard fauve et paresseux). J'étais arrivé là vers minuit. J'avais garé ma voiture à côté du café de chez Corneille et étais monté sur le pont. J'avais en tête la photo parue dans *La Liberté de l'Est* du matin. L'enfant en anorak bleu, les poignets maintenus par une corde lâche. Le bonnet abaissé sur les yeux. Les petites jambes recroquevillées. Les chaussures en cuir noir montantes, nouées serrées. Les mains recroquevillées. La rivière l'avait charrié là, près du pont, et des pompiers étaient descendus dans l'eau avec des cuissardes. Qui sait ce qui s'est réellement passé ?

La rivière.

Seule la rivière sait.

Nous, nous restons avec ce rire dans nos oreilles, et avec les mots de l'assassin :

« *Tu peux pleurer, pauvre con. Jamais personne ne me trouvera. Ah, ah, ah.* »

Un rire est dur à reproduire avec des lettres froides. Sur du papier, le rire paraît si petit et ridicule. En vérité, il était inquiétant, perçant, « borborythmique », fuyant, lointain, maladif. En un seul mot : maléfique. C'était le diable qui riait.

Il faut se rendre compte de ce que cela a été. L'enfant sort de chez sa nourrice vers 17 heures, ce 16 octobre-là. Sa mère vient le chercher, le monte jusque sur le chalet des Hauts de Lépanges, le laisse jouer dehors, repasse, les volets clos. L'enfant joue dans le sable devant la maison, dans son anorak bleu. Pendant ce temps, l'assassin a déjà posté sa lettre annonçant son crime. L'enfant est encore en vie. Puis l'enfant est enlevé. Et la voiture descend la côte qui serpente jusque Docelles. Les vaches la regardent. Une fermière aussi. L'assassin en voiture croise un bus scolaire. Puis s'évanouit dans les petits chemins boueux qui longent la Vologne. Là, le corbeau téléphone pour annoncer la mort à la famille, et rire. La rivière pousse le corps jusqu'au pont de Docelles. Les pompiers le sortiront peu avant minuit. Le photographe de *La Liberté* sera là. La photo fera le tour du monde. C'est la photo qui nous fera tous rappliquer. Nous, les rats de la Vologne.

Le lendemain, j'étais là. À scruter l'eau pour y noyer mon spleen. Avant de partir boire avec les autres. C'était mon premier mois comme journaliste salarié. Mes premiers articles. Docelles (envoyé spécial). La fable du corbeau et de l'enfant mort de la Vologne. Quinze années plus tard, ils ont canalisé la rivière, aménagé les berges, construit une nouvelle route. C'est propre et bitumé. Des types pêchent. Des voitures passent. Mais si on se penche, sur le pont de Docelles, et si on tend l'oreille, on entend la rivière rire.

DU MÊME AUTEUR

• Documentaires

Journal intime des affaires en cours (avec Philippe Harel), Artline production, 1998.
Le cahier (avec Pascal Lorent), The Factory, 1999.
Les dissimulateurs (avec Pascal Lorent), The Factory, 2001.
Histoire clandestine de ma région, avec Gilles Cayatte, The Factory, 2002.
L'affaire Clearstream racontée à un ouvrier de chez Daewoo (avec Pascal Lorent), The Factory, 2003.

• Livres

Chair Mathilde, roman, Bernard Barrault, 1991.
Je ferai un malheur, roman, Fayard, 1995.
Pendant les affaires, les affaires continuent, essai, Stock, 1996.
La justice ou le chaos, essai, Stock, 1996.
Portrait de groupe avant démolition (avec René Taesch), album photos, Stock, 1997.
Journal intime des affaires en cours, script, Stock, 1998.
Notre héros au travail, roman, Fayard, 1998.
Tout va bien puisque nous sommes en vie, roman, Stock, 1998.
Révolte.com, essai, Les Arènes, 2000.
Le bonheur, roman, Les Arènes 2000, Pocket, 2002.
Révélation$ (avec Ernest Backes), essai, Les Arènes, 2001.
Deux heures de lucidité, essai, entretiens avec Noam Chomsky (avec Weronika Zarachowitz), Les Arènes, 2001.
La boîte noire, essai, Les Arènes, 2002.
Une ville, roman, Julliard, 2004.
Tout va bien, album BD (avec Thomas Clément).
La domination du monde, roman, Julliard, 2006.
Le milieu du terrain, roman, Les Arènes, 2006.
Clearstream, l'enquête, essai, Les Arènes, 2006.
Dominations, album, avec les peintures de Philippe Pasquet, Hugo&Cie, 2006.

http://www.ladominationdumonde.blogspot.com/
http://www.liberte-dinformer.info/

TABLE DES MATIÈRES

Impression réalisée sur CAMERON par

BRODARD & TAUPIN

GROUPE CPI

La Flèche
en septembre 2006

Imprimé en France
N° d'impression : 37432